JN437507

고도의 근대

문화
학술
총서

고도의 근대

황종연 엮음

동국대학교출판부

:: 이 책을 펴내며

이 책에서 고도古都라는 말이 지칭하는 것은 그 글자가 일차적으로 뜻하는 바대로 단지 오래된 도시가 아니라 근대 이전에 한국인의 선조들이 세운 왕국의 수도이다. 이러한 의미에서의 고도를 한국사의 상식에 따라 특정하면 삼국시대에서 조선시대까지 왕조들이 도읍한 지역인 평양, 부여, 경주, 개성, 한양이 고도가 된다. 이 한국사에서의 왕도王都들은 전근대 한국인들에게 당연히 의미 있는 장소였다. 그곳의 사적과 유물, 지리와 인물에 관한 정보의 축적이 얼마나 중대한 사업이었던가는 16세기 조선의 『신증동국여지승람』으로 대표되는 관찬官撰 지리지는 물론 많은 사찬私撰 읍지를 통해서도 확인되는 바이다. 한국의 고도들은 모든 역사적 장소가 그렇듯이, 현재에 이르기까지 세월의 영향을 받으며 물리적으로나 상징적으로나 다대한 변모를 겪었다. 특히 그곳들이 근대에 들어 겪은 변화는 역사상 선례가 없을 만큼 심대했다. 중화 체제의 붕괴와 이씨 왕조의 몰락, 제국주의 열강의 침략과 일본 식민주의, 산업과 교통의 발달, 도시 개발과 인구 이동 등, 근대 한국의 형성에 관여한 중대한 사건은 인천, 목포, 부산, 원산 같은 신흥 도시에 못지않게 그 고도들에 충격을 가했으며, 그 결과 그 고도들은 역사의 증거이자 상징의 현장이자 생활의 터전으로서 새로운 위상과 의미를 얻었다. 이 책의 주요 목적 중 하나는 그 고도들이 근대의 충격하에 전개하기 시작한 새로운 역사를 이해하는 것이다.

이 책에 수록된 여러 논문들을 통해 확인되듯이, 고도는 근대 한국인의 자기 인식에 중요한 수단이었다. 그곳은 한국인의 역사 감각과 신화적 상상을 자극하는 장소이기도 했고, 지역적 혹은 민족적 아이덴티티의 연원이기도 했으며, 한국을 다른 국가나 제국과 매개하는 지점이기도 했다. 소멸한 왕국의 수도들이 그렇게 의의를 가지게 되었던 배경에는 용기나 영감이나 위안을 주는 역사상의 과거가 근대 한국인에게 절실하게 필요했다는 사정이 있다. 한국에서 근대적 형태의 역사의식은 한국의 식민지화로 끝난 과거를 대체할 과거, 한국인에게 민족 부흥과 국력 증대의 희망을 가지게 해줄 과거—그것을 발견하려는 노력 가운데 출현했다고 해도 틀리지 않는다. 근대 한국사학의 아버지 신채호가 자주민족의 긍지를 회복시켜 줄 고대사의 재서술에 심혈을 기울이고 있었음은 널리 알려진 바대로다. 신채호와 정치 노선을 달리하는 민족주의 전도사에게도 사정은 비슷하다. 이광수는 "조선사에서 고려와 이조를 소거하고 싶다. 그러고 삼국으로 소급하고 싶다"고 공언한 바 있다. 이러한 고대 존숭尊崇 풍조를 배경으로 전근대의 왕도는 몰락한 왕조와 운세를 같이하기를 그치고 한국인의 자기 인식에 이바지하는 역사적 · 상상적 지리 속으로 부활했다.

그렇지만 한국인의 근대적 역사의식이 고도를 소생시킨 요인의 전부는 아니다. 식민주의 역시 중요하게 참작해야 마땅한 요인의 하나이다. 일본인들은 한국 영토에 대한 지배를 확립하면서 고도의 사적 및 유물에 대한 조사를 조직적으로 하기 시작했고, 전근대 왕국의 역사에 대한 새로운 서술과 해석을 시도했다. 그들의 조사와 해석은 한국에 대한 식민지배를 정당화하는 역사관에 부합하는 방식으로, 식민지정부의 동화주의 정책에 합치되는 방식으로 고도들의 이야기와 이미지를 생산했다. 고대 일본과 관계가 깊었던 백제와 신라의 수도는 그렇게 일본 식민주의의 관점에서 이해되고, 전시되고, 변형된 대표적인 고도의 예에 속한다. 일본인들은 또한 철도 여행의 발달에 따라 만선 관광이 대중화되기 시작하자 한반도 명소의 관광지화 사업에 열심이었고 자신들의 구미에 맞게 경주를 비롯한 한반도 고도들의 이미지를 변화시켰다. 고도의 근대는 그곳이 일본제국의 영토로서 지리적 · 문화적으로 통합된 과정과 분리해서 생각하기 어려운 것이다. 식민주의가 고도의 근대적 변형에 미친 영향에 대한 규명은 이 책의 논문들이 공유하고 있는 과제이기도 하다.

제1부에 실린 논문들은 일본제국의 권역 내에서의 도시 형성 또는 재형성의 문제를 다룬다. 황종연과 다카기 히로시의 논문은 경주와 교토를 각각 대상으로 하여 그곳이 현재 가지고 있는 고도로서의 이미지가 일본 제국주의 시대의 담론과 정책에 크게 의존하여 만들어졌음을 입증하고자 한다. 황종연은 전통 유림의 고장으로 통했던 경주가 일본인의 지배하에서 신라의 왕도로 복구되고 이어 조선인들에 의해 민족적 아이덴티티의 장소로 전화轉化된 양상을 검토하며, 다카기 히로시는 헤이안문화가 보존된 교토라는 이미지는 독자적인 역사와 문화를 지닌 국가 이미지가 요구되던 메이지 시대의 국제 환경 속에서 일본인 관민이 함께 관여한 전통 창안 작업의 산물임을 확인한다. 김백영과 수수오빈은 일본 식민지에서의 도시 개발과 통치권력의 관계에 대해 세심한 주의를 기울인다. 김백영은 입지와 기능, 장소와 공간, 인구와 사회라는 측면에서 경성 특유의 성격을 정리하고 그것을 바탕으로 경성이 경험한 도시적 성장이 식민지화의 성격이 강했음을 강조한다. 수수오빈은 타이완을 시각화가 가능한 공간으로 정비하려는 통치권력의 작용이라는 일관된 맥락에서 타이베이라는 식민지도시의 출현 과정을 이해한다. 이순자와 나카네 다카유키는 식민지 조선의 고도를 이해하려면 반드시 참조해야 하는 중요한 맥락 두 가지, 즉 고적조사와 관광산업을 논제로 삼

고 있다. 이순자의 논문은 식민통치의 의도 및 기술과 관련하여 한반도 고적조사사업을 개관하고, 나카네 다카유키의 논문은 경주를 조선의 고도로 만든 조건의 하나로 일본인의 만선 관광을 거론한다.

제2부에는 한반도의 역사적 도시들이 식민지시대를 통해 이해되고 표상되고 개발된 양상을 도시별로 분석한 논문이 묶여 있다. 제1부에서 다루어진 경성과 경주를 제외한 조선의 고도, 즉 평양, 부여, 개성이 검토의 대상이다. 오태영은 평양이 조선 최고最古의 도시 가운데 하나이자 일본제국 지리 내의 지방으로 정위된 과정을 배경으로 제국본토인/식민지인, 식민지인/피식민지인, 정주자/여행자 등 여러 위치에서, 사론史論, 여행기, 소설 등 여러 형식으로 생산된 평양 표상을 분석한다. 한편, 식민지시대의 평양이 수도 경성과 대조적으로 탈중심화의 공간이었다는 가정에서 출발한 조연정은 평양 출신의 두 작가, 김동인과 최명익의 소설 분석을 통해 그 공간과의 심오한 연고 덕분에 가능했을지 모르는 정동情動의 양식들에 주목한다. 부여는 식민지시대 후반기에 상징과 이데올로기상으로 어느 역사적 도시 이상으로 중요한 장소였다. 허병식은 그곳이 내선일체 정책과 담론 속에서 고도로 사실상 창조된 경위, 그리고 그 고도 표상의 정치적 · 이데올로기적 효과를 분석한다. 정종현은 조선조 오백 년간 유민遺民과 상인의 도시였던 개성이 일본의 조선 병합 이후 자본주의적 모더니티의 역장力場 속에서 새롭게 부상한 과정을 서술하면서 정치적으로 중층적인 그곳의 지방적 특수성을 조명한다. 조형래의 가야론은 도시가 아니라 국가를 대상으로 하지만 일본 제국주의의 자기합리화에 중요한 근거였던 그 역사적 지역에 관한 고고학적 탐구와 상상의 산물들을 분석함으로써 식민주의적 공간정치의 한 전형을 밝혀 준다. 마지막으로 조선인 작가들의 일본 고도와 성지 참배 기록을 다룬 차승기의 논문은 그 행위에 특유한 시간과 공간 체험을 분석하고 그것이 내선일체의 권력 테크놀로지의 규정을 받고 있었음을 드러낸다. 식민지-제국주의 권력, 낭만적 고대 존숭, 숭고성의 상상지리, 모더니티의 문

화 사이의 관계에 관한 이 책의 관심을 압축하고 있는 논문이다.

이 책의 엮은이는 이 책의 표제와 같은 이름의 과제로 2009년 한국학술진흥재단(현 한국연구재단)으로부터 기초학문 분야 재정 지원을 받아 허병식 등 몇몇 소장학자들과 함께 연구를 시작했다. 공동연구가 성사되지 않았더라면 이 책은 지금의 체재와 내용을 가지기 어려웠을 것이다. 어려운 여건에도 불구하고 엮은이에게 학문의 도반道伴이 되어 준 사람들에게 우선 고맙다는 말을 하고 싶다. 아울러 '고도의 근대' 학술대회 발제 요청에 응해 준 김백영 교수, 이순자 교수, 나카네 다카유키 교수, 수수오빈 교수, 엮은이의 연구에는 관여하지 않았으나 이 책의 취지에 공감을 표하고 옥고를 전재하도록 허락해 준 다카기 히로시 교수에게 사의를 표한다. 연구 수행의 여러 단계에서 동국대 박광현 교수로부터 도움을 받았으며, 원고 취합과 편집에는 조형래의 노고가 많았다는 사실도 덧붙여 밝혀 둔다. 아무쪼록 이 책이 제국주의와 민족주의의 상상지리, 한국 역사도시의 근대적 표상, 공간의 시학과 정치학 등에 대해 흥미를 가진 사람들에게 다소라도 쓸모가 있기를 바란다.

2012년 11월

황 종 연

제1부
제국의 도시공간

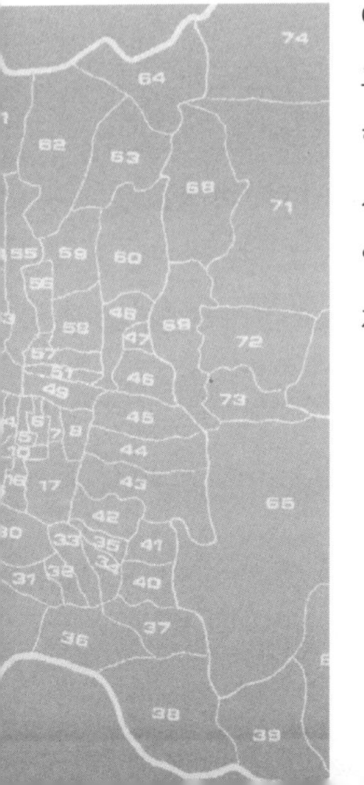

아이덴티티의 장소로서의 경주 ● 황종연

교토의 이미지는 어떻게 만들어졌는가: 헤이안문화론의 성립 ● 다카기 히로시(高木博志)

한양에서 경성으로: 왕조수도의 식민지 종주도시화 ● 김백영

시각화의 힘: 타이베이는 언제 어떻게 현대적인 도시가 되었는가 ● 수수오빈(蘇碩斌)

일제강점기 조선고적조사의 정치성 ● 이순자

제국 일본의 '만선滿鮮' 관광지觀光誌와 고도 경주의 표상 ● 나카네 다카유키(中根隆行)

아이덴티티의 장소로서의 경주

황종연

1. 경주의 재공간화

조선이라는 공간은 일본 제국주의하에서 심대한 변화를 겪었다. 조선의 영토에 대한 지배를 확립한 일본인들은 그들의 정치적·경제적·군사적 이익에 맞는 새로운 공간을 그 영토 위에 만들어 냈다. 1912년 12부 24면의 창설을 시작으로 하는 행정구역 개편, 십자형 가로 구조의 도입과 일본인 주거 및 상업 지구의 육성으로 대표되는 도시 개발, 철도망을 근간으로 하는 조선 전역에 걸친 교통 체제의 신설 등과 같은 일련의 정책이 추진된 결과 조선은 한 왕조국가의 자족적인 공간에서 일본의 광대한 제국적 공간의 일부로 변모했다. 이러한 조선의 재공간화는 조선인 사회 내부로부터 발생한 것이 아닐 뿐만 아니라 조선인 일반에게는 난해한 공간 개념 또는 표상에 기초한 것이기도 했다. 일본인 행정가, 건축가, 공학도 등의 머릿속에 일종의 과학적 가설로 자리 잡고 있었을 그 공간 표상은 실용적·전문적 지식에 문명 또는 제국의 이데올로기를 결합시켰고, 조선인의 공간 개념과 상징을 파괴하기에 충분할 정도로 막강한 권력과 기술을 수반하고 있었다.[1] 조선인은 사회적 공간의 생산과 재생산에서 주동력을 상실한 상태였으므로 그들의 공간 경험은 불연속, 무질서, 무정함이라는 특징을 지닐 수밖에 없었다. "고향에 고향에 돌아와도/ 그리던 고향은 아니러뇨"라는 정지용의 유명한 시구에 포착되어 있듯이, 조선인은 그들의 공간이 그 재래의 친근한 표상으로부터 이반되는 사태를 경험해야 했다. 그리고 그렇게 변모하는 공간과 공간 질서는 조선인에게 자기를 재인식하고 자기를 개조해야 한다는 압력이 되었다. 조선이 식민지로 재공간화되는 과정에서 새로운 장소가 무수히 탄생하는 한편 오래된 장소가 몰라보게 달라졌다. 그렇게 식민지시기를 통해 면모를 일신한 역사적 장소 중 하나가 경주이다.

신라시대에 금성金城이라는 국명과 동일하게 불리던 경주는 고려 태조 18년(935)에 처음 그 명칭을 얻은 이후 고려와 조선을 통해 다시 몇 차례 동경, 계림 등으로 개칭되면서 지방행정수도의 하나로 남아 있었다. 조선시대 지방행정의 기본인 8도 분할 체제가 1895년에 폐지되기 전까지 경주는 행정편제상으로 8도와 등급이 같은 5부(경주부, 전주부, 함흥부, 평양부, 의주부) 중 하나였다. 경주는 그처럼 신라의 패망 이후에도 지방행정의 요지였던 까닭에 고려와 조선의 문인들에게는 당연히 중요한 곳이었다. 16세기 중엽에 편수된 『신증 동국여지승람』「경주부」에는 고려조 및 조선조의 저명한 관료들

1 공간 표상이 지식과 이데올로기의 복합체라는 것은 Henri Lefebvre 이후의 상식이다. Lefebvre가 공간 표상(representations of space)을 공간상의 실천(spatial practice) 및 표상적 공간(representational space)과 구별하여 개념화한 것은 이 글에서 중요한 준거가 된다. 공간상의 실천은 한 사회가 그 생산과 재생산의 목적에 따라 그 자체의 공간을 정복하고 전유하는 방식을, 공간 표상은 과학자, 정책가, 설계자, 기술자 등이 생각하는, 수정이 가능한 개념화된 공간을, 표상적 공간은 주로 그곳의 거주자, 사용자, 그리고 예술가들이 생각하는, 이미지와 상징을 통해 체험된 공간을 말한다. 그 사회적 공간의 세 요소는 다시 지각된 공간, 구상된 공간, 체험된 공간으로 단순화될 수 있다. Henri Lefebvre, *The Production of Space*, trans. by Donald Nicholson-Smith (London: Blackwell, 1991), pp. 31~46.

이 그곳의 경관과 사적에 흥취를 느껴 지은 시문이 다수 실려 있어서 그곳이 오랜 세월 동안 영남의 명승고적 가운데 하나로 정평이 있었음을 짐작하게 한다. 경주를 유람한 조선시대의 문인들은 그곳이 번화하고 아름답기로는 "동남 여러 고을 중에 으뜸"이라고 칭송하는 한편, 그곳으로부터 연상되는 문명의 대업을 종종 유교의 용어로 말했다. 15세기의 대신 서거정徐居正은 경주 소재 누각의 하나인 의풍루倚風樓의 중수를 기념해 지은 문장 중에서 신라의 영화를 회고하며 "이것이 바로 당사唐史에서 인인仁人과 군자君子와 시서詩書의 나라라고 칭찬한 바"라고 쓰고 있다.[2] 경주의 사적을 고려와 조선의 유교 문명에 통합시켜 바라보는 태도는 20세기 전반까지 표준적인 경주지慶州誌 역할을 했던 『동경잡기』에도 얼마간 암시되어 있다.[3] 17세기 후반에 처음 편수된 이 사찬읍지私撰邑誌는 조선시대 지리지의 일반 체재에 따라 경주의 역사, 지리, 인물, 고적, 풍속 등을 기술하면서, 그 문화가 지닌 고풍스럽고 이색적인 신라 왕경으로서의 특성보다는 유교적·관료제적 통치하의 부읍으로서의 풍모를 강조하고 있다. 경주의 역사적 인물들의 약력이나 일화를 기록한 '명환名宦', '인물人物', '우거寓居', '과목科目', '음사蔭仕', '효행孝行', '우애友愛', '충의忠義', '정렬貞烈' 등의 조목은 유교 정치와 도덕을 선양하는 편수자의 입장을 뚜렷하게 보여준다.

『삼국유사』의 설화들이 말해 주듯이 경주는 신비로운 것(神)과 이상한 것(異)의 땅이었지만 역사상의 과거에 대한 유교적 감각은 그 신이의 자취를 정치와 도덕을 위한 교감敎鑑으로 번안하는 경향이 있었다. 조선시대 한시

---

2 『新增東國輿地勝覽』 3, 忠淸道·慶尙道 (서울: 민족문화추진회, 1967), 221쪽.

3 『동경잡기(東京雜記)』는 1669년 당시 경주부윤이었던 민주면(閔周冕)이 그 지역 유생들과 함께 구래의 『동경지(東京誌)』를 보충하여 처음 간행했고 이어 후임 부윤들이 여러 번 보정했다. 1911년에 조선광문회에서 연활자본(鉛活字本)으로 출판되기도 한 이 읍지를 바탕으로 1930년대 초반에 경주 지역에서 『경주읍지(慶州邑誌)』, 『동경통지(東京通志)』, 『금오승람(金鰲勝覽)』 등의 한문 읍지가 간행되었다.

의 주요 장르 중 하나인 영사악부詠史樂府를 보면 경주 전설은 종종 이상적인 군주와 신민의 우화로 축소된다. 예컨대 이익(李瀷, 1681~1763)은 『해동악부』의 초두에 29수의 신라 관련 시편을 두고 조선의 역사를 노래하는 가운데 임금과 백성이 모두 도리를 다해 태평을 이룬 국가의 모범으로 신라를 내세우고 있다. 「도솔가」의 유리왕 설화에서 취재한 제1수는 "임금은 백성의 즐거움으로 즐거움 삼으시니/ 한 사람이라도 제자리 잃으면 임금 마음 근심스럽네"라는 시구를 시작으로 신라가 천년의 영화를 이룬 근본에 백성을 염려하는 군주가 있음을 암시한다.[4] 왕도가 실현된 낙토 신라의 이미지는 100편을 상회하는 신라 소재 시편이 실린 이복휴(李福休, 1729~1800)의 『해동악부』에서 반복된다. 그는 경주의 백성들이 "도道가 있는 나라"를 세운 박혁거세 왕과 평화와 풍요를 선사한 용의 현신인 왕비 알영閼英을 두 성인(二聖)이라고 한다는 『삼국사기』의 기록을 바탕으로 지은 시에서 "두 성인이 노니니 백성 중에 감옥에 갇힌 자가 없고/ 두 성인이 즐기니 백성 중에 근심하는 자가 없다/ 용이 하늘을 날다가 우물 속으로 깊이 드니/ 동천의 새와 짐승이 기뻐서 춤을 춘다"고 적고 있다. 여기서 노님(遊)과 즐김(樂)이 중국의 요堯와 순舜처럼 덕치德治를 달성한 군주의 특징적 행위임은 굳이 말할 필요도 없을 것이다.[5]

이 유림의 명소, 왕도의 고장이라는 경주의 이미지는 일본의 조선 침략과 함께 결정적 변화를 맞는다. 1902년 건축학자 세키노 다다시(関野貞)의 보고를 통해 경주의 고적이 일본인들에게 알려진 이후 경주는 고대 중국의 정치

4 이익, 『해동악부』, 이민홍 옮김 (문자향, 2008), 15쪽.

5 "二聖遊民無囚 二聖樂民無愁 有龍飛飛入井幽 東川鳥獸舞翩躚"(「二聖」). 李福休, 海東樂府 卷一, 『近畿實學淵源諸賢集』 5, 성균관대학교동아시아학술원 옮김, 대동문화연구원, 2002, 469쪽. 이복휴의 아들 李楚煥은 이 시의 주석 중에서 두 성왕을 중국 신화 속의 임금 무회(無懷)와 갈천(葛天)에 견주면서 군주가 스스로 군주답고 인민이 스스로 인민다워 법치가 필요치 않은 '무위'의 세상을 성립시켰다고 보고 있다.

적 이상 대신에 신라의 도읍이라는 관점에서 다시 인식되고 개발되기 시작했다. 식민지정부의 관리를 비롯한 일본인 거류민은 신라유적의 발굴과 보존 사업을 주축으로 경주의 공간을 재편하면서 그곳에 잔존한 고려와 조선의 자취를 억누르고 그곳을 신라구도로서 재생하고자 했다. 그들의 경주 조사와 개발은 경주의 새로운 광경을 창출한 동시에 사실상 경주 경험의 새로운 조건을 창출했다. 1917년 조선 남부 순례 중에 경주를 방문한 이광수를 시작으로 조선인 작가들은 일본인이 개발한 유람 행로를 따라 경주를 여행하고 일본인이 만들어 낸 표상 구조에 의존하여 경주를 인식할 수밖에 없었다. 그렇지만 그들이 일본인 거류민이나 여행자와 같은 방식으로 경주를 이해했던 것은 아니다. 오히려 그들은 경주의 고적과 전설에서 조선인의 자각에 유용하다고 믿어지는 어떤 계시를 구하고 있었다. 경주 공간의 식민주의적 재편은 그 의도와 무관하게 조선인의 민족의식 발양에 적합한 문화적 자원을 공급했으며, 나중에 한국 국민문화 구축에 중요한 수단의 하나를 이루게 되는 경주의 성지화聖地化에 토대를 제공했다. 이 글에서는 일본의 식민주의가 경주의 표상에 어떤 변화를 가져왔는가를 검토하고, 이어 조선인 작가들이 어떻게 경주를 인식했는가, 그리고 그것이 어떻게 조선인의 자기 인식과 결부되어 있었는가를 살펴보고자 한다. 여기서 검토할 조선인 작가의 텍스트는 현진건의 「고도순례-경주」와 이태준의 「석양」이다. 이 두 편을 선택한 것은 그것들이 기행과 소설 각각의 장르에서 가장 내용이 풍부한 경주관을 담고 있기 때문이며, 또한 그 경주관이 특히 민족 아이덴티티의 구성과 연결되어 있기 때문이다.[6]

---

6 식민지 조선인의 경주관에 관한 선행 연구로는 허병식의 「식민지 조선과 '신라'의 심상지리」(황종연 엮음, 『신라의 발견』, 동국대학교출판부, 2008)가 유일하다. 이 글에서는 신라의 근대적 표상이라는 맥락에서 권덕규, 박영희, 김동환의 경주기행이 다루어졌다.

2. 신라구도 또는 동양의 고도

누대에 걸친 사족과 유림의 존재에도 불구하고 경주는 1895년 8도제의 폐지와 함께 지방통치 체제의 개편이 이루어지면서 지위의 하락을 겪기 시작했다. 경주부에서 경주군으로 강등되어 동래부 관할이 되었다가 이어 대구부 관할이 되었다. 총독정치의 시작 이후에는 1914년 부·군·면 폐합의 결과 경주군에 경주면을 포함한 12개 면이 설치되었고, 1931년 읍면제 실시에 따라 경주면이 경주읍으로 승격되었다. 경주면은 1914년 전까지 부내면이라고, 과거 경주부의 역사가 남아 있는 이름으로 불렸던 경주군 행정과 경제의 중심이었으며 동쪽으로 신라의 성지가 있는 내동면, 남쪽으로 박씨 왕릉이 있는 내남면과 이웃한 신라구도의 일부였다. 그러나 그곳은 근대 도시로 성장한 경북의 다른 고을, 가령 도청 소재지였던 대구부에 비하면 작고 빈한한 마을이었다. 조선총독부 통계 연보에 의하면 경주면 인구는 식민지시기를 통해 상당한 증가를 보였음에도 대구부 인구의 약 7분의 1 정도에 그쳤다. 더욱이 지역 공간의 변화를 좌우한 일본인 인구를 기준으로 비교하면 경주는 1919년 대구의 약 20분의 1, 1929년 대구의 약 40분의 1에 불과했다.[7] 팽창하는 일본인 거류민의 압력하에 대구에서 일어난 것과 같은 대규모의 공간 개편을 경주는 당연히 겪지 못했다. 1909년과 1910년에 일본인 관리의 지휘하에 이루어진 최초의 시가 개편은 하수로 공사, 시장구역 정리, 그리고 나중에 유람도로라고 알려진 기존 십자로의 정비 등을 내용으로, 기존 경주성 내의 거주 및 교통 환경 개선에 한정되어 있었다. 또한 그

---

7 조선총독부 통계 연보에 따르면 1919년 경주면 총 인구는 6,386명(조선인 5,732명 일본인 634명 기타 20명)으로 같은 해 대구부의 총 인구 41,413명(조선인 28,609명 일본인 12,603명 기타 201명)의 약 7분의 1에 해당한다. 1929년에 이르면 경주면 인구가 약 세 배 증가해서 17,086명(조선인 16,296명 일본인 755명)이 되지만 대구부 인구도 비슷한 비율로 늘어나 같은 해 94,801명(조선인 66,092명 일본인 28,090명 기타 619명)에 달한다.

곳은 경부선 완공으로부터 약 14년이 지난 1918년에 대구·경주·포항 간 경편철도가 놓이면서 비로소 철도교통망에 편입되었다.[8] 경주는 경제적으로 별로 흥성하지 못해서 농업과 잠업이 그 주요 산업이었으며 관광지로서 널리 명성을 얻은 1930년대 초반에도 읍내에 은행이라고 해야 경상합동은행의 지점 하나가 있을 뿐이었다.[9]

그럼에도 경주는 식민지통치의 시작 무렵에 이미 조선인과 일본인 모두에게 중요한, 상징적으로는 아마도 대구보다 훨씬 중요한 장소가 되었다. 이것은 무엇보다도 그곳이 일본인들의 조사와 관리를 통해 신라의 구도로서 재발견된 결과이다. 조선 지방행정 체제의 개편 이후 경주의 위상을 결정한 중대한 사건이 있다면 그것은 그곳과 그 인근의 신라유적 발굴과 보존이다. 사실, 경주는 일본의 조선 병합 이전부터, 일본제국의 팽창주의와 보조를 같이하여 해외로 확대되고 있었던 일본인들의 학술조사의 영역 안에 들어 있었다. 도쿄제대 공과대학 조교수였던 세키노 다다시가 경주를 방문한 것은 1902년의 일이다. 대학 당국으로부터 건축조사의 특명을 받고 조선에 파견된 그는 구한국정부의 특별 우대와 주한공사를 비롯한 일본인 관리들의 협조로 약 두 달간 조선에 머물며 한성, 개성과 함께 경주를 조사하면서 그곳의 성지, 능묘, 사원과 그 밖의 유물에 대한 정보를 축적했다.[10] 그가 1904년에 제출한 『한국건축조사보고』 중에 신라시대 항목은 그 왕국의 현존하는 유적에 관한 설명으로서는 전례 없이 정확하고 상세한 것이다. 세키노의 보고로 경주고적에 대한 관심이 일본인과 조선인 사회에 일어나고, 특히 1909년 소네 아라스케(曾禰荒助) 부통감이 불국사와 석굴암을 순시하면서

8 奥田悌,『新羅舊都 慶州誌』(大邱: 玉村書店, 1920), 279쪽.

9 『국역 경주읍지』(경주: 경주문화원, 2003), 465쪽.

10 関野貞,『韓國建築調査報告』, 東京帝国大学工科大学 学術報告 第六号, 1904, 1~5쪽; 이순자, 「일제강점기 고적조사사업 연구」, 숙명여자대학교 박사학위논문, 2007, 21~22쪽.

신라구도라는 관념이 퍼지기 시작했다. 경주의 일본인 거류민에게 그곳의 신라유적은 단연 그곳의 역사적 문화의 정수였다. 1910년 통감부시기 말엽에 경주군 주사로 부임한 기무라 시즈오(木村静雄)는 근무 초기부터 신라유적에 관심을 가지고 가와이 히로타미(河合弘民), 와타나베 아키라(渡辺彰) 등과 함께 신라회라는 단체를 조직하여 그 조사와 보존에 힘썼다. 그의 공적 중에는 불국사의 주조불과 석굴암 전체를 경성으로 이송시키려던 상부의 조치에 불응함으로써 그 현지 보존에 기여한 일이 있었다.[11]

신라구도로서의 경주의 재생과 관련하여 특기할 만한 것은 경주고적보존회의 출현이다. 총독정치의 시작 이후 기무라 주사를 비롯한 경주 관민은 경상북도 도장관 이진호李珍鎬의 원조를 얻고 조선총독부 내무부장관 우사미 가쓰오(宇佐美勝夫)의 동의를 얻어 1911년 10월에 문제의 단체를 만들었다. 이 단체는 1913년 5월, 데라우치 마사타케(寺内正毅) 총독의 순시(1912. 11)를 계기로 입안된 석굴암 중수 공사가 그 개시를 앞둔 시점에, 짐작컨대 바로 그 공사의 지원을 주요 목적으로, 이진호 도장관을 회장으로 하고 단체 규약과 사업 대요를 갖추어 설립을 공표했다.[12] 계획 또는 설립 단계에서부터 식민지정부와 밀접한 관계를 가지고 있었던 이 일본인 주도의 경주 소재 단체는 그 지역의 유적과 유물에 대한 조사, 보호, 전시의 권리를 획득했

---

11 木村静雄, 『朝鮮に老朽して』 (京城: 帝國地方行政學會朝鮮本部, 1924), 48~49쪽.

12 1911년 10월 경주고적보존회 설립에 관한 이 설명은 기무라 시즈오의 회고(위의 책, 49쪽)에 근거한 것이다. 오쿠다 스나오(奥田悌)의 『新羅舊都慶州誌』를 비롯한 여러 경주안내서에는 경주고적보존회의 설립이 1913년 5월로 되어 있다. 일본어로 쓰인 최초의 경주미술안내서(中村亮平, 『朝鮮慶州之美術』, 京都: 芸艸堂, 1929, 168쪽)에는 문제의 단체가 "메이지 44년(1911) 10월에 계획이 이루어지고 그 후 차츰 정돈되다가 다이쇼 2년(1913) 5월이 되어 드디어 모양이 되어 나타났다"고 되어 있다. 이것은 경주고적보존회의 발족에 관한 조선 거주 일본인들의 공식 견해를 반영한 것으로 생각되며, 그런 만큼 가장 믿을 만한 진술이라고 판단된다. 최근 김현숙은 조선총독부 기관지 『朝鮮彙報』의 기사에 근거해서 그 단체의 설립 시점이 1911년 10월이라는 주장을 내놓았다. 김현숙, 「일제 강점기 경주고적보존회의 발족과 활동」, 정재 김리나 교수 정년퇴임기념 미술사 논문집 간행위원회, 『시각문화의 전통과 해석』 (예경, 2007), 569쪽.

으며 그 유적과 유물을 지역의 경제적·문화적 자원으로 만드는 사업에 착수했다. 이 단체는 다른 지역에서 같으면 행정관청으로 이용되었을 경주부윤청사를 그 부속 진열관으로 사용하면서 봉덕사 종과 그 밖의 많은 유물을 전시했으며, 일문과 영문 겸용 호화판 도록『신라구도 경주고적도휘』를 비롯한 수종의 경주유람안내책자와 경주고적사진엽서를 발간하여 신라문화의 흔적을 집중적으로 부각시켰다. 경주에는 고려시대와 조선시대에서 유래한 유적과 유물이 다량으로 있었지만 경주고적보존회의 보존과 전시 활동에서 그것은 좀처럼 재현되지 않았다. 이것을 극명하게 말해 주는 것이 그 단체 부속 진열관에서 발전한 경주박물관에 전시되어 있던 유물들이다. 그곳이 조선총독부박물관 경주분관이었던 시기에 진열된 유물 목록을 보면 신라를 하한으로 하는 고대에 한정되어 있다는 사실이 두드러진다. 이것은 조선에서의 예술이 신라통일시대에 이르러 극성에 달하고 이후 쇠락했다고 주장한 세키노의 역사적 서사를 상기시키는 전시 방식이다.[13]

그렇다면 신라구도라는 공간의 생산에 실제로 관여한 일본인들은 경주를 어떻게 보고 있었던가? 그 좋은 예의 하나가 조선총독부박물관 경주분관장을 지낸, 신라유물의 고적화사업과 관련해서는 아마도 가장 저명한 일본인이었을 오사카 긴타로(大坂金太郎)의 저술에 있다.[14] 그의『취미의 경주』를 보면 그는 "신라의 국가는 일본과 관계있는 사람들에 의해 시작되었고 다스려졌다"는 일본인 식민자 사이에 널리 통용되던 가설을 전제하고 그것을 입증하는 듯한 유적과 유물에 주의를 기울이고 있다. 그 예의 하나가 표암瓢巖을

---

13 『新羅舊都 慶州古蹟案內』(慶州: 慶州古蹟保存會, 1934), 50~60쪽; 関野貞,『朝鮮の建築と芸術』(岩波書店, 1941), 7쪽.

14 오사카 긴타로의 이력에 관해서는 大坂金太郎,「在鮮回顧十題」,『朝鮮学報』45, 1967. 10; 田中聡,「'朝鮮古代史'の形成と大坂金太郎」, 小森陽一 外 編,『近代日本の文化史』6, 月報 (岩波書店, 2002) 참조. 오사카 긴타로와 경주박물관에 대해서는 다음 글에도 언급이 있다. 최석영,『한국 박물관의 '근대적' 유산』(서경문화사, 2004), 127~139쪽; 박광현,「식민지 조선과 박물관의 정치학」,『일본학연구』27, 단국대학교 일본연구소, 2009. 5.

둘러싼 추리이다. 이 바위는 신라 6촌(斯盧六村)의 하나인 알천양산촌의 촌장이자 나중에 경주 이씨의 시조가 되는 이알평李謁平이 태어났다는 곳으로, 신라의 나라에 해로움이 있어서 표주박을 심어 덮게 했기 때문에 그 이름을 얻었다는 속설이 있다. 오사카는 이 바위에 관한 민간의 다른 전설을 참조해서 이알평이 바로 호공瓠公이라는 상상을 펼치고 있다. 호공은 허리에 표주박을 차고 바다를 건너 신라로 들어와서 박혁거세의 건국을 도왔다고 『삼국사기』에 기록되어 있는 왜인이다.[15] 또한 고선사高仙寺 원효비元曉碑에서 촉발되어 신라와 일본의 외교 관계에 대한 해석이 펼쳐진 대목을 보면 오사카는 고대 조선반도에서의 야마토민족의 활동이—광개토왕비의 기사로 미루어—"웅대하고 공명하고 의기가 많았으며 그것은 조선祖先 이래의 전통이었다"고 찬미하는 한편, 신라가 당의 침공으로부터 자신을 지키고 나아가 반도에 "이백육십여 년의 태평"을 수립한 것은 일본 조정의 "후원" 덕분이었다는 추측을 내놓고 있다. 그는 신라가 당의 침략하에 백제나 고구려와 동일한 운명에 직면하게 되어 일본으로서는 신라를 응징할 절호의 기회를 얻었음에도 당시 덴치천황(天智天皇)은 오히려 신라를 "보호"했고 나중에 가서는 "반도 통치를 신라에 주어 버렸다"고 주장하면서 "동양평화를 위해 모든 소아를 버리고 대아로 편을 드신 천황의 태도"를 찬양하고 있다. 원효의 손자 설중업薛仲業과 김유신의 손자 김암金巖이 일본에 사신으로 갔던 기록이 오사카에게는 신라가 일본을 "유일한 구세救世의 신국神国으로 우러르지

---

15 大坂六村[大坂金太郎], 『趣味の慶州』 (慶州: 慶州古蹟保存会, 1931), 28, 138~144쪽. 호공 설화는 호와 박이 신라어에서는 같은 뜻으로 통했다는 『삼국사기』 「신라본기」의 기록 등이 근거가 되어 신라왕 박씨의 왜인기원설을 수립한 일본인들에게는 중요한 자료였다. 하지만 호공이 일본인들의 조사 전까지 잊혀진 인물이었던 것은 아니다. 조선 유학자들에게 그는 어진 정치를 도운 충신의 한 모범으로 기억되고 있었던 듯하다. 조선 후기의 신라사적 관련 비명에는 『삼국사기』의 호공 기사를 전재한 예가 있으며(趙觀彬, 「新羅始祖王 神道碑銘序」, 『慶州邑誌』 8 雜記補遺), 이복휴의 『해동악부』에는 그 기사와 함께 호공이 '일본인'이라는 주석이 첨부된 "호공음(瓠公吟)"이 들어 있다.

않으면 안 되었던" 증거로 보였다.[16]

오사카식으로 생각하면 신라의 유일한 보호자 내지 구원자로서의 일본의 은혜는 그의 시대에도 계속되고 있는 셈이다. 현재 신라문화를 인멸 직전의 상태로부터 구하고 있는 것은 바로 일본인들이기 때문이다. 오사카는 신라의 유물을 설명하는 가운데 그것을 당대에 살아남도록 해 준 일본인들의 활동에 관한 언급을 빠뜨리지 않는다. 불국사와 석굴암 중수나 금관총 발굴 같은 식민지정부 차원에서 이루어진 사업은 물론 그리 유명하지 않은 일화들, 가령 소네 부통감의 경주순시 때의 옥적玉笛 발견과 오사카 자신을 위시한 경주고적보존회 인사들의 삼체석불三體石佛 보존 등에 관한 일화를 전하고 있다. 반면에 그는 고려와 조선의 관료 계층이 경주고적을 그 나름대로 이해하고 보존한 것에 대해서는 그만큼 깊은 관심을 기울이지 않고 있다. 가령, 신라 시조묘 옆에는 세종 대에 처음 사당이 세워졌고 그것이 풍우와 전란의 침해를 겪으면서 거듭 중수되었으며 그것의 18세기 형태인 숭덕전崇德殿이 당대에까지 잔존하고 있었다는 사실을 전혀 다루지 않고 있다. 그는 양반 관료들이 남긴 경주 관련 시문에 상당히 밝았음에도 유교적 방식의 경주 성지화에 관심을 기울이는 대신 경주, 나아가 조선을 황폐화한 책임을 유교 탓으로 돌린다. 유교의 영향으로 신라에 번창했던 "진선미성眞善美聖을 좇는 중심의 영靈"이 죽었으며 그 결과 조선인의 마음도, 자연도 계속 황폐해졌다고 그는 쓰고 있다.[17] 여기에 따르면 조선인은 신라의 유적이 인멸되도록 방치했을 뿐만 아니라 그것의 의미와 가치를 이해할 능력까지 결하고 있는 셈이다. 따라서 옛날에 신라가 그 국가를 유지하려면 일본 조정에 의존해야 했듯이 현재 조선인이 신라문화를 보존하려면 일본인의 학문에 의존해야 한다. 이처럼 일본인을 신라의 구원자로 만드는 발상은 물론 생소한

16 大坂六村, 앞의 책, 185~186쪽.
17 大坂六村, 앞의 책, 78~80쪽.

것이 아니다. 그것은 피식민자의 문화를 재현하고 대변할 특권을 식민지의 지배자가 가지고 있다고 보는 근대 유럽의 제국주의적 사고와 동류이다.

경주고적보존회의 활동이 본격화되었을 무렵 경주는 조선반도의 경관, 유적, 풍속을 취미의 대상으로 만드는 관광산업의 발전에 따라 일본이 즐겨 찾는 장소가 되었다. 일본인의 조선 단체관광은 1906년 아사히신문사 주관 만한순항선 운행을 그 시작으로 하지만, 그 결정적 계기는 전전기戰前期 일본 단체관광의 중심 기관이었던 일본교통공사(JTB)가 1912년 창립으로부터 2년 후 다롄에 지점을 개설하고 만선 여행을 위한 설비와 용역을 제공한 것이었다. 경주는 일본제국의 영광을 체험하는 그 여행 프로그램에 일찌감치 포함된 조선의 명소 중 하나였던 것으로 보이며 경주유람은 오마치 게게쓰(大町桂月)의 『만선유기』, 다야마 가타이(田山花袋)의 『만선의 행락』 같은, 만선 여행 붐의 초기에 조선을 유람한 일본인의 기록에도 자세하게 다뤄진 예가 있다.[18] 일본인의 경주 방문이 증가함에 따라 1918년 무렵에는 대구–경주, 경주–포항, 경주–(불국사)–울산을 연결하는 철도가 개통되었고 한 사철私鐵 회사에서 경영한 토함산록의 불국사호텔을 비롯한 숙박시설도 다수 들어섰다.[19] 경주고적보존회는, 그에 관한 기존 연구에서 지적된 바대로, 경주의 관광지화를 위한 지역사업기구로서 기능하고 있었다. 그 단체가 시행한 고적현장 격리와 보존, 경주여행안내서 발간, 진열관 설치 등은 그 지역의 식민지 지배 못지않게 관광산업과 명확하게 연계되어 있었던 것으로 보인다. 『만선유기』를 위시한 여러 여행기와 여행안내서에 나타나 있듯이, 일본인

18 有山輝雄, 『海外観光旅行の誕生』(吉川弘文館, 2002), 18~39쪽; Louise Young, *Japan's Total Empire: Manchuria and the Culture of Wartime Imperialism* (Berkeley: University of California Press, 1998), 259~260쪽. 오마치 게게쓰, 다야마 가타이 등의 경주기행에 관해서는 中根隆行, 「帝國日本の'滿鮮'観光誌と古都慶州の表象」, 『고도의 근대 제28차 동국대 한국문학연구소 학술대회 발표문집』, 2009. 1. 참고.

19 奧田悌, 앞의 책, 278~279쪽; 『朝鮮鐵道旅行便覽』, 朝鮮總督府, 1923, 22~33쪽; 大木春三, 『趣味の朝鮮の旅』(京城: 朝鮮印刷株式會社, 1927), 204~212, 219~234쪽.

방문자들은 그 단체의 전시와 출판 활동을 통해서 또는 오사카와 같은 그곳 회원들의 안내를 통해서 경주고적과 그것을 둘러싼 고대의 일선 관계에 관한 정보를 얻었다.[20] 경주여행 붐은 일본 사회의 상류층에까지 퍼져 1920년대에는 간인노미야(閑院宮), 다카마쓰노미야(高松宮), 야마시나노미야(山階宮) 등 황족皇族이 잇따라 경주를 다녀갔을 정도였다.

조선철도의 여행노선을 따라, 경주고적보존회의 안내를 받으며 유람한 일본인들에게, 경주는 일본인들 자신을 유쾌하게 발견하도록 해 주는 장소였다. 신라와의 역사적 연관을 소생시켜 재공간화된 그곳은 일본인의 상상지리 속에서 고대의 환영을 불러일으키는 구역의 하나로 자리 잡았다. "신라의 옛 도시에 와서 보면 가미요(神代)가 생각날지도"라고, 만엽 노래의 어휘를 빌려 읊조린 일본의 국어학자 야마다 요시오(山田孝雄)처럼 일본인은 경주에서 조선 내의 특수한 장소를 만났다기보다 고대 일본의 환영을 보고 있었다. 신라구도로서의 경주의 재생에 기초를 놓은 세키노 다다시는 지세로 보아서 경주와 나라(奈良)가 비슷함을 지적했고, 야나기 무네요시(柳宗悅)를 비롯한 많은 일본인들은 불교미술의 도시라는 이유로 경주에서 나라를 연상했다.[21] 또는 나라가 아니라면 적어도 일본인의 경험의 맥락에서 고대적인 광경을 목격했다. 다야마 가타이는 경주역에 내려 낯선 풍물에 접한 순간 "아무리 봐도 지금 세상이라고는 생각할 수 없었다. 후지와라조, 헤이안조의 에마키(繪卷) 중에 보는 광경이라고밖에 생각할 수 없었다"고 쓰고 있다.[22] 모든 일본인들이 경주를 동일한 시선으로 보고 있었던 것은 아니었으나 고대라는 관념은 일본인 식민자들과 유람자들 양자 모두 산출하고 상

20 大町芳衛, 『滿鮮遊記』 (大阪屋號書店, 1919), 77~78쪽.

21 야마다의 단가는 大坂六村의 『趣味の慶州』(29쪽)에 실려 있다. 경주와 나라의 유사성을 둘러싼 일본인들의 논란에 관해서는 南富鎭, 「慶州と奈良のあいだ」, 『文學の植民地主義』 (世界思想社, 2006), 225~250쪽 참조.

22 田山錄彌, 『滿鮮の行樂』 (大阪屋號書店, 1924), 455~456쪽.

투화한 경주 표상의 결정적인 요소 중 하나였다. 일본제국 영토의 일부인 까닭에, 그리고 고대와의 연관하에 상상됨으로써 경주는 자연히 조선의 지리적·문화적 경계를 초월하는 것으로 생각되었다. 일본인의 의식 속에서 그곳은 일본이라는 지리적·문화적 공간의 외부이기를 그쳤을 뿐만 아니라 오히려 일본이 그 중심을 이루는 한 광대하고 역사적인 문화권 중의 고도가 되었다. 후지타 료사쿠(藤田亮策)의 말을 빌리면 "조선의 경주에서 일본의 경주로", 다시 "동양의 경주"로 전치되었던 것이다.[23]

3. 현진건과 경주의 아이러니

조선 지식인들은 늦어도 1910년대 후반부터 일본인이 개발한 교통과 관광 수단을 이용해 경주를 여행하기 시작했다. 1920년 무렵에는 경주수학여행이라는, 지금까지도 한국의 일부 중등학교에 남아 있는 관행이 경성의 조선인 민간학교 사이에 만들어졌다.[24] 현진건의 경주기행은 일본인이 개발한 유람 코스를 밟아, 일본인이 재현한 방식에 따라 그 고도를 경험한 기록의 하나이다. 현진건은 1929년 7월 8일 경부선 열차를 타고 대구로 내려가서 다음 날, 당시에 경편차와 함께 널리 쓰인 대구–경주 간 교통수단의 하나인, 정원 22명의 "가솔린 자동차"를 타고 경주로 들어갔다.[25] 그리고 경주에

23 藤田亮策, 「序」, 大坂六村, 앞의 책, 1쪽. 식민지 일본인의 경주 표상에 관한 이상의 논의는 그와 동일한 논제를 포함하고 있는 필자의 다른 논문 「儒教の郷邑から東洋の古都へ」(『朝鮮學報』 214, 2010. 1)를 활용한 것임을 밝혀 둔다. 이 일본어 논문에는 기무라 시즈오와 오사카 긴타로에 관한 보다 자세한 논의가 들어 있다.

24 조선어학자 이중화(李重華, 1881~1950)는 1918년과 1920년에 그가 근무하고 있던 배재고보의 일군의 재학생들을 인솔하여 경주를 답사했고 그 결과로 『경주기행』(경성: 제일상회, 1922)을 엮어 냈다.

25 현진건, 「고도순례–경주」, 『현진건문학전집 6』, 국학자료원, 2004, 175쪽. 앞으로 이 책에서 인

도착한 당일, 경주유람객이 대체로 그렇듯이, 경주고적보존회에서 운영하는 박물관(1929년 당시의 명칭은 조선총독부박물관 경주분관) 방문부터 했다. 그러나 일본인이 개발한 교통과 관광 수단에 의존하고 있었긴 해도, 또한 신라 구도로서의 경주라는 관념에 경도되어 있었긴 해도, 그가 일본의 식민주의 역사학과 고고학이 가르친 방식대로 경주를 보고 있었던 것은 아니다. 경주가 조선민족에게 한 고대왕국의 수도 이상의 특별한 의미를 가진다는 생각은 1920년대 조선 지식인 사이에 널리 퍼져 있었다. 권덕규 같은 민족주의 계열의 학자에게 경주는 조선이 모화慕華사상에 휩쓸리기 이전의 조선 고유의 문화가 잔존된 곳이었고, 그래서 경주여행은 조선민족의 고향으로의 귀환과 같은 것이었다.[26] 경주의 민족적 의미에 대한 이러한 종류의 인식을 현진건 역시 가지고 있었던 것으로 보인다. 그가 자신의 경주여행을 '순례'라고 명명한 것은 확실히 암시적이다. 그것은 그 여행의 기록을 최남선의 「심춘순례」와 같은 민족주의적 국토기행의 선례와 연결시키는 동시에 경주가 조선민족의 성지임을 공언하는 수사학적 제스처이다.

현진건의 경주유람은 나흘에 걸쳐 있었으나 그 도시의 역사와 풍속의 철저한 탐험과는 거리가 멀었던 것으로 보인다. 그가 기록한 바에 따르면 그의 유람은 조선총독부박물관 경주분관에서 시작해서 임해전지臨海殿趾 등 시내의 명소를 거쳐 불국사와 석굴암으로 이어졌다. 이것은 석굴암 개수 이후 거의 고정된 유람 코스이다. 그의 「고도순례-경주」는 그 유람 중에 접한 신라의 유명한 유물이나 전설에 대한 감상을 중심으로 한다. 그 감상에는 문학적 묘사나 역사학적 설명이 포함되어 있으며, 어떤 경우에는 문제의 유물이나 전설에 관한 저자 자신의 시조까지 첨부되어 있다. 감상이 우세한

용할 경우에는 본문 중에 해당 쪽수만 표시함. 대구-경주 간 교통수단에 관해서는 奧田悌, 앞의 책, 3쪽 참조.

26 권덕규, 「경주행」, 『개벽』, 1920. 12.

기행이라는 점에서 그것은 이원조의 「경주기행」을 비롯해서 1930년대에 다수 출현하게 되는 경주기행의 문체를 선취했다고 보아도 무방하다. 또한 현진건은 경주의 경관과 고적 그 자체를 구경하기보다 그것들을 통해 신라라는 역사상의 존재를 느껴보고자 한다. "속임 없는 산하의 모양을 보아 우리 조상의 포부를 내 멋대로 상상해보고 뚜렷이 나타난 유적을 어루만지며 내 가슴에 뛰는 피 소리를 고요히 들어보자"는 일절이 말해 주듯이 그의 목표는 비록 파편적인 인상의 형태로나마 그의 마음속에 신라를 현전시키는 것이다.(176쪽) 그래서 그의 경주유람은 역사상 실재한 왕경의 순례임에도 불구하고 어떤 환각의 공간 속으로의 비행과 유사하다. 그는 그의 경주 체험이 시적 상상의 계기를 가지고 있음을 스스로 암시하기도 한다. 경주로 가는 중에 "반야월" 등의 지명을 만나자 "자못 꿈결 같은 시흥을 자아낸다"고 말한 그는 특히 깊은 감명을 받은 유물이나 전설을 이야기하는 대목에서는 시조 형식까지 빌리고 있다.[27](177쪽)

경주가 식민지시대에 수많은 조선인 유람객을 끌어들인 것은 그 일대의 신라유물이 미술의 관점에서 새롭게 감상되고 숭상되기 시작했기 때문이다. 뜻하지 않게 경주관광사업에 기반을 제공한 세키노 다다시의 유명한 학술조사보고서는 그것을 미술작품으로서 기술하고 평가하려는 최초의 시도이기도 했다. 조선인이 경주에서 민족적 긍지를 느꼈던 결정적 이유 중 하나는 그곳에 그 증거가 남아 있는 신라인의 예술적 천재였다. 경주의 위상과 관련해서 이병기는 "과연 산으로는 금강산을 가면 절미한 풍경을 볼 것이라 하면 고적지는 이 경주를 오면 극치한 예술을 볼 것이다"라고 말한 적이 있다.[28] 현진건의 경주기행, 그 저간의 관념 역시 예술의 극치와의 만남이다. 신라금관에서부터 석굴암에 이르기까지 신라인의 예술적 성취에 대

27 현진건, 앞의 책, 176~177쪽.

28 이병기, 「가을의 경주를 찾아」, 『조선일보』, 1927. 10. 29.

한 그의 특별한 관심은 그 기행 전편에 걸쳐 나타난다. 그는 신라인이 예술적 재능이 뛰어났을 뿐만 아니라 예술을 숭배하는 문화를 가지고 있었으며, 신라의 어느 시대에는 예술이 정치와 도덕을 지도하고 있었으리라고 생각한다. 예컨대 노란색과 푸른색의 옥적玉笛을 보고는 만파식적萬波息笛의 전설을 상기하며 "병란과 풍우를 다스리는 데 악기를 썼"고 그 악기를 또한 "국보"로 숭상한 신라인의 경이로운 삶을 말하고, 어느 공인의 아이가 동銅과 함께 재료가 되어 만들어진 까닭에 특별히 청아한 소리가 난다는 봉덕사奉德寺의 종 앞에서는 "예술을 위하여 희생을 아끼지 않는 풍속이 없지 않았던 것을 추측"한다.(181, 184쪽) 그는 신라의 건축물과 공예품 앞에서는 극찬을 아끼지 않는 반면 이렇다 할 예술적 의장이 없는 박혁거세와 그 일족의 무덤인 오릉五陵 같은 유적에서는 별로 감흥을 느끼지 못한다. 그에게 경주가 성지였다면 무엇보다도 거룩함의 극치에 달한 예술의 고장이라는 이유에서 그러했을 것이다.

현전하는 신라예술의 유산은 그렇게 풍부하지 않았을지라도 현진건의 상상력을 자극하기에 모자라진 않았다. 신라의 건축물과 공예품이 그에게 유발한 환각 중 하나는 감각적으로 풍요롭고 화려한 삶의 광경에 관한 것이다. 그는 신라 왕실의 유흥을 위한 별궁이 세워진 자리인 안압지雁鴨池에서 으리으리한 금관을 쓰고 있는 임금 앞에 호화로운 의전과 무악이 펼쳐지는 장면을 상상한다. 또한 불국사의 석계를 눈앞에 두고는 이탈리아의 "베니스의 달빛 긴 바닷가에서 그림배를 저어가는 청춘남녀의 광경"을 연상한다.(188, 193쪽) 그의 관심은 장려한 것, 경이적인 것, 불가사의한 것에 쏠려 있었으며 이 낭만적 경향은 그의 기행 중에 활용된 경주 전설의 예를 보면 좀 더 분명하게 확인된다. 그가 재서술하고 있는 전설 중에는 천관사天官寺 전설과 무영탑無影搭 전설이 있다. 전자는 김유신金庾信을 사랑했으나 비천한 신분 때문에 버림을 받은 한 창기가 나중에 부처가 되었다는 이야기이며, 후자는 불국사 공사에 고용된 석공인 당나라 출신의 남편을 만나러 경주로 찾아온 그의 아내 아사녀阿斯女가 그와 재회하지 못하리라는 생각에 연못에 몸을 던져 죽었다는 이야기이다. 이 두 전설은 결과적으로 성불에 이르든, 자살에 이르든, 개인의 자기 이익 추구와 무연한 삶의 양식을 공통적으로 지시하고 있다. 종교와 예술에 대해 친화적인 그 삶의 양식에 핵심적인 마음의 성분은 아마도 정열일 것이다. 정열의 명령에 충직하게 따르는 개인들은 현진건이 신라 경덕왕 대를 배경으로 창작한 「무영탑」의 주인공들이기도 하다. 그 역사소설에서 귀족의 딸은 자신의 모든 계급적 특권을 버리고 백제 출신 석공을 사랑하며, 석공의 아내는 석공과의 재회에 자신의 목숨을 걸고, 석공은 사회로부터 고립된 상태에서 영감의 은총을 간구하며 창작에 전념한다.

현진건이 경주의 전설을 재서술하는 경우에 그의 상상은 일본 식민주의자들이 산출한 그 도시에 관한 표상으로부터 자유로울 뿐만 아니라 조선인의 민족의식을 자극하는 방향으로 나아간다. 그 대표적인 예가 치술령鵄述嶺 전설의 재서술이다. 치술령은 신라 눌지왕의 신하 박제상朴堤上이 왕명을 수행하기 위해 목숨의 위험을 무릅쓰고 일본으로 가게 되자 그의 아내가 이별의 눈물을 흘렸던 곳이다. 박제상은 볼모로 잡혀 있던 왕의 동생을 왜왕을 속여서 구출했지만 그 술책이 발각되어 일본에 억류되고 말았다. 격노한 왜왕은 그에게 모진 고문을 가하게 하고 자신의 신하가 되라고 요구했지만 박제상은 그 강압에 굴하지 않고 끝끝내 죽기를 택했다. 『삼국사기』 열전에 기록되어 있는 이 이야기는 아마도 충군의 한 모범을 보여주고 있기 때문에 후대에도 계속 전수되었다. 박제상의 약전은 경주읍지 『동경잡기』에도 들어 있다.[29] 그에 대해 언급한 권덕규의 「경주기행」을 보면 그의 이야기는 20세기 전반까지도 경주와 그 일대에 구전되고 있었던 것이 아닌가 추측된다.

---

29 『東京雜記』 卷之二, 人物 (朝鮮光文会, 1911), 27쪽.

박제상은 식민지시대 일본인 지배자들에겐 당연히 다루기에 거북했을 역사 인물이다. 오사카 긴타로는 『경주의 전설』에 그의 이야기를 기록하되 그의 충절 대신에 그의 아내의 슬픔에 초점을 맞춰 재편했다.[30] 반면에 현진건은 그의 의열함을 강조하여 서술하면서 "차라리 계림의 개가 될지언정 왜국의 신하는 되지 않겠다. 신라의 형벌은 달게 받을지언정 왜국의 작록은 먹지 않겠다"는 박제상의 것으로 추정되는 말까지 인용하고 있다. 게다가 그의 충절과 그의 아내의 정렬을 아울러 추모하는 4장의 연작시조로 그 끝을 맺고 있다.(198~200쪽) 그래서 현진건의 박제상 설화 재서술은 경주 또는 신라에 관한 식민주의적 표상들에 저항하는 조선인의 종족적 기억의 회복을 예시하는 것으로 보인다.

현진건이 경주에 도착하자 가장 먼저 들른 곳이 조선총독부박물관 경주분관이라는 사실이 암시하듯이 그의 경주관의 일차적 원천은 그 장소에 관한 일본인들의 표상이다. 그는 일본인들이 부각시킨 신라 왕경의 측면에 편중해서, 일본인들이 전시한 유물을 바탕으로 경주를 이해했다. 또한 경주의 고적과 전설 속으로 자신의 낭만적 관념을 투사하여 경이롭고 탈속하며 신비로운 신라의 공상에 탐닉했다. 그러나 이것이 현진건의 경주 체험의 전부는 아니다. 경주시의 유람을 마친 어느 날 저녁 현진건은 "마치 천년 고도의 혼이 부르는 사람 모양"으로 숙소 밖으로 발걸음을 옮겼다. 그리고 그 어둠과 적막 속에서 경주고적을 보며 펼쳤던 상상과는 종류가 전혀 다른 각성에 도달했다. 그것은 경주가 죽은 것들의 도시라는 깨달음이다. "그렇다! 정말 모든 것이 죽은 듯하다. 구름이 흐르는 서쪽 하늘가엔 초생달이 으스레 비친 양도 죽음을 우는 눈동자인듯. 불꽃을 흩으며 나르는 먼지도 귀화鬼火인듯. 가물가물한 내가 길길이 끼인 사이에 우뚝우뚝 떠오른 누누한 무덤은

30 大坂六村, 『慶州の伝説』 (慶州: 田中東洋軒, 1932), 80~81쪽.

얼마나 쓸쓸한고! 쌓이고 쌓인 죽음 가운데 움직이는 오직 하나의 산 목숨인 나의 숨길도 질식할 듯하다."(190~191쪽) 성숙한 형태의 낭만주의가 그렇듯이 현진건의 경주관은 아이러니의 요소를 포함한다. 경주유람 중에 그의 마음속에서 태어났던 예술의 왕국은 붕괴되고 "귀화" 나는 묘지로 변모한다. 이것은 낭만적 관념이 그 공상성과 허구성을 스스로 노출하는 순간이자 경주가 그곳을 신비화하는 역사적 또는 미학적 표상들과 이반되어 지각되기 시작하는 순간이다. 현진건은 이제 과거에 자랑스러운 예술과 문화를 창조했던 경주가 아니라 현재 그러한 영광을 재연하지 못하고 있는 경주를 생각한다. 그의 아이러니컬한 경주관은 정치적으로 허약하고 문화적으로 빈곤한 식민지 상태의 조선에 대한 의식과 무관하지 않다. 그는 신라유물이라는 "시체"를 밟고 과연 "새로운 생명"이 솟아나고 있는가를 묻고 있다. 이것은 자주국민로서의 생명을 잃어버린 조선민족에게 어떻게 정치적·문화적 갱생이 가능한가 하는 물음이기도 하다.[31]

4. 이태준과 경주의 동방정취

이태준의 「석양」(1942)은 종래의 일본인 및 조선인 여행기에 종종 보이는 경주의 이미지, 즉 폐허로서의 이미지를 세련된 형태로 제시한다. 이 단편에서 경주는 2년에 걸쳐 두 차례 그곳에 구경하러 들른 매헌이라는 인물의 심리 상태와의 연관하에서 의미를 산출한다. 성별, 연령, 직업, 취미 등 여러 면에서 저자 이태준을 연상시키는 매헌은 작가로서 성공적인 삶을 살아

31 현진건의 경주관 또는 신라관에 나타난 민족주의에 대해서는 그의 역사소설 「무영탑」으로 논의의 범위를 확대하면 다른 해석과 평가가 가능하다. 관련 논의가 필자의 「신라의 발견: 근대 한국의 민족적 상상물의 식민지적 기원」(황종연 엮음, 앞의 책)에 있다.

왔으나 활력을 잃어버리기 시작한 중년의 남자이다. 그는 경주유람 첫날 박물관 부근의 골동품점에 들렀다가 타옥陀玉이라는 젊은 여자를 만나게 된다. 그 도회풍의 미인은 그로 하여금 연애에 대한 욕구를 자극하는 동시에 자신의 나이에 대한 서글픈 각성을 부추긴다. 그의 타옥과의 교제가 시작된 것은 오릉에서이다. 그가 다섯 개의 거대한 봉분이 조화롭게 한자리에 모여 있는 "초현실적인 기이한 풍경"에 넋을 잃고 있을 때 타옥은 그 풍경을 가리켜 "니힐"하다고 함으로써 뚜렷한 인상을 남긴다.[32] 그 다분히 문학적인 어휘는 그 압도적인 죽음의 풍경에서 유발되는 무의 관념을 포착한 것이면서 또한 인생의 덧없음을 아프게 느끼고 있는 그의 심정에 들어맞는 것이다. 오릉 장면 이후 니힐은 그가 정겹게 느낀 경주의 경관과 고적의 인상을 묘사하는 데에 키워드로 쓰인다. 그는 경주여행 중에 오릉과 느낌이 다른 고적, 예컨대 "희랍의 인체"보다 "자연스럽고 장엄한" 불국사의 탑들, "정력적인 미의 압도를" 느끼게 하는 석굴암의 불상 등을 만나지만 그에게 경주의 정취를 대표하는 것은 오릉, 그리고 그의 눈앞에 오릉과 유사한 풍경으로 다가온, 영지影池이다. 그러므로 「석양」의 경주는 자신의 쇠락을 느끼고 있는, 궁극적으로는 자신의 죽음을 예감하고 있는 매헌의 거울처럼 보인다.(130, 135쪽)

매헌에 따르면 오릉과 영지가 풍기는 "니힐"이라는 인상은 그 경관을 지배하고 있는 선의 형태에서 비롯된다. 초현실적인 것처럼 보이던 오릉이 "볼수록 그윽함에 사무치게 한다"고 감탄하면서 그는 이렇게 말하고 있다. "능이라 하기엔 너무 소박한 그냥 흙의 모음이다. 무덤이라 하기엔 선에 너무 애착이 간다. 무지개가 솟듯 땅에서 일어 땅으로 가 잠긴 선들이면서 무궁한 공간으로 흘러간 맛이다. 매미소리가 오되 고요하다. 고요하면 울어야

32 이태준, 「석양」, 『이태준전집 2』(깊은샘, 1988), 122쪽. 앞으로 이 책에서 인용할 경우 본문 중에 해당 쪽수만 표시한다.

할지, 탄식해야 할지 그냥 나중엔 멍-해지고 만다. 처녀의 말대로 니힐을 형용사로 쓰는 수밖에 없을 것이다."(123쪽) 이렇듯 선의 형태에 집중해서 오릉을 관상하는 것은 식민지 조선의 지식인과 예술가 사이에서는 그리 별스럽지 않은 미적 태도이다. 주지하다시피, 야나기 무네요시(柳宗悅)는 그의 영향력 있었던 1922년의 에세이에서 한옥의 지붕에서 도자기의 문양에 이르는 갖가지 조형물에서 곡선의 특징이 두드러진다는 점에 주목하고 선의 미에서 조선예술의 특징을 찾은 바 있다. 그런데 야나기가 선의 미를 비애의 미라고 풀이하면서 조선인의 불우한 역사와 연관시킨 반면, 이태준은 매헌으로 하여금 오릉과 영지에서 조선인 특유의 고난보다도 인생 보편의 허무를 떠올리게 한다. 매헌의 미적 감각은 그 계통을 따지면 무상無常의 경험을 중시한 아시아 종교와 예술의 전통을 따르고 있다. 여기서 1930년대의 이태준이 미학상 동양주의자였다는 사실을 상기하면 좋을 것이다. 「동방정취」라는 글에서 그는 이백의 시, 선불교, 사비의 미학 등과 같은 여러 종교적·예술적 표현들을 동양적이라는 범주로 분류한 적이 있다. 그의 주장에 따르면 동양은 미학에 있어서 고유의 전통을 가지고 있을 뿐만 아니라 서양과 대립을 이룬다. 그리고 그 동서 대립은 아와 속, 명상과 욕망의 대립으로 요약된다. 경주에서 매헌이 니힐의 경험에 침잠하고 있는 것은 「동방정취」의 용어로 말하면 동양인이 가지고 있는 비관적 명상의 천재가 발현된 것인지도 모른다.[33]

「석양」에서 경주는 지리상으로만이 아니라 문화상으로도 조선 내에 존재한다. 경주고적은 조선문화의 일부이다. 그래서 매헌의 마음속에서는 신라토기와 이조자기의 비교가 자연스럽게 일어난다. 그러나 경주는 현진건의 「고도순례-경주」에서처럼 조선 종족의 배타적 자기의식에 호소하는 방식으

33 이태준, 「동방정취」, 『무서록』(박문서관, 1941), 88쪽.

로 말해지지 않는다. 매헌에게 경주의 중심이 오릉과 영지라는 것은 상징적이다. 왜냐하면 그 장소들은 신라가 종족적·문화적으로 복합적인 국가였다는, 한 동질적인 민족 공동체의 원형은 아니었다는 증거일지 모르기 때문이다. 오릉은 신라의 시조 왕과 왕비, 그리고 세 명의 왕의 능묘인 만큼 신라의 기원을 나타내는 곳이면서 또한 신라와 일본 사이의 말썽 많은 관계를 상기시키는 곳이기도 하다. 박혁거세의 성은 신라 초기의 중신重臣이었던 왜인 호공의 호와 같은 뜻의 글자라든가 하는 여러 이유에서 그의 종족적 신원은 논란거리였다. 그의 씨족은 조선반도의 토착 씨족이 아니라 호공과 같은 왜인이거나 아니면 적어도 남방으로부터 도래했을지 모른다는 설이 있었다.[34] 영지는 어떤가 하면, 그곳은 무영탑 설화에 나오는 인물인 아사녀가 그 탑 공사를 하고 있던 석공을 만나러 왔으나 그와 재회할 가망이 없는 듯하자 스스로 몸을 던졌다는 연못이다. 현진건이 그 석공과 아사녀를 백제인으로 설정하고 창작한 「무영탑」이 그 설화의 전승 역할을 도맡다시피 하는 바람에 잊혀지고 말았지만, 18세기 중엽의 『불국사고금역대기佛國寺古今歷代記』를 비롯한, 그 소설보다 믿을 만한 문헌들에는 석공과 아사녀 모두 원래 당나라 사람이며 아사녀는 석공의 누이동생 또는 아내라고 기록되어 있다. 요컨대, 「석양」의 경주 표상에서 가장 중요한 두 장소는 경주를 단지 조선의 일부에 그치게 하지 않고 조선을 포함하는, 종교적·문화적 전통들을 공유하는 한 광대한 지역의 일부로 만든다. 그 지역에 대한 당시의 용어는 물론 동양이다. 경주는 조선의 경주라기보다 동양의 경주라는 일본인의

34 식민지시기 일본인이 박혁거세 왜인설을 주장한 근거 중 하나는 박혁거세의 탄생담이 기록된 『삼국사기』「신라본기」 제1조의 한 구절이다. 민주면이 편수한 『동경잡기』에도 같은 구절이 인용되어 있다. "진한 사람이 호(瓠)를 박(朴)이라고 칭하므로 처음 그 알의 크기가 박(瓠)만 하였기 때문에 성을 박(朴)이라고 하였다(辰人謂瓠爲朴, 以初大卵如瓠, 故以朴爲姓)." 김부식, 『삼국사기』, 신호열 옮김 (동서문화사, 1976), 31, 203쪽. 박씨를 포함한 신라 시조 삼성의 남방도래인설은 일본인 사이에 널리 퍼져 있었던 듯하다. 일본인 중 저명한 경주통인 오사카 긴타로 역시 그 설을 지지하고 있었다. 大坂六村, 앞의 책, 28~29쪽 참조.

생각은 이 소설에서 반향을 얻고 있는 듯하다.

매헌이 경주유람 첫날 우연히 만난 타옥은 그 동양의 고도와 상징적으로 밀접한 관련을 맺고 있다. 그는 근대도시에서 자라고 교육을 받은 듯함에도 시간의 잔해들의 미를 이해하고 있다. 매헌이 그녀를 처음 만난 골동품 가게에서 매헌이 신라토기를 골라들고 "딴은 실과라도 담어 놓으면 훌륭한 정물 그릇이 되겠군!"이라고 말하자 타옥은 "빈대루 놓구 봄 더 정물이죠"라고 대답한다. 또한 경주의 고적 중에서 그녀가 가장 좋아하는 곳은 그녀 스스로 니힐하다고 형용한 오릉이다. 어떤 점에서 그녀는 경주의 동양스러움을 대표한다. 그녀는 처음에 미목이 수려하고 교양이 있는 도회 여성의 풍모 때문에 매헌의 주의를 끌었지만 오릉의 정취를 함께 느낀 이후 점점 매헌에게는 생동하는 동양의 화신으로 보이게 된다. 매헌은 천진하고 발랄한 그녀의 언행에서 "자연 그대로의 태도"를 느끼는가 하면, 그녀가 수영을 하려고 개천에 뛰어들기 직전, 그녀의 나체에서 "오릉 속에서 뛰어나온 요정"을 본다. 무상의 정취를 그와 공유하고 있는 그녀의 매력에 깊이 끌려들면서 그는 그녀에게 연애 감정을 느끼고 있는 자신을 발견한다. 하지만 그녀의 동양적 미는 이태준이 말한 동방정취가 그렇듯이 비속한 애욕의 대상은 아니다. 매헌이 그녀와의 첫 만남 이후 1년여가 지난 가을 다시 경주를 찾아가 그녀를 만났을 때 "오릉의 신비한 곡선"에서 뛰어나온 듯하던 그녀의 몸은 이제 석굴암 "십일면관음十一面觀音"상과 유사하게 느껴진다. 그래서 매헌은 자신의 애욕이 사악한 것임을 깨닫는 동시에 타옥을 그 보살이 대표하는 바와 같은 "숭고한 영원의 여성"이라고 간주한다. 매헌의 마음속에서 일어난 타옥의 이러한 변신은 어쩌면 타옥이라는 이름에 진작부터 예고되어 있었던 것인지도 모른다. 그것은 붓다(仏陀)의 구슬(玉), 즉 속중에게 각성을 요구하는 불성의 발현을 뜻한다.(122, 126, 135쪽)

현진건은 그의 경주기행에서 신라의 시체로부터 새로운 생명이 솟아나고 있는가를 물었는데 「석양」은 마치 그 물음에 대한 응답처럼 들린다. "오릉

속에서 뛰어나온 요정"으로 묘사된 타옥은 바로 그 새로운 생명의 느낌을 준다. 그녀의 마음이 앳되고 풋풋한 그녀의 몸과 대조적으로 우울한 정조에 물들어 있는 것은 그녀의 어머니와의 사별과 무관하지 않은 것으로 보인다. 매헌이 그녀를 처음 만난 시점으로부터 만 2년 전에 어머니를 여윈 그녀는 오릉의 '니힐'한 정취에 호감을 드러낸 발언 이외의 여러 대목에서 죽음의 관념에 결박된 심리 상태를 내비친다. 불국사호텔에서 매헌과 함께 영지의 풍경을 감상하면서는 그곳에 빠져 죽은 아사녀의 전설을 떠올리고, 오후 호텔의 객실에서 꿈 없는 잠을 자고 나서는 죽음이란 그러한 잠과 같은 것일지 모른다는 직감을 토로한다. 짐작컨대, 그녀는 어머니의 죽음 또는 죽음 직전의 긴박한 상황 때문에 교토 도시샤대학 영문과 학업을 중단한 이후 아버지의 골동품점 관리를 대신하면서 경주에 머물며 무상의 감정에 탐닉하고 있는 것 같다. 그러나 그녀가 허무주의의 영원한 포로가 되고 마는 것은 아니다. 매헌의 의식 속에서 관음보살로까지 존엄화된 그녀는 그와 마지막으로, 이번에는 경주가 아니라 부산의 해운대에서 가진 밀회의 장면에서 크게 다른 풍모를 보인다. 그 일본식 휴양지에서 그녀는 무상의 비애를 통과하고 생기를 회복한 청춘의 모습을 보인다. 그녀가 매헌이 잠든 사이 그를 떠나며 남긴 편지는 그녀가 최근에 누군가와 약혼하고 장래의 삶에 기대를 품고 있음을 알려 준다.

그러므로 타옥이 경주와 상징적으로 결합하여 조선 속의 동양을 대표한다면 그 동양은 신생의 과정을 거치는 중이다. 「석양」이 『국민문학』에 발표된 1941년 무렵 일본인과 조선인의 지정학적 담론에서 동양은 서양을 모방함으로써만 스스로를 발전시킬 수 있는 지역이 아니었다. 오히려 그곳은 인류 전체의 운명에 대해 중대한 의미를 가진다고 자칭한 변화의 실험실이었다. 서양의 전 지구적 지배에 대한 저항의 거점이었고 일본 주도의 범아시아주의를 위한 공간이었으며 근대문화의 해악이 제거된 새로운 문명의 원천이었다. 이태준이 경주의 동방정취를 이야기하고 있을 무렵 동양 또는 동아라는 관념은 태평양전쟁으로 나아가는 일본 제국주의의 팽창주의를 정당화하고 있었으며, 조선에서는 동화주의 정책의 무자비한 강화에 기여했다. 이러한 맥락에서 보면 「석양」에 암시된 동양의 신생이 내선일체의 실현을 포함한다는 해석은 금하기 어렵다. “무서운 맛이 아주 없음 무슨 맛이게요”라는 발언에 드러난 타옥의 모험적인 기질과 이해심 많았던 어머니 덕에 그녀가 누리고 있는 자유를 감안하면, “동경으로부터” 온다고 모호하게 지칭된 그녀의 약혼자가 어쩌면 일본인일지 모른다는 의심이 전혀 무리한 것은 아니다.[35] 타옥의 회복된 청춘과 일본 제국주의 이데올로그들이 선전한 동아의 부흥 사이에 일종의 유비 관계가 있지 않을까 추측해도 잘못은 아닐 것이다.[36] 주목할 것은 매헌이 타옥과의 이별을 운명에 체념하듯이 수락하고 있다는 사실이다. 이것은 축자적으로는 그가 타옥과 연애를 도모할 만큼 젊지 않음을 인정한다는 뜻이면서 비유적으로는 새로이 출현하는 동양이란 그의 관심의 범위를 넘어선다는 뜻이다. 그래서 동양주의 담론의 문학적 언명이라는 면에서 「석양」은 애매한 데가 있다. 그것은 동양에의 소속감을 미학적인 용어로 표현하는 반면, 대동아공영론이 전형적으로 예시하는 바와 같은 동양에 관한 정치적 비전에 대해서는 침묵한다. 이태준은 동양이 신생함으로써 아이러니컬하게도 자신이 사랑하는 조선이 소멸하리라고 예감하고 있었는지도 모른다.

---

35 이러한 추정은 「석양」이 발표되었을 당시 일선결혼은 그리 신기한 문학 소재가 아니었다는 사실, 그리고 그 발표 지면이 일본 식민주의의 프로파간다 문예지 『국민문학』이라는 사실 또한 고려한 것이다. 일선결혼 소재 소설에 관해서는 심진경, 「식민/탈식민의 상상력과 연애소설의 성정치 −내선결혼의 문제를 중심으로」, 『민족문학사연구』 28, 2005; 조윤정, 「내선결혼 소설에 나타난 사상과 욕망의 간극」, 『한국현대문학연구』 27, 2009 참조.

36 타옥이 희망찬 젊음의 모습을 보이는 것이 경주가 아니라 해운대에서임은 유의할 필요가 있다. 해운대는 부산 개항 이후 그곳에 진출한 일본인들이 온천을 발굴한 것을 계기로 조성된 휴양지이자 유흥지이다. 해운대 온천장 개발은 1887년 일본인 의사 와다 노모(和田野茂)가 시작했다고 한다.

5. 조선의 로마

경주의 관광지화는 그것을 추진한 일본인들의 의도와 상관없이 조선인들의 자기 인식에 많은 영향을 미쳤다. 경주는 특히 일본인들이 예술작품으로서 찬사를 아끼지 않는 고적을 가지고 있었던 까닭에 조선인에게 민족적 자긍심을 선사하는 흔치 않은 장소였다. 경주가 1920년대 이후 수학여행지로 자리 잡은 것은 따라서 전혀 놀라운 일이 아니다. 조선인 학생들의 경주여행은 그들 민족의 과거 속에 존재했다고 믿어지는 영광의 순간을 상상하게 했다. 최초로 공간된 경주수학여행기로 보이는 책의 편자 이동화는 "동양문화의 찬란하든 시대는 당의 세世"인데 "세계문명의 공헌에 당과 필적"하였던 것이 바로 신라이며, 경주는 "조선의 나마羅馬"라고 주장하고 있다.[37] 경주가 조선인에게 불러일으키는 감회가 언제나 고무적인 것은 아니었다. 신라인의 업적이 위대하면 위대할수록 식민지로 전락한 현재의 조선인이 더욱 비참하게 느껴졌다. 조선의 현실적 상황의 참혹함에 대한 인식이 격앙된 나머지 신라의 영광을 말하는 것이 무슨 의미가 있느냐는 회의가 일어날 정도였다. 박영희는 그의 좌파 청년 시절에 발표한 경주기행에서 그곳의 청년들이 고적을 가지고 자랑을 일삼고 있을 뿐 새로운 역사를 만들기 위한 노력을 하지 않는다고 비판하고 있다.[38] 그러나 바로 그렇게 경주의 조선인이 자기 고향에 대한 자랑에 빠질 만큼 경주는 조선인의 자기 확인에 유용한 장소였다. 경주가 조선인으로 하여금 조선인임을 긍정하도록 도와주었다는 것은 분명하다. 이것은 나중에 시인으로 입신하게 되는 보성고보 학생 조영출의 기행에서도 확인된다. 그는 신라가 이룩한 조선사의 "황금시대"와 "자기파멸의 갱굴을 더듬는" 조선의 비참한 현대 사이에서

---

37 『경주기행』(신문관, 1922), 1~2쪽.

38 박영희, 「반월성을 떠나면서」, 『개벽』 69, 1926. 5.

번민을 토로하지만 그의 순례는 신라유물의 체험을 통해 조선인의 마음속에 태어날 "새로운 자기"에 대한 기대를 포함하고 있다. 그의 석굴암 시는 이렇게 끝난다. "자기를 불사르고 새로운 자기를 알려는 자는 이 동굴 안을 감히 거닐어라."[39]

조선 지식인들은 일본인 주도의 경주고적보존사업에 만족하고 있지 않았다. 예컨대, 그들은 석굴암이 1913년부터 약 2년에 걸쳐 이루어진 개수 공사의 결과 그 원형을 잃어버렸다고 공개적으로 개탄했다. 하지만 일본인들이 경주를 이해하고 표상한 방식에 대해서 그들이 비판을 가한 예는 보이지 않는다. 그들의 경주관은 신라시대에 한정해서 경주를 이야기하는, 그리고 예술이라는 측면에서 경주고적을 찬양하는 경향이 있다는 점에서 일본인들이 관례화한 경주에 관한 담론으로부터 오히려 영향을 받았다는 인상이 짙다. 그들에게는 경주박물관이 전혀 문제가 되지 않았다. 그들의 어느 글에서도 데라우치 마사타케 총독의 휘호가 걸린 온고각溫古閣 등으로 이루어진 그 박물관이 식민지 권력을 선양하는 방식으로 경주 또는 조선의 과거를 재현하고 있다는 인식이 보이지 않는다. 현진건은 금관을 비롯한 전시품을 보고 예술을 숭상하는 신라인의 기질을 생각하고, 이태준은 매헌이라는 인물을 통해 박물관 뜰의 봉덕사 종을 찬미할 뿐이지 그것을 그렇게 전시하고 있는 박물관이라는 표상 제도에 의문을 던지지는 않는다. 그러나 그들이 일본인의 경주 표상을 묵종하고 있었던 것은 아니다. 그들의 텍스트는 경주라는 공간에 새겨진 종족상으로 변별되는 조선인의 흔적을 찾아내거나 그곳의 고적과 전설을 조선사의 맥락 속에 배치하거나 한다. 현진건은 치술령 전설에 표현된 신라인의 불굴의 종족적 자기의식을 표창하고 이태준은 신라토기와 함께 고려자기, 이조자기에 대해 언급함으로써 신라 이후의 조선

39 조영출, 「경주순례기」(1932), 조성환 엮음, 『경주에 가거든』 (학고방, 2010), 114쪽.

문화의 전통이란 관념을 암암리에 불러일으킨다. 그들은 경주가 일본제국의 지리에 포함되어 있음에도 불구하고 조선인의 역사적 장소임을 주장하고 있는 셈이며, 결국 경주를 그 표상을 둘러싸고 서로 다른 권력과 담론이 경합하는 공간으로 만들고 있는 셈이다.

경주에 관한 현진건과 이태준의 텍스트는 그곳이 조선인 아이덴티티의 구성에 준거가 되는 장소의 하나였음을 또한 알려 준다. 경주는 식민지 조선인이 당대의 집합적 삶의 요구에 맞게 스스로를 형성하는 데에 유용한 상징과 이야기를 제공했다. 현진건에게 박제상의 이야기는 현대의 자주적인 조선인의 전상前像을 담고 있으며, 이태준에게 오릉의 경관은 특유의 미적 감수성을 지닌 동양인이라는 의식을 북돋운다. 그들의 경주 텍스트는 흥미롭게도 1920년대와 1940년대 사이에 일어난 조선관의 중대한 변화, 즉 일본에 대립하는 자주민족으로서의 조선에서 일본제국의 한 지방으로서의 조선으로의 변화를 반영하고 있다. 조선을 일본제국의 맥락 속에서, 나아가 전 지구의 맥락 속에서 생각하는 경우 이미 동양의 고도로 이미지화된 경주는 더욱 중요성을 가진다. 유진오의 1938년작 「화상보」에 나오는 경주에 관한 언급은 그런 점에서 교훈적이다. 이 소설은 국경을 넘어선 학문과 예술의 흐름 속에 자기 경력을 추구하는 조선인 문화 엘리트들을 이야기한다. 주인공 시영은 조선의 식물을 연구하여 일본의 학계로부터 인정을 받으며, 여주인공 경아는 일본과 유럽에서 유수한 성악가로 경력을 쌓고 조선에서도 성공을 거둔다. 그들은 여러 종족과 문화로 이루어진 세계 속에 살고 있는 만큼, 조선을 그들 자신에게 또한 세계에 어떻게 표상하느냐는 그들에게 중요한 문제이다. 그들 자신이 이해한 바로는, "구라파 정신에서의 조선, 아니 동양의 재발견"이라는 과제에 그들은 직면하고 있다. 소설에서 경주는 바로 그렇게 재발견되는 도정에 있는 조선의 중심이다. 경주는 낙랑고분이 있는 평양 근처와 대조적으로 "순전히 우리 조상"의 유물이 남아 있는 곳이면서, "조선이 초라하다"는 생각을 버리게 해 주는 곳이라고 이야기되고 있다.[40] 유진오는 현대에 있어서 조선인 아이덴티티의 탐구는 경주고적에 대한 재음미로부터 시작해야 한다고 보고 있었던 듯하다. 이것은 식민지의 조선인 지식인과 교육자로부터 널리 동의를 얻고 있었음은 물론 조선이 정치적 독립을 얻은 이후에도 오랫동안 효력을 발휘했던 생각이다.

40 유진오, 『화상보 上』 (삼성출판사, 1972), 198, 294쪽.

교토의 이미지는 어떻게 만들어졌는가

헤이안문화론의 성립

다카기 히로시(高木博志)

1. 머리말

나는 3년 전까지 7년 간 삿포로(札幌)에서 살았다. 원래 오사카 출신이라 삿포로의 마루이이마이(丸井今井)백화점에 교토 물산전이 열리면 물건을 사러 가곤 했다. JR(일본철도) 열차 광고를 통해 교토 건도建都 1200년이 축하되고 있을 당시 1994년 홋카이도에서는 헤이안신궁(平安神宮)이 건도 1200년의 상징으로 취급되고 있었다. 헤이안신궁은 1895년의 천도천백년遷都千百年기념사업을 통해 만들어진 건물이며 교토를 대표하는 건물로서, 여전히 삿포로의 많은 사람들은 그것이 헤이안 시대부터 존속해 왔다고 생각하고 있다.

야마가와출판사의 교과서에서 그런 것처럼, 헤이안 시대는 우아하고 아름다운 고쿠후(國風)문화라고 생각되지 않으면 안 되었다. 우지(宇治) 뵤도인(平等院)의 호오도(鳳凰堂),[1] 야마나시(山科) 히노(日野)의 호우카이지(法界寺),[2] 이쓰쿠시마신사(嚴島神社)의 헤이케납경(平家納經)[3]이 아름답고 우아한 교토

의 고쿠후문화를 대표하는 것들이다. 그러나 사실 그것 전부는 교토 분지에 있지 않다. 오닌의 난(応仁の乱)[4]이나 하마구리고몬의 변(蛤御門の変)[5]으로 불타 버렸기 때문에 히데요시(秀吉)의 오도이(お土居)[6] 내에는 헤이안 시대의 교토를 대표하는 것들이 남아 있지 않은 것이다. 헤이안 시대의 궁궐은 센본마루타마치(千本丸太町) 근처에 있었는데, 어떤 이들은 세이 쇼나곤(清少納言)[7]이 헤이안 시대의 교토 교엔(御苑)에서 활약하는 환상을 가지기도 한다. 헤이안 시대 이래 계속 이어지고 있는 이미지로 교토 분지를 생각하고 있는 것이다. 그러나 본고에서 내가 말하고자 하는 것은 우리가 지니고 있는, 교토가 아름답고 우아하다는 브랜드가 근대 즉 1890년대 이후에 만들어졌다는 사실이다. 근세에 그 원형이 있으나 근대에 들어 질적으로 다른 비약이 존재했다.

---

1 지붕 위에 뵤도인의 상징인 봉황 한 쌍이 조각되어 있는 호오도(鳳凰堂)는 헤이안 시대 후기의 불교미술을 현대에 전해 주는 유일한 공간으로 일본 국보이며, 호오도 내부에는 아미타여래상을 비롯한 3점의 국보가 있다. 이 글에 달린 모든 각주는 옮긴이의 것이다.

2 호우카이지(法界寺)는 후지와라(藤原)의 일족인 히노가(日野家)의 명복을 위한 약사신앙(藥師信仰)의 절로, 내부에 국보인 아미다도우(阿弥陀堂)와 아미타여래상이 있다.

3 헤이케납경은 헤이안 시대에 헤이케 집안이 그 번영을 바라며 이쓰쿠시마신사에 봉납한 경전류(법화경 30권, 아미타경 1권, 반야심경 1권, 다이라노키요모리 자필의 원문 1권)로, 장식이 호화롭다. 헤이안 시대의 장식경의 대표작으로 당시의 공예를 현대에 전하는 중요한 사료(史料)이며 일본 국보이다.

4 쇼군 후계자 문제를 명분으로 지방 슈고 다이묘들이 1467년 1월 2일 교토에서 벌인 항쟁을 말한다.

5 1864년 7월 19일 교토에서 일어난 무력 충돌 사건으로 금문의 변(禁門の変), 겐지의 변, 겐지코우시의 변 등으로 불리기도 한다. 급진적인 존황양이 노선과 아이즈 · 사츠마 양 번의 병력이 교토의 히마구리고몬 주변에서 격전을 벌였다.

6 1591년에 천하를 통일한 도요토미 히데요시가 교토를 둘러싸도록 만든 성벽을 말한다.

7 헤이안 시대의 여류작가로, 수필 「마쿠라노소우시(枕草子)」가 유명하다.

2. 왜 '전통'이 문제인가

근대에서 '전통'의 문제, 지금의 교토건도천이백년기념사업의 경우도 마찬가지지만 '전통'은 하나의 상품으로 취급된다. 이때 헤이안문화는 어떠한 위치를 지니게 되는가. 1999년 11월 7일 즉위 10주년에 관한 『아사히신문』의 특집기사를 보면 교토의 '전통'이 헤이세이(平成) 시대 즉 1988년 이후가 되어서야 중요하게 여겨지게 된 것을 알 수 있다. "천황 폐하는 황태자 시절인 1987년(쇼와 62)에 '현재 헌법에 규정된 천황의 지위가 일본의 전통에 부합한다'고 말했다. 또한 '전통적인 모습이란' '오랜 일본 역사 속에서 가장 오래된 상태', '헤이안 이후'라고 답하고 있다." 헤이안 시대의 귀족문화, 아름다운 고쿠후문화, 중국의 영향에서 벗어난 문화를 21세기 황실의 이상적인 모습으로 이미지화하고자 하는 내용이 여러 곳에서 나타나고 있는 것이다.

일본의 천황제 역시 하나의 군주제라고 생각된다. 하지만 현재 세계를 통틀어 군주제 국가에서 생활하는 인구는 10퍼센트 이하이다. 세계의 군주제 국가는 제1차 세계대전을 계기로 크게 변화했다. 1920년대 이전과 이후로 군주제의 형태가 매우 크게 달라졌다. 일본이 메이지(明治) 시대에 모범으로 삼았던 오스트리아의 합스부르크가, 러시아의 로마노프가, 프러시아의 호엔촐레른가 등의 거대한 군주제가 타도되어 갔다. 제1차 세계대전을 기로로 하여 혁명 등에 의한 전복으로부터 살아남았던 영국, 베네룩스 등의 군주제는 생존을 걸고 정치적 · 군사적인 군주제로부터 문화, 사회사업, 사교 등에 치중하는 소프트한 군주제로 변모했다. 또한 시대가 흘러 제2차 세계대전이 끝난 오늘날에 이르러서는 군주제 국가 중 선진국으로 인구가 1억이 넘는 군주제 국가는 이제 일본뿐이다. 일찍이 모범으로 간주되었던 영국은 스캔들로 점철되어 버렸다. 21세기를 향한 문화적이고 소프트한 군주제 모델을 일본 스스로 만들어 내지 않으면 안 되는 시대가 된 것이다. 그 속에서 헤이안 시대의 이미지, 고쿠후문화는 중요한 문제가 되었다.

그림 1 1942년 당시 도쿄의 소학교 수학여행 풍경(해설 옮긴이)

오늘날에는 센뉴지(泉涌寺)와의 관계라든가, 가미가모샤(上賀茂社)의 문제를 분큐(文久) 3년 고메이천황(孝明天皇)의 행차 의식을 참조하여 다시 한 번 의식으로 부활시켰다. 이와시미즈하치만궁(石清水八幡宮)의 배례 방식을 10세기 몽고 내습의 문서를 인용하여 새롭게 복원했다(『아사히신문』, 1999. 11. 7. 참조). 교토의 문화적인 '전통'은 현대 황실에 있어서도 세계가 주목하는 하나의 문화 전략이었다고 말할 수 있을 것이다.

메이지 시대 이후 다양한 '전통'의 부흥이 일어났다. 〈그림 1〉은 필자의 장인이 졸업한 소학교의 수학여행 사진이다(1942). 도쿄 와세다대학 근처의 세키구치타이쵸(關口臺町)소학교를 졸업한 장인의 시대 것이다. 그 다음해부터 수학여행이 없어졌다. 도쿄에서 밤차를 타고 나고야로 가서, 이세신궁(伊勢神宮)의 내궁內宮과 외궁外宮으로 간다. 가시하라신궁(橿原神宮)[8]을 참배하

8 가시하라신궁은 1890년에 창건되었으며 나라의 중요 문화재로 지정된 본전本殿은 교토 고쇼(御所)의 가시코도코로(賢所), 신카덴(神嘉殿)을 옮겨 온 것이다.

고 나라(奈良)의 다이부츠덴(大佛殿)[9]을 본다. 교토의 모모야마고료(桃山御陵)를 참배하고 헤이안신궁과 산주산겐도(三十三間堂), 기요미즈데라(淸水寺)로 가는 것이다. 이 코스는 쇼와 시대에서 헤이세이 시대로 바뀌는 시기, 새로운 헤이세이천황이 받들었던(奉告) 코스였다. 일본의 왕세자빈인 마사코 씨의 결혼식 때도 이세신궁, 가시하라신궁, 모모야마고료 등에 황태자 부처가 갔었다. 이 중 근대 일본 황실의 특별한 성지인 진무천황릉(神武天皇陵)은 분큐 3년(1863)에 돌연 만들어진 것이다. 가시하라신궁은 1890년(메이지 23), 제국헌법의 발포發布와 동시에 창건되었다. 헤이안신궁은 1895년(메이지 28)의 것이다. 황실의 성지와 국민의 수학여행이 동일한 코스를 밟고 있는 것이다. 이처럼 근대에 접어들면서 교토와 나라는 중요한 장소가 되었다.

나라와 교토 같은 전통과 역사가 있는 장소가 어째서 필요하게 된 것인가. 이러한 논리가 생겨난 과정을 생각해 보자. 먼저 메이지 2년의 도쿄 '전도(奠都)'가 커다란 사건으로 존재한다. 교토에서 도쿄로 수도가 옮겨졌다. 당시는 문명 개화의 시기였다. 그 전년도에는 폐불훼석廃仏毀釈의 포고가 내려졌다. 그 당시 교토와 나라의 오래된 신사와 사찰 그리고 불교가 무너졌다. 이와시미즈하치만궁도 지금은 신사처럼 보이는 장소지만 사실 하치만신(八幡神, 야하타의 신)의 경우 신도와 불교가 습합되어 있는 것으로 그중 어느 쪽에 가까운가 하면 불교적이다. 게곤지(華嚴寺)와 같은 여러 사찰이 있었으나 거의 다 없어졌다. 가미가모신사도 불교에서 유래된 그 이름을 바꾸었으며 절은 파괴되었다. 도쿄 '전도'의 시대는 문화적 '전통'이 부정되었던 시기였다.

그에 비해 1880년대는 입헌제가 형성되었던 시기로, 교토 교엔은 메이지 10년대 전반기의 마키무라 마사나오(槇村正直) 교토부 지사 때 옛 조정의 부

9 나라(奈良)의 도다이지(東大寺)에 있는 대불전(大佛殿)을 말한다.

지를 매입함으로써 정리되어 갔다. 기초적인 작업은 1880년(메이지 13)에 완결되었다. 그 후 1883년(메이지 16)에 교토 교엔이 부흥했다. 중세부터 근세에 걸쳐 행해진 당시의 정월 행사 고시치니치미시호(後七日御修法)[10] 의례 또한 메이지 10년대에 부활하였다. 메이지 초기에 부정되었던 것이 부활한 것이다. 가모마츠리(賀茂祭)[11] 또한 메이지 초기에 없어졌던 것인데 부활하였다. 이러한 일들이 일어난 까닭은 무엇일까. 1880년대 '구관보존'의 문제와 관련이 있다고 하나 나는 다음과 같이 생각한다.

1882년(메이지 15), 야나기와라 사키미츠(柳原前光)라는 오스트리아 공사가 이와쿠라 토모미(岩倉具視)에게 올린 건의 중에는 다음과 같은 내용이 있다. "오스트리아에서는 1880년대에 가스등이 사용되었다. 가스등이 있음에도 불구하고 합스부르크가의 대관식에는 일부러 가스등 대신 횃불을 올렸다. 빈에서는 스페인풍으로 하는 것이 오스트리아의 전통이었다. 그럼에도 오스트리아풍으로 하여 독자적인 세계를 창출한 것이다. 러시아의 수도는 페테르부르크인데 대관식만은 유서 깊은 종교도시 모스크바에서 한다. 단지 러시아식으로 했을 뿐이다." 야나기와라는 유럽의 '문화'라는 것이 따로 존재하는 것이 아니라 영국은 영국식으로, 러시아는 러시아식으로, 오스트리아는 오스트리아식으로 하는 것이 곧 '전통'이라고 말하고 있다. 세계의 '일등국'은 근대적인 것을 지니는 동시에 독자적인 역사와 문화를 국제사회에 내세우고 있으며, 그것이 바로 '일등국이 일등국인 이유'라고 이야기하고 있다. 그러므로 일본 또한 이노우에 가오루(井上馨)가 로쿠메이칸(鹿鳴館)에서 양복을 입는 등 유럽을 닮으려고 하는 것도 좋지만 그것만으로는 결국 아시

10 정월 8일부터의 7일간, 천황의 안온 · 국가의 번영 · 오곡의 풍작 등을 빌고, 궁중의 진언원에서, 교토 토우지(東寺)의 연장자를 지도자로 삼아 행해진 진언종의 비법(秘法)을 말한다.

11 통칭 아오이마츠리(葵祭)라고 하며 기온마츠리(祇園祭), 지다이마츠리(時代祭)와 함께 교토의 3대 마츠리 중의 하나이다. 교토의 가미가모신사(上賀茂神社)와 시모가모신사(下鴨神社)에서 5월 15일에 행해진다.

아의 원숭이 흉내에 지나지 않으므로, 즉 일본의 전통적인 문화를 내세우지 않으면 안 되며, 그중 헤이안 시대의 교토, 고대의 나라를 일본의 독자적인 것으로 삼자고 주장했던 것이다.

외국의 귀빈이 오면 도쿄에서 사무적인 회의를 마치고 나라나 교토에 간다. 다이쇼 · 쇼와의 대례大礼 때에도 즉위식(即位 · 大嘗祭)을 교토에서 거행하고, 이때 외국인을 부르면 외교의 장이 된다. 그들에게 교토와 나라의 문화를 보여줌으로써 일본을 '일등국'으로 내세운다. 이런 문맥에서 문화적인 '전통'이 창출되어 갔던 것이다. 일종의 문화 전략이라고 생각할 수 있다. 1880년대 아시아 최초의 입헌국가가 되려고 할 때, 일본은 서구의 문화를 받아들이는 한편 동시에 일본의 독자적인 것을 국제사회에 어필해 갔다.

3. 교토의 아이덴티티를 둘러싸고

에도(江戸) 시대 및 근대의 교토문화 아이덴티티의 변화를 살펴보자. 먼저 근세의 교토 명소 안내는 '삼도(三都, 에도 · 교토 · 오사카) 중의 교토'론에 의한 것이었다고 할 수 있다. 당시 교토의 특색은 '도시의 번화함', '꽃의 도시', '왕성의 땅', '황도皇都' 등으로 간주되었다. 에도나 오사카와의 차이를 두고 교토를 드러내고자 하였던 것이다. 그것은 교토의 지리적 · 공간적 위치가 고려된, 하나의 비교도시론이었다. 에도에서 온 여행자의 기행문 등에서도 삼도 간의 비교가 이루어졌다. 그러나 1880년대 이후 근대 유럽의 미술이나 역사 인식이 교토에 들어오면서, 페놀로사Fenollosa와 오카쿠라 텐신(岡倉天心) 이후 미술사의 시대 구분론 속에서 교토의 위상이 새롭게 만들어졌다. 시간의 흐름 속에 교토를 위치 지어 보면, 고대 나라(奈良)와의 차이 속에서 헤이안 시대의 교토 그리고 무가武家의 가마쿠라(鎌倉)와는 또 다른 교토가 있다. 횡축 · 공간 속의 교토로부터 종축 · 시간 속으로의 교토로 이동해 간

것이다. 교토대 인문과학연구소 히구치 긴이치(樋口謹一)의 공동연구(『空間の世紀』, 平凡社, 1998)에 의하면 유럽 또한 18세기는 공간의 시대였고 19세기에 시간의 시대로 전환되었다. 나라의 도록(圖會)은 에도 시대 초기 하리마(播磨)라든가 미노(美濃)라든가 하는 지방의 것과 다르지 않았다. 극단적으로 말하면 나라는 근대 이후에 '국가 기원의 역사적 공간'으로 부상한 것이다. 교토는 근대에 들어와 고대국가의 기원과 다르며 중국으로부터의 영향을 받지 않은 독자적인 것으로서 헤이안 시대라는 이미지를 만들어 갔다. 근세와 근대는 다른 것임을 주장한 것이다.

그림 2 『교와라베』에서의 도지(東寺) 그림(해설 옮긴이)

다시 한번 시간의 흐름 속에서 교토문화를 위치 짓고자 할 때, 명소와 관련된 기록(名所記)에서 에도 시대를 주목한 부분과 근대 즉 메이지 이후를 주목한 부분 사이에는 커다란 변화가 있다. 예를 들어 『교와라베(京童)』[12] 가운데 도지(東寺)가 있다(〈그림 2〉). 고우보우대사(弘法大師)가 기도를 올렸던 곳이다. 연기설화(緣起)에는 전어를 구웠다고 쓰여 있다. 『교와라베』는 17세기에 저술된 것으로, 미즈모

12 에도 시대 초기에 나카가와 키운(中川喜雲)이 저술한, 교토에서 가장 오래된 명소(名所) 안내서이다. 신사, 사원, 명승지를 중심으로 여든일곱 군데의 유래가 쓰여 있다.

토 구니히코(水本邦彦)도 이 그림에 주목해 『낙북사학洛北史學』(창간호, 1999)에 이에 대해 쓰고 있다. 과연 이것은 도지의 어떤 장소를 그린 것일까. 17세기의 이 그림은 서쪽의 다이시도우(太子堂)를 그린 것이다. 요즈음 교과서나 관광 가이드에서 볼 수 있는 도지는 동쪽의 강당이라든가 헤이안 시대의 것이다. 서쪽의 다이시도우는 고우보우대사의 법회(弘法の市)[13]가 거행되는 것으로 알 수 있듯이, 고우보우대사에 대한 에도 시대의 서민 신앙 공간이다. 즉 근세에는 도지의 서쪽에 주목(着目)했다. 그에 비해 근대가 되면서 미술적인 가치에서 강당의 다이샤쿠텐(帝釋天)[14]이라든가, 국보인 헤이안 전기의 불상이 문화재 보호 측면에서 주목받았다. 멀리 보면 헤이안 시대 도지가 건축된 시기에는 밀교密敎의 동쪽이 중요했다. 무로마치(室町) 시대에서 에도 시대에 걸쳐서는 고우보우대사 신앙으로 인해 서쪽으로 사람들이 흘러갔다. 국가 보호 유지 차원에서 서민 신앙 차원으로 바뀌게 되었다. 그런데 근대가 되어 또다시 미술사의 흐름 속에서 동쪽이 주목받았다. 이것은 나라의 절에 있어서도 마찬가지이다.

현재 고후쿠지(興福寺)는 곤도(金堂)나 고쥬노토우(五重塔)가 주목받고 있으며 덴표(天平) 시대(729~749)의 불상을 모시고 있다는 이미지를 갖고 있다. 하지만 에도 시대에는 서국삼십삼개소(西國三十三か所)의 하나인 난엔도(南円堂)가 주목받았다. 명소 도록에서도 '고후쿠지 난엔도'를 소개하였으며, 근대에 와서야 시대 구분이 만들어져 덴표문화의 고후쿠지가 정치定置되었던 과정에 따라 교과서나 안내서에 출현하게 되었다. 호류지(法隆寺)는 에도 시대의 경우 쇼토쿠태자(聖德太子) 신앙에 관한 칼이 보존되어 있었던 사이엔도(西円堂)에 사람들이 몰렸다. 이곳은 태자 신앙의 장소였지만 근대가 되면서 국가의 기원, 가장 오래된 미술로서 수이코조(推古朝)가 주목을 받았다. 아스카

---

13 도지(東寺)의 미에이도(御影堂)에서 거행하는 법회(法會)를 말한다.

14 불교에서 불법(佛法)의 수호신이자 12천(天)의 하나로, 동쪽의 수호신이다.

(飛鳥) 시대 호류지의 본당, 강당, 오층(五重)의 탑이라는 세계가 미술적 가치로 선전되고 안내서에 실리게 된다. 근세와 근대에는 이와 같은 의미가 포함된 중대한 전환이 있었던 것이다.

4. 근세 · 메이지유신기의 교토

에도 시대 교토론의 경우 『교스즈메(京雀)』[15](간분 5, 1666)에 "흥성거려 떠들썩한 민가, 처마가 삐걱거리고 문이 늘어선 미야코(宮古) 생활은 더욱 화려하구나"라고 묘사되어 있다.

그 이후 시대의 『오사카일보(大阪日報)』(1877. 7. 28)에는 "볼거리가 화려하다"고 하여 번화함이 도시 표상으로 나타난다. 이처럼 교토는 우선 번화한 도시라는 점에서 의미가 있었다. 또한 『보았던 교토 이야기(見た京物語)』(二鐘亭半山, 덴메이 원년, 1781)에는 "교토는 설탕절임(砂糖漬) 같은 곳이다. 모든 것에 우아함(雅)이 있어서 맛에 비유하자면 달다"라고 나와 있다. 이것은 당시의 현상일 뿐 역사 인식은 아니다. 교토의 현상을 지칭하는 것일 뿐 '우아함'이 헤이안 시대와 연결되었던 것은 아니다. 더욱이 우아함이라는 것이 선전되었던 것도 아니다. "메마른 것치고 윤택한 것이 없다. 아름다울지라도 어딘가 쓸쓸하다." 꽃의 도시는 황폐해 있다.

앞서 서술했던 것처럼 근세의 도지 안내서에서 근대의 미술적 가치가 선전되고 있는 것과는 다르다. 아이들에게 도지의 지누시가미(地主神)나 곤고우리키시(金剛力士)를 만지도록 해서 건강을 빌었다거나, 서쪽에 있는 미에이도(御影堂)에서의 고우보우대사에게 올리는 공양법회에 참석하는 "남녀노

15 에도 시대에 아사이 료이(浅井了意)가 통속소설의 형식으로 쓴 지리지를 말한다.

소가 소매를 잡고 줄을 잇는다"는 내용이 나오기도 했다.

그랬던 것이 메이지 시대에 들어 도지에 대한 기술에 변화가 일어나, 1928년(쇼와 3) 가와카쓰 세이타로(川勝政太郎)의 『고미술사적, 교토 행각行脚』에 동쪽의 가람伽藍 문제나 고우보우대사가 만들었다는 '후도우묘오우죠(不動明王像)' 등이 근대 도지의 미술적 가치로서 서술된다. 이 미술적 가치에 대한 주목이 교토의 이미지 생성과 관련되어 있는 것이다.

메이지유신기에 접어들면서 교토에서는 1868년 폐불훼석 운동으로 가모샤(賀茂社)가 해체된다. 가모샤에는 사가社家의 방과 부지가 있었지만 메이지유신 당시 가모(賀茂)의 사가는 가미가모신사와 관계가 단절된다. 전전戰前에는 내무성이 신사를 운영하고 중앙에서 파견된 신관神官이 신사의 직책을 맡아 관리하는 형국이었다. 그러다 격변이 일어나 신궁사神宮寺가 폐쇄되었다. 가령 이와시미즈하치만궁의 오토코산(男山) 산기슭에 있는 절이 폐사되기도 했다. 이와시미즈하치만궁의 이와시미즈방생회는 생명을 존중하여 하천에 물고기를 풀어 주고 하늘에 새를 날려 보내는 불교 의식을 행한다. 게이오(慶應) 3년(1867)에도 이와시미즈방생회는 하천에 물고기를 풀어 주고 새를 하늘에 날려 보냈다. 그런데 다음 해인 게이오 4년(1868) 신불분리령神佛分離令이 포고된 후에 이 불교 의식은 신도神道 의식으로 180도 전환된다. 물고기를 죽이고 새를 죽여 신에게 바친다. 신도에서는 산 제물을 바치기 때문에 정반대로 행했던 것이다. 이처럼 오토코산에서는 '마계魔界'와 같은 상황이 전개되었다. 그러한 가운데 교토 중 · 근세의 '전통'이 메이지 초기에는 사라지게 되었던 것이다.

메이지 2년(1869) 3월에 도쿄 '전도奠都' 즉 임시로 도읍을 옮긴다면서, 다이조칸(太政官)의 정식 포고가 나오지 않았음에도 갑작스럽게 도쿄로 이어移御했다. '천도'가 아니라 '전도'일 뿐이었다. 도쿄 '전도'는 근세와 근대의 황실 존재 방식에 커다란 영향을 끼쳤다고 생각된다. 에도 시대의 조정 규모는 공가령公家領을 합쳐 10만 석을 넘어서는 정도였다. 궁내어료(禁裏御

料)[16] 약 3만 석 규모에 천황의 영지領地는 대략 교토 분지 정도의 야마시로노쿠니(山城國)에 있었다고 생각해도 좋다. 일부 예외는 있지만 필요한 여러 가지의 것, 즉 궁중 행사인 다이죠사이(大嘗祭) 때 사용할 대나무와 삼나무 등이 있는데 대나무는 야마시나고(山科鄕)에서 가져왔다. 교토 주변에서 가져온 것이다. 후시미(伏見)의 오쿠라(大倉) 주조酒造[月桂冠]의 문서를 보면, 오쿠라 가문은 궁내에서 술을 담는 통을 만드는 데 필요한 나무를 팔고 있었다. 필요한 물품도 교토 주변에서 준비했다. 근대에는 있을 수 없지만 과거에는 말도 안 되는 차별을 받았던 예능인들도 천수만세天壽萬歲[17]가 야마토(大和)의 고료쵸(廣陵町)로부터, 또 사루마와시(猿回し)[18]는 미부(壬生)로부터 불려 오곤 했다. 에도 시대에는 정월에 예능 '천민賤民'이 천황의 앞에서 장수를 축원하는 장이 있었는데, 이후 근대 황실에서 정월에 사루마와시가 나오는 일은 없었다. 이처럼 예능인들이 교토의 주변에서 왔다. 에도 시대의 조정은 기내畿內[19]를 중심으로 한 조정이었다. 그것이 도쿄에서는 전국구의 천황이 되었기 때문에 특정한 땅과 특별한 관계를 맺고 있어서는 안 되었다. 도쿄를 중심으로 하여 전 국토에 대해 등거리를 유지해야 했다. 규슈 · 홋카이도나 식민지에 대해서 등거리를 유지하지 않으면 안 되었다. 교토라는 지역적 기반을 벗어나 전국 규모의 황실이 되었던 것이다. 이 과정 속에서 메이지 초기에 문화적 '전통'이 단절된 것이 하나의 설명으로서 가능하다고 생각한다. 그것은 교토와 황실의 특별한 관계가 단절되어 가는 맥락이었던 것이다. 동시에 문명 개화기에는 옛 것이 버려졌다. 이 양쪽의 맥락에서 설명이 가능하다고 생각한다.

---

16 에도 시대에 장군들이 조정에 헌상한 영지를 말한다.

17 정월에 민가 앞에서 가문의 번영을 축원하며 춤을 추는 예능인을 말한다.

18 원숭이에게 재주를 부리게 하여 돈을 버는 예능인을 말한다.

19 궁궐 주변의 땅으로, 율령국가가 정한 행정구역을 말한다.

그것이 1880년대가 되면서, 전 국토에 대해 등거리를 유지할 뿐인 무색無色의 천황제로는 국제사회에 진출할 수가 없었다. 세계를 둘러보면 러시아나 오스트리아처럼 오랜 역사를 갖고 있는 것이 '일등국'이 되기 위한 조건이었다. 그래서 '전국과의 등거리성' 대 '기내畿內 지역과의 특별한 관계'라는 양방향에서의 균형을 취하게 된 것이다. 이것을 집대성한 것이 바로 이와쿠라 토모미(岩倉具視)의 「토모미 교토 황궁 보존에 관한 의견서」이다. 그것은 교토의 종합적인 부흥책이자 1883년(메이지 16) 암에 걸려 병상에 있던 이와쿠라 토모미의 최후의 유언이었다. 그래서 헤이안신궁이 창건되었고 가모마츠리(賀茂祭), 이와시미즈방생회처럼 메이지 초기에 폐지되었던 것들이 부활했다. 궁내성 교토 지청을 만들어 옛 공가公家들에 대한 애프터 케어 aftercare 문제라든가 교토 교엔 정비 문제의 해결을 핵심으로 하는 종합적인 보존책이 마련되었다. 이것이 오늘날까지 이어지는 교토의 문화적인 '전통' 만들기의 원안이 되었다고 여겨도 좋다. 다이쇼나 쇼와 천황의 즉위식이 교토 교엔에서 거행되는 것도 이와쿠라의 건의가 그 시초가 되었으며, 이는 황실 전범典範이나 등극령登極令[20]으로 이어졌다.

5. 헤이안문화론의 생성

1880년대 일본에 입헌제가 만들어졌을 당시 '전통'이 중시되는 동향을 통해 헤이안문화론이 생성되었다. 그러나 1880년대에 헤이안문화의 이미지는 희미했다. 1889년(메이지 22)의 소학교 교과서였던 『신찬新撰 교토부 관내 지지地誌』에 "온아溫雅", "아름다움(優美)"이라는 말이 등장했지만 이는 현실

20 원호(元号) 제정 · 즉위식 등에 관해 제정된 옛 황실령으로 1909년에 공포되었다.

적인 측면만을 드러냈다. 『교토미술잡지』 창간호(1890) 역시 "교토 옛 사원의 아름다운 미술품"이라고 적고 있지만 역사성이 있는 것은 아니다. 일본에서의 미술사 시대 구분은 1880년대까지 존재하지 않았다. 페놀로사, 오카쿠라 텐신에 의해 처음으로 시대 구분, 즉 나라나 헤이안 시대의 시대적 성격이 출현했던 것이다. 이러한 작업을 거쳐 비로소 근대적인 역사 인식이 나타났다.

1880년대부터 전국적인 보물조사가 이루어졌다. 1888년(메이지 21)에 설치된 임시전국보물조사국(臨時全國寶物取調局)은 전국의 사찰과 신사를 모조리 개방하도록 하여 불상이나 조각 등을 조사했다. 제국교토박물관(교토국립박물관)은 고고考古 부실, 도기陶器 부실, 에마치모노(絵巻物) 부실, 서예 부실, 도검 부실을 만들고 장르별로 전시하였다. 각 부실마다 학예원이 있었고 계절마다 전시를 교체하였다. 불상이라든가 조각, 회화 등의 장르 개념도 1890년대에 오카쿠라 텐신 이후 생겨났다. 메이지 10~20년대에 걸쳐 이루어진 전국적 보물조사 이후 조사된 각각의 불상과 조각이 저마다 어떤 시대의 것인지를 밝히기 위한 시대 구분이 필요해졌던 것이다. 미적 기준을 두고 국가가 가치를 부여했다. 메이지 20년대 임시전국보물조사국 시대에 8등급의 랭크가 만들어졌다. 그리고 그 연장선상에서 국보가 정해졌다. 가치 부여나 장르 규정이 이 시대부터 생겨나기 시작했다.

1890년(메이지 23) 도쿄미술학교의 강의록이었던 『일본미술사』에서, 오카쿠라 텐신은 엔기(延喜) 시대(헤이안 전기, 901~923)를 높이 평가했다. 고대의 것과는 다른 일본의 독자적인 것이라고 하면서 "후지와라(藤原) 씨 때는 외국의 속박으로부터 완전히 벗어남으로써 순수한 아름다움(優美)이 극에 달했다"고 하였다. 오카쿠라 텐신의 『일본미술사』는 1890년에 집필되었지만 정작 활자화된 것은 다이쇼(大正) 시대였다. 당시 사회와는 접점을 만나지 못하였지만 시작은 그의 저술에 있었다. 그리고 그 훌륭한 수프soup를 마신 것이 구키 류이치(九鬼隆一, 1852~1931)이다. 그는 『이키(いき)의 구조』를 쓴

구키 슈조의 부친으로서 문부성의 관료이자 초대 제국교토박물관 총장이며 임시전국보물조사국의 책임자였다. 그는 교토에 와서 오카쿠라의 미술론을 각색하여 이야기했다. 이를 『교토 히로데(日出)신문』이나 『교토미술협회잡지』에 발표했는데, 그것은 오카쿠라의 저술을 표절한 것이었다. 그때까지 오카쿠라의 저술은 활자화되지 않았던 상태였기 때문에, 천도천백년제遷都千百年祭 때까지 구키 류이치의 이름은 널리 알려져 있었지만, 오카쿠라의 이름은 그렇지 않았던 것으로 보인다. 구키 류이치는 고대의 아름다운(優美) 헤이안 시대의 문화론이나 시대 구분을 오카쿠라의 설로부터 차용하였다. 그는 천도천백년제 때 오카자키(岡崎)의 파빌리온에서 시대 구분이 존재하는 전시를 해야 한다고 주장하였다. 당나라의 영향을 받았던 고대, 고닌(弘仁) 시대(810~823), 후지와라 전권 시대가 아름다운(優美) 고쿠후의 시대라는 식으로 시대 구분하여 전시해야 한다고 주장하였던 것이다. 실제 그와 같이 전시되지는 않았지만 오카쿠라의 방법론이 구키를 통해 소개되고 있었던 셈이다.

오카쿠라 텐신의 『일본미술사』에서 국가의 기원으로서의 나라, 일본 고유의 헤이안 시대라는 일본 미술사의 시대 구분이 성립되었다. 그리고 그것을 수용하는 형태로 천도천백년기념사업이 거행되었다. 분명 이론적으로 수용하는 형태였다. 이처럼 오카쿠라의 원리론原理論이 유포되는 데는 두 개의 루트가 있었는데 한 사람은 앞서 말한 구키 류이치였고, 다른 한 사람은 오카쿠라의 수업을 들었던 제자 오무라 세이가이(大村西崖, 1868~1927)였다. 세이가이는 후에 오카쿠라 텐신과 교제를 끊게 된다. 1895년(메이지 28)에 『헤이안통지(平安通志)』라는 역사서가 유모토 후미히코(湯本文彦)의 주도하에 편찬되었다. 그중 회화편과 조각, 그리고 총론에 관해 오무라 세이가이가 보조원으로서 집필하였다. 후지와라 씨 때가 화사華奢하고 풍류가 극치를 이뤄 화려선미華麗善美이자 고상우미高尙優美라고 하여, 고대와의 차이를 통해 헤이안의 아름다운(優美) (시대 구분의) 미술을 기술하고 있다. 이처럼

그림 3 「뵤도인 전도」, 15.6×33.4(반절)

오카쿠라 텐신의 미술사가 처음으로 실천되었던 지점이 교토였다. 일본에서 최초에 만들어진 미술사 이론이 사회와의 접점을 가지고 실천되었던 것이 교토의 천도천백년기념사업이었다. 그것이 헤이안신궁이고 지다이마츠리(時代祭)[21]였던 것이다.

교토는 1895년(메이지 28)에 있을 천도천백년제와 제4회 내국박람회를 준비하기 위해 움직이기 시작했고, 이에 힘을 쏟아 외국의 박람회에 참가한 것이 1893년의 시카고박람회였다. 천도천백년기념사업과 병행하여 국내에서는 제4회 내국박람회가 거행되고, 국제적으로는 세계박람회가 거행되었다. 파빌리온의 일본관은 우지(宇治) 뵤도인(平等院)을 본뜬 건축을 전시했고(〈그림 3〉), 거기에 니시진(西陣)이나 교토의 공예품을 전시했다. 전체가 고쿠후문화의 뵤도인 이미지로, 각각의 건축 양식은 정중앙이 도쿠가와 시대, 왼쪽이 아시카가(足利) 시대, 오른쪽이 고쿠후문화의 것이었다. 전체적으로 우지 뵤도인을 모방하고 있었다.

헤이안신궁은 헤이안쿄의 다이고쿠덴(大極殿)을 모방한 것이다. 낙성을 기념하는 첫 공연이었던 이치카와 단주로(市川団十郎)의 각본에서 헤이안 시

21 헤이안신궁에서 거행되는, 간무천황(桓武天皇)이 794년에 헤이안쿄(平安京)에 들어왔던 날을 기념하여 매년 10월 22일에 거행되는 행사를 말한다.

대 이래의 역사를 가지고 있다고 선언했던 것이다. 『교토미술협회잡지』에서는 메이지 20년대 교토의 3대 사건으로서 천도천백년제 시행, 제국교토박물관 설치, 내국권업박람회 개최를 꼽고 있다. 이들을 통해 외국인에게 헤이안쿄의 아름다움(優美)과 고아(高雅)한 일본의 독자적인 문화 전통을 보여주고자 했던 것이다. 제국교토박물관은 천도천백년기념사업과 연계되어 만들어졌다. 1890년(메이지 23)에 제국의회와 동시에 일본 역사 미술을 보여주는 장으로서 제국교토박물관의 설치가 결정되었다. 도쿄와 교토, 그리고 나라의 박물관은 저마다 성격이 달랐다. 현재 교토국립박물관은 문화청이 담당하지만 1890년 당시는 궁내성이 담당했다. 그리고 1900년에 제실박물관이 되었다. 이렇게 훌륭한 보물을 황실이 가지고 있다는 것을 보이는 장이었다. 부르봉가와 루브르박물관, 합스부르크가와 빈미술사박물관 그리고 로마노프가와 엘미타주박물관의 관계처럼, 군주가 훌륭한 것을 갖고 있다는 의미에서 교토에 박물관을 만들었던 것이다. 실제 개관한 것은 1897년이었는데, 단지 천도천백년기념사업과 함께 준비되어 왔던 점을 강조해 두고자 한다. 교토나 나라의 박물관은 문화적인 '전통'을 전하고 있지만, 지금도 야쿠시지(藥師寺) 등의 문화재가 나라 교토국립박물관에 기탁되어 전시되고 있다. 나라는 고대의 미술을, 그리고 교토는 헤이안 시대를 교토 지역의 것이라고 보여준다. 절이 폐불훼석으로 피폐해져 있었기 때문에 절이 문화재를 기탁하면 관람 수익의 일부를 절에 환원했다. 우에노(上野)박물관이 전국구로서 국가 가치 규정의 중심이 되었던 데 반해 교토나 나라의 박물관은 고대의 문화나 헤이안문화를 보여주었다.

일본에서 최초로 활자화되었던 미술사 서적은 1901년 『고본稿本 일본제국미술사략』이라는 것이 지금의 통설이다. 최근 10년 정도 사이에 일본 미술사의 내력에 대한 연구가 왕성해지고 있다. 그러나 『헤이안통지』가 일본에서 최초로 활자화된, 시대 구분을 지닌 미술사 서적이라고 생각한다. 이것은 교토를 그 중심으로 하고 있다. 『고본 일본제국미술사략』은 1901년(메이지 34), 『헤이안통지』는 1895년(메이지 28)에 편찬되었으며 『헤이안통지』는 교토가 중심이지만, 『고본 일본제국미술사략』은 체계적이고 전국적인 것이다. 최초의 체계적인 일본 미술사 서적은 프랑스어로 된 *Historie de l'Art du Japon*이다. 1900년에 파리에서 만국박람회가 열렸고 거기에서 프랑스어판의 일본 미술사 서적이 나왔다. 일본 미술사의 성립은 어디까지나 외향이었다. 파리만국박람회에서 이러한 역사와 시대 변천을 갖고 있다는 자화상, 즉 일본 미술사를 프랑스어로 출판했다는 사실이 중요했다. 외국을 향해서 교토나 나라를 내세울 때, 유럽에 빗댐으로써 알기 쉽도록 표현했다. 유럽이라고 하면, 프랑스나 영국의 미술사의 시작은 그리스나 로마에서부터 시작하여 분화해 간다. 이에 미술에 있어 고대 나라(奈良)는 일본의 그리스이며, 교토는 일본의 로마라고 구분을 하고 있다. 오카쿠라의 시대로부터 유럽 미술사의 문법 중에 일본도 들어가기 시작한 것이다.

6. 맺음말

이상에서 살핀 것처럼, 근대 고도古都론의 제도나 원리론은 1880~1890년대에 완성되었다. '아름답고' '우아한' 교토의 문화를 헤이안 시대와 결부시켜 이미지화하고 헤이안 시대를 만들어 갔다. '헤이안문화'의 미술 및 문화재는 교토 분지에 적지 않다. 헤이안 시대의 밀교문화로 도지(東寺)가 있으나 후기 고쿠후문화의 유물은 없는 것이다. 그 분지에 교토 교엔(御苑)을 정비하고 헤이안신궁을 창건함으로써 마치 연속의 것처럼 환영幻影의 헤이안문화를 만들어 갔다. 오카쿠라 텐신이 구상한 헤이안미술의 원리론이나 이미지가 관료인 구키 류이치나 제자 오무라 세이가이에 의해 교토에서 시각화 · 정책화되었다.

또한 진무천황릉을 분큐 3년(1863)에 고분도 없는 장소에 흙을 쌓아서 만들었다. 가시하라신궁은 고대 이래 계속 이어져 온 것처럼, (본래 울창한 숲이었지만) 1890년(메이지 23)에 수축되었다. 닌토쿠천황(仁德天皇)이 묻혀 있지 않은 닌토쿠천황릉이 만들어진 시기는 닌토쿠천황이 살아 있던 시대와 2세기 정도 차이가 난다. 막부 말기부터 메이지 시대에 능묘가 만들어졌다. 마치 사기와 같은 방법으로 신화적인 고대가 만들어졌다. 나라에 있는 세 개의 산을 의미하는 야마토삼산(大和三山)도 공유지였던 것을 근대에 들어서 황실이 식수植樹를 하여 나라 분지에 떠오르는 만엽의 세계를 만들어 냈다. 요시노산(吉野山)에는 벚꽃을 심어 『신코킨와카집(新古今)』[22]의 세계를 만들었다. 이와 같이 역사적인 것들이 만들어져 갔다. 미술의 시대에서 아스카 시대라고 하면 호류지를 떠올리고, 덴표 시대라고 하면 쇼소인(正倉院)의 보물을 떠올리며, 헤이안 시대라고 하면 호오도를 눈에 떠올리는 국민적인 상식이 있다. 그러나 적어도 메이지 시대의 사람들은 그런 이미지를 가지고 있지 않았다. 역사학에서 사람들이 호오도를 보면서 헤이안 시대라는 이미지를 떠올리기 시작한 것은 언제쯤부터일까. 그런 것을 논증하는 일은 무척 어렵다. 가설이지만 오카쿠라 텐신이 만들어 낸 원리론이 국민의 차원으로 내려온 것은 대중사회화의 상황, 즉 1920년대 이래 미디어 사회의 시대, 복제문화의 시대, 라디오라든가 관광이라든가 투어리즘이라든가, 그리고 국정교과서에 알기 쉽게 나오는 것 등을 통해서 내려온 것이라고 생각한다.

그러나 헤이안문화의 경우는 보다 이른 시기인 천도천백년기념사업의 단계에서 오카쿠라 텐신이 창안해 낸 원리론이 문화 정책으로 나타나기 시작했다. 『헤이안통지』 등이 그 증거라고 생각한다.

(번역: 허병식, 한기대)

22 『만엽집』, 『고킨집(古今集)』과 더불어 일본 3대 가집으로 불린다.

한양에서 경성으로

왕조수도의 식민지 종주도시화

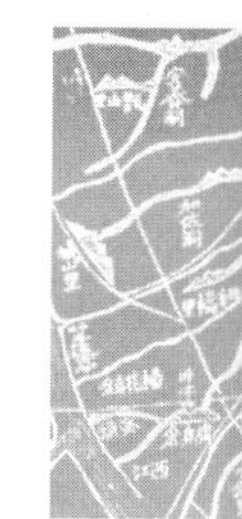

김백영

1. 머리말: 비교사적 관점에서 본 식민지 종주도시

일제하 서울은 어떤 특성을 띤 식민지도시인가? 이 질문에 대한 해답을 구하기 위해서는 일제시기 서울의 변화 양상에 대해 총체적으로 이해하고 평가할 필요가 있다. 이는 한편으로는 식민지도시, 특히 그 가운데서도 식민지 종주도시(primate city)의 공간적 특징에 대한 일반론에 입각한 비교사적 관점에서의 검토를, 다른 한편으로는 경성에 대한 도시사·건축사·주거사·도시계획사를 포함한 정치사·경제사·사회사·문화사 등 광범위한 관련 분야 선행 연구의 성과들에 대한 이론적 재구성을 요구한다. 이 글은 이러한 선행 연구의 성과들을 종합함으로써 비교사적 관점에서 식민지도시 경성京城의 특성을 개관해 보려는 시도다.

우선 구미 열강의 제국주의에 의해 형성된 식민지 종주도시는 일반적으로 다음과 같은 세 가지 특징을 띤다. 첫째로 입지와 기능의 측면에서, 식민지 종주도시는 '철도가 발달한 항구도시'로서 해운을 통해 제국 본토와 식민지 간의 경제적 교역의 창구 역할을 수행하는 것이 일반적이다. 둘째로 권력과 공간의 관계라는 측면에서, 식민권력은 상징건축, 도시계획 및 이를 무대장치로 하여 전개되는 의례 등을 통해 식민지 종주도시의 공간을 지배집단의 문화적 우월성을 과시하는 '지배의 물질적 장치'로 연출해 낸다. 셋째로 공간과 일상의 관계라는 측면에서, 인종·위생·통제라는 세 가지 담론적 장치와 결합된 거주공간의 물리적 분리(segregation)를 통해 이중도시(dual city)가 형성된다. 이는 외래 식민자들로서는 지배의 안정화·공고화를 도모하는 공간적 장치로 고안된 것이지만, 토착 피식민자들에게는 거꾸로 토착 커뮤니티의 독자성을 사수하는 일상생활 속의 '정체성의 정치'의 근거지로 활용되기도 한다.[1]

이러한 식민지 종주도시의 일반적인 특징에 비춰볼 때, 경성은 다음 몇 가지 점에서 차별성을 드러낸다. 첫째, 입지의 측면에서 가장 현저한 차이점은 내륙 역사도시가 식민지수도가 된 보기 드문 사례라는 점이다. 서울은 5백여 년 조선 왕조의 수도로서 강한 역사적 전통성을 지니고 있음은 물론, 식민화 당시에도 한반도 전체를 압도하는 강력한 중앙집권적 권력이 결집되어 있는 '작동 중인 수도(active capital)'였다. 식민지도시들 가운데 내륙의 역사도시에, 그것도 전통권력이 여전히 강한 힘을 가지고 있는 전통적 수도에 식민권력이 수위도시를 건설한 것은 극히 이례적인 일이다. 그것은 서양 열강의 식민지도시들에서도 보기 드문 사례일 뿐 아니라,[2] 일제가 건설한 식민지수도 가운데에서도 독특한 현상이다.[3]

1 김백영, 『지배와 공간: 식민지도시 경성과 제국 일본』 (문학과지성사, 2009), 제2장 참조.

2 20세기에 접어들어 무굴 제국의 오랜 수도였던 델리에 신도시 뉴델리를 건설하여 천도(1911)한 영 제국의 경우는 극히 이례적인 일이었다. 또 설령 델리를 수도로 삼았다 하더라도 구도시 델리 시가지와는 격리된 별도의 공간에 영국인 거주지를 건설하였다는 점에 비춰 보더라도, 성곽도시 내부에 일본인 거점지를 건설하고 끊임없이 조선인 거주지로의 침투·확산을 꾀한 일제하 서울의 경우는 다소 특이한 사례에 속한다.

3 1930년대 만주국 건설 과정에서 수도 신경(新京)이 만주의 고도 심양(沈陽)이 아니라 신도시

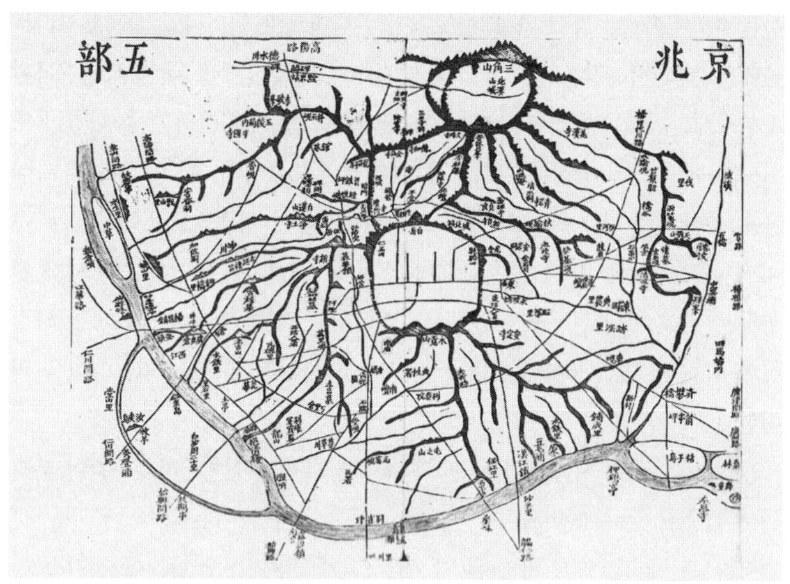

그림 1 경조오부도(京兆五部圖, 김정호, 1861)

둘째, 조선 왕조의 수도로서 5백 년 이상의 역사적 전통을 지닌 고도古都를 식민지수도로 변용하여 '지배의 물질적 장치'로 연출해 내기 위해서는 적어도 다음 세 가지 측면에서 전통도시의 유산을 수용 또는 극복해야 한다. ① 한강과 외사산으로 둘러싸인 성저십리城底十里를 배후지로, 내사산의 능

장춘(長春)에 건설된 것을 대표적인 예로 들 수 있다. 또한 타이베이의 경우, 중국의 전통적 성곽도시 성내지구를 일제 식민권력이 배타적으로 완전히 장악했다는 점에서 외견상 서울의 경우보다 더 특이한 경우인 듯 보이지만, 실제로 타이완이 청나라의 영토로 편입되고 타이베이에 도성이 건축된 것이 19세기 중반에 접어들어서의 일이라는 점에서, 그리고 청일전쟁 이후 타이완의 일본 할양이 결정되면서 과거 타이베이를 지배하던 청 왕조의 지배 세력들이 대부분 성내지구를 비워 놓고 중국 본토로 귀환했다는 점에서, 타이베이의 중심부 공간은 전통권력의 저항이 거의 희박한 '無主空山'을 점거하는 방식으로 이루어졌다. 일제 식민권력에 대한 타이완인들의 격렬하고도 끈질긴 저항이 지방의 원주민들을 중심으로 전개된 것 또한 이러한 이유에서이다.

선을 따라 조성된 둘레 약 17킬로미터의 성벽으로 둘러싸인 성곽도시라는 물리적·자연지리적 조건. ② 고려 말기 숭유억불 정책을 내세우고 건국된 조선 왕조가 1394년 정도定都한 이래 조선 왕조의 성리학적 통치 이념이 도시 곳곳에 각인된 상징도시라는 점. ③ 왕조수도로서의 위상에 걸맞게 왕실을 비롯한 전통시대 조선의 특권층과 권력자들이 집중적으로 거주하는 곳이라는 점. 이는 식민자들의 입장에서는 '백지 상태'의 공간에 신도시를 건설하는 것에 비해 전통도시의 공간적 관성과 사회적 저항을 극복하는 과정에서 훨씬 더 많은 역사적 변수를 고려하고 사회적 비용을 치러야 함을 의미한다.

셋째, 경성의 도시공간에서도 식민자들과 피식민자들의 거주공간이 분리되는 이중도시(dual city)로서의 공간적 특성이 나타남은 주지의 사실이다. 하지만 서구 제국주의에 비해 볼 때 일본의 제국주의는 강압적인 전면적 동화주의 정책을 추진했다는 점과 이주 인구의 비율이 대단히 높았다는 점에서 구미 열강의 식민지도시에서 나타나는 강한 의미에서의 공간적 분리는 잘 나타나지 않는다. 경성의 경우에도 이러한 '약한 이중도시'로서의 특성을 띠며, 특히 1930년대 이후에 이르면 조선인과 일본인이 사실상 혼거(mixed residence)에 가까운 양상을 띤다고 보는 것이 더 정확한 표현일 것이다. 경성은 전통 왕조수도에서 식민지수도로의 급격한 위상학적 변화를 겪었을 뿐만 아니라, 식민권력의 거점지로서 한반도의 다른 어떤 도시보다도 일본인 이주 인구가 압도적으로 많았으므로 이러한 민족 간 거주지 분리의 시기별 변화 양상도 가장 극적으로 나타난 도시라고 할 수 있다.

그렇다면 구미 열강이 건설한 식민지 종주도시와 비교했을 때 드러나는 경성의 이러한 특성을 초래한 가장 큰 원인은 무엇일까? 그것은 다른 무엇보다도 서울이 조선시대 한반도의 '도시 중의 도시'로서, 정치·경제·사회·문화 모든 면에서 압도적 수위도시로 군림해 온 왕도라는 점에 있을 것이다. 이런 관점에서 보면 일제가 항구도시나 신도시가 아닌 내륙도시이자 전통도시에 식민지수도를 건설한 것은 조선시대 한양이 지니고 있던 수도로서의 위상을 이어받아 이용하려는 전략적 판단의 산물이었다고 볼 수 있다. 따라서 일제의 식민지수도 건설 과정에서 '고도의 유산'이 과연 어떤 영향력을 행사했으며 어떤 역사적 효과를 초래했을지를 분석하는 것은 식민지도시 경성의 특수성을 규명하는 데 일차적인 연구 과제라고 할 수 있다.

필자는 이러한 문제의식을 바탕으로 전통적 유산의 작용에 주목하여 식민지도시 경성의 형성사적 특질을 규명해 보고자 한다. 이를 위해 이 글에서는 다음과 같은 세 가지 논제를 중심으로 질문을 구체화할 것이다. 첫째, 한성부의 왕조수도로서의 입지와 기능은 식민지도시로의 전환 과정에서 어떤 변화가 이루어졌는가? 둘째, 한양의 전통적 공간소와 집합적 장소성은 식민지 근대 도시공간의 형성 과정에서 어떤 변화를 겪게 되는가? 셋째, 식민화 과정에서 한성부 주민들의 인구 구성은 어떻게 변화하며, 그것은 어떤 사회문화적 변화를 야기하는가? 이에 대한 분석을 통해 식민지도시 경성에서 나타나는 전통성·근대성·식민성의 상호 관계에 대해 좀 더 심도 깊은 이해가 가능할 것이다. 이제 본격적으로 입지와 기능, 공간과 장소, 인구와 사회라는 세 가지 측면에서 전통도시의 유산이 식민지도시화 과정에서 어떤 역사적 변화에 직면하게 되는지 차례로 분석해 보자.

2. 입지와 기능: 왕조수도와 식민지수도의 연속과 단절

한반도에 대한 일제의 식민화 과정은 청일전쟁에서의 승전으로 조약을 통해 할양받은 타이완이나, 만주사변 이후 장악하게 된 점령지에 괴뢰 정권을 수립한 만주국의 경우와는 매우 다른 양상을 띤다. 그것은, 1876년 개항 이래 30여 년에 걸친 열강들과의 군사적·외교적 각축전 끝에, 청일·러일 전쟁이라는 두 차례 국제전과 통감부시기의 이중 권력 상황을 거친 후, 대한제국이라는 독립국가를 일본제국의 속국으로 '평화적으로 병합'하는 외교적 형식을 통해 이루어졌다. 그 과정에서 일제는 한편으로는 러일전쟁 이후 압도적인 군사력을 전면에 내세운 노골적인 침략성을 드러내면서도, 다른 한편으로는 국제 사회에 대한 다각적인 외교전을 통해 평화적 외양을 띤 병합 조약임을 추인받고자 하는 이중성을 드러냈다.

서울이 '식민지 조선의 수부首府'가 된 것은 이러한 과정을 통해서다. 즉 개항 이래 '병합'에 이르기까지 다년간의 국제정치적 과정에 있어서의 열강들 간의 역학 관계와 일본의 한반도 식민화 전략과 그에 대한 왕조권력의 저항이라는 복합적인 정치적 갈등의 동학 속에서, 한반도의 수도로서 한성의 지위가 국제적으로 확인·강화되고 식민권력에 의해서도 인정받게 된 결과로 볼 수 있다. 특히 러일전쟁에서 '일한 병합'에 이르는 시기는 매우 짧은 기간에 불과하지만 500년 전통이 축적된 역사도시가 일제에 의해 강점된 식민지도시로 전환되는 매우 급속하고 강력한 질적 전환을 경험한 시기로 볼 수 있다.

조선의 개항은 1876년 강화도조약과 1882년 제물포조약을 체결함으로써 개항장인 인천, 부산, 원산 등지에 외국인 거류지가 설정되면서 비롯되었다. 일본인들의 도성 내 거주가 허용된 것은 1885년 2월부터였는데, 그들은 처음에 남산 북록의 진고개(泥峴) 일대에 거류지를 형성하였다. 1895년 청일전쟁은 한성에서 일본인들이 중국인들을 몰아내고 활동 근거를 남대문통 일대와 본정 주변으로 확장시킨 결정적 계기였다.[4] 전승戰勝과 함께 청국 상인들의 세력이 위축되고 일본인 이주자들이 급증하면서 과거 청국인 상권의 요지였던 남대문통이 이제 일본인 거류민 사회의 중심가로(main street)가 된 것이다.

4 박찬승, 「서울의 일본인 거류지 형성 과정 −1880년대~1903년을 중심으로」, 『사회와 역사』 62, 2002, 82~85쪽.

청일전쟁이 한성에 있어서의 청국인들과 일본인들의 역 관계를 역전시키는 결정적 계기가 되었다면, 러일전쟁은 일본에 의한 식민화라는 서울의 운명을 결정지은 사건이었다. 한국주차군사령부가 남대문 밖 현재의 신용산 지역 전체에 해당하는 광활한 지대—한강 변에서부터 북으로는 남산 산

그림 2 1910년대 표주박형 이중도시 경성의 성립(最新訂刻京城市街全圖, 1917)

록까지, 동으로는 이태원, 서로는 욱천에서 한강에 이르는 일대—를 군용지로 수용한 것은 이 시기의 일이다.[5] 한국주차군사령부는 1904년 용산 115만 평의 터에 자리 잡게 되었는데, 영구적인 건축시설은 1906~1913년에 걸쳐 이루어졌다. 러일전쟁으로 인한 서울의 변화는 도시 내부 공간에 대한 침탈과 도시의 외적 지위의 변화라는 두 가지 측면으로 나누어 살펴볼 수 있다. 우선 도시 내적 공간 팽창과 관련하여, 일제는 러시아와의 전쟁을 빌미로 군대의 군영지와 민간인의 주거지를 황금정길 이남에 확보했는데, 이를 통해 일본인들은 지금의 충무로 일대에서 용산까지 포함하는 서울 남부의 거의 전역을 장악하게 되어, 일본인 거류지는 초기에 비해 규모가 4배 이상에 이르게 되었다.[6] 둘째로, 러일전쟁의 발발과 경부철도의 개통은 이전까지는 주로 부산, 인천 등의 개항장에 집중되던 일본인 이주의 흐름을 급변시켜 한성으로의 이주가 급증하게 되는 결정적 계기였다. 1905년까지는 한성보다 인천에 훨씬 더 많은 수의 일본인이 거주했는데, 경부철도가 개통된 1905년경부터 한성으로의 이주가 급증하기 시작하여, 1910년 말에는 인천 거주 일본인 인구의 3배 정도에 달하게 되었다.[7] 특히 철도교통의 발전은 한반도의 식민지도시 네트워크 형성에 결정적 전환점으로 작용하였다. 러

5 1904년 3월 7일 일본 참모본부와 육군성에서 포고한 '한국주차군사령관에게 주는 訓令'에 따르면, 한국주차군은 그 사령부를 경성에 둘 것과, 경성에는 항상 2개 대대 이상의 군대를 주둔시킬 것을 적시하고 있다. 金正明 엮음, 『朝鮮駐箚軍歷史』(東京: 巖南堂書店, 1967), 해제 참조.

6 박찬승, 「러일전쟁 이후 서울의 일본인 거류지 확장 과정」, 『지방사와 지방문화』 5-2, 2002; 김종근, 「서울 중심부의 일본인 시가지 확산: 개화기에서 일제강점 전반기까지(1885년~1929년)」, 『서울학연구』 20, 2003, 226쪽.

7 물론 러일전쟁 이후 일본인 인구의 급격한 증가는 한반도 전체에 걸친 현상이었다. 1905년 말에 42,060명이었던 재조 일본인은 다음 해에는 83,315명으로 격증했으며, 병합 직후인 1910년 말의 171,543명에 이르기까지 4년간 88,228명, 즉 연평균 약 22,000명이 조선으로 건너왔다. 일본과의 지리적 근접성으로 인해 일찍부터 가장 많은 일본인들이 거점을 마련하고 있던 부산에서 서울로 거점을 옮기는 일본인들이 점차 늘어나면서, 1908년에 이르면 한성의 거류민 수는 부산을 넘어서게 되었다.

일전쟁을 통해 경부선과 경의선이 부설됨으로써 한성은 명실상부한 한반도 철도 교통의 중심이 된 것이다.

그런데 당시 철도교통의 허브 역할을 담당한 역사는 남대문역(후일의 경성역, 서울역)이 아니라 용산역이었다.[8] 또한 한국주차군사령부의 용산 이전과 더불어 1908년 남대문역 앞에 있던 통감부 철도관리국 역시 용산역 앞으로 이전하게 되었다. 이들 랜드마크 건축물들의 신축과 함께 신용산 신시가지 형성이 본격적으로 이루어지게 되었다.[9] 결국 신용산 개발은 군대의 주둔과

그림 3 1930년대 후반 '대경성(大京城)'의 성립(가로망과 토지구획정리지구가 표시된 경성 시가지 계획 평면도)

---

8 1906년 11월 용산역사가 북유럽풍의 장식성을 가미한 887평의 당당한 목조 2층 건물로 재단장함과 동시에 1906~1908년에 걸쳐 광막한 강안의 모랫벌에 철도관사 112동이 건설되었다.

9 신용산 병영은 그 이후 1920년에 주둔 병력이 증강되어, 1920년 3월에 보병 제79연대 병영 및 야포병 제26연대 병영, 4월에 기병 제28연대 병영 및 공병 제26대대 병영이 각각 추가로 설치된다(京城府, 『京城府史』 2, 1936, 1021쪽).

철도관리국의 사업이 양대 초석이 되어 이루어졌다. "고양이 이마만 한 좁은 땅의 구용산이 재류민들의 미력微力에 의해 힘겹게 성쇠소장盛衰消長을 반복하면서 소걸음으로 진보되어왔음"에 반하여, 신용산은 본래 전성서典性署나 점재하는 초가밖에 없던 광야의 땅에 러일전쟁 이후 급속도로 시가지가 건설되었다.[10] 그 결과 용산은 1905년 이후 인구가 급증하여, 불과 몇 해 전까지만 해도 인적이 드물고 잡풀이 우거진 모래사장에 불과했던 신용산 일대가 러일전쟁 이후 단 몇 년 만에 한반도 최대의 군사·철도 기지로 급변하는 상전벽해의 변화상을 연출하게 되었다.

1914년 성립된 '경성부'가 식민지도시로서는 매우 독특한 '표주박형 이중도시'의 형태를 띠게 된 주된 요인은 초기 식민지도시화 과정에서 작용한 이러한 정치적 변수들 때문이었다. 경성부는 구 한성부의 관할 지역이었던 성저십리를 배제함으로써 시역을 대폭 축소시키고, 예외적으로 용산 지역만을 행정적으로 통합시킨 독특한 형태의 식민지적 이중도시로서 성립되었다. 그것은 성곽으로 둘러싸인 전통적 역사도시와, 그 인후부에 그것을 항상적으로 감시하고 위협하기 위한 목적으로 새롭게 조성된 광대한 군사기지라는 극단적으로 이질적인 두 개의 공간적 실체를 하나의 시가지에 강제통합시킴으로써 성립된 것이었다.

경성부는 1920년대 중반을 거치면서 도시 외곽 지역으로부터의 이입 인구를 중심으로 인구가 점점 더 급격한 증가세를 띠게 된다.[11] 특히 주변부 인구가 현저하게 증가하면서 시가지는—1914년 경성부 설립 당시의 '표주박형' 행정구역의 협소한 범위를 넘어서—남촌과 북촌의 이중적 구성을 보이

10 京城府, 앞의 책, 1043~1044쪽.

11 관세와 회사령이 철폐되면서 1920년대부터 일본으로부터의 대자본의 도입이 시작되어 경공업 부문을 중심으로 제한적이나마 공업화가 이루어지고, 경향 각지 조선인들의 교육열과 1924년 경성제국대학 예과 설립이 유망한 젊은이들을 서울로 모이게 만들면서, 도시 인구가 크게 증가한다.

는 중심부 구시가지와 동·서·남 세 방향으로 무질서한 스프롤sprawl의 성격을 띠면서 전개된 주변부 신시가지가 결합되어, 대폭 확장된 '부채꼴형' 구조로 전환된다. 1920년에서 1930년 사이에 경성부 주변 동·서·남 세 방면 모두가 2배 이상의 급격한 인구 증가를 기록하게 되었다. 그 결과 1936년에는 용강면·한지면의 전부와 숭인면·은평면·연희면·시흥군 북면의 일부를 포함하여 경성부의 권역이 약 3.5배로 확대되었다. 청량리, 마포, 영등포 일대를 포괄하는 '대경성'의 실현과 더불어 경성부의 인구는 약 65만 명에 달하여 도쿄·오사카·나고야·고베·요코하마·교토에 이은 '제국 7대 도시'의 반열에 오르게 된다. 이와 동시에 1914년 이래 '정町'과 '동洞'으로 이원화되어 있던 행정구역명이 모두 '정'으로 통일되고, 1938년에는 청량리역과 영등포역이 각각 동경성역과 남경성역으로 개명되었으며, 더 나아가 1940년대에 접어들면 도시 전역에 일본 본국 도시와 같은 구제區制가 통일적으로 실시되기에 이른다.

그렇다면 식민지시기를 통틀어 경성부의 성격은 어떻게 바뀌었는가? 우선 형태상 1914년 표주박형 이중도시로 성립된 경성부가 1936년 부채꼴형 대도시로 변화했음은 앞서 살펴본 바와 같다. 공간 구성상 전자가 전통 성곽도시와 군사기지의 병립으로 특징지어진다면, 후자는 상대적으로 개발된 도심부와 낙후된 주변부 신편입 지역의 대조로 특징지어진다. 기능 면에서는 줄곧 정치·행정 도시이자 교통의 요충지로서의 성격을 유지하면서도, 전자는 군사도시의 성격을, 후자는 경제도시의 성격을 강하게 띤다. 종합해 보자면, 전반적으로 전자가 전통시대 성곽도시와 성저십리의 공간적 구분이 강하게 잔존한 위에 외래 식민 세력의 거점지가 덧씌워진 형태를 띤다면, 후자는 식민지도시화 과정을 통해 이러한 역사도시의 유산이 상당 부분 소거되고 도시공간의 지역별 기능적 분화가 상당히 진척된 형태를 나타낸다고 볼 수 있다. 하지만 이러한 변화 과정에서도 전통 왕조수도로서 지녔던 교통 중심지와 정치·행정 수도로서의 속성은 이어지고 있음을 확인할 수 있다. 이 점에서 '식민지 수부' 경성부는 그 형태의 전환에도 불구하고 '왕조 도읍지' 한성부의 입지와 기능의 역사적 유산을 승계했다고 볼 수 있다.

3. 공간과 장소: 전통성 · 식민성 · 근대성의 상호 작용

이제 일제에 의한 식민지도시화 과정에서 서울의 도시공간 내부에 어떤 변화가 일어났는지 살펴볼 차례이다. 한정된 지면에 분석의 효율을 기하기 위해, 여기서는 이 변화 양상을 전통 왕조 상징공간의 변화, 식민지 동화주의의 공간정치, 근대적 공간소의 도입이라는 세 가지 문제를 중심으로 분석해 보고자 한다. 이를 통해 우리는 왕조수도에서 식민지수도로의 전환 과정을 전통성·식민성·근대성이라는 세 가지 요소의 상호 작용으로 파악할 수 있을 것이다.

1) 전통 왕조 상징공간의 변화

한양이 풍수적 공간관과 유교적 이념에 따라 조성된 계획도시이자 상징도시임은 주지의 사실이다.[12] 왕조수도로서의 한성부를 대표하는 상징공간

---

12 정확히 말하자면, 한양은 통일된 이념에 입각한 장기적으로 일관된 계획에 따라 조성된 도시는 아니었다. 정도 직후 한양의 도성 내부 공간 조영 과정은 세 개의 '단절적' 단계로 구분할 수 있다. 즉 고려 개경을 모델로 한 '황도(皇都)'를 건설하려 한 태조 대, 주례에 입각한 '제후도시'를 건설하고자 한 태종 대, 중화 체제 내의 제후도시로 건설하고자 한 세종 대로 나뉘어진다. 그 차이를 가장 쉽게 확인할 수 있는 것 가운데 하나가 가로의 폭이다. 태조 대에 건설된 경복궁 앞 육조거리가 천자(天子)의 도시 규모인 9궤(수레 9대가 지나갈 수 있는 너비)로 만들어졌음에 반해, 태종 대에 건설된 창덕궁 앞 도로는 제후의 도시 규모인 7궤로 건설되었다. 고동환, 『조선시대 서울도시사』 (태학사, 2007), 제2장 참조. 도성 건설을 둘러싼 태조와 태종의

으로는 5개의 궁궐—경복궁, 창덕궁, 창경궁, 경희궁, 경운궁(덕수궁)—과 종묘와 사직, 그리고 대한제국의 상징물인 원구단 등을 들 수 있다. 주지하다시피 이 가운데 고종과 순종의 거처였던 경운궁과 창덕궁, 그리고 이왕가의 상징공간인 종묘를 제외한 나머지 공간들은 모두 식민화 과정에서 극심한 수난을 겪었다. 경복궁의 전각들을 헐어 내고 그 자리에 조선총독부신청사를 짓고, 원구단을 헌 자리에 조선호텔을 짓고, 창경궁을 동물원·식물원·박물원으로 만들어 창경원으로 격하시킨 것 등은 대표적 사례이다.

하지만 이러한 작업이 통속적인 일제 풍수단맥설에서 흔히 주장하듯이 악의적 음모에 의해서 또는 민족말살 정책의 일환으로 추진된 것이 아니었음은 조심스럽지만 지적될 필요가 있다. 조선의 전통문화유산에 대한 식민당국의 태도는 시기와 대상에 따라 달랐으며, 특히 초기 무단정치기를 제외하고는 이들 상징공간을 처리함에 있어 대체로 조선인들의 민족 감정에 대해 고려하면서 동화주의 정책에 대한 자발적 협조를 이끌어 내기 위한 전략적 고려 속에서 이루어졌다.

우선 일제시기를 통틀어 조선의 문화유산에 대한 야만적 반달리즘을 가장 무차별적으로 자행한 무단통치권력조차도 적어도 공식적으로는 조선 전래의 고적유물, 특히 고건축물에 대한 '보호'를 강조했다.[13] 식민화 초기 조선의 고적에 대한 조선총독부의 태도에 전반적 판단 기준을 제시한 것은 통감부 촉탁으로 1908~1909년간 한반도 전국 각지를 돌아다니며 고적유물을 조사·감정·평가한 세키노 다다시(關野貞)였다.[14] 그의 연구는 식민지 문

대립된 입장이 경복궁과 창덕궁의 궁궐 건축에 어떤 차이로 나타났는가에 대해서는 홍순민, 『조선궁궐 이야기』(청년사, 1999), 56~72쪽 참조.

13 「논설: 고건축물 보호」, 『매일신보』, 1911. 10. 6; 「古物 보존의 필요」, 『매일신보』, 1912. 12. 25. 참조.

14 세키노 다다시는 병합 이후에도 조선총독부 촉탁으로 한반도 곳곳을 답사하면서 조선의 고건축물에 대한 조사 작업을 진행했는데, 그는 대체로 4~5백 년 이상 오래된 건축물만을 보호의 대상으로 간주했다. 「고건축물 보호」, 『매일신보』, 1911. 10. 4; 關野貞, 「朝鮮の建築物」, 『經濟』

화재의 체계적 보존을 위한 것이었다기보다는, 사실상 고려시대 이전의 건축물들을 제외한 대부분의 전통 건축물들, 특히 조선시대 건축물들의 문화재적 가치에 대한 체계적인 평가 절하로 특징지어진다. 대표적인 예로 경복궁은 대원군에 의해 비교적 최근에 중건된 것이었으므로 보존할 만한 가치가 결여된 것으로 간주하였다.

그렇다면 조선 왕조가 유산으로 남긴 5개의 궁궐 가운데 유독 덕수궁과 창덕궁만이 병합 이후에도 왕궁으로 명맥이나마 유지할 수 있었던 이유는 무엇일까? 그것은 사라져 버린 조선 왕조(및 대한제국)의 현존하는 왕의 거처가 갖는 정치적 상징성 때문이었을 것이다. 고종과 순종의 인산일을 전후하여 발발한 3·1운동과 6·10만세운동이 잘 보여주듯이, 아직도 왕조의 향수를 추억하는 대중들에게 있어서 왕의 존재는 강력한 정치적 동원의 구심력으로 작용할 잠재력을 늘 내포하고 있었다. 따라서 병합 이후에도 총독부권력은 덕수궁과 창덕궁에 대하여 표면적으로는 국왕에 대한 존중을 표하는 정치적 제스처를 취하면서도, 실질적으로는 국왕과 그 주변 인물들의 동태에 대한 면밀한 감시의 시선과 통제의 손길을 거두지 않았다. 1907년 통감부권력에 의해 '덕수궁 이태왕'(고종)이 사실상 궁안에 유폐된 이래, 덕수궁에 대한 외부인들의 출입은 늘 감시와 통제의 대상이 되었다. 창덕궁의 경우에도 1907년 10월 순종이 이어한 이래,[15] 총독부권력은 시간을 정해서 일반인들의 관람을 허가하는 한편으로 창덕궁에 경찰서를 설치하여 왕의 동태를 감시했다.[16]

1919년 '덕수궁 이태왕'(고종)의 죽음에 의해 촉발된 3·1운동에 이어,

15, 1910. 9, 27, 42~43쪽 참조.

15 「昌德宮 移御」, 『大韓每日申報』, 1907. 10. 9; 『皇城新聞』, 1907. 10. 9.

16 「昌德宮 正門開閉 通行制限」, 『官報』, 1908. 4. 2; 「昌德宮 正門開閉 通行制限中 改正件」, 『官報』, 1909. 1. 23.

1926년 '창덕궁 이왕'(순종)의 죽음으로 6·10만세운동이 전개된 것을 마지막으로, 왕조적 전통을 대중 동원의 상징적 구심으로 하는 '저항 이벤트'의 시대는 막을 내린다. 국왕의 신체의 소멸과 함께 전통 왕조의 상징적 힘은 완전히 사라지게 되었고, 이로써 경성의 도시공간에 산재해 있던 모든 '성역'은 사라지게 되었다. 무단통치기 경복궁의 운명이 그러했듯이, 이제 식민권력이 식민지수도 도심부의 노른자위 땅을 의미 없이 방치해 둘 이유가 없어진 셈이다. 1925~1926년 조선총독부신청사와 조선신궁이라는 식민지 행정수도의 양대 랜드마크 건축물의 완공을 필두로 하여 경성역, 경성부청, 경성제국대학, 경성운동장 등이 동시다발적으로 건설되고 경성의 도심부 공간에 대한 기능적 분화가 본격화되기 시작하는 것은, 1920년대 중반 이후 그동안 왕조권력과 결부되어 형성되어 있던 전통적 장소성이 최종적으로 해체되어 도시공간의 식민지 근대적 변용이 본격화되기 시작함을 의미한다.

2) 식민지 동화주의의 공간정치

식민지 근대화가 자생적 근대화와 다른 가장 결정적인 차이점은 식민권력에 의해 강압적으로 외래 문화 요소를 이식·적용시킨다는 점에 있을 것이다. 그런데 일제는 메이지기 '탈아입구' 전략을 수립한 이래 식민지도시에 건설한 대부분의 건조물의 형태를 '양풍洋風'으로 지었다. 즉 '서양화'가 곧 '근대화'이자 '문명화'를 의미했다는 점에서 일본은 서구에 의해 문화적으로 식민화된 제국주의였다고 할 수 있다. 일제에 의해 경성에 건립된 주요 랜드마크 건축물들이 대부분 서양 고전주의 건축 양식을 채택한 것이나, 식민지 도시계획이 법제나 기법에서 서양 근대 도시계획을 원형으로 삼은 것은 그 당연한 결과라고 할 수 있다.

이러한 맥락에서 볼 때 일본 제국주의 특유의 문화적 요소로서 주목되는 것이 신사이다.[17] 특히 국가신도國家神道는 천황제 국가 이데올로기의 상징으로서 일본 국민은 물론, 피식민 대중까지도 일본인으로 만들어 내는 전면적 동화주의의 핵심적 장치였다. 이미 거류민들에 의해 초기부터 활성화된 경성신사가 존재하고 있음에도 불구하고, 조선총독부에서 경성에 사상 초유의 대규모 관폐신사를 새롭게 건설하려고 한 것은 이러한 이유에서다. 그런데 한국의 경우에는 전통적 민간신앙과 왕조의 제례, 그 밖에 기독교와 천도교와 같은 종교들이 이미 민중생활 속에 강하게 뿌리내리고 있었기 때문에 이들을 완전히 무시하고 전혀 이질적인 신사참배의 의례를 강요하는 것은 매우 곤란한 일이었다. 그렇다면 일제 식민권력은 어떻게 그들의 국가신토를 정착시키려 하였을까?

우선 적어도 데라우치(寺內正毅) 통치 이전의 통감부와 일본 정부는 식민지 직접 통치에 소요되는 과다한 통치 비용의 부담 때문에 상당 기간 대한제국이라는 정치적 상징을 활용하고자 하였다. 그 일환으로 통감부는 친일파들을 내세워 신토를 민간의 단군신앙과 유교적 국가제의와 결합하려는 시도를 획책하기도 했다. 유교적 제의를 활용하여 신토적 요소를 삽입시키려는 시도가 폐기된 것은 1910년의 병합에 의해 대한제국이라는 국가가 사라지면서부터이다. 이제 일본은 유교라는 매개물을 이용하지 않고 바로 국가신토로 대한제국의 국가제례를 대체하고자 하였다.[18] 그 결과 조선총독부

---

17 신사는 식민지도시에 있어서 일본인 사회의 정신적 통합의 핵이자 식민지 지배의 상징으로서, 구미인 커뮤니티의 교회와 같은 필수불가결한 신성한 장소로 일찍부터 자리 잡았다. 그 결과 일본인들이 모여 사는 곳이면 거의 모든 곳에 신사가 있었다고 해도 과언이 아니다. 예컨대 1945년 한반도에는 총 82개의 신사가 있었는데 그중 관폐대사가 2개(조선신궁, 부여신궁), 국폐소사가 8개(경성신사, 용두산신사, 대구신사, 평양신사, 광주신사, 강원신사, 전주신사, 함흥신사), 호국신사가 2개(경성호국신사, 나남호국신사), 부현사(府縣社) 7개, 향사(鄕社) 7개, 촌사(村社) 14개, 무격사(無格社) 42개 등으로 전국 각지에 신사가 존재하고 있었다.

18 이미 1908년 대한제국의 국가제례가 대폭 축소되어 원구단, 사직, 종묘, 永寧殿(이상 大祀)과 文廟(中祀)만 남겨진 상태였다. 명맥만 유지되던 국가제례는 강점 직후 거의 폐지되거나 황실

는 1911년 봄부터 사직단 제사를 폐지하였으며, 강점과 동시에 원구단을 폐쇄하였다. 또 종묘 제사는 이왕직李王職이 주관하는 왕실 집안 행사로 의미가 축소되어 존속되었고, 문묘는 성균관 내부 행사로 제한되었으며, 그 외 모든 국가제례는 완전히 폐지되었다.[19] 이러한 일련의 과정은 일제가 왕실 제의나 민간신앙을 다룸에 있어 매우 정치적이고 전략적으로 판단했음을 보여준다. 남산 꼭대기에 있는 국사당과 동대문 밖에 있는 동묘, 동소문안에 있는 북묘에 대한 철폐 논의가 조선신궁의 완공이 임박한 1924년 말경에야 제기되기 시작한 것도 같은 맥락에서 설명된다. 총독부가 관왕묘와 국사당을 헐지 않고 이전한 것은 이를 일거에 헐어 버리는 것은 고적 보존상으로나 풍치상으로나 문제의 소지가 있는 것인 데다가, 무엇보다도 일반 신자들 사이에서도 맹렬한 반대를 불러일으킬 것을 우려한 정치적 판단에 따른 것이었다.[20]

1933년 일본은 국제연맹을 탈퇴하고 1937년 중일전쟁에 돌입하면서 국제적 고립화와 전쟁의 전면화로 나아가게 된다. 이는 곧 '내선일체內鮮一體'의 구호를 앞세운 '민족동화' 전략의 전면화를 의미하는 것이었다. 이러한 변화는 1920년대 후반부터 성행하기 시작한 식민지 관광여행과 도시소비문화의 소재로서 상품화 논리에 의해 촉발되어 이루어진 조선의 전통문화유산에 대한 재발견 움직임이 정치적으로 변용되는 과정을 통해 드러난다. 1933년 조선총독부의 지원하에 반관반민단체인 '조선보물고적명승천연기념물보존회'가 결성되고 민족문화유산의 정책적 보존 정책이 추진되는 등

의 집안 행사로 규모와 위상이 축소·격하되었다. 김문식·송지원, 「국가제례의 변천과 복원」, 『서울 20세기 생활·문화변천사』, 서울시정개발연구원, 2001, 680~688쪽 참조.

19 김대호, 「1910~20년대 조선총독부의 朝鮮神宮 건립과 운영」, 서울대학교 석사학위논문, 2003, 11쪽.

20 「철폐의 物議에 上한 關聖廟와 國師堂. 고적보존과 풍치상 관계로 결국은 다른 곳에 이전할 듯」, 『매일신보』, 1924. 11. 24.

1930년대 중반 이후 조선민족의 역사적 전통은 정치적 동화주의의 정책적 도구로 활용된다. 조선총독부는 조선보물고적명승천연기념물보존회를 통해 조선의 역사를 식민지적으로 전유함으로써 '동조동근'과 '내선일체'의 이데올로기적 선전을 강화했던 것이다.[21]

이상의 사례를 통하여 우리는 조선총독부가 식민권력의 상징공간을 창출함에 있어서 조선 고유의 요소를 파괴하고 일본적 요소를 일방적으로 이식하기보다는 조선의 전통문화를 매우 전략적으로 활용하고자 했음을 알 수 있다. 그것이 풍수이든 토속신앙이든 왕실제례이든—예외적인 사례가 없지는 않지만—대체로 조선총독부는 전통문화를 의도적으로 파괴하고 강압적으로 금지시키기보다는 그것이 가져올 정치적 효과를 고려하면서 파괴와 보존의 여부를 전략적으로 결정했다고 볼 수 있다. 경복궁 신청사와 남산 조선신궁의 건립 과정에서 철거하려고 했던 광화문과 국사당을 이전시켜 보존한 것은 이러한 식민통치에 있어서의 지배와 저항의 함수 관계에 따른 정치적 타협의 산물이었던 것이다.

3) 도시계획, 구상의 근대성과 실행의 식민지성

도시계획사업은 도시공간의 근대적 변화를 초래한 가장 주된 변수로 자리매김한다. 일제시기를 통틀어 경성에 실행된 도시계획사업은 크게 1910년대부터 시작된 시구개수사업과 1930년대 중반 이후 시작된 시가지계획령에 따른 구획정리사업으로 대별된다. 전자가 선적인 정비 위주라면 후자

21 "그동안 보물 296건, 고적 87건, 천연기념물 70건, 도합 453건을 지정하였었는데 이번에 다시 보물, 고적, 천연기념물들을 광범위에 亘하여 지정한 다음 영원히 국보로서 보존하리라고 한다." 「보물, 고적, 천연기념물 80건을 추가지정. 사직단문, 강화전등사, 성북정 선잠단 등 지난 시대의 內鮮一體를 선전」, 『매일신보』, 1938. 9. 28.

는 본격적인 면적인 정비사업인데, 전자가 도심부를 대상으로 전면적인 공간 재편으로 실현된 것이라면, 후자는 외곽 일부 지역에만 국한되어 제한적으로 실행되었다. 경성의 시구개수사업은 실행 양상에 따라 다시 세 시기로 구분된다(제1기 시구개정(1913~1917), 제2기 시구개정(1918~1928), 경성부 시행 시구개정(1929~1937)).

초창기 총독부가 역사도시 경성을 어떻게 식민권력의 거점 공간으로 재편하려고 했는지, 그 전략 구상의 변화를 가장 잘 보여주는 자료는 각각 1912년과 1919년에 공개된 두 개의 서로 다른 경성부 시구개수노선도이다.[22] 〈그림 4〉와 〈그림 5〉를 비교해 보면 우리는 적어도 세 가지 공통점과 세 가지 차이점을 발견할 수 있다. 우선 공통점으로는 첫째로 양자 공히 격

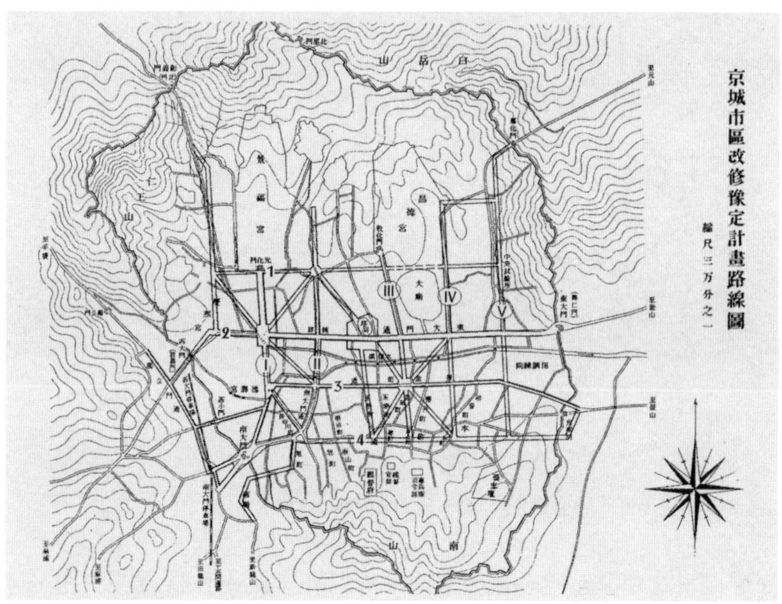

그림 4 1912년 경성시구개수예정계획노선도(『朝鮮總督府官報』, 1912. 11. 6)

22 이에 대해 자세히는 염복규, 「일제하 경성도시계획의 구상과 시행」, 서울대학교 박사학위논문, 2009 참조.

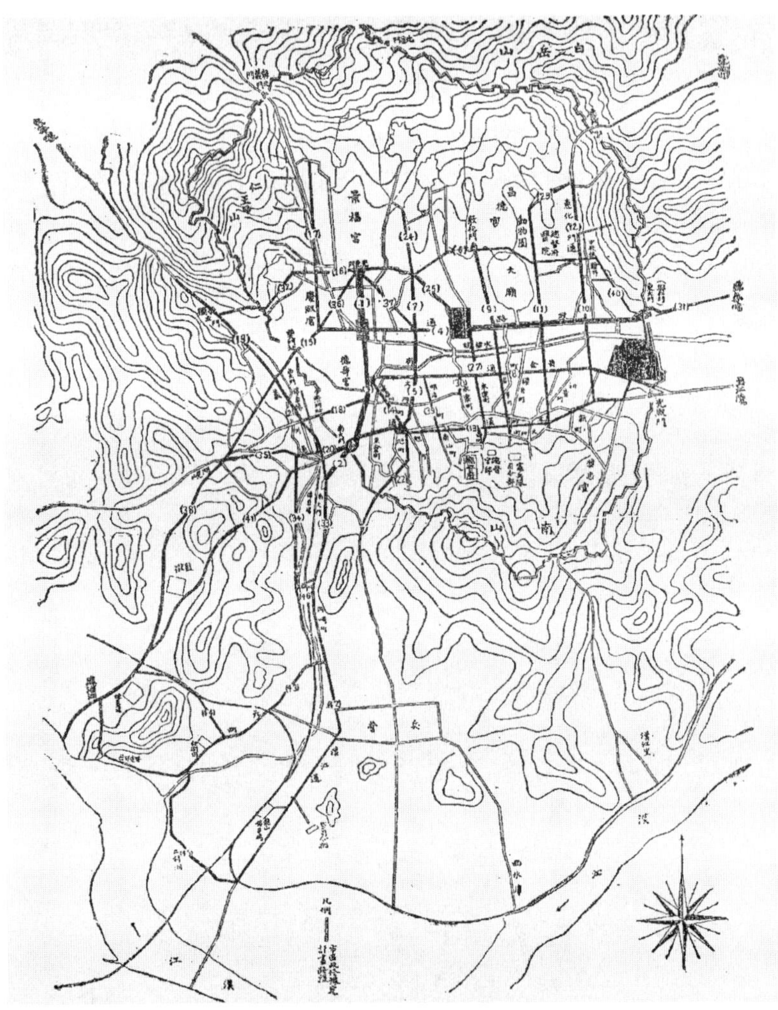

그림 5 1919년 경성시구개수예정계획노선도(『朝鮮總督府官報』, 1919. 6. 25)

자형 대로와 방사상 결절점(=광장)으로 구성되어 있다는 점, 둘째로 방사상의 꼭지점에 주요 관공서, 즉 기념비적 랜드마크 건물이 입지한다는 점, 셋째로 물리적 교통망과 직선적 시각 경관을 중시하는 공간 편성 원리를 드러낸다는 점이다.

이 점에서 초기 조선총독부가 역사도시 경성에 실현하고자 한 식민지도시 경성 건설의 야심찬 프로젝트는 유럽 근대 도시계획의 전범이 된 오스망의 파리 개조를 연상시킨다. 주지하다시피 오스망은 도로를 도시의 동맥으로 이해하여 철도의 직선적이고 체계적인 공간 배치 원리를 도시공간에 실현하고자 했는데, 이러한 오스망의 도시계획 이면에는 권력의 정치학이 작동하고 있다.[23] 오스망주의는 제국의 위광을 드러냄으로써 피식민 대중을 압도하는 스펙터클한 도시 경관을 창출해 내려는 총독부의 권력 의지를 구현하기 위한 공간 생산 전략으로 채택된 것으로 볼 수 있다.

반면 양자의 차이점으로 우선 한 눈에 확연히 드러나는 것은 구심점의 이동이다. 이는 조선총독부 신축 부지를 경복궁 경내로 확정한 이후 전반적인 도심부 공간 설계 전략의 변화를 드러내는 것으로 볼 수 있다. 둘째로, 실현 가능성의 측면에서 1912년안이 현지의 맥락을 무시한 지극히 관념적인 서류상의 계획이라면, 1919년안은 실현 가능성을 염두에 둔 매우 현실적인 계획이었다는 점이다. 조선총독부신청사의 경복궁 건설이 이미 1912~1913년경에 확정되었음에도 불구하고 시구개수노선 변경안이 1919년에 가서야 확정·공포된 것은 1912년안에 비해 1919년안이 그만큼 세심한 사전 준비를 기울였음을 반증한다. 셋째는 대상 범위의 변경으로, 1912년안이 사대문 안쪽만을 대상으로 하고 있는 반면, 1919년안은 용산까지를 포함하여, 1914년 지정된 경성부 행정구역 전역을 포괄하고 있다.

하지만 총독부의 시구개정사업은 착수 단계에서부터 곳곳에서 암초에 부딪혀 계획의 실현에 차질을 빚었다. 그것은 한편으로는 북촌에 수백 년간

23 오스망 도시 개조의 4대 목표는 ① 탁 트인 시야를 위해 거대한 건물이나 담벼락 등을 해체하는 것, ② 오염된 뒷골목과 전염병의 온상을 체계적으로 파괴함으로써 도시의 위생 상태를 개선하는 것, ③ 공기와 빛의 순환 및 군대의 이동을 용이하게 해 줄 거대한 대로를 건설함으로써 공공치안을 확보하는 것, ④ 여행객들을 곧바로 상업과 유흥의 중심지로 인도할 도로를 관통시켜 기차역과 연계되는 순환망을 촉진하는 것 등으로 요약된다.

본거지를 구축해 온 조선인 세력의 반대 때문이었지만, 다른 한편으로는 개항기 이래 수십 년간 숱한 곤경을 무릅쓰고 조선 식민화의 선구적 역할을 자임해 온 재경성 일본인들의 '이유 있는' 반발도 무시할 수 없는 압력으로 작용했다. 조선총독부의 공간 재편 전략은 그 출발에서부터 정치적 양보와 계획 원안의 축소를 수용할 수밖에 없는 열악한 현실에 직면해야 했다. 결국 1910년대 조선총독부의 시구개수사업은 군부 식민권력 수뇌부의 관념적 계획과 재경성 일본인들의 집단적 이기주의 양자 간의 타협과 절충의 과정을 통해 현실화되었다고 볼 수 있다.

1930년대 시행된 조선시가지계획령은 1920년대의 도시계획 담론으로부터 그 연원을 찾을 수 있다. 1910년대 일본 본토에서 본격적으로 형성되기 시작하여 1920년대 초 경성에 도입되기 시작한 도시계획 담론은 당시로서는 첨단의 과학성과 합리성을 띤 '공간의 합리화' 플랜이었다. 식민지 조선에 근대 도시계획을 제도화하려는 시도는 1920년대 '문화정치'가 시행되면서부터 본격화되었는데, 관동대지진 이후 악화일로에 놓인 본국의 재정 상황 등의 악재로 인해 시행되지 못한 채 지연되다가 1930년대 접어들어 만주경략經略이 본격화되고 아우타르키Autarkie 구축을 위한 제국 차원의 블록경제론이 본격화되면서 현실화되기에 이른다. 즉 식민지 조선에 대한 농공병진 정책과 병참기지화 정책이 채택되면서 뒤늦게야 주요 도시의 권역 확대와 대대적인 도시계획사업이 입안되기 시작한 것이다. 그 결과 한편으로는 경성, 부산, 평양을 비롯한 전국 주요 도시에 신시가지가 개발되면서 도시의 내부 공간 구조에서 민족별로 거주지가 분화된 이중도시(dual city)의 성격이 일정 정도 탈각되어 도시공간의 기능적 분화가 본격화되기 시작한다. 다른 한편, 전국 주요 도시의 시역이 대폭 확대되면서 주변부 인구를 포함하게 된 결과 도시 인구가 크게 늘어나고 도심부와 주변부 간의 도시 설비와 서비스의 격차로 인한 각종 도시 문제가 본격적으로 수면 위로 떠오르게 된다.

그런데 1930년대 후반부터 전시체제기의 식민지 도시계획은 이러한 도시 현안에 대한 대책을 거의 마련해 주지 못했다. 그 단적인 예로서 두 가지를 들 수 있다. 첫째, 차별적인 상수도 설비의 문제이다. 문명과 위생을 전파한다는 명목하에 식민 당국은 상수도를 건설했고 조선인들에게도 그 사용을 장려하였지만, 그것이 대다수 조선인들의 일상생활에서 체험된 방식은 공공성이 결핍된 사영기업의 폭리와 민족 간 차별의 구조적 재생산에 불과했다.[24] 둘째, 폭력적인 도시계획의 문제이다. 경성시가지계획은 영리 추구를 위한 시가지 확장과 허울 좋은 '도시 정화'를 위해 토막민들의 최소한의 생존권마저 박탈하는 폭력성을 노골적으로 드러냈다.[25]

이처럼 식민지 근대 도시계획의 한계는 명확했다. 총독부의 의지 박약, 경성부의 예산 부족, 일본인들의 집단적 이기주의, 조선인들의 피해의식으로 사분오열된 식민지도시 정치의 현실에서 계획의 장기적 합리성은 전혀 합리적으로 작동할 사회적 근거지를 확보할 수 없었다. 이 점에서 1920년대부터 시작된 식민지 근대 도시계획사는 '좋은 의도'와 '나쁜 결과' 혹은 '근대적 기획'과 '식민지적 실현'의 이중성으로 특징지어진다고 거칠게 단순화해서 말할 수 있다.

4. 인구와 사회: 전통적 사회 구조의 식민지 근대적 변화

이제 마지막으로 식민지도시화 과정에서 전통도시 한성의 인구 구성과 사회 구조에 어떤 변화가 일어났는지 살펴보자. 우선 유교적 상징도시이자 계획도시로 건설된 한성의 도성 내부 공간은 풍수風水와 주례周禮의 원리를

24 김백영, 앞의 책, 제8장 참조.

25 염복규, 「일제말 경성지역의 빈민주거문제와 '시가지계획'」, 『역사문제연구』 8, 2002 참조.

절충하여 구성되었으며,[26] 이후 거주지의 사회적 분화도 유교적 신분제의 역사적 변화에 따라 이루어졌음은 주지의 사실이다. 즉 정궁인 경복궁과 이궁인 창경궁, 그리고 그 좌우 양편의 종묘와 사직을 중심으로 한 북촌 지역 남향의 풍수적 길지에는 노론老論으로 대표되는 지배 권력층들이 거주하였고, 도성을 동서로 가르는 대로이자 상업적 번화가인 '운종가雲從街' 종로 및 그와 평행하는 청계천을 경계로 하여 그 이남 지역인 남산 북안의 진고개(泥峴) 일대에는 대체로 권력으로부터 소외된 '삼색(三色, 소론·남인·북인)'을 비롯한 여러 계층들이 섞여 살았다.[27] 이러한 신분별 주거공간의 분할이 유지되었던 것은 상공업을 기피하고 대로변에 거주하는 것을 기피하는 전통적 주거 관념과, 남촌에 비해 북촌의 주거환경이 월등하다는 자연지리적 조건이 결합되어 유래한 신분별 집주의 '관성'이 별다른 단절의 계기 없이 지속·강화되어 온 때문이라고 볼 수 있다.

조선 후기에 접어들면서 한성은 정도 초기의 정치도시 및 풍수도시적 성격으로부터 상당히 탈피하여 전반적으로 경제도시, 상업도시로의 변화 양상을 드러낸다.[28] 17세기 이후 경강상업이 번성하면서 한강 변 포구 지역을 중심으로 도성 외곽의 인구가 점증하면서 도성 내부에서도 남촌을 중심으

26 이규목·김한배, 「서울 도시경관의 변천과정 연구」, 『서울학연구』 2, 1994.

27 조성윤, 「조선후기 서울 주민의 신분 및 직업 구성」, 『조선후기 서울의 사회와 생활』, 서울학연구소, 1998; 이존희, 『조선시대의 한양과 경기』 (혜안, 2001), 119~120쪽 참조.

28 서울의 소비시장으로서의 크기를 결정하는 기본적 요인은 인구 수이다. 개항 직전 한성부의 인구 통계로는 20만 정도로 파악되고 있지만, 서울 주민의 방역(防役) 모피(謀避)로 인하여 호구조사가 철저하지 못한 면이 있었으므로, 실제 인구는 20만을 상당히 넘었을 것으로 추측된다(고동환, 「18·19세기 서울 京江地域의 상업 발달」, 서울대학교 박사학위논문, 1993, 24~25쪽). 당시 전국의 인구가 1,500~1,700만으로 추산되므로, 서울의 인구는 그 1.5% 내외를 차지하였다. 인구상의 비중은 큰 편이 아니었지만, 서울은 수로와 육로를 통하여 전국적 범위에 걸쳐 물산을 흡수하였다. 서울에는 왕실과 중앙정부가 위치했기에 전국으로부터 조세와 공물이 들어왔다. 서울은 도시화가 가장 진전된 지역이어서 비농업 인구가 대부분이었으므로 시장에 대한 의존도가 높았다(이헌창, 「1882~1910년간 서울시장의 변동」, 『서울상업사』, 태학사, 2000, 366~367쪽).

로 점차 상업 종사자가 증가하고 상업 문화가 증가하는 변화상을 연출하게 된다. 이에 따라 이미 18세기부터 상인과 부호들이 많이 사는 남촌과 전통적 가치관을 고수하는 북촌 사이에 생활 양식이나 풍습에 상당한 차이가 나타난다. 그 결과 개화기 이전부터 이미 경강 지역과 남촌에는 봉건적인 북촌과는 상당히 다른 문화가 형성되어 가고 있었다. 한성부의 행정구역은 도성 내외를 포괄하여 크게 중부·동부·서부·남부·북부의 다섯 지역으로 나뉘어져 있었는데,[29] 개항기에 이르면 궁궐과 관청 및 양반 세도가들이 즐비한 권력지대인 북부 성안, 통치기구와 시전이 밀집된 정치·경제의 중심지인 중부, 상업·유통이 발달한 서부, 그리고 상대적으로 소외된 지역인 남부와 동부 등과 같이 지역별 차이가 확연히 나타난 것[30]은 이러한 장기간에 걸친 변화의 결과로 볼 수 있다. 이제 전통적인 사농공상士農工商의 신분적·직업적 질서에 변화의 바람이 일어나기 시작한 것이다.

하지만 한성의 전통적 사회질서가 본격적인 근대적 사회질서로의 전환을 경험하기 시작한 것은 일제강점 이후의 일이다. 왕조수도로서의 특성상 한성부 도시 사회의 지배층을 형성한 사람들은 왕실과 국가에 종사하는 관료집단이었으며, 이들의 경제력이 도시 소비시장의 주축을 형성해 왔다. 조선후기 한성은 상업·경제 도시로서 상당한 성장세를 보였지만, 그것은 산업화 세력의 성장이나 생산성의 증대가 결여된, 철저한 소비도시로서의 성격을 벗어나지 못했다. 따라서 일제의 침략으로 인한 왕조의 소멸과 외래 식

---

29 한성부의 행정구역은 태조 5년(1396) 4월에 동·서·남·북·중의 5부(部)로 나누고, 각 부는 방(坊)으로 구획하여 모두 52방을 두었는데, 세종 때 5부 49방 체제로 정착되었다가, 영조 27년(1751)에 이르러 인구가 희소한 성내 지역 11개방이 폐지되고 경강 변에 5개방(두모방, 한강방, 둔지방, 용산방, 서강방)이 신설되어 5부 43방으로 개편되었다. 이후 고종 대에 다시 5부 47방 288계 775동으로 개편되었다가, 1894년 갑오개혁으로 5서(署) 47방 288계 775동으로 전환되었다. 특히 방을 보다 세분화한 계는 18세기 후반 팽창하기 시작한 도성 밖 지역, 특히 망원·합정을 포함하는 경강 하류 지역으로 급속히 늘어났다(이존희, 앞의 책, 2001, 94~95쪽).

30 박은숙, 「개항기 한성부 5부의 차별적 변화와 자본주의적 도시화」, 『한국사학보』 36, 2009.

민자 집단의 도래는 전통사회의 주역을 담당해 온 관료 및 예비 관료층—선비(士) 집단—의 사회적 지위가 급격히 몰락하는 것을 초래했다. 또한 도시 경제의 식민화로 인한 상업·유통 질서의 재편과 일본인 인구 변동, 새로운 산업의 발흥 등은 왕조 시대에 특권을 누렸던 시전상인들을 비롯하여 농·공·상업에 종사해 온 대다수 도시 주민들의 삶에 커다란 변화와 동요를 야기했다.

그 결과 일제시기 새롭게 재편된 근대적 직업질서하에서 일본인은 관공리, 교원, 사무직, 기타 전문직에서 우위를 보인 반면, 조선인은 공장노동자, 인력거부, 가사사용인 등 단순 육체노동에 집중되어 있었을 뿐만 아니라 압도적 다수가 실업자로 전락했다. 특히 실업失業 문제는 일제시기 내내 경성의 '고질'이었는데, 점차 학교 졸업자와 지방 이주민이 실업자 대열에 합류함으로써 경성 거주 조선인의 실질 실업률은 언제나 전국 평균보다 높았다. 1910년대까지 실업자는 '부랑자浮浪者'에 통합된 채로 언급되었고, 그런 만큼 실업을 초래한 원인은 '일하기 싫어하는 조선인' 또는 '무직업을 자랑으로 삼는 양반의 낡은 사고'에 돌려졌으나, 1920년대부터는 더 이상 이와 같은 호도가 통할 수 없었다. 실업자 비중에서 일본인에 비해 조선인이 압도적으로 높은 비중을 차지했음은 물론이거니와, 일본인 무직자無職者가 주로 노인층에 집중되어 있었음에 반해 조선인 무직자는 대개 '혈기왕성한 젊은이'들이었다.[31] "이조 5백 년 말의 청빈지조清貧志操가 지금은 걸인의도乞人意圖"로 전락해 버린 것이었다.[32]

그럼에도 불구하고 1930년대 경성이 이례적인 소비문화의 활황을 기록했음은 놀랄 만한 일이다. 대중잡지, 영화, 패션, 유성기 등은 도시 대중문화의 유행을 주도했으며, 일본의 대자본에 의해 운영되는 백화점에서 판매하

---

31 「市內 朝鮮人 有職者는 僅히 百分의 三에 不過」, 『조선일보』, 1925. 12. 12.

32 이량, 「失業京城」, 『삼천리』 16, 1931, 67~69쪽.

는 일본제 상품들이 조선인들에게 폭발적 인기를 누렸다. 특히 미츠코시(三越), 정자옥(丁子屋, 조지야), 평전옥(平田屋, 히라다), 삼중정(三中井, 미나카이), 화신(和信) 등 5개 백화점은 비약적인 상권의 신장을 기록하면서 '백화점 전성시대'를 구가했다.[33] 대개 서양 영화를 직수입하여 상영한 영화관과 '에로·그로'의 퇴폐적 유흥 공간인 카페도 번성했다. 백화점과 영화관, 카페는 제국 문명의 힘을 전시하고 피식민 대중을 매혹시키는 장치로서 작동했다.

하지만 당시 '모던보이·모던걸'에 대한 과장된 인식과는 달리, 1930년대 대경성의 '하쿠라이(舶來)' 문물의 소비자들이 피식민 대중 가운데에서 차지하는 비중이 크지 않았다는 점은 조심스럽게 지적될 필요가 있다. 당시 경성 도심부 대중문화를 누린 사회적 주체의 중핵을 차지한 사람들은 도시 중간 계층의 여성과 학생들로서, 이들은 대중문화 상품의 구매에 필요한 삶의 여가, 도시 거주, 현금 구매력 등의 조건을 갖춘 예외적 존재였다. 식민지 자본주의 경제 구조에서 이들 중간 계층은 '안정적인 재생산 기반'을 갖고 있지 못한 불안한 존재에 불과했다. 예컨대 식민지 중간층을 대표하는 '월급쟁이'의 범주에 드는 사람으로는, 관에서는 "면서기(면장을 빼놓고), 군직원(군수를 빼놓고), 도직원(지사와 각부 과장을 빼놓고), 부직원(부윤과 각 과장, 계주임을 빼놓고), 총독부(총독과 각국 과장과 계주임을 빼놓고), 순사 이상(직함이 없는) 경부 이하, 재판소의 판검사(직함 없는)와 서기, 철도종사자" 등이며, 민간에서는 은

33 각 백화점의 주요 구매자층을 민족별로 나누어 보자면, 미츠코시는 조선인과 일본인을 막론하고 최상층부 계층을 대상으로 최고급품의 브랜드 이미지를 판매한 반면, 삼중정은 일본인들에게 일본상품 전문 백화점으로 통했다(고객의 90%가 일본인이었다). 중저가 대중상품을 많이 취급한 정자옥은 고객의 60%가 조선인이었고, 평전옥은 그보다 더 저렴한 상품들을 다루었다. 종로의 화신백화점은 거의 조선인들만을 대상으로 했으므로 부호들을 위한 고급품에서부터 조선인 대중들의 호주머니를 공략하기 위한 '싸구려' 상품들도 많이 취급했다. 전반적으로 언제나 '최고'인 미츠코시와 신흥 '백화점왕' 삼중정의 양대 백화점이 경성부 내 백화점 전체 매출의 압도적 부분을 점했고, 나머지 세 백화점들은 그 아래층의 시장 공략에 주력하고 있었다. 김백영, 앞의 책, 제9장 참조.

행원, 회사사무원, 상점사무원, 신문기자 등이 해당되는데, 이들의 소득과 생활 수준은 결코 안정적이라고 보기 어려운 불안한 상황에 놓여 있었다.[34]

당시 경성부민의 대다수는 절대 빈곤층이었다. 1928년 7월 경성부 내에 하루 한 끼만 먹는 극빈자는 10만여 명에 달해 경성부 내 전체 조선인의 40%를 넘었다.[35] 또 경성부의 조선인 가운데 60%는 소득세나 재산세를 전혀 납부하지 않는 무소득, 무소유자였다.[36] 이처럼 1930년대 경성의 소비·유흥 문화 활황의 이면에는 어두운 절대 빈곤의 그림자가 짙게 드리워져 있었다. 식민지도시 경성의 사회 구조는 식민화 초기 민족적 경계에 따른 사회적 차별 구조에 자본주의적 빈부 양극화의 경향에 따라 형성된 계급·계층적 차별 구조가 덧씌워져 중층화·복합화되는 양상을 드러냈다. 식민지도시 경성이 거대한 소비도시이자 동시에 극심한 빈곤과 실업의 도시라는 이중성을 띠게 된 한 가지 중요한 원인을 역사적으로 소급해서 찾는다면, 몰락한 왕조수도의 인구와 사회 구성이라는 역사적 변수에서 연원한 것으로 볼 수 있다.

5. 맺음말: 한양과 서울 사이의 경성

이상에서 입지와 기능, 장소와 공간, 인구와 사회라는 세 가지 측면에서 식민지 종주도시 경성의 특수성을 살펴보았다. 이를 통해 우리는 5백 년 조선 왕조의 수도 한성부의 역사적 유산이 식민지수도 경성부의 형성 과정에 상당한 영향을 미쳤음을 확인할 수 있었다. 그렇다면 일제 식민지 유산은

34 南一, 「현대의 浮層―월급쟁이의 철학」, 『彗星』, 1931. 8.

35 「일일일식의 극빈자 만칠천호 십만여명」, 『동아일보』, 1928. 8. 2.

36 손정목, 『일제강점기 도시 사회상 연구』 (일지사, 1996), 106쪽.

해방 이후 한국의 도시 형성사에 어떤 영향을 끼쳤을까?[37] 식민지도시에 대한 거시 비교사적 시각에서 볼 때, 불과 36년에 불과한 한국의 식민지 경험이 '브라질을 만든 것은 리우'라는 라틴아메리카의 식민지근대화론에 필적할 만한, 현대 한국의 근대화에 결정적 영향을 끼친 역사적 산파 역을 담당했다고는 결코 말할 수 없다. 하지만 그렇다고 하여 그것이 온전히 '부負의 유산'만을 남긴 재앙적 시기였다고 단정할 수만도 없을 것이다.

가시적인 통계 자료를 통해 볼 때, 일제강점기 식민지 조선의 도시들이 일정 수준의 도시 성장(urban growth)을 경험한 것은 부인할 수 없는 사실이다. 하지만 어떤 의미에서 그것은 개항 이후 한반도가 근대 자본주의 세계체계에 편입되고, 한반도의 도시들이 세계 도시 체계에 편입되면서 일어난 '자연사적 변화'라고 할 수 있다. 식민지 조선의 경우, 일제시기를 통틀어 항구도시를 중심으로 한 몇몇 신도시들의 선택적 발전이 이루어졌지만, 그것은 조선인들의 전통적 거점지였던 더 많은 다른 지역의 소외와 배제라는 값비싼 대가를 치른 결과물이었다. 더욱이 국토 체계의 왜곡과 같은 중기지속적·꽁종튀르적 차원에서의 기회비용이나, 자주적 근대화를 이루지 못한 데에서 발생한 문화적 자긍심의 심대한 손상과 같은 도저히 금전적으로 환산할 수 없는 장기지속적·심층구조적 차원에서의 '재앙'적 수준의 손실까지 고려해 본다면, 식민지 경험은 최선의 경우에도 결코 '축복'이었다고 말할 수 없다.

이런 관점에서 볼 때 식민지도시화 과정에서 왕조수도로서 지니고 있던 역사적 유산에 상당한 파괴와 손상이 초래된 서울의 경우, 그로 인한 피해의 정도는 다른 어떤 도시보다도 크다고 할 수 있다. 경성은 식민지시기를 거치면서 인구 100만에 육박하는 거대도시로 성장했고, 한반도 내에서 '도

37 이에 대해서는 김백영, 「식민지 유산과 현대 한국 도시 변동」, 도시사학회 엮음, 『도시 연구: 역사·사회·문화』 5, 2011 참조.

시 중의 도시'로서 독점적 위상을 줄곧 유지해 왔음에도 불구하고, 서구 열강이 건설한 해외의 다른 식민지 수위도시들에 견주어 보면 수위도시성이 현격히 떨어지는 편에 속한다. 1930년대 '대경성'의 발전상도 당시 대다수 도시민들이 빈궁하고 열악한 '원시적' 도시 환경에서 생활해야만 했다는 이면의 실상을 무시한 채 겉으로 드러난 편파적인 양적 지표만을 부각시킨 결과임은 앞서 살펴본 바와 같다. 이 점에서 일제강점기 경성이 경험한 역사적 변화는 본질적으로 '근대(도시)화'나 '산업(도시)화'라기보다는 '식민(도시)화'에 가까운 성격을 띠고 있었다고 할 수 있다. 따라서 장기사적 관점에서 볼 때, 인구 천만의 세계적 거대도시 현대 서울의 형성 과정에 미친 역사적 후과後果를 파악함에 있어 식민지도시 '경성'이 남긴 36년간의 유산은 왕조 수도 '한양'이 남긴 5백여 년의 유산의 무게와 심도에 비한다면 상대적으로 극히 단기적이고 표피적인 수준에 불과한 것임은 명백하다.

그럼에도 불구하고 우리가 한국 근현대도시사를 연구함에 있어 식민지 유산(colonial legacy)의 문제를 결코 소홀히 다룰 수 없는 것은 그것이 특수적인 '전근대'에서 보편적인 '세계사적 근대'로 진입하는 역사적 통로였다는 시대적 특성 때문일 것이다. 특히 제국주의 시대에 형성된 본국–식민지 간의 도시 네트워크가 오늘날 세계 도시 체계 형성의 밑바탕이 되었다는 점은 해방 이후 전쟁 폐허를 딛고 자본주의 세계 체계의 강소국으로 급성장한 한국의 압축적 근대화와 급속한 도시화 경험을 설명하는 데 있어서도 시사하는 바가 적지 않다. 이러한 문제 제기는 단지 개별 식민지도시들에 대한 비교사적 연구뿐만 아니라, 콜로니얼–포스트콜로니얼 도시 간 네트워크의 연속과 단절의 문제에 대한 국제적 차원에서의 연구의 필요성을 제기한다. 이에 대한 연구는 향후의 과제로 남는다.

시각화의 힘

타이베이는 언제 어떻게 현대적인 도시가 되었는가

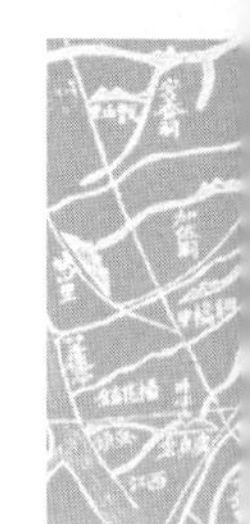

수수오빈(蘇碩斌)

1. 머리말: 타이완 정치 밖으로 밀려난 학술 문제

타이베이는 언제 현대도시가 되었는가? 타이완처럼 여러 정권의 통치를 겪어 온 사회에서 이 문제는 학술 문제일 뿐만 아니라 정치적 토템이기도 하다. 오늘날 이 글자를 직선진화(rectilinear evolution)론의 관점에서 본다면 보통 '진보'의 의미로 오해하기 쉽다. 타이완에는 두 가지 정치 노선이 존재하는데, 각각의 노선을 지지하는 사람들은 '타이베이의 현대도시화'에 대해 각각의 그릇된 인식과 답안을 가지고 있다. 예를 들어, 중국 통일을 지지하는 국민당의 경우 현대화의 의의는 전통적인 중국의 연장선상에 있는 것이라고 본다. 이와 반대로 타이완 독립을 주장하는 민진당은 현대화의 의의를 중국과의 관계를 단절한 것에서 찾기 때문에, 현대화의 공적을 일본 식민지 시대의 성과라고 판단한다. 따라서 하나의 단순한 문제를 놓고도 역사적 과정을 거치면서 서로 다른 심각한 집단 의식이 형성된 것이다[1].

이 글은 '공로/과오'의 시각을 벗어나, 타이베이의 현대도시화가 일본 식민 통치 기간에 완성된 것임을 설명하고, 이러한 현대화 과정에 대한 반성을 통해 현대화 과정이 '토지와 인구를 좀 더 효과적으로 통치하기 위한' 과정이었음을 주장하고자 한다.

논증에 앞서 우선 몇 년 전 뉴스에 보도되었던 한 가지 사건에 대해 이야기해 보겠다. 2001년 타이완에서 중국어로 출판된 일본 우익 정치만화가 고바야시 요시노리(小林善紀)의 『타이완론: 신교육정신』을 보자. 이 책에는 일본의 전통 정신이 사라져 가는 것을 탄식하며, 이 정신을 타이완의 노련한 정치·경제인들(예를 들어 리덩후이(李登輝))에게서 발견한다. 그러면서 일본의 타이완 식민통치 성공을 치하하고, 동시에 식민 전후에 존재했던 중국의 두 정권(1895년 이전의 전통 중국, 1945년 이후의 국민당 정권)의 실패를 비교한다.

고바야시는 책에서 전후 국민당 군대가 타이베이에 진격하여 정권 이양을 받을 때 중국 사병이 현대화 건설에 대해 얼마나 놀라워했는지에 대해 묘사하고 있다.

> 그들이 처음 수도꼭지를 보았을 때 놀라서 기절초풍할 지경이었다. 그리고 즉시 철물점으로 달려가 앞다투어 수도꼭지를 샀다. 집으로 돌아와 벽에 수도꼭지를 달아 본 그들은 또다시 철물점으로 달려가 화를 내며 말했다. "왜 물이 안 나오는 거야?"[2]

---

1 타이완 사회는 주로 4대 집단으로 구성된다. 분류해 보면 본성민남인(本省閩南人, 73%), 본성객가인(本省客家人, 12%), 외성인(外省人, 12%), 원주민(原住民, 2%)으로 나누어진다. 간단히 설명하면 다음과 같다. 원주민은 1700년 이전부터 오랫동안 타이완에 거주한 남도어(南島語) 계통의 토착민이다. 본성민남인과 본성객가인은 1700년부터 1895년까지 중국 남방 지역인 푸젠성(福建省)과 광동성(廣東省)으로부터 지속적으로 타이완에 밀입국하여 정착한 사람들이다(민남인은 푸젠성에서, 객가인은 광동성에서 왔다). 외성인은 1949년 중국 내전 후 타이완으로 옮겨 온 각 성의 이민자들이다.

2 小林善紀, 『台灣論: 新傲骨精神』, 賴青松 · 蕭志強 譯 (台北: 前衛, 2001), 114쪽.

고바야시는 책에서 중국 사병이 일본 식민건설에 대해 자랑스러워하는 모습을 풍자했다. 그리고 제국 중국 시대에는 타이완의 현대화가 개진되지 못했고, 전후 국민당 시대에는 오히려 뒷걸음질을 쳤으며, 오직 일본만이 "충만한 열정을 가지고 타이완의 현대화를 적극적으로 추진하였다"고 간주했다.[3]

이 책은 타이완에서 커다란 논쟁을 불러일으켰다. 친중국적 성향의 어느 국민당 인사는 심지어 국회에서 『타이완론』을 조사 및 배포 금지할 것을 요구하기도 했다. 동시에 "일본이 타이완의 현대화를 완성했다"는 주장에 반대하며 "전통적인 중국이 타이완의 현대화를 완성했다"는 주장을 점진적 · 공개적으로 형성해 나갔다. 2002년 9월 타이베이 시 정부는 전시회를 개최하여, 타이베이 현대화의 공로를 제국 중국에게로 돌리고, 1890년대 타이완의 지방행정장관 리우밍촨(劉銘傳)이 바로 "타이베이 현대화의 기수"(『연합보』, 2002. 9. 7)라고 칭했으며, 당시 타이베이 시장(현 총통) 마잉지우(馬英九)는 리우밍촨을 "영웅"이라고 표현하며 그를 더욱 격상시켰다(『연합보』, 2002. 9. 8). 2006년 타이베이 시 정부는 타이완 광복 60주년을 경축하는 특별전시회 '식민시기 현대화의 진상'에서 일본의 타이완 현대화 완성이라는 이론을 더욱 강력하게 폄하하고, 일찍이 타이완의 도시 건설에 공헌한 "현대화의 아버지 리우밍촨"의 존재를 재차 강조했다(『자유시보』, 2006. 12. 2).

그러나 마잉지우가 현대화의 표준을 구축한 리우밍촨을 치켜세우며 언급한 내용은 타이베이에 최초로 철로를 부설하고 전등을 설치하는 등의 '물질

3 小林善紀, 앞의 책, 74쪽. 1945년 중국 군인이 현대 과학 기술에 무지한 것을 수도꼭지를 통해 풍자한 내용으로, 이는 타이완 민간인들 사이에서 오랫동안 돌고 도는 우스갯소리가 되었다. 민진당 정치 지도자 펑밍민은 회고록에 아버지 펑칭카오(彭清靠)의 말을 다음과 같이 인용한다. "어떤 이는 수도 · 전기 취급점에서 수도꼭지를 얻어 와서 벽에 난 구멍에 끼워 넣었다. 이렇게 하면 물이 나올 줄 알았던 것이다." 彭明敏, 『自由的滋味: 彭明敏回憶錄』 (台北 : 前衛出版社, 1988), 66쪽.

적인 건설'에만 국한되어 있다. 봉건 중국을 숭배하는 마잉지우와 일본 식민을 숭배하는 고바야시의 판단 기준은 한치의 오차도 없이 동일하게 "수도꼭지를 현대적인 상징물로 판단"[4]하는가에 따라 현대 혹은 비현대로 나누고 있다.

타이완 역사학계는 타이베이 현대화의 기원에 대해 줄곧 논쟁을 벌이고 있다. 예를 들어 제국 중국에서 시작되었다고 주장하는 이들 중에는 리궈치(李國祁), 다이궈후이(戴國煇) 등이 있고, 일본 식민에서 시작되었다고 주장하는 이들 중에는 황쟈오탕(黃昭堂), 양비촨(楊碧川) 등이 있다.[5] 이들은 자신이 지지하는 정당의 노선에서 영향을 받았다. 최근 정치계는 현대화 배경에 대한 쟁론 중 식민과 현대화 문제의 분석에 여지없는 압박을 가하여 정치적 정서의 배출구로 삼고 있다.

본 연구에서는 '수도꼭지'라는 물질건설을 현대도시의 판단 기준으로 삼는 협의의 관점에서 탈피하여, 현대도시가 수도꼭지에만 국한된 것이 아니라 체계적인 현대국가의 통치권력이 작동한 결과라는 점을 비교적 심도 있게 지적하고자 한다. '도시계획'을 통해 타이베이가 일본 식민지하에서 도시로 변화한 의미를 분석했고, 도시계획이야말로 국가권력이 작동한 결과임을 주장했으며, 아울러 공간시각화(visualization of space)의 개념을 분석 이론의 기초로 삼았다. 이러한 분석은 깨달음이기도 하다. 바로 현대도시화의 과정이 무조건 '좋은 일'만은 아니라는 깨달음이다. 칭송하거나 경탄할 필요도 없고, 앞다투어 공적을 논할 필요는 더더욱 없다. 왜냐하면 현대도시화를

4 "수도꼭지의 현대적 상징(水龍頭的普世象徵)"은 타이완 당대 작가 鄭鴻生의 용어에서 차용하였다. 鄭鴻生, 「水龍頭的普世象徵 –國民黨是如何失去「現代」光環的?」, 收錄於, 『百年離亂 –兩岸斷裂歷史中的一些摸索』(台北 : 台灣社, 2006), 71~90쪽.

5 李國祁, 『中國現代化區域研究 –閩浙台地區: 1860~1916』(台北: 中央, 1982); 戴國煇, 『台灣史研究: 回顧與探』(台北: 遠流, 1985); 黃昭堂, 『台灣總督府』(東京: 教育社, 1988); 楊碧川, 『後藤新平傳: 台灣現代化奠基者』(台北: 克寧出版, 1994).

대동한 것은 바로 투명하고 형태도 없지만 아주 명확한 폭력성을 띤 통치 체제이기 때문이다.

2. 서로 다른 두 개의 타이베이: 제국의 타이베이와 식민의 타이베이

타이베이의 현대화는 왜 일제 치하에서 비로소 시작되었는가? 만약 단순한 물질건설의 문제가 아니라면 무엇이란 말인가? 여기에서 우선 제국통치 말기의 타이베이(1895)와 식민통치하의 타이베이(1920)의 인구분포도를 살펴보자.

〈그림 1〉은 타이완의 지리학자 천정시앙(陳正祥)이 인구분포에 근거하여 그린 타이베이 지도[6]이다. 1895년 타이베이는 완화(艋舺, MANKAH), 다다오청(大稻埕, Dadaocheng), 청네이(城內, Inner City) 세 지구가 서로 관련성을 가지면서도 분리된 '세 개의 시가지(三個市街)'로 구성되어 있었다. 그러나 1920년

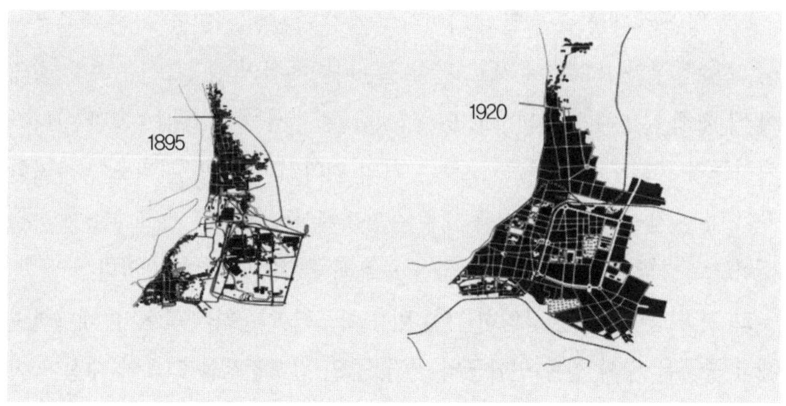

그림 1 식민 전(1895)과 식민 후(1920) 타이베이 도시인구분포도

6 陳正祥, 『台灣地誌(上)』(台北: 敷明產業地理硏究所, 1959).

의 타이베이는 전체가 '하나의 도시(一個都市)'이다.

그럼 다시 두 연대에 각각의 정부 관리가 '타이베이 건설'에 대해 언급한 내용을 살펴보자.

첫 번째 인물은 제국 중국의 타이완 순무(지방행정관리) 리우밍촨으로 다음은 그가 1892년에 쓴 상주문이다.

> 신은 타이베이에 광서光緖 초년부터 군 단위로 설치 및 관리되는 시설들을 조사하였습니다. 성벽, 문묘, 과거시험장, 관공서 등이 점진적으로 조성되었으나, 그 밖의 지방공정은 민력民力을 동원하기 힘들어 많은 사업들이 시행되지 못하고 있습니다. …(중략)… 타이베이 정비에 있어 법으로 원조를 금하고 있는 데다, 백성들은 이미 지쳐 있고, 지형 또한 험난합니다. 이에 거듭 계획을 세운 바, 정비사업에 필요한 자재의 최저가를 사실대로 작성하여 황제께 바치오니 해당 부서에 명하시어 입안케 하시고, 영에 따라 바르게 청구하였는지 사실을 확인하시도록 바라옵나이다.[7]

리우밍촨은 제국 중국 말기 타이완의 가장 중요한 관리였다. 이 상주문에서 그는 정부가 1884년에 새로 건설하는 타이베이의 행정도시—속칭 '청네이'에 대해 분명하게 설명하고 있다. 성벽, 관공서 등 부속시설뿐만 아니라 백성들의 주택도 부족하고, 도로는 거의 없다시피 하며, 관리조차 주거할 곳이 없는 지경이지만, 도시를 세우는 과정에서 백성들의 재원이 소진된 상태이므로 중앙정부에서 건설 자금을 보조해 줄 것을 요청하고 있다.

그 결과 중앙정부는 당연히 건설 비용 보조를 인준하지 못했다. 왜냐하면 제국 중국은 당시 영불 연합군의 공격, 중일 갑오전쟁을 겪으며 재정이 이

7 劉銘傳, 『劉壯肅公奏議』 27 (台北: 台灣銀行, 1958).

미 고갈되어 지방건설을 돌볼 여력이 없었기 때문이다. 1895년 이후 타이완이 일본에 할양되자 타이베이에는 관공서 주변의 소규모 건설만 남게 되었다. 얼마 되지 않는 전등이나 몇몇 학교가 세워지긴 했지만 대규모의 도시 건설은 이루어지지 않았고, 도시계획은 더더욱 필요하지 않았다.

이어서 일본 식민시기인 1929년 8월, 타이완총독부 영선과장營繕課長 이데 카오루(井手薰)의 담화를 살펴보자.

> 이 도시는 …(중략)… 녹음綠蔭, 도로, 상하수도, 전기 시설을 모두 정리하였고, 주택 지구의 외관도 통일시켰다. 가로수는 울창하고, 시의 모습이 난잡하지도 요란하지도 않고, 청결하고 깔끔하다. 도시 면적은 그리 넓지도 협소하지도 않으며, 관공서, 학교, 공공시설을 천천히 지어 나갔다. 비록 소규모의 도시 형태에 지나지 않지만 시야를 넓혀 바라보면 유쾌한 느낌을 주는 도시이다.[8]

이데 카오루는 타이베이 도시계획을 집행한 가장 중요한 관리이다. 이 내용은 타이베이 방송국의 한 프로그램에서 '타이베이의 도시미(台北の都市美)'라는 주제로 강연했을 때 언급한 내용이다. 1929년 당시는 일본이 타이완을 통치한 지 30여 년이 되는 해였고, 타이베이는 더 이상 제국 중국이 무기력하게 건설했던 세 개의 시가지(三個市街)가 아니라, 명백한 하나의 도시(一個都市)였다. 게다가 국가권력이 제어할 수 있게 된 도시였다.

일본 관리가 도시를 제어할 수 있었는가? 이데가 '타이베이의 도시미'에서 언급한 또 다른 내용을 보면 이에 대한 그들의 확신을 분명히 알 수 있다.

8 井手薰, 「臺北の都市美」, 『臺灣時報』 昭和四年 11月號, 1929.

이전에 타이베이의 개선을 단호하게 진행했다. …(중략)… 예쁘고 아담한 중형 도시라 부를 만하다. 만약 계속 개선을 단행한다면 아직도 향상의 여지가 많다는 것을 믿어 의심치 않는다. 이 귀하고 아담한 타이베이를 더욱 완전한 모범 도시로 변화시키는 이상을 향해 매진할 수 있기를 희망한다.[9]

제국 중국의 리우밍촨은 현대국가의 권력이 지역사회를 직접 통치할 수 있는 기초를 마련하지 못했다. 따라서 '계획과 제어가 가능한' 도시를 건설하지 못했고, '개선에 대한 확신이 있는' 도시 건설은 더더욱 어려웠다. 이것은 각기 다른 시대의 통치 기술의 차이로, 통치자 개인의 능력과는 무관하다. 이 두 시대의 자료를 바탕으로 다음과 같이 분석하건대, 이후 본문에서 제국 중국 말기의 타이베이는 결코 현대도시가 아니며 당시 중앙정부에서 건설 경비가 지원되었더라도 현대도시의 건설은 불가능했을 것임을 설명할 것이다.

또한 타이베이가 도시가 된 것이 앞선 〈그림 1〉 속의 1920년대임을 설명할 것이다. 1920년대는 이데 카오루 등의 관리가 장악하고 제어했던 시기였으며, '현대국가통치' 권력이 지역사회를 관통하던 시기였다. 상대적으로 이전의 타이베이는 전통적인 제국 중국이 시행한 '이단통치(二段式統治)'의 산물이었다. 우선 제국통치시기부터 1895년까지 타이베이가 어떻게 세 개의 시가지로 발전되었는지 설명해 보겠다.

9 井手薰, 앞의 글.

3. 제국통치시기 타이베이의 세 시가(三市街): 국가가 볼 수 없었던 지역 사회

한인漢人 사회는 타이완의 원형이 아니다. 타이완의 원주민은 난다오어(南島語) 계통의 토착민이다. 1640년대 네덜란드와 스페인이 두 개의 항구를 점령한 후에야 중국의 한족들이 이주하여 개간에 협조하게 된다.[10] 당시 타이베이가 있던 지역은 개간 범위에 들지 않았으므로 십여 개의 토착민 부락을 제외하고는 대부분 미개하고 황량한 상태였다.

18세기 초 제국 중국은 타이완을 통치령에 포함시켰으나 조정은 타이완을 경영할 의도가 없었다. 하지만 인근 성(福建)의 경지가 부족해지자 지나치게 많은 중국 인구 중 대량의 인구가 타이완으로 옮겨 와 개간에 참여하기 시작했다. 타이베이는 제국 중국 통치 초기(1709년에 시작) 대규모 한족들의 주도로 농지개간사회가 된 것이다.[11]

농업의 안정으로 지금의 타이베이 지역 제1지구가 형성되었는데, 이곳이 바로 '완화'이다. 완화의 도시화는 국가의 역량이 아닌 전적으로 이민자 집단에 의해 이루어졌다. 1850년경 완화에서는 항구의 이권 다툼으로 인해 집단 간의 유혈 충돌이 벌어진다. 패배한 쪽은 북쪽의 또 다른 항구 '다다오청'으로 옮겨 가 타이베이 제2지구를 형성하였다.[12]

두 지구는 바로 제국통치시기 타이베이의 모습이다. 추측컨대 1880년대 완화와 다다오청 '두 시가(二市街)'의 인구는 각 5만 명, 합하여 10만 명으로 당시 타이완에서 가장 번화한 지역이었다.[13]

---

10 尹章義, 「臺北平原拓墾史研究(1697~1772)」, 『臺灣開發史研究』(台北: 聯經, 1989), 31~32쪽; 中村孝志, 「十七世紀中葉的淡水, 基隆, 臺北」, 『臺灣風物』 41-3, 1991, 336쪽.

11 溫振華, 「開闢」, 收入 王國璠主修, 『台北市發展史(一)』(台北 : 台北市文獻會, 1981);

12 王世慶, 「海山史話(上)」, 『臺北文獻』 37, 1976, 73쪽.

13 章英華, 「清末以來台灣都市體系的變遷」, 收入 瞿海源 · 章英華 編, 『台灣社會與文化變遷』(台

완화와 다다오청 두 시가의 발전 과정에서 국가의 역량은 거의 개입되지 않았다. 두 시가에는 정부 측 행정사무소가 단 한 곳 밖에 없었고, 오늘날의 부현장副縣長 정도의 관리가 반년에 한 번 다녀갈 뿐이었다. 따라서 두 시가는 사실상 현지 사회의 유지들에 의해 관리되었다. 두 사회의 유지들의 권력 기반은 '쟈오(郊)'라고 불리는 일종의 상업공동연합회(trade union)였다. 표면상 '쟈오'는 부두의 화물을 운송하는 노동자들의 점포상이었다. 하지만 두 지구와 중국 대륙 간의 무역 왕래(쌀과 찻잎 수출, 일용품 수입)에서 큰 비중을 차지했기 때문에 부두의 점포는 시가지의 절대 다수에 이르는 상점들과 결합하였다.[14] 시가지의 모든 상점들은 여기에 가입해야 했고, 연합회에 가입하지 않거나 탈퇴하는 것은 불가능했다.[15]

완화에는 '췐쟈오(泉郊)'와 '베이쟈오(北郊)'라고 하는 두 개의 대형 조직이 있었다. 다다오청에는 단 하나뿐인 '샤쟈오(廈郊)' 조직이 있었다. 쟈오는 명의상으로는 상업공동연합회에 불과했지만, 실제로 사회에 끼치는 영향력은 막강했다. 이들은 곧 동일 조적祖籍 집단(ethnic group)과 결합했고, 동일 성씨姓氏 집단(clans)과도 결합했을 뿐만 아니라 같은 신에게 제사를 지내는 동일 신앙 집단(beliefs)과도 결합했다. 췐쟈오, 베이쟈오, 샤쟈오 모두 각각 부두를 소유했고, 중국 푸젠성(福建省) 남방 지구에서 이민 온 집단으로 황(黃), 우(吳), 린(林) 등의 성씨가 대부분이었다.[16] 그 밖에도 각 쟈오마다 독특한 신앙을 가지고 있었는데, 베이쟈오의 주신은 관세음보살이었고, 췐쟈오의 주신은 마조媽祖였으며, 샤쟈오의 주신은 성황城隍이었다. 쟈오에서 일상적인 사무를 책임지는 이는 제사를 주관하는 이와 동일했다. 구역 간에 충돌이 발

北: 中央硏究院民族所, 1986), 253쪽.

14 卓克華, 「行郊考」, 『臺北文獻』 45 · 46, 1978, 427~444쪽.

15 文崇一, 「萬華地區的群體與權力結構」, 『中央硏究院民族硏究所集刊』 39, 1975, 25쪽.

16 廖漢臣, 「艋舺沿革志」, 『台北文物』 2-1, 1953, 15쪽.

생하면 자오는 작전 지휘소가 되기도 했다.[17]

이처럼 타이베이의 예전의 두 시가지는 '자오'를 중심으로 일상생활을 지배하는 사회 형태였다. 도량형 공구(measuring instrument)의 법정표준제정 등 시가지의 공공업무는 '자오'에 의해 결정되었다.[18] 그 밖에도 자오는 중불전쟁 중 자체적으로 병력을 소집하여 지역 방위를 실시하기도 했고,[19] 어떤 때에는 사법 안건을 심의하고, 심지어는 정부 측의 허가를 얻어 내기도 했다.[20]

1870년대 이전 두 개의 시가였던 타이베이는 '국가의 공석' 때문에 사실상 지역사회의 세력에 의해 장악되었다. 그러면 제3지구인 '청네이'에 대해 살펴보자. 청네이는 국가의 주도하에 건설되었는가? 청네이는 현대도시의 효시인가?

이 글의 대답은 부정적이다. 아래에서 타이베이 건설의 원인을 설명해 보겠다. 제국 중국 말기의 1874년, 청清은 외교 문제에 대한 좌절로 타이완 통치를 강화하기로 결정했다. 그리고 1875년 타이베이의 행정 등급을 높인다. 타이완의 관리로 임명된 대신 리루밍촨(劉銘傳)은 타이베이를 성도(省都, 성 정부 소재지)로 정하였다.

청은 성 정부 소재지를 반드시 하나의 구역 형태로 짓도록 법률로 제정하였다. 그리하여 1883년 성벽 건축을 시작으로 하여 1885년에 완공하였다. 타이베이의 성 정부 소재지는 완화와 다다오청의 중간에 있는 공터에 위치했는데, 계획을 시행할 수 있는 위치였기 때문이었다.[21] 청 조정은 타이베이

---

17 王世慶, 「民間信仰在不同祖籍移民的鄉村之歷史」, 『臺灣文獻』 23-4, 1972, 123쪽.

18 曾迺碩, 「司法」, 收錄於王國璠 主修, 『臺北市發展史(二)』 (臺北: 臺北市文獻會, 1982), 1008쪽; 卓克華, 『清代臺灣的商戰集團』 (臺北: 臺原出版社), 1990, 77쪽.

19 伊能嘉矩, 『台灣文化志中譯本(下卷)』, 江慶林等 譯 (台中: 台灣省文獻會, 1991), 4쪽.

20 戴炎輝, 『清代臺灣之鄉治』 (台北: 聯經, 1979), 339쪽; 卓克華, 위의 책, 72쪽.

21 溫振華, 『二十世紀初之台北都市化』, 台灣師範大學 歷史研究所博士論文, 1986, 33쪽.

에 대한 계획을 세웠지만 오늘날 익숙한 수학 계산이나 정밀한 측량 등의 시스템 아래에서 이루어진 것은 아니었다. 다음은 청이 진행했던 타이베이 '청네이'의 개발 과정이다.

① 국가는 건설 비용이 없었으므로, 지방의 부유한 상인들로부터 자금 지원을 받았다. 타이베이 축성 공사 진행 시, 청의 재정은 이미 바닥나 있었다. 따라서 정부는 건설 비용 마련을 위해 지방 재력가 중 14명을 '이사理事(원문에는 董事 –옮긴이)'로 지정하여 20만 냥 남짓 모금하였고, 그들로 하여금 건설 공사를 감독하게 하였다. 경비를 지원한 이사들은 일정 부분에서 이익을 얻을 수 있었고,[22] 심지어는 실제 '관직'과 교환하기도 하였다.[23] 그러므로 국가가 타이베이를 건설한 것은 아니며, 역시 지역사회가 타이베이를 건설했다고 볼 수 있다.

② 성벽 기지는 갑자기 이유 없이 방향이 바뀌었다. 추측컨대 이는 아마도 풍수 때문일 것이다. 원래의 계획은 '북–남'을 축으로 하였지만, 시공 1년 전 부임한 관리 리우아오(劉璈)가 갑자기 '동–북'으로 개편했고, 모든 성벽은 이에 따라 위치가 바뀌었다. 추가 비용은 20만 은화였다. 이 비용 역시 지역 재산가들에게 지출토록 하였으며, 역사가들은 리우아오의 습성으로 미루어 보아 이는 '좋은 풍수'를 고려해 타이베이의 지형에 부합시키기 위해 변경한 것이라고 추측한다.[24]

③ 철도는 지역 주민의 요구에 따라 노선을 바꿀 수 있었다. 관리는 타이베이

---

22 Harry Lamley, The Formation of Cities: Initiative and Motivation in Building Three Walled Cities in Taiwan, In G. William Skinner ed., *The City in Late Imperial China* (Stanford: Stanford University Press, 1977), p. 199.

23 朱壽朋 輯, 『光緒朝東華續錄選集』(臺北 : 臺灣銀行, 1969), 85쪽.

24 廖春生, 『台北之都市轉化: 以清代三市街(艋舺, 大稻埕, 城內)為例』 台灣大學 土木工程學研究所碩士論文, 1988, 117쪽.

축성계획을 실행할 때 중국 최초의 철로도 함께 부설하였다. 이는 타이베이의 현대화 건설이라고 칭송되는데, 사실 지역사회의 엄청난 방해를 받았다. 철로의 노선은 서방 기술을 모방하여 설계되었지만, 철로 부설을 집행한 중국 군대는 자신의 논밭과 조상의 무덤을 경로할 수 있게 할 목적으로 지역 유지들이 건넨 뇌물을 받고 노선을 변경시켰다. 그래서 철로는 비합리적으로 구부러지기 일쑤였다.[25]

④ 청네이의 도로는 서로 관통하지 않는다. 타이베이 성에는 다섯 개의 성문이 있는데, 이들도 서로 관통하지 않는다. 도로는 종종 절반 정도에서 끊어져 다음의 〈그림 2〉[26]의 형식으로 뻗어 있다. 이는 현대도시 건설의 논리와 맞지 않는다. 왜냐하면 현대도시는 유동성(mobility)을 강조하는데, 타이베이의

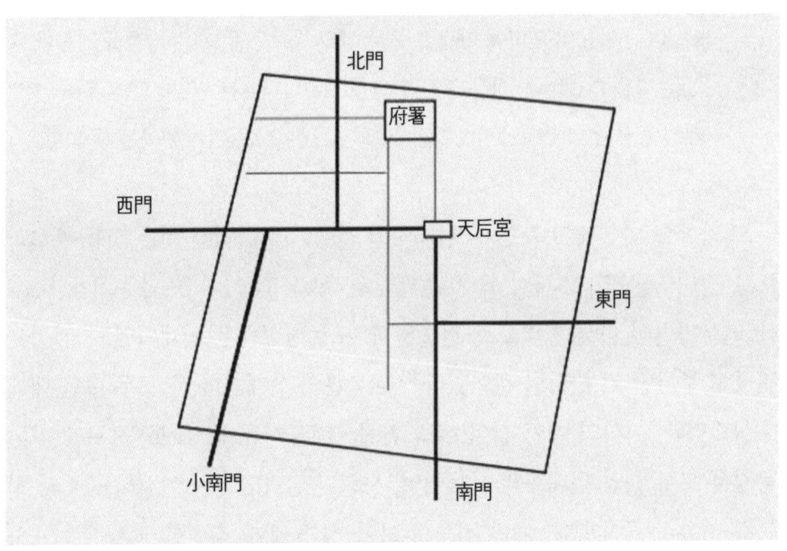

그림 2 제국 중국 말기 타이베이의 성문과 도로

25 James W. Davidson, 蔡啟恆 譯,『台灣之過去與現在(二)』(台北: 台灣銀行, 1972), 178~179쪽.

26 溫振華, 앞의 책, 40쪽과 李乾朗,『臺灣建築史』(臺北: 雄獅, 1984), 178쪽에서의 제도를 참고하여 만들었음.

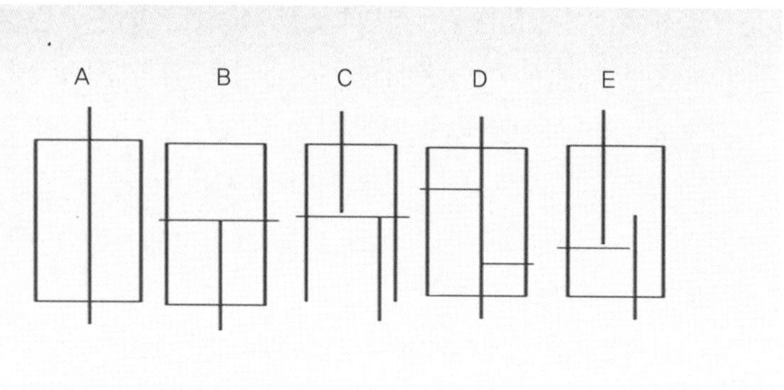

그림 3 중국 전통 성의 성문과 도로 유형

청네이는 유동성과 거리가 멀기 때문이다. 중국의 도시사학자 장센두(章生道, Sen-Dou Chang)의 연구에 따르면 중국 성의 통로는 두 개의 성문을 직통할 수 있는 길을 피하는데, 이는 귀신이 직선으로 다닌다는 민간신앙 때문이다. 그래서 중국 성의 통로에서 〈그림 3〉[27]의 A, B 형식은 거의 찾아볼 수 없다.

그 밖에도 타이베이 축성 시 현대적인 건설이라 여겨진 것은 전등 부설과 도로 정비 등이었다. 사실 1890년(원문에는 1990이라 되어 있으나 오기임. ―옮긴이) 리우밍촨이 다른 지역으로 전출된 후 도로정비국은 폐쇄되었고, 전등은 관공서 부근만 겨우 밝힐 뿐이었다.[28] 대부분의 현대 시설은 모두 수년 내에 소실되었다. 이상의 예와 같이 성벽 건설, 철로 개통 등 표면적으로 건설된 물질은 모두 서양 현대화의 산물이며, 사회의 밑바닥에는 여전히 중국의 전통적 사유가 존재했다. 이런 점으로 보아 청 왕조가 건설한 도시는 현대사

27 Chang Sen-dou, The Morphology of Walled Capitals, In G. William Skinner ed., *The City in Late Imperial China* (Stanford: Stanford University Press, 1977), pp. 75~100.

28 高賢治 編,『臺灣三百年史』(台北: 眾文), 287~288쪽.

회가 측량과 계산을 통해 공간을 활용하고 도시를 계획하는 시스템과는 전혀 달랐다는 것을 알 수 있다.

타이베이의 완화와 다다오청은 확실히 지역사회의 역량에 의해 지배받는 구역이었고, 청네이는 국가가 건설한 중요한 지역이었지만, 사실상 국가의 영향력이 미치지 않는 곳이었다. 이 또한 중국 역사가들이 일컫는 '이단통치'에 해당한다. 즉, 중국은 방대하고 느슨한 제국통치를 펼쳤는데, 정치가 아닌 문화를 통치 기초로 삼았기 때문에 국가도 두 유형으로 나뉘었다. 하나는 관료가 이끄는 중앙기구에 의한 통치였고, 또 하나는 무수한 지역사회의 통치였다.[29] 따라서 국가의 권력 기관과 피통치자인 기층민들 사이는 사실상 분리되어 '중간 계층'에 의해 연결되었다.[30] '쟈오'의 상인들이 바로 타이베이 지역사회의 질서를 주도하는 자들이며 제국 중국과 백성 사이의 중개자였던 것이다.

주의할 것은 제국 중국이 지역사회의 인구와 토지를 실제로 주도면밀하게 통치할 의도는 없었다는 것이다. 제국 중국은 지역에서 바치는 세금이 필요했을 뿐이었고, 지나치게 정확한 계산은 오히려 중앙정부와 지역사회의 평형을 파괴시킬 가능성이 있었다. 이러한 상황 속에서 제국 중국은 타이완 인구와 토지에 대해 갈피를 잡을 수 없었고, 정확한 계산은 더더욱 불가능했다.

이러한 사실이 제국 중국이 타이완이나 타이베이의 인구와 토지를 추산한 적이 한 번도 없었다는 뜻은 아니다. 제국 중국이 타이완을 통치한 이백여 년 동안 타이베이 지역의 호구조사를 실시하긴 했지만 1764년과 1841년 두 차례만 기록되었다.[31] 이 수치는 믿을 만한 것이 못 되며 커다란 의문

29 金耀基, 「現代化與中國現代歷史」, 收錄於, 『中國現代化與知識分子』(臺北: 時報), 7~8쪽.

30 Prasenjit Duara, *Culture, power, and the state: rural North China 1900-1942* (Stanford: Stanford University Press, 1988).

31 王國璠 主修, 『臺北市志 卷三政制志 戶政篇』(臺北: 臺北市文獻會, 1977), 48쪽.

을 갖게 한다. 토지조사 또한 똑같은 상황으로, 사료에 기재된 바에 의하면 1788년에 한 차례 '민번계답사民蕃界踏査'가 있었고, 1886년 리루밍촨의 '토지측량(清丈, 토지세의 조사를 위한 토지측량)'에도 기록이 있다. 그런데 리우밍촨의 토지조사가 실제 토지의 측량을 위한 작업이긴 했지만, 1900년 일본「임시타이완토지조사국보고서」에 따르면, 단지 "종전의 조세를 합치기 위한 것으로, 토지측량을 바탕으로 한 토지제도에 근거하여 세금의 양을 안배했고, …(중략)… 조세와 무관한 토지는 측량하지 않았다."[32]

제국 중국 통치하의 타이베이는 반란을 일으키지 않고 세금을 잘 납부하여 기본적인 통치 관계가 잘 유지된 셈이다. 이것은 역사학자 황런위(黃仁宇)가 "중국은 숫자로 관리할 수 없다"고 주장한 것과 의미가 같다.[33] 이제 청의 타이베이가 분리되어 있지만 서로 관련된 세 개의 시가지였다는 사실이 이해되었을 것이다. 이런 의미에서 타이베이의 인구와 토지 상태는 제국 중국의 입장에서 본다면 일종의 '보이지 않는' 모호한 상태였던 것이다.

4. 식민지도시 타이베이의 도시계획: '시각화 공간'으로 정비

일본은 1895년 타이완 통치권을 획득하는데, 이는 타이완의 통치 양식이 또 다른 단계에 들어섰다는 의미였다. 일본 식민통치자에게 있어 타이베이와 타이완은 여전히 '보이지 않는' 상태였다.

1895년 타이완에서 온 일본인의 생명을 위협하는 적은 항일 유격대(guerilla)가 아니라 '열병熱病'이었다.

타이완이 일본 식민지였던 시기에 유명한 의사 호라우치 지오(堀內次雄)는

32 臨時台灣土地調査局, 『清賦一斑』(台北: 台灣總督府土地調査局, 1900), 9쪽.
33 黃仁宇, 『放寬歷史的視界』(台北: 允晨, 1988), 161쪽.

1895년 타이베이에 진입했을 때를 회고하면서 타이베이 곳곳에서 열병, 콜레라, 각기병이 창궐했는데 어디서부터 손을 써야 할지 몰랐으며,[34] 또 열병을 무엇이라 부르는지 타이완의 어느 지방에 전염병이 도는지 지금까지 조사된 적이 없었고 학교나 병원도 없어, "마치 암흑 속으로 뛰어든 것 같았다"고 썼다.[35]

일본은 메이지유신 시대에 이미 서양의 현대 의학 지식을 받아들였기 때문에 질병의 기제를 알아야만 치료할 수 있음을 알고 있었다. 그러나 타이완의 열병 원인은 당시의 새로운 의학으로도 알 수 없는 것이었다. 그래서 "마치 암흑 속으로 뛰어든 것 같았다"는 공포감이 조성되었을 것이다. 호라우치는 이러한 공포감을 '볼 수 없는' 공포감이라고 정확하게 지적했다.

> 본 적 없고 심지어 들어 본 적도 없는 상태에서 타이완에 뛰어들었으리라고는 아마 그 누구도 상상하지 못했을 것이다. …(중략)… 이렇게 볼 수 없고 알 수 없는 상태에서 겪는 공포감은 전쟁이나 도적들보다 더 소름 끼친다.[36]

생명을 위협하는 것은 '열병 자체'가 아니라 '열병에 대한 무지'였다. 열병이 무엇인지 몰랐기 때문에 '보이지 않는' 공포감에 휩싸인 것이다. 온몸을 감싸는 암흑 속의 공포감을 없애기 위해 일본은 타이완 통치 중 처음 2년 동안 타이베이의 가장 중요한 공정, 위생 공정을 실시했다. 바꾸어 말하면, 타이베이의 도시 건설은 바로 공공위생에서 시작되었다는 말이다.

일본인이 타이완을 식민통치하기 전 타이완의 '열병'은 일본군에게 심각한 피해를 입혔다. 1874년 일본이 목단사牡丹社 사건으로 타이완 남부에 진

34 堀内次雄, 「台灣衛生事始: 領台の當時と思い出(下)」, 『民俗台灣』 2-11, 1942, 22쪽.
35 范燕秋, 「醫學與殖民擴張: 以日治時期台灣瘧疾硏究為例」, 『新史學』 7-3, 1996, 140쪽.
36 堀内次雄, 위의 글, 22~23쪽.

격했을 때, 7개월간의 전쟁 중 실제 전사자는 8명, 부상자는 25명에 불과했지만 전쟁 중 병을 얻은 사람이 16,409명, 병으로 사망한 사람이 547명이었다. 일본군의 의학 통계에 따르면 환자 중 66%가 전염병 감염자였고, 전염병 감염자 중 66%가 '이장열弛張熱'이었다고 한다.[37]

'이장열'이란 무엇인가? 당시의 일본인은 알지 못했다. 1895년 일본군이 타이완에 상륙했을 때 또 다시 이 열병의 위협을 받았다. 1895년 5월 11일 타이완에 상륙한 일본군 중 전사자는 164명, 부상자는 515명인 데 반해 병사자는 4,624명에 달했다(병을 얻은 사람은 26,094명). 군을 이끌고 타이완을 공격한 근위 사단의 통솔자 기타시라가와 요시히사 친왕(北白川宮能久親王)도 타이완에서 열병으로 사망했다.[38]

호라우치가 묘사한 공포감은 괜한 것이 아니었다. '전염병'이야말로 당시 일본군 최대의 적이었다. 열병이 무엇인지 몰랐기 때문에 최초로 타이베이에 온 일본인은 타이베이가 '중국(支那)식 도시'라서 그렇다고 비난할 뿐이었다. 당시 문헌에서 가장 자주 쓰이는 타이완에 대한 수식어는 불결함, 위험, 구역질 등이었다. 1936년 이데 키타와(井出季和太)가 쓴 『타이완치적사(台灣治績史)』 중에서 식민 초기에 상륙한 일본 위생 부대의 기록을 인용해 보겠다.

> 타이베이 시가지는 가옥 주위와 정원에 불결한 오수가 넘쳐 흐르고 있다. 그리고 곳곳에 고인 물이 못을 이루고 있다. 사람과 가축이 뒤섞여 살고 공공화장실이 있지만 아무 곳에서나 대소변을 본다.[39]

37 范燕秋, 앞의 글.

38 井出季和太, 『台灣治績志』(台北: 台灣日日新報社, 1936), 29쪽.

39 井出季和太, 위의 책, 25쪽.

일본의 서양 의학은 1880년대에 이미 풍성한 성과를 거두었다. 하지만 타이완의 열창(熱瘡)만큼은 병의 기제나 전염 경로를 파악하지 못하고 있었다. 그저 키니네로 치료해야 한다는 것만 알 뿐이었다. 공공위생에 대한 원칙도 달랐다. 어떤 이들은 오염된 공기가 유동하고 있고, 일본인은 무더운 기후에 취약하기 때문이라고 판단하였고, 또 어떤 이들은 밤이 되면 장기(瘴氣, 열대나 아열대 산림의 습하고 더운 공기)가 스며들기 때문에 취침 시 병에 걸리기 쉽다고 추측하기도 했다. 이러한 생각들은 모두 '타이완 열병'에 대한 공포심이 여전히 심각했음을 알려 준다.[40] 열병의 기제를 몰랐기 때문에 근원적인 치료가 불가능했고, 중국인의 생활 습관을 거칠게 탓할 뿐이었다.

1896년 6월, 타이완 총독 가츠라 타로(桂太郎)가 부임하여 '중국식' 시가의 때를 벗기기 시작했다. 그는 당시 일본 내무성 위생국장 고토 신페이(後藤新平)를 타이완으로 초청해 의견을 물었다. 고토는 대략적인 현지조사 후 '공공위생'을 우선적인 타이완 식민정책으로 삼을 것을 제안했다.[41] 앞서 말한 공포감이 조성된 상황하에서 가츠라 타로는 제안을 받아들이고 위생 우위의 정책 방향을 공포했다.

> 타이완의 기후는 열대 기후에 가깝다. 비바람과 더위와 추위의 변화가 내륙과 차이가 있다. 게다가 청국淸國은 위생 법규를 추진하지 않아 건강을 해치는 상황을 피할 수 없었다. 이에 어떤 이는 타이완의 자세한 상황을 모르거나 혹은 섬 전체가 말라리아나 아편 독의 소굴이라고 오해할 수밖에 없었다. 따라서 비용과 환경이 허락하는 범위에서 위생 조치를 취하여 타이완 거주자의 질병을 막고 향후 타이완에 이주하여 타이완 관리에 협조할 이들의 두려움을 불식시키겠다.[42]

40 范燕秋, 앞의 글.

41 井出季和太, 앞의 책, 35쪽.

42 張景森, 『台灣現代城市規劃: 一個政治經濟史的考察(1895~1945)』, 台灣大學 土木工程學研究

이러한 공포는 소위 '위생제일주의'[43]의 전개를 확정하는 것으로, 일본의 타이베이 통치 초기 개진되었던 도시 건설은 확실히 공공위생이라는 의제와 관련이 있었다. 그중, 하수도 시설 정비, 주택 정비, 비위생적인 요소 격리 등은 도시 건설 초기에 가장 구체적인 사업이었다.

가츠라와 고토의 관념대로 통치 대상 지역이 알 수 있고, 볼 수 있는 곳으로 변하면 사실 두려울 것도 없다. 본 연구의 뒷부분에는 1898년부터 타이완총독부에서 네 번째로 민정국장을 역임한 고토 신페이가 타이완을 어떻게 알 수 있고, 볼 수 있는 곳으로 변모시켰는지가 묘사되어 있다. 일본이 타이베이의 도시계획을 어떻게 진행했는지 분석하기 전에 여기에서 일본 통치자의 내심에는 '공간시각화'라는 현대 통치 개념이 숨어 있었음을 분명하게 짚고 넘어 가겠다.

공간시각화란 국가가 영토 곳곳뿐만 아니라 국민 개개인을 모두 지켜볼 수 있는 상태를 말한다. 이것은 전통사회와는 다른 새로운 권력 운용 방식인데, 미셸 푸코Michel Foucault의 권력 이론[44]에 자세히 분석되어 있다. 전통사회에서 권력을 과시하는 방법은 '권력의 근원'을 보여주고 (공개, 의식, 참배와 같이) 경외심을 갖게 하는 것이었다. 그러나 현대 서양 사회는 하나의 권위(신권)가 종식되었고, 권력은 더 이상 하나의 근원으로 만물을 지배할 수 없게 되었다. 따라서 권력은 작동 형식을 전환해야만 했다. 역사상 권력은 '공간'이라는 도구를 빌려 작동했다. 권력 자체는 '보이지 않는' 공간 속에 숨겨져 있었고, 반대로 피통치자들은 '보이는' 공간에 위치했다. 그 결과 국민은 국가의 응시(gaze) 대상이 되었고 국가는 국민을 볼 수 있지만, 국민은

所博士論文出, 1991, 38쪽.

43 尾辻国吉, 「臺灣建築界の回顧」, 『臺灣建築會誌』 15-4, 1943, 134쪽.

44 Michel Foucault, *Power/Knowledge: Selected Interviews and Other Writings 1972~1977*, edited and translated by Colin Gordon et al. (New York: Pantheon Books, 1980), p. 147.

국가를 볼 수 없었기 때문에 현대와 같은 감시 효과가 생성되었다.

푸코는 제레미 벤담Jeremy Benthem이 설계한 원형 감옥(panopticon)이 이러한 권력의 작동을 가장 잘 보여주는 예라고 여겼다.[45] 원형 감옥은 "외곽이 원형으로 되어 있는 건축물로, 중앙에는 탑이 설치되어 있으며, 탑 위에는 바깥의 원형 건축물을 살펴볼 수 있는 창문이 있다. 원형 건축물에는 감방이 칸칸이 배치되어 있는데 …(중략)… 이렇게 새장 같은 감방은 작은 극장과 같아서 그 속에 홀로 고독하게 있는 배우는 모두 개별화되어 있고 수시로 보여진다." 범인은 간수를 볼 수 없기 때문에 언제 감시를 당하는지 알 수 없다. 결국에는 하루 24시간 내내 감시를 받는 듯한 효과가 나타나고, 최후에는 스스로 감시하게 된다. 이는 규율(discipline)을 통한 권력의 작용이다.

이것이 바로 공간시각화의 의미이다. 볼 수 없는 암흑의 공간을 없애고 밝으면서도 시선이 직선으로 관통할 수 있는 공간으로 개조한 것은 현대 통치의 효과가 가장 극적으로 발휘되는 순간이다. 그래서 공간은 구체적인 기능을 갖춘 건축물일 뿐만 아니라 사람의 주거와 활동을 구속하는 장소이기도 하다. 이렇게 보면 앤서니 기든스Anthony Giddens가 지적한 바와 같이 전통도시가 현대도시로 변천하는 과정은 단절이지 연속은 아니다. 일상생활의 영역(place)이 공간(space)이 되는 것은 현대도시 형성의 중요한 특성이다.[46]

제국 중국 통치자에게 타이베이 공간이 '보이지 않는(invisible)' 모호한 상태였다면 서양의 이성주의적 지식 체계를 습득한 일본 식민통치자에게 있어서 타이베이의 공간은 '볼 수 있는(visible)' 또렷한 공간이었다. 본문은 '볼 수 있는 공간'의 수학적 기초 위에서 세워져야만 도시계획이 완성될 수 있음을 설명하고자 한다.

---

45 Michel Foucault, *Discipline and Punish* (New York: Vintage, 1977), p. 200.

46 Anthony Giddens, *A Contemporary Critique of a Historical materialism* (London: Macmillan, 1981), pp. 141~142.

표 1 일본 통치시기 타이베이 시가 6차 주요 정비계획

계획 분기	실시 및 공고일	계획 명칭 및 내용
제1차 계획	1896년 5월	청녜이 임시 하수도 긴급 설치
제2차 계획	1898년	청녜이 하수도 설치(William Burton 건의)
제3차 계획	1900년 8월 23일	'타이베이 청녜이 도시계획'
제4차 계획	1901년 6월 1일	'타이베이 성외 남부 도시계획'
제5차 계획	1905년 10월 7일	'타이베이 지구 개정계획'
제6차 계획	1932년 3월 7일	'타이베이 도시계획'

『타이베이 시정 20년사』에 의하면 일본이 통치한 50여 년간 진행한 도시계획 중 '계획'을 명확히 공고한 경우가 모두 여섯 차례이다. 그 단계성을 분석하여 초기 도시 개조의 숨은 뜻을 찾아보고자 한다. 여섯 차례에 걸친 타이베이 시가지 정비 내용을 분류하여 정리하면 〈표 1〉[47]과 같다.

여섯 차례에 걸친 도시계획의 실질적인 내용은 크게 세 단계로 구분할 수 있다. 1단계는 1896년과 1898년의 두 차례 사업이다. 이때는 공공위생을 핵심 개념으로 한 도시 정비였고, 범위는 이미 조성되어 있던 청녜이 지구에 집중되었다. 주요 사업은 오수 폐기인데, 상하수도와 주택 정비도 포함되었다. 2단계는 1900년과 1901년의 두 차례 사업이다. 범위는 여전히 청녜이 지구와 그 주변이었고, 주요 사업은 도로 정비, 성문 개통 등이었다. 3단계는 1905년과 1932년으로 계획 범위는 이미 청녜이 지구를 초월하여 완화와 다다오청 두 구시가를 포함하는 등 타이완 전체로 확장된 사업이었다.

본 연구는 타이베이의 현대도시화가 3단계에서 완성되었다고 본다. 좀 더 정확히 말하면 3단계 즉 1905년 이후를 말한다. 물론 앞선 두 단계의 계획도 비록 질병에 대항하기 위한 방책으로 시작된 것이며, 단지 위생을 강

47 台北市役所 編, 『台北市政二十年史』(台北: 台北市役所, 1940), 542쪽.

구하고, 도로를 정비하고, 성문을 개통하는 등 국부적인 사업에 지나지 않았지만, 사실상 도시화에 대한 현대국가의 '공간시각화' 과정이 시작되었다고 본다.

5. 식민 초기의 도시계획: 밝음과 유동성으로 오염과 폐쇄성을 대체하다

우선 1896년과 1898년 두 차례의 도시위생사업을 살펴보자. 1896년 5월 참을 수 없는 섬 도시 타이베이는 곳곳에서 오수가 넘쳐 흘렀다. 타이완총독부 민정국은 '임시토목부'를 설립하고, 북문 성벽 바깥쪽에 임시 하수도를 설치했다. 임시로 타이베이 청네이의 오수의 물길을 성 밖 수로로 돌린 후 단수이(淡水)강과 만나도록 방류하는 것이다. 이 사업은 타이베이에 대한 일본의 '제1차 도시계획'이었고, 목적은 거주지 주변에 오수가 흐르지 못하게 하고, 단수이강이 청네이로 유입되지 않도록 하는 소극적인 조치였다.[48]

1896년 8월 고토 신페이는 도시 주거환경 문제 해결을 위해 영국 위생사 윌리엄 버튼William Burton을 추천하여 타이베이에서 현지조사를 하도록 했다.[49] 버튼은 1897년 4월 보고서를 통해 신속하게 위생사업을 시작할 것을 건의했는데, 타이베이를 1순위로 삼고, 그중에서도 상하수도사업을 가장 중요한 항목으로 건의했다.[50]

버튼의 건의로 타이베이의 '제2차 도시계획'이었던 하수도 부설 공사가 시작되었는데, 목표는 '오염과 악취가 가득한 거리'를 청결화하는 것이었으

48 台北市役所 編, 앞의 책, 544쪽.

49 Burton은 1887년 도쿄제국대학에 초청되어 위생공학기사를 맡았고, 도쿄·오사카·고베·요코하마 등 중요한 도시에도 초청되어 상하수도 공사를 설계한 적이 있었다.

50 越澤明, 「台灣, 滿洲, 中國的都市計畫」, 『近代日本〉と植民化: 植民地化と產業化』 (東京: 岩波書店, 1993), 188쪽.

며, '물길을 터서 합류시키는 방식'을 채택하였다. 이는 빗물과 오수를 모두 수로에 받은 후 하수도를 설치하여 청네이 동남부를 통해 북쪽으로 흘려보내 단수이강에 유입되도록 하는 것이다. 이 공사는 청네이 지구에 국한된 것으로, 푸첸제(府前街), 푸호우제(府後街), 베이먼제(北門街) 등에 하수도와 수로를 파서 지형을 따라 흐르다가 완화 부근의 암거를 거쳐 단수이강으로 유입되도록 처리하였다. 성문에는 수문을 설치하여 홍수가 범람하면 수문을 닫고 펌프로 고인 물을 빼내도록 했다.[51]

타이베이 청네이의 하수도 공사는 큰 성과를 거두었다. 1899년 타이완총독부는 법률 효력이 있는 정식 법령 제6호 '타이완 하수 규칙' 및 시행 세칙을 발표하였고, 타이베이현도 연이어 '타이완 하수 규칙 시행규정'을 발표하였다. '공공하수'를 정부가 건설 및 관리하고, '사설하수'는 도면을 첨부한 청원서를 올려 현청縣廳의 허가를 받아야 하며 자재, 경사도, 형상 모두 관이 정한 규격에 부합되어야 한다는 등의 내용이었다.[52]

'타이완 하수 규칙'은 비록 하수도 부설에 대한 규약일 뿐이었지만 일본 식민정부가 도시 시설을 서민 생활에 적용시킨 첫 법령이었고, 그 후에 도시 개정의 기본 절차가 되기도 했다.

이러한 위생사업은 앞에서 언급했던 것처럼 사실 알 수 없는 '열병'에 대항하기 위한 것이었다. 그 후 서양 세균학의 발달로 1898년 주 인도 영국 군의관 로날드 로스Ronald Ross에 의해 '병을 옮기는 모기'가 말라리아의 질병 기제라는 사실이 밝혀지자 마침내 전 세계를 공포에 떨게 했던 의문이 풀렸다. 일본 의사들은 타이완 유행병 연구에 매진하여 호리우치 지오, 이마무라 타모츠(今村保), 기노시다 가시치로(木下嘉七郎) 등이 타이완의 '열병'이 말

51 台北市役所 編, 앞의 책, 542쪽.

52 黃武達, 『日治時代(1895~1945)台北市之近代都帝計畫』(板橋: 台灣都市史研究室, 1997), 59쪽.

표 2 1897~1909년 타이완 인구별 말라리아 사망률

연대	1897	1899	1901	1903	1905	1907	1909
말라리아 사망/총 인구	0.4%	1.8%	3.2%	4.5%	3.1%	3.8%	3.3%
말라리아 사망 /일본인	23.9%	11.6%	6.27%	4.4%	2.5%	3.1%	2.2%
말라리아 사망 /타이완인	0.3%	1.7%	3.3%	4.6%	3.1%	3.8%	3.4%

라리아임을 증명했을 뿐만 아니라 말라리아 모기가 전염시킨다는 사실을 알아내어 타이베이는 물론이고 타이완 각처에서 말라리아 모기를 찾아낼 수 있었다. 이때부터 일본 의사들은 수로를 청결하게 하고, 늪과 못을 메우고, 석유를 뿌려 유충을 죽이고, 또는 연기를 피우거나 국화 기름을 바르고, 모기장을 치는 등 스스로 보호할 수 있는 방법을 찾아 말라리아 모기를 퇴치할 수 있도록 새로운 의학을 통한 방역 작업을 전개했다.[53]

의학 지식의 발달로 유행병은 예방 치료가 가능한 대상이 되었고, 학질 등 전염병으로 인한 치사율은 일정 수준까지 내려갔다. 1905년경 말라리아로 인한 사망자 수는 안정적인 수치까지 감소되었다(〈표 2〉 참조).[54] 일본 치하의 도시 건설 제1의 결전은 '공공위생'이었고, 단계적으로 임무를 완성함에 따라 도시 건설은 다음 단계로 진입하게 되었다.

공공위생의 기본 취지는 표면적으로는 '불결한 부분을 제거하는 것'이었다. 하지만 좀 더 깊이 파고들면 이는 곧 불결한 장소를 보이게(visible) 하여 해체하고 변화시킬 수 있는 곳으로 만드는 것이 목적이었다.[55] 따라서 공공위생을 전개하여 도시를 건설할 경우에는 항상 '불결한 부분을 청소'한 후 '밝음을 더하는' 적극성을 원칙으로 하고, 이를 통해 도시 속에서 시선을 관

53 范燕秋, 앞의 글, 146쪽.
54 范燕秋, 앞의 글, 160~161쪽의 자료 참조.
55 成田龍一, 『近代都市と民衆』(東京: 吉川弘文館, 1993).

통시킬 수 있도록 만들고자 했다.

1854년 그 유명한 조르주 오스망Georges Haussmann에 의해 주도된 파리Paris 개선계획은 바로 하나의 시선이 도시를 관통할 수 있는 모범적인 사례이다. 오스망은 개선문을 중심으로 12개의 방사형 도로를 건설했고, 이로 인해 도시에는 360도 조망이 가능한 '관찰점'이 형성되었다. 본래의 어두웠던 파리는 밝은 파리로 변모했고, 본래 보이지 않았던 모든 구역이 정복되어 완전히 보이는 획일화된 도시가 되었다.[56]

'불결한 공간을 제거'하는 기술이 완성된 후 본래의 어두웠던 구역을 어떻게 밝은 곳으로 바꾸는가 하는 문제는 1899년 타이베이 식민정부 도시 관리자의 숙제였다.

오스망의 파리 정비는 도쿄의 1888년 및 1920년대의 '시가지 정비'에 큰 영향을 미쳤고,[57] 타이베이는 이러한 도쿄의 시가지정비계획을 계승했다. 따라서 청네이의 도로관통계획에는 자연히 그 그림자가 드리워져 있다.

사실 1897년 4월 버튼은 타이베이의 하수도정비계획을 위한 1차 보고서에서 하수도 신설을 건의하는 동시에 이에 맞는 도로 부설도 함께 진행되어야 한다고 건의한 적이 있었다. 도시를 밝게 개조하기 위한 좀 더 명확한 계획은 타이완총독부가 1900년 8월에 공포한 '타이베이 청네이 도시계획'에 잘 나타나 있다.[58]

앞에서 말한 바와 같이 앞선 두 차례의 도시계획은 오수 처리에만 치중되어 있었으므로 1900년의 계획이야말로 (『타이베이 시정 20년사』에는 세 번째 계획으로 명시되어 있긴 하지만) 실제로는 가장 중요한 정비계획이었던

---

56 Benevolo Leonardo, *The European City*, *Cambridge* (Mass.: Blackwell, 1993), pp. 171~179; 若林幹夫, 『熱い都市 冷い都市』(東京: 弘文堂, 1992), 97~105쪽.

57 石塚裕道, 『日本近代都市論, 東京: 1868~1923』(東京: 東京大學出版會, 1991), 10쪽; 石田賴房, 『日本近代都市計畫の百年』(東京: 柏書房, 1987), 27쪽.

58 黃武達, 앞의 책.

것이다. 1900년 '타이베이 청네이 도시계획'에는 몇 가지 중요한 내용과 의의가 있다.

1) 직선 도로, 성문 증설

이 계획은 이미 청네이 중앙에 기획된 '총독부 부지'로, 도시 속에서 시선의 중심이 되도록 설계되었다. 공간통치의 '시각화' 원칙 아래 청네이의 구부러진 도로를 반드시 직선화하고 서로 통하게 하였으며, 가능한 한 성벽을 뚫고 나오도록 했다. 그리고 성문을 증설했는데 이는 직선 도로를 추구하려는 의도에서 파생된 것이다. 그래서 본래 있던 다섯 개의 성문 외에도 아홉 개의 새로운 성문이 증설되었다(〈그림 4〉).

새로 증가된 성문은 모두 총독부의 예정대로 시선을 외부에까지 확대시

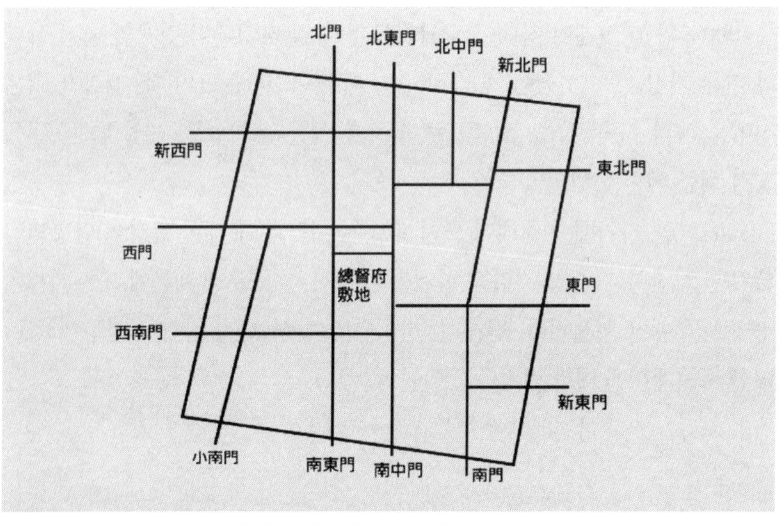

그림 4 1900년 '타이베이 청네이 도시계획'의 성문 배치

키고 관통시킬 수 있었다.[59] 개정 전의 도로 구조와 비교해 보면, 제국 중국은 풍수의 원칙에 따라 도로나 성문이 서로 관통하지 않도록 하려고 무진 애를 썼을 것이다. 하지만 일제 식민시기에는 이와는 달리 신지식 체계하에서 시선의 장애를 차단했다. 이에 도로의 관통, 성문 개통은 모두 통치 시선을 위해 창조된 산물일 뿐이었다.

2) 블록 형태의 출현

도시 직선화 후 관통성을 지닌 도로가 교차하면서 청네이에는 크고 작은 53개의 '블록block'이 형성되었다.[60] 블록은 중국 혹은 타이완 전통거리의 선형 양식과 아주 달랐다. 블록은 고도의 인위적 형식이며 평면 논리의 산물로서, 자연스럽게 형성되는 마을의 구조(일반적으로 불규칙한 형태)에는 신경 쓰지 않는다.[61]

1900년의 '타이베이 청네이 도시계획'이 후일 타이베이 전체의 발전 상황과 다른 가장 큰 차이점은 '성벽 내부의 계획'이었다는 점이다. 게다가 이는 성벽을 따라 북측, 동측, 남측으로 수로를 짓는 계획으로서 '성 밖 공원'을 짓기 위한 예비 작업이었다.[62]

1900년의 '타이베이 청네이 도시계획'은 '시각화'에 대한 갈망이 반영되긴 했지만 여전히 기존의 지리적 한계를 돌파하지 못했기 때문에 도시계획은 성벽 내부에만 머물렀다. 당시의 『타이완 일일신보』에 실린 선전문에서 이러한 도시계획에 대한 비평을 찾아볼 수 있다.

---

59 台北市役所 編, 앞의 책, 544쪽.

60 黃武達, 앞의 책, 69쪽.

61 Louis Mumford, *The City in History* (New York: Harcourt, Brace & World, 1961).

62 黃武達, 앞의 책, 72쪽.

시내 전체를 변경하지 않고, 정비계획 또한 부득이하게 변경이 필요한 부분에 만 그쳤다. 이는 사람들이 예상한 대폭 개정은 아니다(『타이완 일일신보』, 1900. 8. 23).

소위 말하는 '사람들이 예상한 대폭 개정'이란 무엇인가? 그것은 바로 타이베이 청네이도 아니고 완화, 다다오청만 일컫는 것도 아닌, 이보다 더 위대한 타이베이 전체를 말하는 것일 것이다. '권력의 눈'의 각도에서 보면 아홉 개의 성문을 설치하고, 여러 갈래의 도로를 관통시키는 계획에는 통치자의 시선이 이미 벽을 뚫을 준비가 되어 있다는 의미가 숨어 있다. '청네이'에 한정된 타이베이 통치는 얼마 안 가 모습을 완전히 탈바꿈한다.

1900년경 타이베이의 위생과 치안은 점차 안정되어 갔고, 타이베이로 이주해 온 일본 관료와 이민자들은 늘어났다. 1900년 이전에 일본의 타이베이 도시계획은 청네이에만 국한되었고, 청네이 내부의 주요 시설도 모두 관공서, 병원, 공원 등 공공건축물뿐으로 주택이 세워지지는 않았다. 이에 '도시계획위원회'는 성 밖 남부의 개발을 건의했고, 1901년 성벽을 넘어선 도시계획으로서 제4차 도시계획 즉 '타이베이 성외城外 남부 도시계획'이 출현했다.[63]

'타이베이 성외 남부 도시계획'을 실시하던 해에 도시계획위원회는 위원을 파견하여 '청네이 주변 지구', 즉 성 밖의 동측, 서측, 북측 및 완화와 다다오청의 타이완인 거주 밀집 지역을 지속적으로 조사하였다.[64]

1905년 타이완총독부가 또 한차례 도시계획을 공포했을 때 도시계획의 대상과 범위가 전적으로 새롭게 설정되었다. 제국 중국 말기 세 개였던 시

---

63 徐裕健, 『都市空間文化形式之變遷: 以日據時期台北為個案』, 台灣大學 土木工程學研究所博士論文, 1993, 95쪽.

64 台灣總督府民政局, 『台灣總督府民政事務成蹟提要第10篇』(台北: 台灣總督府民政局, 1905), 200쪽.

가지를 모두 합하여 하나가 된 진정한 '타이베이'가 출현하게 된 것이다.

하지만 주의해야 할 것은 1901년 이후의 변화 과정 중 일본의 타이베이 도시공간 안배가 순전히 식민지 국민들을 억압하기 위해 확장한 것이라고는 할 수 없도록, 계획 속에 모종의 합리적이고 고상한 과학성이 드러나 있다는 점이다. 따라서 1905년 타이베이 전체를 대상으로 삼는 도시계획의 출현을 언급하기에 앞서 이 합리적인 계획의 배후에 어떠한 통치 기초가 깔려 있는지 탐구해 보아야 한다.

6. 타이베이는 어떻게 시각화되었는가: 임시 토지조사를 통한 통치 효과

일본은 '조사'의 개념을 통해 타이완을 이해했고, 여기에 메이지유신 이후의 현대국가 통치 이념을 반영했다. 그리고 타이완을 접수하자마자 조사를 시작했다. 예를 들어 1895년 11월 일본 대장성 주세관主稅官 요시이 토모에(吉井友兄)는 타이완에 와서 『타이완재세시찰복명서(台灣財稅視察復命書)』를 통해 대략적인 조사를 진행했다.[65] 그러나 통치 초기에는 토적의 반란이 여전히 심했고, 기층 정부도 장악할 수 없었으므로 전면적인 조사를 진행할 수 없었다. 기껏해야 군대를 위주로 한 조사뿐이었다. 실제로 전면적인 조사는 1898년 고토 신페이가 4대 민정장관으로 부임하면서부터이다.

고토 신페이는 원래 의사였다. 그는 '국가위생'의 개념을 발전시켰고, "국가, 광의의 위생(國家即廣義的衛生)"이라는 논점을 제안했다. 그리고 위생행정 개념을 사회에 보급시키고 '생명통계학'과 '인구경제가치'를 국가 통치 기술에 도입시킬 것을 주장했다.[66] 고토는 자신의 숙련된 조사 기술과 통계 기술

---

65 江丙坤, 『臺灣田賦事業改革之研究』(臺北: 臺灣銀行經濟研究室, 1972), 31쪽.

66 村上綱実, 「植民地調査と後藤新平」, 收錄於川合隆男 編, 『近代日本社會調査史』(東京: 慶應

을 일본 본국에서는 제대로 발휘하지 못했다. 그러다가 아무런 연고도 없던 식민지에서 이것들을 운용할 장소를 찾은 것이다. '철저한 과학적 실태 조사'의 진행을 통해 타이완은 고토 신페이 개인의 실험실로 변했다.[67]

고토가 타이완에서 실시한 가장 중요한 조사는 1898년 7월 타이완총독부가 공포한 법령 14호 '타이완 토지조사규칙'이었다. 1898년 8월 타이완총독부는 '임시타이완토지조사국'을 설립하고, 9월 타이베이 청네이에 '타이베이지국'을 설치하여 동시에 정식 조사를 전개했다.[68]

임시 토지조사 작업은 '조사/측량/제도'로 구성되었고, 지적조사, 삼각측량, 지형조사 세 가지 작업에 이어 후속 토지신고로 이루어졌다.

첫 번째 절차는 1899년 지적조사로 시작되었다. 지적조사는 우선 본지인으로 조성된 위원회가 실지조사 후 '견취도(스케치)'를 제작한다. 견취도에는 경계선, 지목, 면적, 지주, 임차인 등의 자료를 명기한다. 그다음 관리, 촌장 등이 사정査正한다. 이 지적도는 축필逐筆로 연결된 '촌락지도(庄圖)'였다.[69]

두 번째 절차는 1901년에 시작된 삼각측량이다. 이는 육군 육지측량부의 지원을 받았다. 삼각측량의 용도는 지형의 기복으로 인한 지도의 오차를 보완하기 위한 것이다. 삼각측량법은 우선 지형이 비교적 높은 계열의 '삼각점'을 정하고 이 점들을 서로 연결하여 삼각형을 형성한다. 그리고 한 점에서 각 방향의 수평각을 관찰한 다음 다시 변의 길이를 측정한다. 변의 길이를 기선으로 하면 각 점의 경위도 좌표를 추산할 수 있다.[70] 삼각측량 후

通信, 1989), 237쪽.

67 溝部英章, 「後藤新平論(一)」, 『法學論叢』 100-2, 1976, 64쪽.

68 臨時台灣土地調査局, 『台灣土地調査事業概要』 (台北: 台灣總督府土地調査局, 1905).

69 施添福, 「台灣堡圖: 日本治台的基本圖」, 『台灣堡圖: 1904(明治三十七)年調製』 (台北: 遠流, 1996).

70 盧良志, 『中國地圖學史』 (北京: 測繪出版社, 1982), 181쪽. 일제 식민시기, 타이완에는 1급 삼각본점 94개, 2급 삼각점 251개, 3급 삼각점 1,101개, 4급 삼각점 542개로 모두 1,988개가 지정되었다. 施添福, 위의 글.

1:1,200 지적도를 완성한다(촌락지도).

세 번째 절차는 지형조사, 지형도 제작이다. 이 과정에서 중요한 것은 '수준측량'을 진행하는 것이다. 실지측량, 쇄부도측량, 근측도측량 등 세부 측량 작업을 실시한다. 아울러 1904년에는 '타이완 요새지도'를 완성하는데, 이는 식민시기 일본이 타이완 토지를 대상으로 실시한 가장 중요한 일이었다.[71]

세 절차를 완성한 후, 토지대장과 지도를 편제하고, 각지에 규정에 맞는 '토지신고'를 하도록 명령했다. 정부는 토지신고에 근거해 토지측량을 진행했다.[72]

임시 토지조사를 진행하기 전, 리우밍촨은 측량한 결과(361,447甲)보다 토지가 20% 정도 증가할 것이라고 예측했다. 그러나 1905년 조사가 끝난 후 측량된 토지는 의외로 리우밍촨이 조사한 것을 1배 초과했다. 임시 토지조사가 측량한 총계를 보면 지적 777,850갑甲·토지 1,647,347필筆·마을지도 37,859장·토지대장 9,610권·지세명부 3,253권·대조大租명부 2,371권·1:1만과 1:10만 축적으로 제작된 수백 장의 지형도 등이다. 타이완의 전 면적과 해안선 전체 길이가 역사상 최초로 명확한 통계 숫자로 나타난다.[73]

이때의 토지조사는 상당한 성공을 거두었고, '공간시각화' 효과를 생성해 냈다. 어느 토지가 누구의 소유인지 국가는 이제 아주 정확하게 알 수 있었다. 시 정부의 입장에서는 국가가 필요로 하는 용도의 토지에 대해 얼마든지 주인을 찾을 수 있었고, 그 결과도 예측할 수 있었다. 토지를 볼 수 없었던 제국 중국의 시대는 이미 끝난 것이었다.

---

71 江丙坤, 앞의 책, 82쪽.

72 竹越與三郎, 『台灣統治志』(東京: 博文館, 1905), 209쪽; 台灣總督府官房文書課 編, 『台灣統治綜覽』(東京: 台灣總督府官房文書課, 1908), 12~13쪽.

73 台灣總督府官房文書課 編, 위의 책, 12~13쪽; 陳豔紅, 『後藤新平在台殖民政策之研究』 淡江大學 日本研究所碩士論文, 1987, 72쪽.

표 3 식민시기 타이완 실측지형도

지도 명칭	비례척	장 수	측량 시기	측량 기관
타이완 지형도	1: 50000	85 이상	1895~1896	타이완임시측도부
타이완 보도(堡圖)	1: 2000	466	1904	임시타이완토지조사국
타이완 지도	1: 100000	36	1905	타이완총독부 경찰본서
타이완 번지지형도	1: 50000	68	1907~1916	타이완총독부 번무본서
타이완 지형도	1: 25000	177	1921~1945	참모본부 육지측량부
타이완 지형도	1:50000	117	1924~1945	참모본부 육지측량부

토지조사가 행해지자 지도를 통해 타이완의 경계선이 보이기 시작했다. 1895년 타이완을 점령한 후부터 일본 참모본부 육지측량부는 '임시측도부臨時測圖部'를 설립하여 대량의 인원을 타이완으로 파견하여 85장의 지형도를 제작하도록 하였다. 이는 타이완 지도 사상 최초의 비례척 지형도였다. 식민정부는 1898년부터 타이완에서 대규모의 지도제작사업을 시작하였다. 앞서 언급한 임시타이완토지조사국 외에도 경정警政, 번정蕃政이 1906년 이후에 제작한 번지지형도와 군부 측에서 1909년부터 새로 제작한 1:2만5천 지형도 등 총 수는 〈표 3〉[74]과 같다.

지도는 시각의 산물이다. 각기 다른 시대의 지도가 표현하고 반영하는 것은 공간을 바라보는 사회의 논리가 이동한 흔적이다.[75] 이처럼 공간을 바라보는 능력은 동시에 공간을 장악하는 능력이기도 하다. 제국 중국과 일본 식민정부는 모두 타이베이의 동일한 곳을 지도로 제작한 적이 있다. '대가예보도大加蚋堡圖'가 그 예이다. 하지만 제국 중국의 대가예보도(〈그림 5〉)에 비

74 施添福, 앞의 글; 施添福, 「日治時代的陸地測量部和臺灣地形圖」, 收入, 『日治時代二萬五千分之一臺灣地形圖』(臺北: 遠流, 1999).

75 若林幹夫, 「空間, 近代, 都市: 日本のおける近代空間の誕生」, 收錄於吉見俊哉 編, 『都市の空間, 都市の身體』(東京: 勁草書房, 1996), 11쪽.

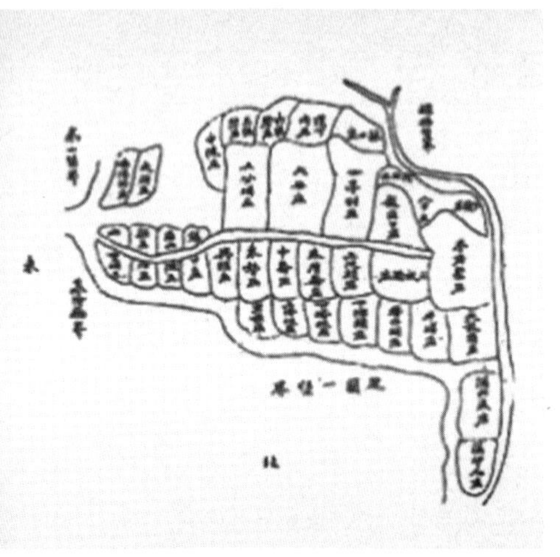

그림 5 리우밍촨이 제작한 대가예보도 **그림 6** 1904년 일본이 실측한 대가예보도

해 일본 식민정부의 것은 정확한 측량으로 완성된 대가예보도(〈그림 6〉)로서, 그 통치 효과는 아주 달랐다.[76]

두 지도는 정밀도에서 차이가 날 뿐만 아니라 공간 인식 체계에 있어서도 차이를 드러낸다. 일본의 임시 토지조사 과정 중, 여러 개의 삼각점과 여러 개의 기준선은 타이완 상공에서 편제 부서의 정밀한 지식 시스템에 의해 구성되었다. 1905년 일본 기자 다케고시 요사부로(竹越與三郎)가 임시타이완 토지조사국을 참관하고 나서 찬미의 글을 실었다. 과장되긴 했지만, 정밀한 통치 시대가 도래했다고 말할 수 있을 정도이다.

> 나는 토지조사국에서 지도와 토지대장을 보았고, 관원들의 웅대함과 과학성을 보았기에 찬탄을 금할 수가 없다. 각 구역은 모두 수학적 측량의 결과였고, 모두 천문학을 아우르는 선위線緯였다. 도처의 전원이 모두 탁자 위의 지도 속에 들

76 『台灣堡圖(上)』, 台灣總督府 臨時台灣土地調查局 調製 (台北: 遠流), 1996.

어 있었고, 크게는 섬 전체의 면적이, 작게는 논밭에 이르기까지 앉아서도 그 면적이나 위치를 알 수 있었다.[77]

섬 도시 타이베이는 식민정치와 군사집결의 소재지이며, 더욱이 타이완의 토지를 볼 수 있고, 조사할 수 있고, 통계할 수 있고, 계획할 수 있는 범례였다. 토지조사 및 호구조사는 관청이나 현 정부에 제공되어 지방을 통제하는 수치 자료의 기초가 되었다. 이는 주로 지적 자료, 실측지도, 인구 통계 등 각 항목에서 거둔 성과를 포함하고 있으며, 모두 지방정부에 넘겨졌다. 1905년 3월 말, 임시타이완토지조사국은 단계적 임무를 모두 끝냈고, 타이베이 청 또한 토지대장과 대형 지도를 인계받아[78] 타이베이 통치와 계획의 기준으로 삼았다.

7. 정밀한 통치하의 타이베이: 1905년 도시계획의 주요 의의

임시타이완토지조사국이 제작한 지적과 지형도가 기타 행정기구에 전달된 후, 군대뿐만 아니라 민정국 경찰본서와 식산국殖產局, 각 관청과 현의 토목부서도 지도 제작에 동참하였다. 이들은 각기 다른 용도로 서로 다른 지도를 제작했고, 도시계획을 주장하는 기관은 도시계획과 시가지 정비 등 도시 관련 지도들을 운용하였다.[79] 타이베이 도시계획위원회는 또한 완화와 다다오청 두 개의 구 시가지에서도 조사를 착수하여 1904년에 거의 완성하였다.[80]

77 竹越與三郎, 앞의 책, 209쪽.

78 台北市役所 編, 앞의 책, 170쪽

79 黃武達, 『日治時代(1895~1945)台灣都市計畫歷程之建構』(板橋: 台灣都市史硏究室, 2000), 135~136쪽.

80 台灣總督府民政局, 앞의 책, 200쪽.

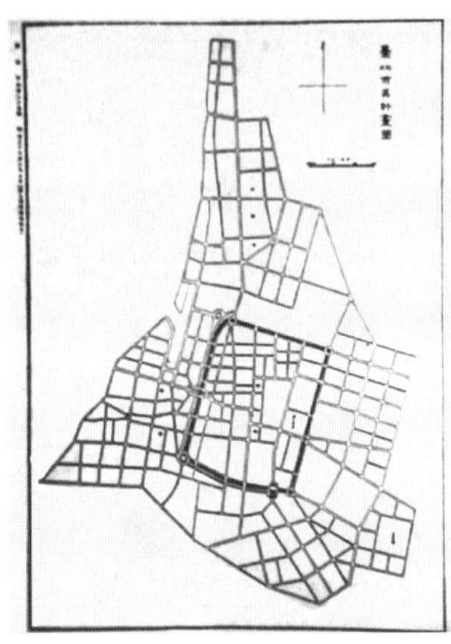

그림 7 1905년 타이베이 시 정비도

그 밖에 임시 토지조사의 성과를 토대로 타이베이는 1903년 호구조사 규정에 근거하여 호구조사 일지를 만들었고, 1905년에 경찰기구는 인구 관리를 위해 임시 호구조사를 이용했다. 앞서 말한 1905년의 '타이완 토지조사규칙'에서 실시한 토지 및 건축물 등기를 살펴보면 토지와 인구 관리를 위한 기초 공정이 대부분 1905년에 순차적으로 형성되었음을 알 수 있다. 따라서 일본 식민정부는 1905년 '하나의 타이베이'를 만들 수 있는 도시계획을 추진했는데 이는 결코 우연한 결과가 아니라 그때 이미 인구와 토지를 계산해 낼 수 있는 능력이 있었다는 것과 유관하다.

1905년 10월 타이베이청은 제200호 '타이베이 지구 개정계획'을 공포했다(〈그림 7〉 참고).[81] 타이베이의 세 시가지는 역사적으로 연관이 되기도 하고 분리되어 있기도 한 특수한 관계였는데, 바로 이 '타이베이 지구 개정계획'을 통해 하나의 시 단위로 새로이 정비 및 결합되었다.

'타이베이 지구 개정계획'의 도면에서 성벽은 더 이상 찾아볼 수 없었다. 도시계획의 범위는 크게 새로워졌고 세 개의 시가지가 통합되어 전체적으로 계획된 '하나의 도시'가 정말로 출현한 것이다. 1900년에서 1904년까지의 변화 과정을 보며 일본이 타이베이의 도시공간에 취했던 일체가 폭압적

---

81 黃武達, 『日治時代(1895~1945)台北市之近代都帝計畫』(板橋: 台灣都市史研究室, 1997), 83쪽 참조.

인 식민 압제에 의한 것이 아니라 오히려 합리적이고 고상한 과학적 계획에 의한 것임을 알 수 있다.

지면에서 개편 작업을 진행한 것 외에도 세 개의 시가지를 연결한 것은 하나의 도시를 만들기 위한 구체적 실행 방안이었다. 이 계획안에는 두 가지 안이 동시에 제안되었는데, 그중 '수치관리법'이 대량으로 생겨난 것을 볼 수 있다.

i. 연결 작업

도로망 계획을 보면 이렇다. 도로를 구시가지에 연결하고, 너비가 서로 다른 일곱 개의 규범 지역 도로를 표준으로 정한 뒤 중요도에 따라 서로 다른 너비의 도로를 개통한다. 아울러 청네이를 중심으로 외부까지 확장하여 80킬로미터 길이의 도로 건설을 계획했는데, 그중 가장 중요한 노선은 청네이 주위의 간선도로였다.

ii. 장애 제거

세 개로 나누어져 있던 본래 지역의 지리적 장애를 제거하기 위한 것으로 두 가지 항목이 있다.

① 성벽 철거: 본래의 성벽 위치에 그늘진 도로를 산보용 도로의 형태로 만든다. 즉 세 도로에서 물리적 장벽을 제거한다는 뜻이다.

② 저지 매립: 완화 북쪽과 다다오청이 만나는 지점에 물이 고이는 지대가 있는데, 본래 계획은 선박장을 만들어 단수이강에 보호용 제방을 쌓을 예정이었다. 그래서 흙으로 메운 후 도로를 건설했다.[82]

82 黃武達, 앞의 책, 84쪽.

성벽은 계획 공포 전인 1904년에 이미 철거 준비가 시작되었고, 1910년에 철거 공사가 완료되었다. 성벽에는 원래 보루식 성문이 다섯 개 있었다. 그중 서문만 철거되어 역사의 재가 되었고, 그 외의 동문, 남문, 소남문, 북문은 모두 보류되었다. 남은 성벽은 타원형의 공원을 둘러싸고 있어 원형식 정경을 이루고 있다.[83]

청 말 1884년에 세워진 타이베이의 성벽은 제국이 정한 규정에 의해 세워졌기 때문에 제국주의 시대 지방 권력 다툼의 산물이었다. 단 20년 만에 성벽은 모든 것을 방해하는 쓸데없는 건축물이 되어 버렸다. 성벽의 터는 넓은 도로가 되었다. 당시 단위로 25간에서 40간 정도였는데, 국제 미터법으로 환산하면 45.5미터에서 72.7미터이다. 새 도로의 중앙은 차도이며 양측에는 3미터 길이의 녹지대를 설치했다. 세 개의 도로에 의해 구역이 나뉘었으므로 '삼선도로'라는 이름이 붙여졌다.[84] 1913년 이후 삼선도로는 더욱 넓은 범위에 가로수가 심어져 타이베이 녹화의 모범이 될 만한 경관을 이루었고, 도시 미화와 위생 기능을 보여주는 장소가 되었다.[85]

도미나가 시게키(富永茂樹)는 오스망의 도시계획과 도시 정비를 '암흑에 대한 외과수술'이라고 묘사했다.[86] 또렷한 도시계획 지식의 기초는 시각화에서 기인한 '가견성可見性'이다. '가견성'의 역사적 계보는 병에 대한 외과의사의 지식 능력에서 유래한다. 이것은 사실상 앞서 서술한 고토 신페이의 '생물학 원리'와 고도의 유사성을 가진다.

오스망은 파리 정비 중 큰 도로, 사각지대 관통 외에도 광장, 조각상, 기념비 등을 적극 활용했고, 상상 속의 성인을 구체화시켰다. 동시에 초월적인 시

83 徐裕健, 앞의 책, 95~97쪽.
84 徐裕健, 앞의 책, 95~97쪽.
85 台灣總督府民政局, 앞의 책, 621~622쪽.
86 富永茂樹, 「オスマンとパリ改造事業」, 收入 河野健二 編, 『フランスブルジュア社會の成立』(東京: 岩波書店, 1977).

선을 만들어 내어 기념비적인 지역이 모두 시선 안에 들어오도록 했다.

드넓은 도시에 복잡하게 교차되는 무수한 시선들, 중심 없는 시선들……. 이 혼란스러운 시선들을 질서 있는 시선으로 변화시킨 것이다.[87]

성벽을 철거하고 삼선도로로 개조한 것, 성문 유적을 원형의 단점端點 공원으로 만든 것은 오스망이 구축한 질서 있는 단점의 의미와 유사하다. 조각상과 기념비는? 그렇다. 이것들은 그때까지 중국에서 볼 수 없었던 특수한 건축물이었는데, 당시 타이베이의 거리에 출현한 것이다. 도시의 시선을 정비하던 시기 타이완 최초의 공공조각상은 1903년 타이베이의 타이베이 공원에 세워졌다. 고토 신페이는 초대 민정장관 미즈노 타카시(水野遵)를 기념하는 조각상을 설치해야 한다고 주장했다. 미즈노의 동상이 시내에 세워진 후 1940년까지 조각상 14개, 각종 기념비 13개가 더 세워졌다.[88] 이처럼 올려다보는 공공건축물이 거리에 다량으로 설치되었다.

동상 외에도, 지속적으로 세워진 관공서 중 가장 전형적인 건물은 타이완총독부 건물이다. 타이완총독부 건물의 위치는 1900년 도시계획 중에 선정되었다. 바로 4개의 주요 성문을 통하는 도로의 교차 지점이었다. 건축 설계도는 공개적인 도면 모집을 통해 나가노 우헤이지(長野宇平治)의 작품으로 정해졌다. 본래 중앙에는 6층 높이의 탑 모양의 고층 건물이 있었으나 일본 식민정부가 나중에 중앙의 고층 건물을 9층 높이로 개조하여 본래의 건물에 위엄과 기세를 더했다. 공사는 1919년 3월에 완공되었다. 중앙의 높은 건물에서는 타이베이 각지의 높은 탑을 모두 조망할 수 있었다.[89] 높이가 상승된 총독부의 위치가 나타내는 것은 바로 '시선의 확장'을 통해 질서 있는 방사

87 若林幹夫, 「都市空間と社會形態: 熱い空間と冷い空間」, 『時間と空間の社會學』 (東京: 岩波新書, 1990).

88 台灣總督府民政局, 앞의 책, 850~853쪽.

89 溫振華, 앞의 책, 83~84쪽.

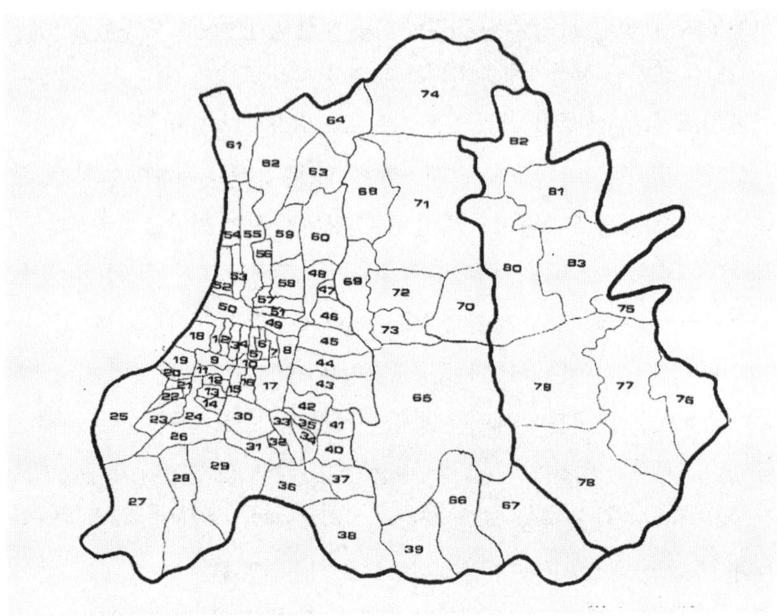

그림 9 1922년 타이베이 64정町 지도

형 시각 효과를 구축했다는 것이다. 이는 청네이에 분포한 조각상, 기념비와 함께 명확한 질서의 기점을 구성하고 있다.

타이베이의 물리적 형태는 대폭 변화되었다. 도로망은 완화와 다다오청 두 시가지까지 연장되었고, 서양의 바둑판식 구획을 통해 '하나의 완정한 타이베이'가 완성되었다. 공공위생을 기초로 한 도시계획은 이러한 공원식 계획으로 이어졌다.

도시 통치의 기초는 충분히 안정되었다. 당시의 타이베이는 가장 큰 규모의 행정 체제 변화를 맞이했다. 1922년 전통적인 지역사회에 속했던 155개의 거리와 마을이 모두 철거되고 64개의 정町으로 개조된 것이다(〈그림 9〉 참조).

풍부한 의미를 담고 있던 지명은 모두 정부에서 지정한 명칭으로 바뀌었다. 예를 들면 완화의 발원지인 환츠(歡慈)시는 르촨(入船)정으로, 통안(同安)

인 부락의 바지아제(八甲街)는 라오송(老松)정으로, 위잉탕 비엔제(育嬰堂邊街)는 뤼(綠)정으로 바뀌었다.[90] 완화, 다다오청, 청네이 세 시가지는 또한 행정체제에서 완전히 사라졌고, 역사 속의 명칭이 되어 버렸다. 이를 대신하여 국가가 '시각화 공간'에서 통치하는 하나의 타이베이가 등장했다.

1932년 일본 식민정부는 또 하나의 '타이베이 도시계획'을 기획했다. 비록 뒤이은 제2차 세계대전으로 인해 이 계획은 실현되지 못했지만 과거 30년간의 '수치계획'의 개념은 타이완 도시계획의 잣대가 되었다. 그리고 도시 공간의 활용에 있어서도 상당히 정확하고 분명한 '과학적 이성'의 개념이 출현했다.

1932년 타이베이 도시계획은 도시계획의 전통적인 개념을 초월하여 '미래계획'으로서의 의의를 가졌다. 타이완총독부가 발표한 '도시 정비계획 관련규정'은 이미 도시정비계획서에 필수 불가결한 자료가 포함되어야 한다고 강조했다. 위치, 면적, 지세, 연혁, 현황, 공정예산표, 각종 지도 외에도 최근 10년 간의 풍향, 기온, 강수량, 인구 조사표, 사망자 조사표, 교통량 조사표, 산업 조사표, 최근 5년간의 세입세출예산, 계획결정서 등도 지적했다.[91] '수치 관리'의 정신은 각 세부 항목에서 분명하게 드러난다.

① 도시 범위의 계산: 타이베이 우편국 앞을 중심으로 반경 6킬로미터 범위를 도시계획 구역으로 한다. 신도시계획의 범위는 동쪽 송샨(松山)구, 서쪽 단수이(淡水)강, 남쪽 신디엔시(新店溪) 원산(文山)군 경계, 북쪽 스린지에(士林街)로 정한다.

② 토지 면적의 계산: 계획 면적 6,676묘(약 2,020만 평)로 1905년 계획의 9.5배, 포용 인원 10만 명으로 1905년 계획의 4배.

90 劉劍寒 主編, 『臺北市路街史』(台北: 台北市文獻會, 1985), 35~46쪽.

91 黃武達, 앞의 책, 61쪽.

③ 교통 시간의 계산: 도심 교통 시간으로 30~40분을 표준으로 정했는데, 이는 합리적인 통근 시간이다.

④ 1인당 평균 면적의 계산: 연못과 늪지대 및 산지와 하천을 제외하고 시가지 내에서 실제로 이용할 수 있는 면적은 4,780묘(1,445만 평)이다. 인구 1인당 평균 0.8묘에 해당하는데, 유럽과 미국의 표준 밀도가 1인당 1묘인 것과 비교하면 근소한 차이를 보인다. 하지만 미래의 타이베이 계획에는 '이상적인 여지'가 충분히 남아 있다.

⑤ 거리 비율의 계산: 계획 중에서 도로는 모두 59개이며, 총 길이 157킬로미터, 면적 450묘인데, 이용 가능 면적 비율은 9.5%이다.

⑥ 공원 면적의 계산: 공원 예정 지역은 17곳이며, 면적은 388묘이다. 여기에 기존의 4개 공원 49묘를 합하면 총 437묘이며, 이용 가능한 면적 비율은 9%이다. 만약 여기에 어린이 유원지 등의 광장까지 합하면 약 10%에 달한다. 60만 명을 기준으로 계산하면 1인당 평균 8제곱미터씩 나누어진다.

⑦ 녹지 위치 설계의 계산: 신도시계획 중 17개의 공원 예정지는 도시 내 각 지점에서 1.5킬로미터 내에 최소한 하나의 공원이 조성되도록 하였다.[92]

수치로 가득한 1932년의 도시계획은 고도의 과학적 이성을 내포하고 있는데, 이는 일본이 현대 지식으로 타이완을 관리했다는 새로운 통치의 대표적 사례이다. 토지, 인구, 인간과 토지의 관계 등을 장악하면 하나의 도시를 제어하고 계획할 수 있는 단위로 변화시킬 수 있다. 그렇게 되면 굳이 지역사회를 통할 필요도 없고, 지역사회의 견제를 받지도 않게 된다.

92 台灣總督府民政局, 앞의 책, 544~545쪽.

8. 맺음말

일본 식민정부는 타이베이를 통치할 때, 1895년부터 공공위생의 필요성에 따라 도시계획을 진행하기 시작했다. 1932년에 이르러 고도의 '수치 관리'를 설계했고, 타이베이의 모든 지역이 종이 위에서 추상적인 작업 대상이 되었는데, 인류의 구체적 활동이 포함된 사회집단은 아니었다.

현대 민족주의 학자 베네딕트 앤더슨Benedict Anderson은 유명한 저서 *Imagined Communities*에서 현대국가에 대해 다음과 같이 아름다운 정의를 내린 적이 있다. "국가의 주권은 법적 영토 내에 있는 1제곱센티미터(square centimeter)에까지 평정하고 균등하게 작용한다."[93]

타이베이에서 권력은 "1제곱센티미터에까지 평정하고 균등하게 작용"했고, 도시계획 주관 관료들은 '하나의 타이베이'를 설계하고 기획했다. 공간의 지배는 객관적이고 과학적인 산물이다. 이렇게 본다면 도시의 지도상에 표현된 것은 구체적인 사람과 단체가 아니라 토지와 인구에 대한 자료였다. 지역사회의 사람과 사물은 모두 균질성의 '공간'으로 여겨졌다. 일본 식민통치자들은 타이베이에서 보이는 구역마다 토지계획을 설계했고, 이에 식민지 국민을 관리할 수 있었다. 1905년 다케고시 요사부로가 타이완 방문 후 썼던 거작 『타이완통치지(台灣統治志)』에는 다음과 같은 내용이 있는데, 바로 위와 같은 통치를 심도 있고 날카롭게 관찰한 내용이다.

> 우리가 정복자로서 지혜롭게 관리(wise administration)하지 않았다면 아마도 무력으로 새 영토를 손에 넣거나, 무력통치 기간을 거쳐야 했을 것이고, 그렇게 되면

---

93 Benedict Anderson, *Imagined communities: reflections on the origin and spread of nationalism* (London : Verso, 1983), 20쪽.

패배와 와해의 길로 들어섰을 것이다.[94]

다케고시는 일본의 통치를 칭송했는데, 그의 말은 맞다. 그들은 타이베이를 식민통치자의 낙원으로 개조했고, 타이베이의 형태를 통치자의 자랑거리로 만들었다. 근 수백 년간의 중국 통치와 비교했을 때 놀랄 만큼 신속한 발전이었다.

1932년의 도시계획도는 일본 식민통치 기간에 실현되지 못했지만 신기하게도 수십 년 후 지속적으로 등장한다. 1992년 타이베이 최고급 주택지구 '다안(大安)구'에서 타이베이 최대 공원이 완공 및 공개되었다. 소재지와 원래의 명칭은 바로 1932년 계획도에 있던 '7호 공원'이었다. 1999년 타이베이의 주요 상업지구 난징동루(南京東路)에서도 두 개의 중형 규모의 공원이 완공 및 개방되었는데, 이 역시 소재지와 명칭이 1932년의 계획도에 있던 '14, 15호 공원'이었다. 이성적 과학의 위력은 시간을 초월한다. 이는 타이베이가 일본 식민통치하에서 진정으로 계획되고, 미래를 예측할 수 있는 도시였음을 증명한다.

마지막으로 다시 본 연구의 최초 질문으로 돌아가 보자. 타이베이는 언제 어떻게 제어 가능한 '하나의 도시'가 되었는가? 그 시기는 제국 중국 시대가 아닌 식민지시기였다. 하나의 완전한 현대적 타이베이가 출현한 것은 결코 '자연적'인 것이 아니라 지극히 '사회적'인 연원에서 기인한 것이었다. 일제 치하에서 타이베이에 대해 시행된 계획, 공정, 건설 등으로 인해 도시공간은 깨끗하고, 가지런하고, 아름다워졌다. 그러나 그 '공간' 깊숙한 곳에는 통치권력이 은닉되어 있었다. 이것이 바로 시각화 공간이며, 통치권력의 진정한 완성을 의미한다. 결국 타이베이의 현대화는 사실 좋은 일이라고 볼

94 Takekoshi Yosaburo, *Japanese Rule in Formosa* trans. by George Braithwaite, (London: Longmans Green and Co., 1907), p. 1.

필요 없이 단지 역사의 한 과정일 뿐이며, 일본 식민통치 기간에 어쩔 수 없이 발생된 현대 통치의 과정일 뿐이다.

(번역: 박미남, 동국대 대학원 중문과)

일제강점기 조선고적조사의 정치성

이순자

1. 머리말

식민지문화에 대한 재해석과 그것이 수용되는 배경에는 식민지권력이 작용한다. 일제는 식민지 한국문화에 대한 재해석을 통하여 식민지배의 정당성을 확립하고자 하였다. 일제는 시기별로 한국에 대한 식민정책을 달리하면서도 시종일관 정치적인 차별과 경제적인 수탈을 실시하며, '내선융화內鮮融和' '내선일체內鮮一體'라는 구호로 국민적 '동화同化'를 강조하였다. 이는 일본적 국민의식을 불어넣는 이데올로기의 통합이자 문화의 통합이었으며, 이를 위해 일제는 한국인을 대상으로 다양한 '문화 정책'을 실시하였다. 오랜 역사를 가진 한국인을 회유하기 위해서는 그들의 의식 기저에 흐르는 고유 문화에 대한 철저한 이해가 필요하다고 보았고, 이를 토대로 한국인에 대한 이데올로기 지배, 문화적 통합을 효과적으로 추진하고자 하였다.

더욱이 일제는 한국과 일본의 동화를 더욱 공고히 하기 위해 한국의 고유문화를 이용하였다. 그런데 이러한 동화를 목적으로 하는 한국문화의 이용은 양면성을 보였다. 즉 그 하나는 일본과 한국 문화의 근친성近親性을 강조하여 식민통치를 합리화하는 '일선동조론적日鮮同祖論的' 관점에서의 동화이며, 다른 하나는 일본에 비해 근대문명화가 뒤진 한국문화의 후진성을 근대화하는 '문명개화론적文明開化論的' 관점에서의 동화였다.[1] 일본은 이 논리를 역사적인 배경 속에서 찾고자 하여, 그 일환으로 일찍이 식민사관을 정립하였으며, 이에 대한 실증 작업으로서 고적조사를 실시하였다.

이 분야에 대한 초기 연구는 직접 발굴사업에 참여했던 일제의 고고학자 및 관학자들의 활동 내용, 회고담, 고고학적 발굴보고서 형식이나 개별 유적에 대한 연구가 대부분이었다. 해방 후 가장 선구적인 연구는 황수영의 것[2]으로, 일제시기 고적조사의 허구성을 자료집을 통해 드러내었다. 이구열[3]과 정규홍[4]은 일제강점기 일본인과 도굴자들에 의한 각종 역사 문화재 약탈 혹은 도굴 사례를 정리하였고, 최석영[5]은 동화 이데올로기의 창출을 목적으로 국가사업으로 진행된 고고학적 조사를 대략적으로 정리하였으며, 일제강점기 고적조사사업을 식민사관의 구체화와 약탈·재구성의 작업으로 살펴본 필자의 선행연구[6]가 있다. 이외에 일제강점기 박물관을 연구하면서 그 배경으로 고적조사사업을 언급한 연구[7]도 있다.

---

1 최석영, 『일제의 동화이데올로기의 창출』(서경문화사, 1997), 249~253쪽.

2 황수영, 『일제기 문화재 피해자료』 고고미술자료 제22집, 한국미술사학회, 1973.

3 이구열, 『한국 문화재 수난사』(돌베개, 1996).

4 정규홍, 『우리 문화재 수난사』(학연문화사, 2005); 『유랑의 문화재』(학연문화사, 2009).

5 최석영, 「일제 지배기의 고적조사와 식민정책」, 『일제의 동화이데올로기의 창출』(서경문화사, 1997).

6 이순자, 「일제강점기 고적조사사업 연구」, 숙명여자대학교 대학원 박사학위논문, 2007. 이 연구는 2009년 동일한 제목으로 경인문화사에서 출간되었다.

7 목수현, 「일제하 박물관의 형성과 그 의미」, 서울대학교 고고미술사학과 대학원 석사학위논문, 2000; 최석영, 『한국 근대의 박람회, 박물관』(서경문화사, 2001); 국성하, 「일제강점기 박물관의 교육적 의미 연구」, 연세대학교 대학원 교육학과 박사학위논문, 2002; 김인덕, 「조선총독부 박물관 본관 상설전시와 식민지 조선 문화: 전시 유물을 중심으로」, 『향토서울』 76, 2010.

선행연구를 기초로 이 글에서는 일제강점기 고적조사사업의 기본 체제를 세운 1920년 이전을 중심으로 이 시기 일제가 법령과 관련 기구의 마련을 통해 사업의 체제 정비를 구축해 가는 과정과 사업 내용을 구체적으로 살펴보고, 이 사업을 통해 수집한 유물을 박물관이라는 전시 공간에서 재구성함으로써 식민통치의 논리 및 '성과'를 어떻게 가시화하였는지 규명하려 한다. 이로써 식민지 상태에서 일제에 의해 시작한 유적·유물의 약탈·'보존'과 그것들의 소재 공간인 고도古都가 근대적 요구 및 식민통치의 이데올로기에 따라 재구성하려는 일제의 정치적 의도를 어떻게 나타내고 있는지를 살펴보고자 한다.

2. 한일병탄 전후 세키노 다다시(關野貞)의 고건축 · 고적 조사

한국유적에 대한 일본인들의 관심은 일본 육군참모본부가 1883년 만주 통구 지역의 광개토대왕릉비의 비문 탁본을 일본으로 가져가면서 가속화되었다.[8] 그리고 청일전쟁 직전부터 대거 몰려온 도항자들이 한국의 고대 무덤을 파괴하고 고기물古器物을 도굴하는 등 한국인들은 꿈에도 생각하지 못한 만행을 일삼아 원성이 높아졌다. 처음에는 한두 명씩 상인으로 가장하여 몰래 거류 지역을 벗어나 도굴을 하였으나 청일·러일 전쟁 이후에는 막강한 군사력에 의지하여 대대적인 도굴을 감행하였다. 그들의 도굴은 점차 대범해져서 무리를 짓거나, 무력으로 지역 사람들을 위협하여 접근을 막기까지 하였다.[9] 따라서 1894년 9월 한국에서는 그들 무뢰배들의 만행을

8 藤田亮策, 「朝鮮古文化財の保存」, 『조선학보』 1, 1951. 5, 248쪽.

9 경북 칠곡군 약목면 복성동의 고분군은 러일전쟁 직후 이 지역의 석재를 채취하려 들어온 일본인 석공, 토공, 기타 부랑배들이 합세하여 100여 기나 되는 고분을 모두 도굴 · 파괴하였다. 藤

염려하여 240여 명에게 귀국 명령을 내렸고,[10] 1894년 10월에는 칙령 제135호로 무면허 도항자에 대한 금지령을 만들어 제7회 제국의회에 의안으로 제출하기도 하였다.[11] 이런 가운데 청일전쟁에서 승리한 일본은 수집 전리품을 본국으로 수송하여 1894년 9월 6일부터 2주간 1차로 도쿄·오사카 등에서 대중들에게 공개하였는데, 그 목적은 "국민의 적개심을 고무시키고 이로 從軍壯士의 훈공을 밝히는 것은 더없이 좋은 방법"[12]이라 하였는데, 이는 약탈로서 승자의 권리를 찾으려는 모습이었다.

또한 당시 각지에 주둔하고 있던 헌병과 순사들도 도굴에 참여하거나 골동품을 거래하였다. 순사를 지낸 다카하시(高橋)라는 자는 점포도 없이 거래를 하였으며,[13] 경성미술구락부 지배인을 맡았던 오타오 츠루키치(太田尾鶴吉)도 육군간호졸 출신으로, 퇴역 후 골동상을 하였으며,[14] '굴옥掘屋'이라 하는 직업적 도굴단까지 등장하였다.[15] 그러나 이들은 지역 주민들과의 불화를 의식하여 대개 한국인을 하수인으로 삼아 도굴을 단행하였다. 당시 고려의 고도인 개성 일원의 고려고분에서 도굴한 고려자기를 매매하다 잡힌 범죄자들을 서울의 영사관과 통감부 법무원에서 처벌한 판결문을 보면,[16] 이들은 주로 개성과 경성에 거주하는 자들이었으며, 직업은 대부분 무직이거

田亮策, 「慶尙北道·忠淸南道 古蹟調査報告」, 조선총독부, 『大正十一年度朝鮮古蹟調査報告』 1, 1922, 30~32쪽 참조.

10 「在韓の本邦人足」(내외휘보 조선), 『日淸戰爭實記』 2, 메이지 27년(1894) 5월, 72쪽.

11 「帝國議會議案」(내외휘보 일본), 『日淸戰爭實記』 9, 메이지 27년(1894) 11월, 82쪽.

12 「戰利品の陳列」, 『日淸戰爭實記』 6, 메이지 27년(1894) 10월, 46~47쪽; 「戰利品及び捕虜」, 『日淸戰爭實記』 8, 메이지 27년(1894) 11월, 18~19쪽.

13 三宅長策, 「그 당시의 추억 -고려고분 발굴시대」; 황수영, 앞의 책, 127쪽에서 재인용.

14 『京城美術俱樂部創業20年記念誌』, 주식회사 경성미술구락부, 1942, 3, 6쪽 참조.

15 小泉顯夫, 「古墳發掘漫談」, 『조선』, 1932. 6, 87쪽.

16 총무처 정부기록보존소, 『국권회복운동판결문집』, 국가기록원, 1995. "일본인의 고려자기도굴 등 문화재 약탈"조. 이순자, 앞의 글, 15~16쪽의 일본인 고려자기 도굴, 약탈 사례 중 인적 사항 참고.

나 농업·상업 등에 종사하는 자들로 그 가운데 고물상도 있었다.[17]

한편 일본 고관들에 의한 약탈도 주목된다. 1906년 이토 히로부미(伊藤博文)가 초대 통감으로 한국에 취임하면서부터 고려청자가 본격적으로 세인의 주의를 끌기 시작하였다. 통감으로 부임한 이토 히로부미는 경성에서 고려청자를 대거 수집하여 도쿄로 가져갔으며, 어떤 경우는 "귀경할 때 정거장으로 마중 나온 사람들에게 인사하면서 입구가 깨진 병이나 파손된 청자 발鉢을 나눠주어 가지고 돌아갔다"[18]는 일화가 있을 정도였다.

한편 일본인 도굴꾼들은 고분이 있는 토지를 매입하여 공공연하게 고려고분을 파괴하고 유물을 도굴하는 만행을 저지르기도 하였으며,[19] 철저한 조사를 한다는 목적으로 발굴 유물을 일본으로 가져갔다.

> 우리 국토가 일제에 점령당하고 온갖 문화의 유산이 그들에 의하여 蹂躪되던 금세기 초반의 역사는 악몽과 같이 우리의 머리를 떠나지 않으며, 그 자취는 또한 쉽게 아물지 않는다. 그들은 이른바 '고적조사사업'을 내세우고 있으나 그 성과는 그들이 범한 고대 분묘의 약탈 같은 단 한 가지 사례만을 들더라도 그들은 무엇으로 보상하고 변명하겠는가. 그 중에서도 개성을 중심으로 고려분묘에 대한 악독한 약탈은 인류역사상 다시 그 유례가 없음을 우리는 똑똑히 알고 있다. 백주에 총검을 들이대고 그 후손들이 펄펄 뛰고 발을 구르는 눈앞에서 선조의 塋域을 유린하고 부장품을 강탈하던 만행을 필자는 鄕老들로부터 자주 들었다. 과연 수 만기의 고려고분 속에서 단 1기나마 그들이 오늘도 내세우는 이른바 '고적조사'를 한 일이 있었는가. …(중략)… 그리고 이같이 강탈된 수만 점의 고려자기

17 1909년 1월 당시 일본인 업종별 조사에 의하면 고물상이 12명으로, 일본 상인이다. 白川正治, 『平壤要覽』(평양실업신문사, 1909), 21쪽 참조.

18 佐佐木兆治, 「朝鮮古美術業界20年回顧」, 『京城美術俱樂部創業20年記念誌』, 주식회사 경성미술구락부, 1942, 30쪽.

19 吉倉凡農, 「古蹟探見」, 『(企業案內)實利之朝鮮』, 1904, 137쪽.

는 지금 일본에 있다고 그들 자신이 말하고 있지 않은가.[20]

그 후 1912~1913년경에는 그 수집열이 최고에 달했다. 이미 세상에 나온 막대한 고려자기는 일본으로 유출되어, 당시 오사카의 야마나카상회(山中商會)는 한국에서 고려자기를 대량으로 사 모아 구미 등지로 반출 판매하기까지 하였다.[21] 하지만 이때까지도 한국의 지식인 층 가운데 고려자기의 존재나 진가에 눈을 뜬 사람은커녕 본 적도 없는 경우가 대부분이었다. 이처럼 일본인들은 한일병탄 이전부터 경제적인 이유로 한국의 유적·유물에 대한 관심을 갖고 있었는데, 그 대표적인 지역은 고려의 고도인 개성이다. 특히 주로 도항자나 군부·헌병·경찰들에 의한 도굴 사례들이 보이며, 고관들에 의한 유물 '수집' 및 전쟁 전리품으로 문화재를 약탈해 가는 모습들이 빈번하였다.

한편 이러한 분위기 속에서 일본은 한국 침략을 도모하면서 한국유적에 대한 관심을 높여 갔다. 일본 고고학사에서는 1902년에 실시한 세키노 다다시(關野貞)의 한국고건축조사를 고적조사의 효시로 잡는다. 세키노는 1902년의 고건축물조사와 1909년부터 1911년까지의 고적조사를 통해 한반도 전체를 그 조사 대상지로 삼았다.

도쿄제대 조교수였던 세키노는 1902년 6월 학교로부터 한국의 고건축물 조사를 명령받는다. 당시 세키노는 야쓰이 세이이치(谷井濟一)과 구리야마 슌이치(栗山俊一) 등과 함께 62일간 한국에 머물면서 "이 기간 내에 많은 유익이 있는 성과를 얻도록 기획하여"[22] 한국의 고도古都인 경주·개성·경성과 그 주위를 중심으로 조사하였다. 당시 조사에서는 고건축물, 특히 궁전·성곽·사원·서원·능묘 석조물 등이 주요 대상물이었지만, 조각과 공예품까

20 황수영, 앞의 책, '머리말' 참조.

21 佐佐木兆治, 앞의 글, 31~32쪽.

22 関野貞, 『韓國建築調査報告』 東京帝国大学工科大学 学術報告 第六号, 1904, 2쪽.

지도 그 조사 범위에 들어 있었다. 그리고 이때의 성과물을 1904년 도쿄제대에서 『한국건축조사보고』로 정리하였는데, 이는 한국 고적조사의 시작으로 '기억될 만한 공적'이었다.[23] 이 책의 서언에서 당시 조사의 목적을 다음과 같이 밝히고 있다.

> 처음 나의 출발에 즈음하여 辰野金吾 공과대학장은 특별히 명령하기를 '조선건축의 史的 연구를 목적으로, 될 수 있는 대로 넓게 관찰하라. 깊지 않더라도 관계없다'고 하였다. 나는 이 명령을 명심하고 조선에 있는 중요한 유적은 모두 한 번 보려고 마음을 먹었지만 국내의 교통이 불편하고 날짜도 제한이 있고 해서 부득이 이 기한 내에 되도록 많은 유익한 재료를 획득하고자 예로부터 항상 문화의 중심으로서 유물 또한 많은 곳을 선택하니 上古 천 년간 신라의 수도였던 경주, 중세기 오백 년간 고려의 왕도였던 개성 및 근세 오백 년간의 오늘날 조선의 도성인 경성 및 그 주위를 탐험 조사하였다.[24]

여기서 '공과대학 학장의 특별한 명령'이란 것은 일본 정부의 지시를 전달했다는 것이다. '될 수 있는 대로 넓게, 깊지 않더라도 관계없다'고 하는 것은 학문적인 연구가 아니라 일제의 침략 정책에 자료가 될 수 있는 많은 정보의 탐색에 목적을 두고 조사하라는 국가적인 차원의 명령임이 분명하다. 또한 이 일에 당시 재한 일본인 관계자[25]들이 대거 참여한 것으로 보아 일본 정부 차원에서 광범위하게 이루어졌음을 알 수 있다.

---

23 藤田亮策, 「朝鮮に於ける古蹟の調査及び保存の沿革」, 『조선』 199, 1931. 12, 98쪽.

24 関野貞, 앞의 책, 1~2쪽 '서언' 참조.

25 이 조사에는 주한공사, 萩原 서기관, 鹽川 통역관, 大鳥 외교관, 補三增 경성 영사, 加藤 인천 영사, 幣原 부산 영사의 도움과 함께 일찍이 한국 관련 연구에 종사해 왔던 八木奘三郎, 金澤庄三郎, 小山光利, 長田信藏, 伊藤祐晃, 長山乙介, 幣原垣 등의 도움이 있었다. 関野貞, 앞의 책, 5쪽.

한국 정부에서는 세키노 다다시에게 특권을 주어 편의를 제공하였다. 『한국건축조사보고』는 당시 한국에 대한 자료가 많지 않던 상황에서 한국의 유적·유물에 대한 관심을 두었던 많은 일본인들에게 일종의 지침서가 되었다. 이 자료에서는 한국의 유적·유물을 중국 및 일본의 것과 비교해 소개하면서 특히 한국문화의 '모방성'을 강조하려 하였다.[26]

그 후 1909년 8월 23일 세키노는 통감부 산하 탁지부 건축소 고건축물조사의 촉탁으로 임명되어 고적조사를 위탁받았다. 이 조사는 한국에서의 조직적인 고고학 조사의 시작이었으며, 1915년까지 전국에 걸쳐 건축·고분·성지·사지 등의 조사를 매년 실시하였다. 특히 이 가운데는 고도 지역에 대한 조사가 포함되어 있어 일제의 관심 지역을 살필 수 있다.

1909년 통감부에 의한 조사 목적은 "고건축물을 새로이 행정시설로 전용하고 혹은 파괴되거나 철거의 위험이 있는 것은 그 중요도에 의해 보존하는 것"[27]이었다. 당시 한반도의 최대 권력기관인 통감부는 한국의 사법 행정권 접수와 함께 건축물을 신설하거나 고건축물을 해체 혹은 여러 관아 청사로 전용하기 위해 전문가의 의견을 필요로 하였다. 바로 이 '건축 전문가'로 선택된 사람이 이미 1902년에 한반도 전역을 조사한 경험이 있는 세키노 다다시였으며, 이는 건축소 공사 고문인 공학박사 츠마키 요리나카(妻木賴黃)가 추천하였다. 이때 세키노는 건축 분야에서 공학사 구리야마 슌이치, 고고학 분야에서는 야쓰이 세이이치를 조수로 팀을 구성하여 조사를 실시하였다.[28] 대한제국의 초청 형식으로 이루어진 이들 일행의 조사 행위는 재정과 행동에 아무런 지장을 받지 않았고, 한국의 전 국토에서 마음대로 조사·발굴할 수 있었다.[29]

---

26 이순자, 앞의 글, 25쪽.

27 藤田亮策, 「朝鮮古文化財の保存」, 『조선학보』 1, 1951. 5, 249쪽.

28 小川敬吉, 「古蹟に就ての回顧」, 『朝鮮の建築』 16-11, 1937. 11, 83쪽 참조. 탁지부 건축소에서는 기사 조씨와 工夫 有村이 조사에 동행하였다.

표 1 1909~1915년 세키노 다다시의 기획에 기초한 고건축 및 고적 일반 조사[30]

연도	조사지
1909년	경기도: 경성, 광주, 양주, 수원, 개성 / 황해도: 황주 / 평안남도: 평양, 안주 / 평안북도: 의주, 정주, 영변 / 충청남도: 조치원, 공주, 부여, 강경, 은진 / 충청북도: 옥천 / 경상북도 : 대구, 영천, 경주 / 경상남도: 울산, 부산, 김해
1910년	충청북도: 옥천, 보은 / 경상북도: 성주, 고령, 선산 / 경상남도: 창녕, 함안, 진주, 하동, 합천 / 전라남도: 곡성, 옥과, 창평, 광주, 남평, 능주, 구례, 나주, 목포, 영암, 해남 / 전라북도: 전주, 금구, 익산, 군산
1911년	경기도: 광주, 고양, 개성 / 평안남도: 용강, 강서, 강동, 성천, 안주 / 황해도: 봉산 / 경상북도: 경주
1912년	평안남도: 강서 / 황해도: 봉산 / 경기도: 광주, 여주 / 강원도: 춘천, 금강산, 고성, 간성, 양양, 강릉, 평창, 원주 / 경상북도: 풍기, 순흥, 춘양, 예안, 안동, 예천, 함창, 상주, 의성, 의흥, 영천
1913년	평안남도: 강서, 용강, 평양, 곽산 / 황해도: 해주 / 남만주: 집안현 고구려 유적 / 함경남도: 장진, 함흥, 정평, 영흥, 문천, 안변 / 강원도: 철원
1915년	경상북도 : 경주, 울산, 영일, 대구 / 충청남도: 대전, 부여, 논산

당시 이들은 3개월에 걸쳐 전국을 조사하였는데, 조사 목적은 외견상으로는 고건축물의 보존이었지만, 실제로는 건축물 이외에도 고적·불상·동종·석탑·서화 등 다방면으로 조사가 이루어졌으며, 지역적으로는 주로 철도 노선이 연결된 지방과 고도 경주·부여 부근의 유물에 대한 조사가 실시되었다.[31]

1909년 조사의 주 대상은 건축물이었으며, 조사 대상을 네 등급으로 나누어 그 가치를 부여하였다. 세키노 다다시는 1910년에도 궁내부의 촉탁으로 고적조사를 예정하고 있었으나 10월에 조선총독부가 설치됨으로써 세키노 팀의 조사사업은 조선총독부 내무부 지방국 제1과로 넘어갔고 더욱 강

29 關野貞, 『朝鮮藝術之研究』, 탁지부 건축소, 1910, 1쪽.

30 藤田亮策, 「朝鮮に於ける古蹟の調査及び保存の沿革」, 『조선』 199, 1931. 12, 101~102쪽 참조.

31 日本歷史地理學會 編, 「朝鮮遺蹟調査略報告」, 『歷史地理』 17-2, 1911.

화되었다. 3개월에 걸쳐 주로 한반도 남부 지방을 중심으로 고대문화와 관련된 자료를 폭넓게 조사하였다.[32] 1911년 세키노 팀은 9월 13일에 경성에 도착해서 경성을 시작으로 평안남도, 황해도, 경기도, 경상도에 이르렀다. 1911년 조사는 유적·유물의 전반적인 파악에 목적이 있었으며, 고분의 경우는 특히 가야 지역에 집중하였다.[33] 이처럼 1909~1911년에 걸친 3년간의 조사에서는 고건축물·고적에 대한 조사가 주를 이루었고 그 외에 석조물, 기타 유적 등이 포함되었으며, 처음 2년 동안 집중적으로 이루어졌다.

세키노 일행은 이 기간 동안 한국의 지방 도시 약 50개소를 조사하였으며, 대체로 통감부의 요구에 의해 각 지방의 중심 행정시설에 관한 조사(구건축물인 객사, 군청, 향교 등)와 자신의 개인적인 관심에 의한 사원의 유적 및 유물 조사를 병행하여 실시하였다. 특히 1909년의 경우를 보면, 고건축물 관련 유적 194건, 석조물 64건, 유물 30건 등 총 288건으로 주로 고건축물 위주의 조사였음을 알 수 있다. 특히 이 가운데 갑甲 등급을 받은 것은 총 50건으로 고건축물 관련 유적은 23건, 석조물 및 유물은 27건이다.[34] 그런데 대체로 '새로운 시설'로 이용하기 위해 조사한 고건축물의 가치는 다른 대상에 비해 낮았고, 이에 그 보존의 필요성이 절실하지 않다고 평가하여 이들 시설물들을 곧 지방행정기구 건물로 활용하였다. 예를 들면, 1909년의 조사에서 정丁 등급인 의주의 객사이던 취승당聚勝堂은 재판소로, 양산의 안아당雁鵞堂은 경무소(경찰서)로 사용하였다.[35] 그 결과 일제는 1910년 한일병탄 이

32 關野貞, 「伽倻時代の遺蹟」, 『고고학잡지』 1-7, 고고학회, 1911. 3, 1~12쪽.

33 최석영, 『일제의 동화이데올로기의 창출』(서경문화사, 1997), 269쪽.

34 이순자, 앞의 글, 31~38쪽.

35 關野貞, 『朝鮮藝術之硏究』, 탁지부 건축소, 1910, 39, 55쪽. 지방의 경주객사는 1913년 경주고적보존회 진열관으로 개설되었다가 후에 경주박물관으로 변모하였고, 공주의 선화당 건물은 충남청사로 이용되다가 공주박물관으로 활용되기도 하였다. 이외에도 강릉향교는 1919년 首善講習所로, 1928년에는 강릉공립농업학교로 변용되었다. 특히 1914년 총독부령으로 실시된 府制 실시 후 각 지역 도청이나 거류민단 사무소로 지방의 객사나 관아 등이 사용되는 예

후 단기간에 한반도의 전역을 장악하고 기존에 남아 있던 고건축물들을 변용·활용하여 지방 통치를 위한 시설로 이용함으로써 비교적 순조롭게 식민 통치 체제를 구축해 갈 수 있었다.[36]

또 세키노에 의한 1909~1911년의 고건축물 및 고적에 대한 등급 부여 작업은 일제강점기에 거의 그대로 문화재 지정에 적용되는데, 1933년 「조선보물고적명승천연기념물보존령」에 의해 지정된 고적 및 보물에 일찍이 세키노에 의해 문화재로 지정된 것(고적 24건, 보물 66건)이 포함되었다.[37] 이는 한일병탄 이전의 고적조사가 이후 식민지 문화재 정책에까지 영향을 미치고 있음을 알 수 있게 한다.

한편 구로이타 가쓰미(黑板勝美)는 총독부와는 별도로 도쿄제국대학의 명령을 받아 100여 일 동안 "실지를 답사하여 고고학, 역사지리학 방면에서 관찰하여 이를 고대사에 대한 연구의 자료로 삼고자 한다"[38]는 목적으로 한반도 남부, 주로 김해 지역을 중심으로 발굴 조사를 실시하면서 '임나일본부설'에 대한 물증적 자료를 찾기에 힘을 기울였다. 이 지역의 패총 발굴을 통해 일찍부터 일본과 한국이 서로 밀접한 관련이 있는 '동문동종同文同種'의 성격을 가지고 있는 나라라고 하면서 한일병탄의 합법성을 고대사 속에서 찾았다.

> 서남단에 봉황대라 칭ᄒᆞ는 岳陵이 有ᄒᆞ고 其近에 패총이 유ᄒᆞᆷ의 위선 기처로 往ᄒᆞᆫ 즉 長이 50칸이오 廣이 5칸 가량인ᄃᆡ 其下ᄭᆞ지 海潮가 來ᄒᆞᆫ 것은 지형이

가 보인다(손정목, 『한국 지방제도 자치사 연구』, 일조각, 1992, 121~160쪽 참고). 이외에 해주군청의 경우는 조선시대 옛 관아의 건물을 그대로 사용하기도 하였다(해주보승회, 『海州』, 1929, 4쪽).

36 이순자, 앞의 글, 38~39쪽.

37 이순자, 앞의 글, 31~38쪽.

38 黑板勝美, 「朝鮮史蹟遺物調査復命書」, 『黑板勝美先生遺文』, 黑板勝美先生生誕百年記念會(吉川弘文館, 1974).

명백히 示ᄒᆞ얏더라. …(중략)… 남조선은 內宮家를 置ᄒᆞᆫ 處오 조정의 직할지가 되여 일본의 영토된 事가 有ᄒᆞ니 일본부의 宰ᄂᆞᆫ 太宰府의 宰니 我 勢力의 발전ᄒᆞᆫ 時ᄂᆞᆫ 임나일본부가 되고 退守ᄒᆞᆫ 時ᄂᆞᆫ 태재부ᄂᆞᆫ 九州의 일본부, 일본부ᄂᆞᆫ 조선의 태재부이더라. 구주 동북의 集人 蝦夷보다ᄂᆞᆫ 優히 同化ᄒᆞ야 風俗生活에 類似ᄒᆞᆫ 것이 多ᄒᆞ더라. 然ᄒᆞᆫᄃᆡ 任那의 세력이 風廢ᄒᆞᆷ이 及ᄒᆞ야 日日 영향을 蒙ᄒᆞᆷᄋᆡ 是를 遺憾으로 하여 …(중략)… 한국병합은 임나일본부의 부활이니 吾도 上古에 在ᄒᆞᆷ과 如히 同國同文化라ᄂᆞᆫ 사상이 有하면 和合이 될 터로다 ᄒᆞᄂᆞᆫ 것이 요점이 되얏더라.[39]

한일병탄 전부터 1915년까지 한반도에서의 고적조사는 주로 세키노 다다시, 야쓰이 세이이치, 구리야마 슌이치 등 일명 세키노 팀에 의해 해마다 경성에서 시작하였는데, 조사에 앞서 통감부 혹은 총독부로부터 촉탁 임명을 받고, 조사 예정표 작성 및 제출을 위해 일주일 이상 머물렀다. 그리고 제출한 일정을 기초로 각종 조사의 편의, 숙박시설의 결정, 도·군청으로부터 수행자를 소개받는 등 준비 작업을 실시하였다. 조사는 한반도 각지의 건축물, 고적, 공예품을 '넓게 그리고 깊지 않게'라는 자료 조사적 성격을 기본 방침으로 하여 1915년까지 조사를 실시하였다. 그리고 조사 대상물 중 일부는 지방행정시설로 활용함으로써 식민통치 시작 후 짧은 시간 안에 지방 통치가 가능해지는 계기를 마련하였다.

39 「任那故地紀行(下) －名越文學士談」, 『매일신보』, 1915. 7. 24.

3. 조선고적조사사업의 정책 마련과 본격적 실시(1916~1920)

1) 법률 제정

조선총독부는 1916년부터 5개년 계획으로 고적조사사업을 본격적으로 실시하였다.[40] 고적조사 5개년 사업의 일반 조사는 한국의 고대부터 고려시대까지의 유적을 조사 대상으로 삼았으며, 지역적으로는 한반도 전체를 아우르고 있으나 특히 한사군漢四郡 낙랑 지역과 가야 지역에 집중하였다. 그런데 고적조사를 계획하는 과정에서 유적·유물 수집에 힘을 기울이자 일본인 약탈자들에 의한 고분 도굴과 위법 매매가 더욱 성행하였고, 이에 대한 일반 민중들의 항의가 거세어졌다.[41] 이에 통제의 필요성을 느낀 조선총독부는 「고적급유물보존규칙古蹟及遺物保存規則」(이하 「보존규칙」)을 제정하였다.[42] 기존에 종교 정책의 일환으로 반포한 「사찰령寺刹令」(1910. 6)이나 「신사사원규칙神社寺院規則」(1915. 8)은 사원 소재 고건축물과 유물의 현황 파악에 그쳤기에,[43] 조선총독부에서는 보존 행정책을 보완할 법령이 필요하였던 것이다. 따라서 1916년 7월 4일 총독부 부령 제52호 「보존규칙」, 총독부 훈령 제29호 「고적조사위원회규정」을 발표하였다. 당시 데라우치 마사타케(寺內正毅) 총독은 「보존규칙」의 실시 의도를 다음과 같이 설명하였다.

> 첫째, 고대문화의 조사와 보존에는 내외 학자에 의해 조사위원회를 만들고 학술적으로 신중을 더하며, 조사·보존은 모두 총독부가 스스로 통일 계획에 의하

---

40 조선총독부, 「古蹟調査計劃」, 『大正五年度朝鮮古蹟調査報告』, 1916, 2~3쪽.

41 「고적급유물보존規則에對ᄒᆞ여 –兒玉總務局長談」, 『매일신보』, 1916. 7. 9.

42 경성부, 『경성부사』 3, 1934, 347쪽 참조.

43 旭邦生, 「朝鮮における古藝術品及び古蹟の保護」, 『朝鮮及滿州』 64 (조선잡지사, 1912. 12), 2쪽.

여 행함. 둘째, 조선의 문화재는 모두 조선 내에 보존하여 국외 산일을 방지하고, 이것으로 널리 학술과 사회 교육의 자료로 하여 조선인의 문화적 자각에 충당할 것. 이 의미에서 박물관에서 조사와 보존과 진열의 사무를 겸하여 행하도록 함. 셋째, 이것들의 결과를 내외의 학계에 보고하고 학술 연구의 자료로 제공하며, 반도 통치의 문화면을 말함에 실제 증거로 하고 …(후략)…[44]

즉 조선총독부가 조사와 보존을 통일적으로 계획 관리하며, 한국 내의 문화재는 한국 내에 보존함으로써 국외 산일을 방지하고, 박물관에서 조사·보존·진열의 사무를 겸하여 행하며, 이는 식민통치의 문화적 측면을 강조한 조치라 하여 유물의 '현지보존주의', 고적조사와 박물관사업의 연계성, 그리고 군사적 무단통치뿐만 아니라 문화적 지배까지 염두에 두고 있었음을 알 수 있다.[45]

「보존규칙」은 전 8조와 부칙으로 되어 있는데,[46] 특히 제5조를 보면 "고적 및 유물 대장에 등록된 물건의 현상을 변경하거나, 이를 이전·수선하거나 혹은 처분하는 경우 또는 그 보존에 영향을 미칠 만한 시설을 하고자 하는 경우는 해당 물건의 소유자 또는 관리자가 경찰서장을 거쳐 미리 조선 총독의 허가를 받도록 한다"고 하여, 당시 고적조사에서 수집된 유물들 중 개인이 소장하거나 일본으로 유출한 경우는 조선 총독의 허가를 받았거나 아니면 불법으로 산일된 경우일 것임을 증명하고 있다.

그러나 이 「보존규칙」은 유물의 소유권 제한에 형식상의 결함이 있었고, 명승·천연기념물에 대한 조항이 포함되지 않은 등의 한계를 지녔다. 조선총독부에서는 이를 보완코자 이후 1933년 「조선보물고적명승천연기념물보

44 藤田亮策, 「朝鮮古文化財の保存」, 『조선학보』 1, 1951. 5, 252~253쪽.
45 이순자, 앞의 글, 46쪽.
46 조선총독부 부령 제52호. 『조선총독부관보』 1175, 1916. 7. 4.

존령」(이하「보존령」)을 제령 제6호로 반포하였다.[47] 이 법령의 목적은 "수천 년의 역사를 가지고 예로부터 중국의 문화를 수입하여 이를 내지(일본)에 전파한 조선에서 그 역사의 변천 및 고대 일본과 중국과의 관계를 천명한다"[48]고 밝힘으로써, 식민지 한국에서의 일본에 의한 문화재 지정의 목적을 명확히 밝히고 있다. 그리고 유적·유물의 범위를 확대하였고, 보존의 취지도 강화하였으며, 보존 대상의 보호시설에 필요한 비용을 국고에서 보조하는 제도까지 마련하였다.

한편 부칙「고적급유물조사사무심득古蹟及遺物調査事務心得」[49] 제6조에 "실지 조사를 명령받은 고적조사위원은 총무국장의 허가 없이는 조사 결과를 공표하지 못한다"고 규정하였는데, 이는 역사적 실증 자료의 관리를 경찰서장 및 총무국장이 맡도록 하여 일제가 고적조사의 실시 및 그 결과를 관 주도하에 일괄적으로 관리함으로써, 유물에 대한 해석을 의도하는 대로 왜곡하거나 유출할 수 있는 여지를 남겨 두었다.

특히「보존규칙」내용에서 가장 두드러진 특징은 총독부 및 경찰서 등 행정기관과의 긴밀한 관련성이다.「보존규칙」뒤에 수록된 조선총독부 훈령 30호「고적급유물에 관한 건」에는 보존규칙 시행 시에 조선 총독과의 관련성을 알 수 있는 내용이 있다.

> 고적·유물 또는 고문서를 발견한 경우에는「고적급유물보존규칙」제2조의 사항을 갖추어 이를 조선 총독에게 보고하며, 고적 또는 역사 혹은 공예와 관계있는 유물 및 기타 공작물의 현상을 변경할 경우나 금석 문물 및 기타 유물을 이전,

47 渡邊豊日子,「朝鮮寶物古蹟名勝天然記念物保存令の發布に就て」,『조선』, 1933. 9, 85~88쪽.
48 渡邊豊日子, 위의 글, 88쪽.
49 조선총독부,「古蹟及遺物調査事務心得」(조선총독부 내훈 제13호),『大正五年度朝鮮古蹟調査報告』, 1917.

수선하고 혹은 이를 처분하는 경우, 또는 고적명승지 등에 영향을 미칠 만한 시설을 하는 경우는 「고적급유물보존규칙」 제5조의 사항을 갖추어 미리 조선 총독의 인가를 받도록 한다. 전항에 의해 인가를 받은 사항을 집행할 경우에는 바로 이를 조선 총독에게 보고한다.[50]

즉 유적·유물·고문서 등을 발견하면 반드시 경찰서장을 거쳐 조선총독부에 보고하고, 현상을 변경할 경우에는 총독의 인가가 필요하였다. 따라서 조선총독부의 허가가 없다면 발굴 조사가 가능하지 않았기에, 발굴 조사는 총독부의 관리하에 있었음을 알 수 있다. 그리고 「보존규칙」 제3·5·6조에는 경찰서장과 관련된 내용이 있다. 유적·유물의 발견, 현상 변경, 이전·수선을 할 경우 그 지역의 경찰서장에게 보고하는 것을 의무로 하였다. 그리고 제4조에서는 고적 및 유물 등록대장을 경찰서에 배포하고 등록 시에는 해당 경찰서장을 거쳐 그 취지를 신고인에게 통지하도록 하였다. 「보존규칙」에 의해 등록된 유적 및 유물에 대한 책임 소재는 각 지역의 경찰서장의 지휘하에 있었는데, 당시 경찰서장은 경찰서의 사무를 취급함과 동시에 헌병분대의 장을 겸하고 있으면서 민간의 일상생활 전체에 영향력을 행사하고 있었다.[51]

더욱이 「보존규칙」은 등록제를 실시하였다. 제1호로 등록된 것은 원각사지 10층 석탑이며, 1924년 4월까지 총 193건이 등록되었다. 등록 유물·유적을 지방별로 분류해 보면 192건[52] 가운데 경북이 21.2%로 등록 유적·유물의 수가 가장 많으며, 다음으로 경기·강원·충남 순이다. 종류별로 보면 탑비류 104건, 불상류(금동, 석불) 44건, 그 외 당간 20건, 기타 24건으로 탑비

50 조선총독부, 「古蹟及遺物二關スル件」, 『大正五年度朝鮮古蹟調査報告』, 1917, 6쪽.

51 손정목, 『일제강점기 도시사회상 연구』(일지사, 1996), 37쪽.

52 조선총독부, 『古蹟及遺物登錄臺帳抄錄附參考書類』, 다이쇼 13년(1924) 4월. 186번이 누락되어 실제로는 총 192건이다.

류가 가장 많음을 알 수 있다. 특히 등록된 192건 가운데 1909~1912년에 세키노 다다시에 의해 조사된 유적·유물 81건이 포함되어 있어 세키노의 고적조사의 결과와 한국의 고적조사 및 유물 보존 정책의 연관성을 짐작해 볼 수 있다.

2) 전담기구의 마련: 고적조사위원회의 설립

조선총독부는 한반도 유적·유물의 조사와 보존을 위한 법령 마련과 함께 전담기구를 조직하였다. 「보존규칙」 반포에 앞서 4월 26일에 고적조사위원을 임명하였고, 7월 4일 총독부 훈령 제29호로 「고적조사위원회규정古蹟調査委員會規程」 11조를 반포하였다.[53] 고적조사위원회는 고적조사의 계획은 물론 고적·건축물·금석물 등의 보존 방법을 정하고, 유물의 수집과 고적·유물·명승지에 영향을 줄 만한 시설에 대해 논의하는 등 다양한 업무 처리를 목적으로 설립되었다.[54] 제1~4조에 위원회의 구성, 제5·6조에 심의와 보고 사항, 제7~10조에 실지조사 시 보고 사항과 범위 등을 명시하였는데, 고적조사위원회는 조선총독부의 자문기관으로 유적·유물의 조사·보존·공사·등록에 관한 건을 협의 의결하여 조선 총독에게 신청 또는 보고하도록 하였다. 제3조와 제11조에 의하면 위원장은 정무총감, 위원은 총독부 관계국의 고등관 또는 학식이 많은 한·일 전문가들 중에서 임명하였고, 그 외 수명의 촉탁을 두고 총독부 고등관 가운데 간사를 임명하여 서무를 담당케 하였다.

발족 당시 고적조사위원회의 위원은 조선총독부 관계 부국의 고등관 외에 일본 측 관학자들과 한국 측의 학식 있는 전문가 25명 내외로 구성하였

53 조선총독부 훈령 제29호. 『조선총독부관보』 1175, 1916. 7. 4.

54 「古蹟調査委員の設置」, 『조선휘보』, 1916. 6, 212~213쪽.

다.[55] 이 가운데 세키노 다다시(도쿄제대 교수), 구로이타 가쓰미(도쿄제대 교수), 도리이 류조(鳥居龍藏, 도쿄제대 교수), 이케우치 히로시(池內宏, 도쿄제대 교수), 하라다 요시히토(原田淑人, 도쿄제대 조교수), 후지타 료사쿠(藤田亮策, 경성제대 조교수), 오다 쇼고(小田省吾, 경성제대 교수), 이마니시 류(今西龍, 경성제대 교수), 하마다 고사쿠(濱田耕作, 교토제대 교수), 야쓰이 세이이치, 오바 츠네키치(小場恒吉), 오오와라 도시타케(大原利武), 스에마쓰 구마히코(末松熊彦, 이왕직사무관), 이와이 초사부로(岩井長三郎, 기사), 유정수(柳正秀, 중추원 참의), 유맹(劉猛, 중추원 참의) 등은 지속적으로 고적조사위원으로 활동한 인물들이며, 이들이 중심이 되어 고적조사사업이 진행되었다. 그리고 위원회에 참여한 한국인들은 대부분 일진회나 중추원 참의[56] 등 조선총독부와 연관을 가진 인물들로, 고적조사위원회의 성격을 알 수 있는 인적 구성이었다. 이들은 위원회의 의사를 의결함과 함께 조사·보존의 사무를 담당하도록 하였다. 특히 종래 내무부에서 고적조사, 사료조사를 촉탁하였던 일본 각 대학교수를 위원으로 촉탁하여, 학계에서 신천지라 칭할 만한[57] 한국의 고적에 대한 학술적 조사에 관심을 기울였다. 더욱이 이들 고적조사위원들은 조선총독부가 식민통치 논리인 식민사관을 반영한 역사서 편찬을 위해 설립한 조선사편찬위원회에도 참여하였다. 일제강점기 초대 총독이었던 데라우치 마사타케는 일찍이 한국 사회의 조사 연구 필요성을 다음과 같이 지적하였다.

> 大和魂과 朝鮮魂을 혼합하여 우리 일본인이 저들(한국인)에게 대화혼을 심어주지 않은 채로, 저들이 우리의 문명적 시설로 인하여 지능을 개발하고 널리 세

55 이순자, 앞의 글, 61쪽.

56 柳正秀, 劉猛의 친일 행위에 대해서는 대통령 소속 친일반민족행위진상규명위원회, 『친일반민족행위 결정이유서 조사보고서』 Ⅱ-3, 2007, 1725~1726쪽 참고.

57 藤田亮策, 「朝鮮に於ける古蹟の調査及び保存の沿革」, 『조선』 199, 1931. 12, 93쪽.

계의 형세에 접하게 되는 날에, 민족적 반항심이 타오르게 된다면 이는 큰일이므로 미리 일본 국민의 留意를 요한다. 이것이 대개 조선 통치의 최대 난관인데 내가 조선인의 철저한 자각을 바라는 동시에 조선 연구에 하루도 소홀히 할 수 없음을 강조하는 것도 이러한 이유 때문이다. 目前의 정치적 시설 이상으로 다시 영구적·근본적인 사업이 필요하다. 이것이 곧 조선인의 심리 연구이며 역사 연구이다. 저들의 민족정신을 어디까지나 철저히 조사하는 것이다. 그렇지 않고서 내선동화의 진실한 사업은 아직 완전하다고 말할 수 없다. …(중략)… 식민 정책의 근본은 반드시 여기에 기초를 두지 않으면 안 된다. 그러므로 나는 世人이 迂遠하다고 경시하는 학술적 조사가 절대로 필요하다고 인정하며 조사의 步武를 진행시키고자 한다.[58]

바로 조선총독부가 실시한 구관제도조사나 사료조사[59] 등은 이러한 목적 하에서 계획된 것이며, 이에 대한 결과물은 역사서 편찬이었다. 여러 차례 제도의 개혁을 거쳐, 3·1운동 이후 새로이 『조선사』 편찬의 필요성이 제기된 것이 바로 그 결과이다.

조선의 문화는 그 연원이 심히 오래되고 또한 우수한 것이 적지 않다. 그러나 정치·경제·문학·예술·풍속·가요 등이 갖고 있는 그 특색을 학술적으로 연구한 것이 없고, 수천 년에 달하는 문화 변천의 자취를 더듬어 볼 만한 사료가 없는 것이 매우 유감스러운 일이다. 그리하여 한·일이 합병되자 寺內 총독은 시정 벽두를 맞이하여 조선에 가장 적절한 시정을 베풀기 위하여 먼저 취조국을 설치하고

58 靑柳南冥, 『總督政治史論』(京城: 京城新聞社, 1928), 262~267쪽.

59 1911년에 일본인 고고학자 鳥居龍藏가 실시한 사료조사는 총독부 편찬의 교과서에 고고학의 연구 성과를 반영한다는 명목으로 실시되었지만 실제로는 새로이 식민지로 편입된 한국에 대한 민정조사의 역할을 겸하는 것이었다. 西川宏, 「日本帝國主義下における朝鮮考古學の形成」, 『조선사연구회논문집』 7, 1970, 102~103쪽.

옛 관습과 제도를 조사하게 하고 아울러 『조선사』의 편찬을 계획하였던 것이다.[60]

이후 조선총독부는 1921년 사이토 마코토(齋藤實) 총독의 발의로 조선사편찬위원회의 설치를 계획하고,[61] 1922년 12월 4일에 총독부 훈령 제64호로 「조선사편찬위원회규정朝鮮史編纂委員會規程」을 반포, 한국 역사에 조예가 깊은 한·일 학자를 뽑아 고문·위원 등에 임명하여 조선사편찬위원회를 구성하였다. 정무총감 아리요시 추이치(有吉忠一)가 위원장이 되고, 12월 28일부로 고문에 이완용李完用, 박영효朴永孝, 권중현權重顯이, 위원에는 나가노(長野) 서기관장 외에 홍희洪熹, 유맹劉猛, 어윤적魚允迪, 윤녕구尹甯求, 이능화李能和, 이병소李秉韶, 정만조鄭萬朝, 현채玄采, 이상구李商求, 이마니시 류, 이나바 이와키치(稻葉岩吉), 마쓰이(松井), 가사와바라 소죠(栢原昌三) 등 한국 역사의 전문가를 위촉하여 역사편찬사업을 시작하였다.[62]

1923년 1월 8일 사이토 총독이 참석한 가운데 제1회 조선사편찬위원회가 열렸는데, 이 자리에서 총독은 수사修史사업 개시의 필요성을 다시 한 번 역설하였다.

> 조선의 문화는 그 연원이 심히 오래되고 문예·산업 등 각자 그 특색을 발휘하고 있다. 오늘날까지의 수사사업이 볼 만한 것이 없었던 것은 아니었으나 전토에 산재하여 있는 여러 가지 많은 자료를 집대성하여 학술적 견지에서 극히 공평한 편찬을 완수하지 못하였던 것은 심히 유감스럽게 생각한다. …(중략)… 우리 총독부는 과거에도 힘써 문화 방면의 시설에 중점을 두고 옛 관습조사를 비롯하여 고

60 조선총독부조선사편수회, 『조선사편수회사업개요』, 1938(서희건, 『잃어버린 역사를 찾아서』 1, 고려원, 1986, 151쪽 부록에 수록).

61 『매일신보』, 1922. 12. 6.

62 「辭令」, 『동아일보』, 1923. 1. 10.

적조사 등 제반사업을 진행하여 왔고 이미 역사에 관한 편찬에도 진력하여 왔습니다만 이번에 또 위원회를 조직하여 새로이 계획을 세워서 수사사업을 개시하기로 하였다.[63]

수사사업은 당초 5개년(1921~1926) 사업이었으나 구로이타 가쓰미, 나이토 토라지로(內藤虎次郎)와 의논한 끝에 10개년 사업으로 확대하여 완성도를 높이기로 하였다.[64] 1927년 9월 22일부로 도쿄제대 교수인 구로이타 가쓰미와 핫토리 우노키치(服部宇之吉), 교토제대 교수 나이토 토라지로 등 세 명의 고문을 추가하여 그 조직을 강화하였는데,[65] 일찍이 고적조사위원으로 활동하고 있던 구로이타의 경우는 조선사편찬위원회 초기 단계부터 깊이 관여하였고, 핫토리는 도쿄제대 문학부장 시 경성제국대학 총장을 겸임한 사람이었다.[66] 그 외에 주목되는 인물들은 바로 대학에서 사학을 전공하고 일찍부터 조선총독부 주도의 고적조사사업에 종사하였던 이마니시 류, 오다 쇼고, 후지타 료사쿠, 이나바 이와키치 등 식민사학자들이었다.[67]

특히 이마니시 류는 일제의 한국고대사 왜곡에 이론적인 기여도가 가장 높은 인물로, 단군조선을 고려 중기 이후에 조작된 것으로 보고, 한사군 중 진번군의 위치를 충청도·전라도 지방에 비정하는 등 한국사의 타율적 성격을 밝히는 데 주력하였다.[68] 임나일본부의 존재와 진구황후(神功皇后)의 신라 정벌 이후 백제와 임나는 형제가 되어 일본 천황을 군부君父로 받들었고 백제에도 임나처럼 일본 조정의 직할지가 있었다고 주장하며, 고대 일본

63 서희건, 앞의 책, 159쪽.
64 서희건, 앞의 책, 160쪽.
65 서희건, 앞의 책, 173쪽.
66 조선총독부, 『朝鮮功勞者銘感』, 1935, 30쪽.
67 이순자, 앞의 글, 93~96쪽, 〈표 3-14〉 조선사편찬위원회 관련자 명단 참고.
68 김성민, 「조선사편수회의 조직과 운용」, 국민대학교 국사학과 석사학위논문, 1987, 50쪽.

과 한반도와의 관계사는 실로 백제 복속사였다고 단정하여 백제사 왜곡에 주력한 인물[69]로서 이러한 논리를 증명코자 고적조사사업에 적극 참여하였다. 편수회 고문인 구로이타 가쓰미는 역사 연구의 방법으로서 문헌 사료뿐만 아니라 사적史蹟을 중요시하였는데, 일찍부터 한국의 고적조사사업에 깊이 관여하였고, 고적조사위원으로도 활발하게 활동하였던 인물이다. 특히 가야·경주 등의 고적발굴에 참여하면서, 이를 통하여 『일본서기』의 한국 관계 기사인 임나일본부와 유적의 상관성을 밝히려는 연구에 주력하였다.[70] 이나바 이와키치는 『조선사』 편찬의 실무책임자로서, 1897년 외국어학교에서 중국어를 습득하고 1900년에 중국에서 유학한 중국통이었다. 1908년부터 만철조사실에서 만주사를 연구하기 시작하였으며, 1915~1922년까지 육군참모본부와 육군대학에서 동양사를 강의하던 중 나이토 토라지로의 소개로 『조선사』 편찬에 참여하였다.[71] 그는 한국이 반도로서 일본과 중국의 양국 사이에서 항상 힘이 있는 나라의 지배를 받아 왔으며, 한국이 중국의 세력권에 있을 때에도 반도의 북방은 중국풍에, 남방은 일본풍에 혼요混淆되어 있어 한국사 자체의 독자적인 성격은 있을 수 없다는 이른바 타율성론, 그 가운데서도 만선사관을 주장한 대표적인 학자였다.[72]

따라서 일찍이 고적조사사업에 참여하여 각 지역을 조사하고 이를 보고서로 정리하였던 고적조사위원들은 『조선사』 편찬에도 적극 참여하여, 고적조사사업을 통해 증명하고자 하였던 식민사관의 타율성론을 곧바로 사서 편찬에 반영하였던 것이다. 따라서 일제의 고적조사사업과 역사편찬사업은

69 최재석, 「今西龍의 한국고대사론 비판」, 『한국고대사회사방법론』 (일지사, 1990), 78~95쪽 참고.

70 이성시, 「黑板勝美를 통해본 식민지와 역사학」, 『만들어진 고대』, 박경희 옮김 (삼인, 2001), 209~227쪽 참고.

71 동아동문회 엮음, 『續對支回顧錄 一下』 (原書房, 1973), 757~763쪽; 김성민, 앞의 글, 48쪽에서 재인용.

72 黑板勝美, 「南鮮史蹟의 踏査」, 『매일신보』, 1915. 7. 29~8. 17; 旗田巍, 『일본인의 한국관』, 이기동 옮김 (일조각, 1985), 130~136쪽.

식민지 한국에서 식민사관을 확고히 하기 위한 목적으로 실시한 '따로 또 같이' 사업이었다.

이러한 고적조사위원회는 총독부로부터 고적조사비를 받아 조사·보존·등록·출판 등의 사업을 실시하였는데,[73] 조사는 일반 조사·특별 조사·임시 조사로 나누었으며, 일반 조사는 조선 전체에 걸쳐 각 도·군마다 개괄적으로 유적·유물을 조사하고 그 소재지, 현상, 시대, 성질, 보존의 가부可否를 조사하여 보고하도록 하였으나 시간과 인력·경비 문제로 많은 어려움을 겪었다. 특별 조사는 특별히 중요한 유적의 조사로 유적의 발굴, 패총의 발굴, 사지·성지의 측량을 주로 하였고, 임시 조사는 새로이 발굴한 유물의 실지 검증, 발굴 조사 등으로 고분의 자연 붕괴 또는 도굴 발견에 의한 것이 많았다. 조사 시에는 상세도와 사진을 첨부하여 보고서를 제출할 의무가 있었으며, 조사자의 임무는 주로 고적조사위원이 맡고, 때로는 박물관 직원도 독립 조사를 하도록 하였다.[74] 이처럼 고적조사위원회가 발족된 이후 고적조사사업은 계획을 세우고 조사 범위를 정하여 이를 토대로 사업을 수행하였는데 이전의 몇몇 관련자들의 주요 관심에 의한 조사보다 조사 범위가 확대되어[75] 구체적이고 본격적인 조사사업이 실시되었다.

73 藤田亮策, 앞의 글, 96~97쪽.

74 藤田亮策, 앞의 글, 97쪽.

75 조선총독부, 『大正五年度朝鮮古蹟調査報告』, 1922, 1~3쪽 참고.

조사 범위	선사유적	패총, 유물포함층, 유물산포지, 수혈과 기타 선사시대 유적의 조사와 유물의 수집
	고적	고려시대 이전에 속한 분묘의 조사와 유물 수집, 조선 중기 이전 주요 분묘의 형태 조사
	사적	도성, 궁전, 성책, 관문, 교통로, 驛站, 봉수, 官府, 祠宇, 壇廟, 사찰, 도요지 등의 유지, 전적 기타 주요한 사실에 관련된 유적의 조사와 유물 수집
	고건축물	역사상 또는 공예상 참고할 만한 궁전, 성문, 樓臺, 祠宇, 壇廟, 客官, 校舍, 사찰, 교량 등 조사
	금석과 기타 고고물	불상, 탑, 등, 비, 석각, 당간, 석수, 석인, 석조, 종, 향로, 경, 제기, 악기, 회화, 册板, 懸額, 도자기, 칠기 기타 역사상 또는 공예상 참고가 될 만한 금석제작물, 목제품 등의 조사 또는 수집
	고문서	역시 기타 攷事의 자료가 되는 고문서의 조사와 수집

3) 고적조사 5개년 사업의 실시

일제는 1916년부터 고적조사 5개년 사업을 통해 고적조사사업을 본격적으로 진행하였다.

> 조사는 반도 전체의 유적 및 유물의 겨우 일부에 지나지 않아 금후에 조사를 할 만한 것이 극히 많이 있다. 그런데 근년에 토지의 이용이 왕성한 반면 각지의 유적은 날로 함께 훼손되어 가는 경향이 있고, 또 유물의 가치도 점차 세인에게 알려지게 됨으로 인해 종래 그 취체를 엄하게 함에 구애받지 않고 몰래 이를 도굴하니 대략 이를 도굴하여 파는 자가 오늘날 오히려 자취가 끊이지 않는다. 이와 같은 상태로 지나쳐 버린 귀중한 유적 및 유물은 점차 망실하고 다시 이것을 조사 보존하지 못함으로써 이에 속히 조사를 수행하여 보존의 방법을 정할 필요가 있다고 인식되며, 금번에 새로이 근본적 계획을 세워 대략 금후 수년에 걸쳐 조선 전토에 걸친 세밀한 조사를 수행하고, 이로써 반도 古來의 유적 및 유물을 천명하고 동시에 이의 보존 방침을 확립하도록 한다.[76]

먼저 세키노 다다시에 의한 이전 조사의 한계를 인식하고 시작한 고적조사 제1차 연도인 1916년의 사업은 황해도 고분 64기, 평안남도 고분 186기, 평안북도 고분 50기 등 먼저 한사군 및 고구려 시대의 고분을 조사하고, 조사 과정에서 새로이 조사가 필요한 것이 생기면 추가하여 조사하도록 하였다.[77] 일제가 이 지역 유물·유적에 우선적인 관심을 갖게 된 이유에 대해 세키노는 다음과 같이 설명하였다.

---

76 兒玉秀雄, 「古蹟調查事業」, 『조선휘보』, 1916. 8, 1쪽.

77 조선총독부, 「大正五年度朝鮮古蹟調查槪要」, 『大正五年度朝鮮古蹟調查報告』, 1917, 15~16쪽.

조선은 북으로 압록강을 사이로 만주와 접하고 서로 황해를 사이에 두고 蘇浙 지방과 맞닿아 있기에 중국과 왕래가 쉬워 일찍부터 그들의 문화를 수입하였고 미술·공예는 그 영향을 받아 발전하였다. 또 남으로는 對馬, 臺岐를 통하여 九州와의 교통이 일찍부터 열리어 …(중략)… 일면으로는 중국으로부터 받은 문화를 일본에 수출하였고, 또한 다소 일본의 감화도 입었다. 이처럼 조선은 예로부터 중국문화의 은혜를 입었고 역대로 그 침략을 받아서 항상 그에 복속하기에 이르렀다. 또한 때때로 일본의 공격을 받기도 했다. 어떻든 국가로서 영토가 협소하고 인민이 적어 중국이나 일본에 대항하여 완전히 독립국을 형성할 실력이 없으므로 자연 사대주의와 퇴영 고식주의에 빠져 국민의 원기도 차츰 닳아 없어지기에 이르렀다.[78]

즉, 1916년도 고적조사의 방침은 고조선의 역사를 부정하고 한반도의 역사를 한사군에서 시작하여 북으로는 중국, 남으로는 일본의 영향을 받은 역사로 규정하고자 하였다. 조사는 일반 조사와 특별 조사로 구분하였는데, 일반 조사 지역은 한사군 및 고구려 지역과, 역사 이전 유적과 유물을 보기 위한 황해도, 평안도, 경기도, 충청도 등이었으며, 조사 기간은 1916년 8월부터 1917년 3월까지였다. 이처럼 한반도의 역사를 고고학적으로 해명하려는 고적조사 5개년 사업의 첫 조사 대상지를 한사군으로 시작한 것은 고적조사를 통하여 한국 역사의 외인론적外因論的이고 타율적他律的인 측면을 강조하여 일제의 한국 침략과 지배를 역사적으로 정당화·합리화하는 일제의 식민통치 논리를 증명코자 함이었다.

당시 조사위원으로는 세키노 다다시, 구로이타 가쓰미, 이마니시 류, 도리이 류조의 4명에 보조로서 촉탁인 야쓰이 세이이치, 구리야마 슌이치 2명, 제

78 關野貞, 『朝鮮の建築と藝術』(岩波書店, 1941), 4~5쪽.

도 · 사진 등을 위한 박물관 직원 4명(小場恒吉, 野守健, 小川敬吉, 澤俊一)이 분속 동행하였고, 또 토목국 영선과 기수 1명, 평남도청 기수 1명을 보조로 두었다.[79] 조사는 조사위원을 중심으로 네 팀으로 나누어 팀별로 진행하였다.[80] 특히 세키노 팀이 조사한 낙랑군 지역인 평남 대동군, 용강군, 순천군, 대동강면 고적군, 정백리 · 석암리에 있는 10기의 고분(정백리 1호 · 2호 · 3호(小場), 151호 · 153호(野守), 석암리 6호(栗山, 野守), 9호 · 99호 · 120호 · 253호(小川))[81] 가운데 석암리 9호분에서는 순금제교구(純金製鉸具, 국보 89호), 거섭居攝 3년명의 칠반漆盤을 비롯한 막대한 유물이 발견되어 조사자들을 놀라게 했다.[82]

당시 '낙랑고분에 순금보화가 무더기로 묻혀 있다'는 소문이 국내는 물론 일본인들 사이에 나돌면서 고려자기를 도굴하던 도굴꾼들이 대거 평양 일대로 몰려들었으며, "평양 부내에는 갑자기 낙랑열이 전염병처럼 만연하여 낙랑의 명성은 천하에 떨쳐 퍼지게 되어"[83] 낙랑고분의 대난굴 시대가 시작되었다. 이에 세키노 다다시는 조선총독부에서 속히 적당한 조사 방침을 취해 줄 것을 요청하기도 하였다.[84]

고적조사 5개년 사업의 제2차 연도인 1917년(다이쇼 6)의 조사 지역은 전년도의 남은 부분과 함께 1차 연도와는 달리 삼한 · 가야 · 백제 지역인 남부 지역에 집중되었다.[85] 참여한 조사위원은 구로이타 가쓰미, 세키노 다다시, 이마니시 류, 도리이 류조, 야쓰이 세이이치 5인으로, 그 외 기술이나 실무 업무를 담당하는 조사원들이 확충되었다. 조사위원을 팀장으로 하여 팀별

79 조선총독부, 앞의 글, 15~16쪽.

80 조선총독부, 앞의 글, 17쪽.

81 오영찬, 「국립중앙박물관 소장 낙랑고분 자료와 연구 현황」, 『낙랑군 연구』 (사계절, 2006), 275~276쪽 참고.

82 八田蒼明, 『樂浪と傳說の平壤』, 평양연구소, 1934, 8쪽.

83 八田蒼明, 위의 책, 8쪽.

84 關野貞, 앞의 책, 256쪽.

85 조선총독부, 「大正六年度朝鮮古蹟調查計劃」, 『大正六年度朝鮮古蹟調查報告』, 1920, 1~6쪽.

로 조사를 실시하였는데, 구로이타와 이마니시는 가야유적, 도리이는 경상도의 석기시대유적, 야쓰이(野守健, 小川敬吉, 小場恒吉)는 한사군과 백제의 유적, 세키노는 고구려유적을 조사하였다. 특히 1917년에는 야쓰이 세이이치가 고분내의 사신도와 연화문 벽화를 소개하여 학계는 물론 도굴꾼들의 주목을 받았는데, 당시 야쓰이는 "이 지방의 고분들은 일찍이 당나라 병사들이 철저하게 도굴하여 유물의 잔존이 극히 드물다"[86]고 하여 일본인들의 만행을 은폐하려 하였다.

특별 조사의 경우는 1차 연도에 특별조사 대상지였던 나주 반남면 고분(전라남도 나주군: 조사원 1인, 제도사진원 2인: 15일간)에 관심을 모았는데 "옹관은 당시 내지의 北九州 옹관과 유사하여 출토품에서 일선관계의 고고학상 관련이 흥미를 갖게 된다"[87]면서 이른바 그들이 주장하는 일선동조론日鮮同祖論의 증거로 삼으려 했다. 특히 가야 및 신라 고분군이 무수히 널려있는 낙동강 하류와 경주 지역은 일찍부터 일본인들이 경제적인 이유뿐만 아니라 식민사관의 논리를 확충하기 위해서도 주목한 지역이었다. 창령·고령·함안·김해·성주·선산 등지에서 수많은 가야고분들이 일본인들에 의하여 이른바 '임나일본부설'의 물증을 찾기 위해 마구잡이식으로 발굴됨으로써 도굴꾼들에 의해 무참히 유린 및 파괴되었고, 발견된 부장품은 대부분 반출되었다.[88]

1918년(다이쇼 7) 제3차 연도 고적조사사업은 전년도와는 달리 구로이타 가쓰미, 하라다 요시히토, 하마다 고사쿠, 야쓰이 세이이치의 4개 팀[89]에 의

---

86 谷井濟一, 「扶餘郡陵山里 古墳調査報告」, 조선총독부, 『大正六年度朝鮮古蹟調査報告』, 1920, 628쪽.

87 梅原末治, 「日韓併合の期間に行なわれた半島の古蹟調査と保存事業たすさわちつた一考古學徒の回想錄」, 『조선학보』 51, 1969, 104쪽.

88 「진주고분조사」, 『매일신보』, 1913. 9. 3.

89 1918~1919년 고적조사에서 關野貞의 이름은 빠져 있는데 이는 그가 1918년 2월 문부성의 명령에 의해 유럽으로 유학을 떠났기 때문이다. 조선을 거쳐 중국 동북 지방으로 들어가 중국에

한 일반 조사를 실시하였다. 조사 지역은 전년도 조사 대상지인 삼한·가야·백제의 유적 가운데 잔여 지역의 조사를 마침과 동시에 해당 연도에 속한 신라의 유적, 그 지역에 남아 있는 선사유적 및 조선시대 유적이었다.[90] 교토대학의 하마다 고사쿠와 우메하라 스에지(梅原末治),[91] 그리고 도쿄대학의 하라다 요시히토[92] 등이 가세하여 하마다와 우메하라는 가야 지역 발굴 조사에, 하라다는 경주 일대를 중심으로 신라고분(보문리 적석총) 발굴에 집중하였다. 구로이타 가쓰미는 중국 봉천성 집안현과 함남 함흥군을, 야쓰이 세이이치는 황해도 봉산·황주와 경남 함안, 전남 나주를 조사하였다.[93] 야쓰이의 유적발굴은 여러 곳이 동시에 진행되면서 엄청난 부장품이 출현되었고, 이에 출토품의 정리와 보고서 작성 작업이 지연되었다. 그중에서도 1917년부터 1919년까지 진행한 전남 나주군 반남면 고분군의 조사와 1918년 겨울부터 1919년까지 진행한 경남 창령군 고분의 발굴 조사 결과는 100기 이상의 고분으로 그 규모나 출토품이 특히 많았다. 그러나 야쓰이는 1921년 한국을 떠나면서 그 막대한 출토품을 1928년 도쿄제실박물관(현 도쿄국립박물관) 역사부에 출품하였다.[94]

당시 발굴 상황을 보면 얼마나 수집에만 열중하여 서둘러 마무리하였는지 알 수 있는데, 성산 제1·2·6호분, 지산동 제1·2·3호분, 창령군 교동 제21호분(도굴분), 교동 제31호분 등의 발굴 과정에서 도굴분은 예외로 치더라

서 약 7개월에 걸쳐 조사를 한 후 10월 상해에서 인도로 향했다. 高橋潔 外, 「關野貞の朝鮮古蹟調査」, 『조선학보』 51, 1969, 245쪽.

90 「古蹟調査の狀況」, 『조선휘보』, 1918. 11, 90쪽; 조선총독부, 『大正七年度朝鮮古蹟調査報告』 1, 1922.

91 濱田耕作 · 梅原末治, 「慶尚北道 · 慶尚南道 古墳調査報告」, 조선총독부, 『大正七年度朝鮮古蹟調査報告』 1, 1922.

92 原田淑人, 「原田委員報告」, 조선총독부, 『大正七年度朝鮮古蹟調査報告』 1, 1922.

93 「古蹟調査の狀況」, 『조선휘보』, 1918. 11, 90~91쪽.

94 梅原末治, 『朝鮮古代の文化』 (圖書刊行會, 1972), 11쪽.

도 완전한 미공개분을 발굴하면서 대개 2~3일만에 졸속으로 조사를 진행하였다. 그나마 이러한 경우도 보고서 발간의 중요성을 강조하고 발굴에 신중을 기했다고 하는 하마다나 우메하라에 의해 이루어진 것으로,[95] 그 외의 경우는 얼마나 마구잡이식으로 발굴이 이루어졌을지 짐작조차 어렵다.

3·1운동으로 한국 내 사정이 여의치 않아 1919년 제4차 연도 고적조사는 신라의 유적·유물을 중심으로 일부 진행하였으며, 1920년에는 10월에 조선총독부박물관 촉탁 임한조林漢韶 등이 경남·평남 등 각지를 조사한 후, 조선총독부 고적조사 사무촉탁 우메하라 스에지와 조선총독부 고적조사위원 하마다 고사쿠가 경남 김해군 김해패총의 조사를 실시하였다. 일찍이 이마니시 류가 1907년 8월에 발견하였고, 도리이 류조에 의해 1914년과 1917년 일부가 발굴되었던 김해패총 유적은 당시 보고에 의하면 금석병용기시대에 해당하는 유적으로, 출토유물 가운데 중국에서 들여온 것들이 다수 포함되어 있어 고대 중국문화의 영향을 받은 것으로 정리되었다.[96] 이외에도 가야 지역의 대표적 고분인 양산부부총이 1920년에 발굴되었는데(1920. 11. 13~25), 발굴자들은 출토유물인 금동보관을 비롯한 장신구류, 토기류 등 340여 점 일체를 모두 일본으로 가져가 도쿄제실박물관에 '조선총독부 기증품'으로 보관하였다.[97] 이외에도 현재 도쿄국립박물관에 소장되어 있는 가야토기 및 도기의 일부는 개인 소장자들에 의한 기증품으로, 발굴된 유물들 가운데 일부는 도쿠가와 요리사다(德川頼貞), 나이토 슌포(内藤雋輔) 등 개인 소장가들에게 매매 혹은 반출되었던 것으로 보인다.[98]

---

95 "창녕 교동의 발굴분을 선정하고 그 실시를 통해 조사는 과로한 상태에서 해서는 안 된다는 것을 여실히 실감하게 되었다." 梅原末治, 「日韓併合の期間に行なわれた半島の古蹟調査と保存事業にたずさわた一考古學徒の回想錄」, 『조선학보』 51, 1969, 102쪽.

96 梅原末治·濱田耕作, 「金海貝塚發掘調查報告」, 『大正九年度朝鮮古蹟調查報告』 1, 1923, 47쪽.

97 문화재관리국, 『해외소재한국문화재목록』, 1986, 21~29쪽.

98 東京國立博物館, 『東京國立博物館 圖板目錄』, 2004; 문화재관리국, 위의 책; 이순자, 앞의 글, 86~87쪽, 〈표 3-13〉 동경국립박물관 소장 가야 토기, 도기 목록 참고.

이와 같이 일제는 식민통치의 정당화 논리로 만들어 낸 이른바 '임나일본부'설에 대한 학문적 뒷받침이 될 만한 증거를 찾고자 가야 지역 고분발굴에 주력하였다. 그러나 무작위로 파헤쳐진 고분들에서 '임나일본부'설을 입증할 만한 적당한 유물은 발굴되지 않았다. 대부분의 고분들은 발굴이라는 명분하에 도굴되었고, 그 과정에서 출토된 유물들 또한 일본으로 반출되었다. 학자들의 전면적인 발굴 조사에 의한 고분의 파괴와 도굴꾼 및 도굴품 수집가들에 의해 가야고분은 완전히 황폐해졌다. 그리고 무작위로 파헤쳐진 발굴 유적의 수가 늘어나자 대부분은 보고서도 제대로 작성하지 않은 채 방치해 버림으로써 유물에 대한 훼손 및 산일의 피해 양상을 드러내었다.

요컨대 조선총독부 고적조사위원회의 5개년 고적조사사업은 실제로 일반·특별·임시 조사 등 조사사업의 계획을 미리 세워 놓고 세키노 다다시, 구로이타 가쓰미, 이마니시 류, 도리이 류조, 우메하라 스에지, 하마다 고사쿠 등 고적조사위원 가운데 최소 인원을 팀 책임자로 하고 실무자 한두 명을 동행케 하였다. 또한 짧은 기간 내에 고적조사를 실시함으로써, 최소한의 경비와 인력·시간을 들여 조선총독부가 의도한 대로 한국의 고적조사사업을 진행하였다. 한사군(낙랑)·고구려·신라·임나(가야) 및 백제의 고도 인 평양·경주·가야·부여 지역을 집중적으로 조사함으로써 그들의 식민통치 논리를 증명하는 실증적 자료를 모으는 일에 역점을 두는 등 학술적·정치적 목적까지 포함한 사업이었다. 그리고 그렇게 수집된 유물은 조사 연구라는 명분하에 일본으로 유출되었다. 고적조사위원회 5개년 고적조사사업은 출판사업으로 마무리되었다. 조선총독부는 고적조사 후 보고서와 함께 『조선고적도보』 전 15권을 발행하였는데, 그 가운데 제1책에서 제5책은 한국 문화가 역사 이래로 중국 및 일본과 관련성이 있음을 널리 세계에 알리려는 목적에서 일본어와 영어로 동시에 기록되었다.

4. 고적조사사업의 정치적 표상, 박물관 설립

박물관은 유물의 수집과 정리, 그리고 전시를 주요 기능으로 한다. 이때 전시 공간에서는 공간을 구성한 사람과 관람자들 사이에서 무언의 소통이 이루어진다. 전시는 보이기 위한 기술이며, 전시 공간은 정보 전달의 장소로서 전시물을 통해 보여주고자 하는 의도를 관람자에게 전달하기 위한 목적을 포함하고 있다. 즉 관람자는 전시 공간 속에서 정해진 의도에 따라 시각적인 경험을 하게 된다. 일제는 고적조사와 박물관사업이라는, 국가가 실시한 구미의 정책을 그대로 한국에 도입하였다. 특히 그들이 내세우는 일선동조론과 한국사의 타율성론을 유물이라는 '과학적 증거'에 의해 대중들에게 선전하는 공간으로서, 그리고 고적보존사업의 일환으로서 박물관 설립을 계획하였다. 일제는 고적조사를 통해 수집한 유물을 '보존'이라는 명분하에 경성에서는 조선총독부박물관, 역사 고도古都인 지방에서는 조선총독부박물관 분관 혹은 부립박물관의 전시 공간 속에서 재구성하였다.

조선총독부가 주관하여 설립한 '근대적인' 기능을 갖춘 본격적인 박물관은 1915년에 설립한 경성의 조선총독부박물관이 처음이다. 구로이타 가쓰미는 1912년경에 '국립박물관'에 대한 구상을 발표하였다.

> 박물관에 잡동사니나 물품을 모아서 진열하는 시대가 아니며, 그런 진열에 만족하지 말고 어떻게 하면 의미 있는 박물관을 만들 수 있을까를 연구해야 한다. 그리고 박물관과 더불어 사적 보존이 이루어지지 않으면 그 효과는 반 이상을 잃게 되므로 유럽 여러 나라에서는 이를 병행하지 않은 곳이 없으며, 따라서 '국립박물관'이 그 사무를 감독해야 하며 각지의 소 박물관을 비롯해 사적 유물의 보관을 담당하는 곳이 필요하다.[99]

99 黑板勝美, 「博物館について」, 『虛心文集』 4 (吉川弘文館, 1939), 481~487쪽(원재: 『東京朝日

1918년에 다시 "고분 발굴이나 그 발굴품의 처리 또한 국립박물관이 관장해야 한다. 따라서 경주는 국립박물관이 나서서 고분 등의 조사를 담당해야 한다"고 했으며, "사적 보존 또한 국립박물관 임무의 하나"라고 강조하면서 "요컨대 박물관 업무와 고적조사 및 보존 관리가 국립박물관이라는 하나의 기관에서 이루어져야 함"[100]을 역설하였다. 즉 고적조사와 박물관사업의 긴밀한 연관을 거듭 강조하였던 것이다.

1915년 조선총독부는 시정 5년을 기념하는 조선물산공진회를 경복궁에서 거행하였고, 공진회 행사를 마치자 1915년 11월 고시 제296호로 「조선총독부박물관 설치의 건」[101]을 공포, 그해 12월 1일 미술관이었던 건물의 명칭을 조선총독부박물관으로 바꾸어 그대로 개관하였다.[102] 이는 바로 공진회 당시부터 계획한 일이었기에 단시일에 가능한 변화였다.

조선총독부박물관은 설립 당시부터 하나의 독립된 '문화기관'이 아니라 조선총독부가 직접 관여하는 일종의 '행정기관'으로 유지되었다.[103] 당시 조선총독부박물관의 경영 방침은 한국의 옛 유물을 수집하여 그 근원을 밝히는 것과 공예미술의 특질을 널리 알리는 것이었다. 박물관 설립 이후 업무 전담기구가 학무국 종교과, 사회과, 사회교육과로 바뀌었음에도 불구하고 업무는 지속되었는데, 이것은 그 업무에 대한 주요 역할을 담당하는 기구가 따로 마련되어 있었기에 가능했다고 생각한다. 즉 조선총독부는 박물관협의회와 고적조사위원회 촉탁제도를 활용하여 조선총독부박물관을 운영하였으며,[104] 조선총독부 산하 기구는 이들과 관련하여 행정적인 업무만을 담

新聞』, 1912년 가을).

100 黑板勝美, 「國立博物館について」, 『虛心文集』 4, 516쪽(원재: 『新公論』 33-15, 1918. 5).

101 조선총독부, 『朝鮮法令輯覽 一下』, 1916, 137쪽.

102 「朝鮮共進會美術館の一瞥」, 『考古學雜誌』 6-3, 1915. 11. 5, 64쪽.

103 이순자, 앞의 글, 180쪽.

104 목수현, 「일제하 박물관의 형성과 그 의미」, 서울대학교 석사학위논문, 2000, 53~54쪽.

당한 것으로 보인다.[105]

자료가 남아 있는 1922년부터 1939년까지 보이는 박물관협의회 협의원은 십여 명 내외인데, 이 시기 두 기관의 인적 구성을 보면 박물관협의회와 고적조사위원회의 인물이 상당수 중복되었다.[106] 특히 박물관협의회와 고적조사위원회가 같이 존속한 1922년부터 1939년(1933년에 조선보물고적명승천연기념물보존회가 설립되면서 이 기관이 대체)까지 두 기구에 지속적으로 참여한 인물은 구로이타 가쓰미, 오바 츠네키치, 후지타 료사쿠, 하마다 고사쿠, 오다 쇼고, 도리이 류조, 아유가이 후사노신(鮎貝房之進), 이마니시 류(1932년 사망), 세키노 다다시(1935년 사망), 쓰에마츠 유히코(末松雄彦) 등이다. 이 가운데 구로이타 가쓰미는 1912년부터 고적 보존에 대해 제언하여 1916년 식민지에서 「보존규칙」을 실험적으로 실시하게 하였는데, 이는 1919년에 일본에서 공포된 「사적명승천연기념물법」보다 3년이나 먼저 실시한 것이었다고 한다.[107] 그는 일본에서도 문화재의 보존 관리에 대해 가장 먼저 그리고 많은 제언을 하였는데, 식민지 한국에서 먼저 실시하고 나서 일본에서 실행하였으며, 나아가 태평양전쟁 패전 후 일본의 문화재보호법에도 활용하였다.[108] 또한 세키노 다다시가 실시하던 고적조사와 도리이 류조가 실시하던 사료조사를 박물관에서 통합하되, 한국의 고적조사를 일본 학자들이 아닌 조선총독부에서 주관하고 그 소속기관인 박물관이 하도록 하여 "최초의 통일적 문화행정"[109]을 발의하기도 하였다.

그런데 구로이타의 "그 땅의 것은 그 땅으로"라는 현지주의를 한국과 한

---

105 이순자, 앞의 글, 181~182쪽.

106 이순자, 앞의 글, 184~189쪽, 〈표 5-4〉 박물관협의회와 고적조사위원회 위원 명단 참고.

107 이성시, 「黑板勝美를 통해 본 식민지와 역사학」, 『한국문화』 23, 1999. 6. 참조; 이성시, 『만들어진 고대』, 박경희 옮김 (삼인, 2001), 209~229쪽에 재수록.

108 이성시, 위의 책, 221쪽.

109 藤田亮策, 「朝鮮古蹟調査」, 『古文化の保存と研究』, 黑板博士記念會, 1953, 325~358쪽 참조.

국인에게 영원히 자랑할 만한 문화 정책이었다고 말하는 경우도 있으나,[110] 이는 달리 생각해 볼 수 있다. 제국주의자들은 유적의 복원을 통해, 식민지 국가의 유적 건설자와 당대 식민지 주민이 서로 같은 종족이 아니라는 생각을 갖게 하고자 했다. 유적을 복원하여 주변 시설과 함께 설치함으로써 식민지 주민에게 그들 자신이 더이상 어떤 위업을 이룰 능력 또한 자치 능력을 잃어버린 존재임을 알리기 위해 식민지에서 발굴된 유적이나 유물을 식민지 현지에 두려고 했던 것이다.[111] 그리고 대형 고적도보나 고적조사보고서를 발간함으로써 그 업적을 무수히 복제하였다. 이는 일본의 힘을 나타내는 또 하나의 방편으로 유적과 유물을 극히 정치적으로 이용하였던 것이다.

당시 한국을 지배하고 있던 일제는 '자기'를 중심으로 근대사회를 만들어 가려 했기에, 자기와 타자의 관계에서 타자를 표현할 수 있는 권리를 식민지의 권력 범주 안에 있던 사람들이 장악함으로써 결국은 식민지 '문화'에 대한 조사 및 서술 그 자체도 '식민지적'이었음을 나타내고자 하였다.[112] 즉 박물관을 조선총독부 관할 아래에 두어 조선총독부가 의도하는 '역사 만들기'의 실질적 표현기관으로 적극 활용하였고, 고적조사를 통해 수집한 유물들을 자신들의 정치적 의도에 따라 재구성하는 일을 박물관 전시 공간에서 나타내려 하였다.

따라서 조선총독부박물관은 일찍부터 실시한 고적 조사 및 발굴·도굴로 드러난 유물을 수집·구입·기증이라는 방법을 통해 박물관에 모아 그들의 역사의식에 따라 진열하였다. 그런데 박물관의 예산 관련 내용을 보면, 1921년의 경우 총 예산 35,784원 가운데 진열품비가 10,000원이었다. 그러

110 藤田亮策, 앞의 글 참조.

111 B. Anderson, *Imagined Communities-Reflections on the Origin and Spread of Nationalism* (London: Verso, 1991), p. 306; 이성시, 앞의 책, 223쪽에서 재인용.

112 김진균 · 정근식 편저, 『근대 주체와 식민지 규율권력』(문화과학사, 1997) 참고.

나 이는 주로 박물관 진열품의 물적 설비를 위한 비용으로, 예산에서 진열품을 구입하는 경우는 드물었다.[113] 대부분의 진열품은 고적조사에서 수집한 유물을 기본으로 하여 서화·문서 등 구입품 및 매장물로 국고에 귀속된 것과 아울러 개인 또는 사사 등에서 기부 받은 것으로,[114] 이는 해마다 증가하였다.[115]

조선총독부박물관 본관은 2층 6실로, 진열품은 "종래 조선총독부에서 실시한 고적조사로부터 발굴 또는 수집한 것으로 出所 및 性質이 가장 확실한 것을 주로 하며, 이것은 조선총독부 회계과로부터의 인계품, 산림과의 인계품, 일반 기증품 및 개인 기증품 및 구입품"[116]으로 구성하였다. 이 가운데는 인력 부족으로 미처 정리하지 못하고 다만 입수순으로 물품대장에 번호만을 붙여 종류별로 분류한 것도 있다. 그중 진열관에 진열한 것은 극히 일부이며, 대부분은 창고에 보관하면서 보여주고 싶은 유물들만을 선별하여 전시하였는데, 각 시대 유물에 대한 설명에 그들의 의도가 잘 드러나 있다.

진열품 가운데 西鮮 지방의 낙랑군·대방군 등의 유물은 중국 한대 및 삼국의 예술을 알리고, 문화 변천의 실마리를 풀 수 있는 유일무이한 적확한 사료이며,

---

113 島田屬, 『朝鮮總督府博物館二關スル調査』, 1924, 27~31쪽.

114 조선총독부, 『朝鮮法令輯覽追錄』, 1917, 8~9쪽. 조선총독부는 1917년 4월 총독부 고시 제90호로 「조선총독부박물관진열품기탁심득」을 공포하여 유물을 기증하고자 하는 사람은 서면으로 물품의 명칭, 개수, 형상, 치수, 중량, 가격, 전래 기타 참고할 사항을 기재하여 제출하도록 하였다.

115 위의 책, 8~9쪽. 『조선총독부시정연보』에 의하면 조선총독부박물관 진열 유물 총 수는 다음과 같다.

연도	1921	1922	1923	1924	1925	1926	1927	1928	1929	1930
진열 유물 수	8,400	8,600	9,700	9,894	9,894	10,221	10,394	10,736	11,908	12,329
연도	1931 · 32	1933	1934	1935	1936	1937	1938	1939	1940	1941
진열 유물 수	12,983	13,263	13,375	13,375	13,861	13,946	14,157	14,413	14,625	14,704

116 島田屬, 위의 책, 15~16쪽.

신라·백제·임나 지방의 유물은 남선 지방과 내지(일본) 방면과 고대에 밀접한 관계를 알게 하는 자료이다. 또 고구려 및 백제 고분 내에서는 동양 최고의 彩筆, 회화된 벽화는 이를 모사하여 진열하고, 고려·조선 양 시대 각종 도자기·칠기 등은 조선 미술공예의 조잡함을 보여주는 것이다. 특히 수정전에 진열된 大谷光瑞師 서역탐험대에서 수집한 것은 세계적으로 알려진 귀중한 학술 연구 자료이다.[117]

즉 삼국시대를 설명하면서는 "특히 大和 朝廷의 통치하에 있던 가야(임나)가 신라와 백제의 중간에 있어 실제로는 이상의 삼국과 일본을 대표하는 가야와의 사국대립시대"[118]라고 설명하며, "가야는 大和 조정의 보호하에 신라·백제의 공격을 면하였고, 형태가 아름다운 구옥·이식·마구·무기 등 일본 고분에서 출토된 것과 동일한 것이 많으며, 특히 대화 민족의 특색을 나타내는 구옥이 임나·신라 유적에서 다수 발견"[119]되었다고 설명하였다. 고려시대에 대해서는 "유일한 유적인 고분은 고려소와 기타 유물을 얻기 위해 전부 도굴·소멸되어, 이 전시실에 있는 유물도 학술적 조사를 거친 것이 적어 유감이다"[120]라고 하여 고려고분 도굴 상황의 심각성도 지적하였다.

이처럼 조선총독부박물관은 일찍부터 한국의 문화가 중국과 일본의 영향을 받아 왔다는 식민사관의 타율성론을 실질적으로 입증하는 공간으로서의 역할을 담당하였다. 석기시대와 금속병용기시대 전시관에 '중국과 일본을 연결하는 중간자로서의 한국의 유물'을 전시하였고, 평양 부근에서 발견된

117 「朝鮮の博物館と陳列館 (1)」, 『조선』, 1938. 6, 95~96쪽.

118 조선총독부, 「조선총독부박물관」, 『박물관보』 1-1, 1926. 4, 6쪽.

119 조선총독부, 위의 글, 8쪽.

120 조선총독부, 위의 글, 9쪽.

낙랑의 유물은 고대 한국이 중국 한나라로부터 받은 문화적 영향을 증명하기 위한 것이었으며, 한반도 남쪽의 신라·백제·임나가야의 유물을 비교함으로써 일본의 고대문화와 한반도 남부 문화와의 연관성을 증명하고자 하였다. 이러한 설명 방식은 일제가 조선사편찬위원회를 조직하여 '문화 정책'의 하나로 총력을 기울여 편찬한 『조선사』의 역사 인식과 맥을 같이하는 것이다. 이는 한국이 고대부터 중국이나 일본 등 외세의 영향 아래에서 문화를 전해 받아 발전시켰다는 '타율성론'과 그나마 불교문화를 바탕으로 한 신라·고려 시대에는 그 나름대로 문화를 일구어 나갔으나 유교를 도입한 조선시대에는 논리에 치우쳐 문화를 발달시키지 못했다는 '정체성론' 등을 기본 골격으로 하고 있다.

이러한 모습은 조선총독부박물관이 발행한 『박물관진열품도감』(전 17권)에 수록된 유물 목록을 통해서도 알 수 있다. 도판 수로 보면[121] 대략 201점인데, 박물관 진열품 전체[122]에 비하면 적은 부분이지만 그 가운데 석기·금석병용기 13점(6.5%), 중국 한대(낙랑·대방 시대) 및 당나라와 관련된 유물은 41점(20.5%), 삼국시대 82점(41%), 고려시대 52점(26%), 조선시대 8점(4%), 기타 5점(2%)으로 전체 유물 가운데 삼국시대 유물이 41%로 가장 높은 비율을 차지한다. 특히 신라나 백제의 유물을 소개하는 경우에는 일본에서 발굴한 것들과 유사하다고 하여 고대부터의 한일 간 문화 교류를 실제적으로 증명하려 하였다. 반면 일제강점기와 가장 가까운 조선시대의 유물은 4%의 낮은 비율로 이는 조선 왕실의 무능함을 강조하여 일제의 식민통치를 정당화하려는 의도였다.

또한 이 유물들은 조선총독부박물관의 앞뒤 정원 내에 옮겨 놓은 석탑·석등·석비·부도 등과 함께 거의 대부분 조선총독부가 고적조사사업을 실

121 이순자, 앞의 글, 205쪽.

122 각주 115 참고.

시한 지역에서 출토한 것들로, 종류별로는 금속공예류, 석기류, 토기류가 많은 부분을 차지하였다. 일제는 관람자들이 조선총독부가 고적조사사업을 통해 얻은 역사유물이나 고미술품의 의도된 전시를 보면서, 주변국의 영향으로 만들어진 '멋있는' 유물들을 총독부가 '보살펴' 주고 있다는 것에 '감동'하는 모습을 기대하였을 것이다.

한편 조선총독부박물관은 유물들을 역사적 시대순에 따라 전시하였는데, 이를 통해 고대사회부터 한국 역사의 외인론外因論 강조 및 고대 일본과의 문화적 긴밀성·동원성을 증명하고자 비교전시 방법을 사용하였다.

> 임나의 유물이 있는데 이러한 유물들은 신라나 백제의 것보다도 일본의 유물에 가까운 느낌이 든다. …(중략)… 임나 유물의 진열은 삼한 지방 유물로 끝나는데, 다음의 진열장에는 이상의 각지의 고분에서 출토한 토기들을 진열하고 그것과 나란히 일본에서 출토된 祝部土器의 일군을 배치하여 그 형식이나 燒成의 유사성에서 上代 日鮮文化의 균등성(동일성)을 교묘하게 설명하고 있어 재미있는 방법이라고 생각한다.[123]

이와 같은 조선총독부박물관의 전시와 구성 방식은 1915년 설립 초기부터 광복이 될 때까지 큰 변화가 없었던 것으로 보인다. 특히 전시 내용에서 왜곡된 역사 연구의 성과가 반영되었는데, 조선미술사의 시작을 낙랑군 시대로 잡고 있으며, 일본이 고구려·백제·신라에 영향을 주었던 것으로 설명하고 있는데, 이러한 설명은『조선사』에 그대로 드러난다.[124]

한편 1930년대 후반 당시 조선총독부박물관 관장을 지낸 사세 나오에(佐

---

123 小泉顯夫,「朝鮮博物館見學旅日記」,『ドルメン』, 1933. 4, 33쪽.

124 김인덕,「조선총독부박물관 본관 상설 전시와 식민지 조선 문화」,『향토서울』76, 2010. 10, 238쪽 참고.

瀨直衛)[125]는 시국과 관련하여 박물관의 '사회 교화' 역할을 강조하였다.[126] 특히 일제는 1932년부터 해마다 10월에서 11월 초순 사이에 약 1주일 동안 '박물관 주간'을 정해 일반인들에게 박물관을 홍보하고 특별전을 마련하였다.[127] 대표적으로 1938년 제6회 박물관 주간에는 고대의 일본 '내지'와 한국 관련 자료 100여 점을 선정하여 〈고대내선관계자료특별전관古代內鮮關係資料特別展觀〉이라는 특별전을 기획하였는데,[128] 주제에서 보이는 바와 같이 그 목적은 '내선일체'의 강조였다.[129]

> 鮮滿一如, 內鮮一體라는 것은 남총독 각하가 반도통치상의 모토로서 일찍부터 제창한 것으로 총독은 앞서 충청남도 순시 때 백제 최후의 수도인 부여에 도착하여 산하가 수려한 부소산에 올라 친히 그 경관을 보면서 천수백 년 전에 일찍이 백제가 일본과 친선 관계를 맺었고, 一體不離 관계에서 그 나라를 유지하여 왔다는 말을 들었다고 하였다.[130]

즉, 석기시대부터 삼국시대에 이르기까지 한국과 일본이 긴밀한 관계를 가지고 있었고 이는 특히 불교예술 영역에서 발견할 수 있었다고 주장하여,

---

125 佐瀨直衛는 메이지 41년 도쿄제대 법과대학 정치학과를 졸업하고 동 대학원에 들어가 식민정책을 전공하였다. 메이지 43년 11월 문관고등시험에 합격, 동월 조선으로 건너와 한국농상공부 주사가 되고 동 44년 1월 총독부 屬에 임명되었다. 이후 충청남도 사무관, 臨時土地調査局副事務官係爭地係長, 東洋拓植株式會社 參事로 경성 지점에 근무한 후 1928년엔 함경남도 갑산군수를 역임했다. 『朝鮮紳士錄』, 1931, 195~196쪽.

126 佐瀨直衛, 「博物館週間に於ける特別展觀と內鮮一體の史實に就て」, 『조선』, 1938. 12, 38쪽.

127 박물관 주간 지정 특별전 이전에도 1926년 11월에는 경주 서봉총에서 발굴한 신라시대 유물을 중심으로 특별전을 개최하였고(『조선일보』, 1926. 11. 17), 1930년 5월에는 조선사료전람을 열었다(조선총독부, 『조선사료특별전람목록』, 1930).

128 조선총독부, 『古代內鮮關係資料特別展觀案內』, 1938.

129 「고대 조선 관계 자료, 백점 특별진열, 금일부터 박물관에」, 『조선일보』, 1938. 11. 2.

130 佐瀨直衛, 「博物館週間に內鮮一體の往時を語る」, 『萬二千峰』(大海堂, 1939), 217쪽.

한국과 일본의 유사성을 정신적·물질적 측면에서 두루 강조하고자 하였다. 당시는 중일전쟁이 일어난 지 1년이 되는 해로 대륙 침략을 본격적으로 진행하던 중이었다. 이때 총독이 부여를 방문하여 고대로부터 일본과 백제의 친선 관계를 강조하면서 "날로 인내가 필요한 난국을 극복할 필요를 통감해서 반도 2,300만 동포와 함께 한 몸으로 결속을 공고히 하여 銃後國民의 赤誠을 피력할 수 있도록 이 가을에 방문하니, 여기서 나는 반도 2천 년 전 역사를 돌아보아 이미 천수백 년 전부터 일찍이 우리들의 조상은 반도 주민과 그 문화를 같이하고 彼我友好의 관계를 맺고 특히 백제는 그 건국 시작부터 그 멸망에 이르기까지 시종 아국(일본)과 친선 호의를 유지하였고, 저들로부터 우리의 제반 문물을 수입함과 동시에 저들은 오히려 아국의 원조하에 그 나라를 유지하였음은 역사상 현저한 사실이다"[131]라고 강조하여 내선일체의 논리를 적극적으로 홍보하였다.

이러한 전시 기획 의도를 살리기 위해 일본과 한국의 출토품을 거의 일대일로 나란히 비교전시하여 양자의 문화적 동질성을 나타내고자 하였다. 그러나 한국의 출토품은 실제 유물을 전시한 데 반해 일본의 유물은 사진과 모사품으로 전시하였다.[132] 특히 석기시대부터 시작하여 문화의 교류와 동질성이 이루어졌음을 나타내고자 각종 석기 유물과 토기 등을 전시하였다. 삼국시대 관련 유물에서도 일본과 한국의 상호 긴밀한 연계성을 드러내고자 하였다. '임나'의 유물을 전시함에 있어 유물들이 신라나 백제의 것이라기보다 일본 유물에 가까운 듯한 느낌을 만들어 내고, 남선 방면의 고분에서 발견된 장신구 및 기와와 일본 고분 출토품과의 동질성을 강조하였다. 그러면서도 일본이 백제로부터 제반 문물을 받아들였다는 사실보다는 오히

---

131 佐瀨直衛, 「博物館週間に於ける特別展觀と內鮮一體の史實に就て」, 『조선』, 1938. 12, 37~38쪽.

132 조선총독부, 『古代內鮮關係資料特別展觀案內』, 1938. 참고.

려 일본의 원조하에 백제가 나라를 유지하였고, 멸망 후에도 황실에서 백제의 귀화인을 우대하여 받아들였음을 강조하면서 일찍이 없던 이런 국가적인 어려운 시기에 내선일체의 사실을 회고하고 우리 동포는 더욱 그 결속을 다져 총후국민의 적성을 피력해야 한다고 강조하였다.

따라서 일제강점기 고적조사는 그 과정을 통해 유물을 수집하였고, 이를 '보존'이라는 명목하에 박물관에 전시하였으나, 실제로는 그 과정에서 보여주고 싶은 역사, 식민사관을 증명하는 유물로 재구성하고자 하여 제대로 된 학술적인 보존이 이루어지지 못하거나 해외로 유출·산일되는 다양한 왜곡 형태를 나타내었다. 이러한 경성 조선총독부박물관의 전시 의도는 분관인 경주·부여 박물관과 평양부립박물관에서도 그대로 나타나고 있다.[133]

특히 조선총독부박물관 경주분관은 '신라박물관'[134]이라고 할 정도로 진열품이 모두 신라의 고도 경주에서 출토된 유물로,[135] 경주분관 본관을 둘러본 아리마쓰 히로시게(有光廣穰)는 소감을 다음과 같이 기록하였다.

> 먼저 본관인 溫古閣 제1실은 석기시대·금석병용시대실로 타제석기는 4개의 돌화살이 전부이며, 다수의 돌도끼, 돌화살, 石鑿의 마제석기가 있다. 특별히 이곳에서는 입실리 漢代 유적과 같은 것이 영천군에서도 발견됨으로써 한반도 남쪽에서도 일찍부터 중국과의 문화 교류가 있었음을 알 수 있으며, 반출 토기에서는 彌生式 토기 계통이 있지만 조사의 불충분으로 수 점의 진열에 그치고 있다.

---

133 자세한 내용은 이순자의 앞의 글 제6장 참고.

134 조선총독부, 『박물관진열품도감』 10, 1937. "경주분관의 진열품은 모두 신라의 구 도성인 경주에서 수집된 것이다." 『박물관진열품도감』 제10집과 제11집을 중심으로 경주분관의 전시물을 시대별·종류별로 정리해 보아도 이러한 경향은 그대로 나타난다. 총 102점의 전시물 가운데 삼국 이전은 35점, 신라 21점, 신라통일 46점이다. 종류별로 보면 불교예술품이 37점, 석기류 29점, 공예품 17점, 기타 19점으로 대부분 신라 이전 문화는 석기류를, 신라문화에서는 불교 및 공예류 관련 유물을 중심으로 전시하였음을 알 수 있다. 국성하, 앞의 글, 147쪽 참고.

135 有光廣穰, 「慶州の博物館」, 『ドルメン』, 1933. 4, 45쪽.

제2실에는 경주 남쪽 근교의 평야에 분포하고 있는 수혈식 적석총의 출토품을 진열하였다. 이는 대략 5세기 경에 성행된 묘제로, 이른바 중국 육조 예술 문화의 혜택을 다분히 받고 있다. 토기는 黝色陶質의 新羅燒로 일본 내지의 祝部土器와 비슷한데, …(중략)… 제4실에는 신라 말기의 모습을 보여주기 위해 고려와 조선 시대의 유물이 좁은 공간에 여유 없이 진열되었다. 한 구석에는 통일신라시대의 횡혈식석실분에서 출토했다고 전해진 석곽·석침, 골호의 석함이 전시되었다. 신라의 멸망으로 고고학적인 문화 발전은 그치고 말아 고려소와 조선 예술은 이곳에서는 전혀 보이지 않는다.[136]

이것은 일본인의 눈으로 본 경주분관에 대한 감상으로, 석기시대의 유물을 보며 한국과 일본의 고대문화를 연결시켰고, 고신라시대가 중국 한나라와 밀접한 관련이 있다는 것을 인식하였다. 그리고 고려와 조선에 대한 전시 유물을 보면서는 가치를 크게 느끼지 못함으로 그 시대에 대한 인식조차 갖지 못하였다. 물론 이것은 일본인이 바라본 한국의 박물관에 대한 관람기였으나 이곳을 관람하는 한국인도 대개 공통적으로 느낄 수 있는 점이었을 것이고, 이것은 바로 조선총독부가 박물관사업을 통해 얻고자 한 바였다.

5. 맺음말

일제는 한일병탄 이전부터 한국 유적·유물에 대한 관심을 가지고 있었고, 군부·헌병·순사·고관·일본인 도항자들에 의한 '불법적'인 문화재 약탈과 세키노 다다시의 '합법적' 고건축·고적 조사가 시작되었다. 특히 세키

136 有光廣穠, 앞의 글, 44~48쪽.

노 다다시에 의한 조사사업은 처음 1902년에 시작하여, 1909년에 다시 한반도에서 체계적인 고적조사가 진행되었으며, 전 조선에 걸쳐 고분·건축·성지·사지 등의 조사가 1915년까지 매년 실시되었다. 조사의 목적은 표면상으로는 지방제도의 완성에 따라 고건축물을 새로운 행정시설로 전용하고, 혹은 파괴 철거의 위험이 있는 것은 그 중요도에 따라 보존하도록 한다는 것이었으나, 실제로는 건축물 외에 다방면으로 조사가 이루어져 일본의 한국 지배를 위한 사전 자료 조사적 성격을 다분히 지니고 있었다. 조사 대상인 고건축물을 보존 가치에 따라 등급별로 구분함으로써, 그 후 한국 문화재 지정의 기초 자료를 마련하였으며, 특히 1909~1911년간의 조사에서는 '새로운 시설'로 이용하기 위한 조사였던 만큼 고건축물을 변용하여 행정시설 혹은 문화시설로 활용함으로써 순조로운 지방통치 실시의 토대를 마련하였다.

일제강점기 한반도의 고적조사사업은 식민통치 전 시기에 걸쳐 지속적으로 실시되었다. 조선총독부 고적조사위원회에 의한 고적조사사업이 시작된 것은 1916년으로, 이때부터 5개년 사업이 시작되어 본격적인 고적조사가 실시되었다. 이 사업에서는 고대사회부터 고려시대까지의 유적을 발굴조사 대상지로 삼고, 특히 고도 평양을 중심으로 한 한사군과 고구려에 관한 유적 및 경남 지역을 중심으로 한 가야 지역, 경주 중심의 신라 유적지를 집중적으로 발굴 조사함으로써 처음부터 그 조사 의도가 분명했다.

특히 조선총독부는 고적조사사업을 본격적으로 실시하면서 법령과 기구를 마련하여 체계적인 사업을 진행하였다. 1916년의「보존규칙」과 조선총독부 산하 고적조사위원회가 그것이다. 고적조사위원의 자격으로 고적조사사업을 진행한 인물들 중 일부는 조선사편찬위원회에도 참여하였다. 이는 일제에 의한 한반도 유적·유물의 조사와 사료의 조사 및 편찬 작업이 '따로 또 같이'의 형태로 진행되면서 식민통치의 이데올로기를 창출하는 역할을 담당해 갔음을 의미한다.

따라서 일제가 실시한 고적조사사업은 식민정책의 이데올로기를 역사 유적과 유물을 통해 창출하기 위한 사업이었기에 학문적 관심 그 이상이었다. 일찍부터 한국의 역사가 타율적으로 이루어졌음을 증명하기 위해 고도 평양 지역을 중심으로 한사군 관련 유적의 발굴과, '진구황후 삼한정벌三韓征伐', '임나일본부의 조선 지배'를 증명하기 위한 신라의 고도 경주 및 가야 지역의 유적 발굴 조사 등에 집중하였다. 그리고 조선총독부 식민통치의 문화적 면모를 대내외적으로 과시하려는 노력의 일환으로 해마다 발굴 조사와 관련된 보고서를 간행물로 발간하였으며, 더 나아가 수집된 유물을 박물관이라는 근대적 전시 공간 속에서 재구성하여, 식민지인들에게 일제 식민정책의 '근대적 성과'를 보여줌으로써 식민통치의 긍정적인 측면을 부각시키고자 하였다.

한편 일제강점기 고적조사에서 수집된 유물들은 정치적 목적의 표상으로 전시 공간에서 재구성되었다. 즉 한국 역사 속에서 오랜 전통을 갖고 있는 고도인 경성에 조선총독부박물관, 경주·부여에 조선총독부박물관 분관, 평양·개성에 부립박물관을 설립하였다. 즉 조선총독부박물관은 정치적 목적을 가진 왜곡된 전시 공간이었다. 특히 조선총독부박물관 본관 전시에서는 왜곡된 역사를 통해 일제가 주장하는 식민사관의 타율성론과 정체성론을 유물로서 재구성하고자 노력하였다. 이외에도 박물관은 진열품을 구입하거나 기증을 받는 경우도 있었는데, 박물관 진열품 기부자 가운데는 일찍이 고적조사사업에 관여하였던 인물들이 다수 포함되어 있었다. 이것은 조선총독부가 법령을 통해 개인적인 발굴 유물의 유출을 규제하였음에도 불구하고 발굴 조사 및 유물에 대한 관리가 철저하지 못했다거나 조선 총독의 묵인하에 발굴 업무에 참여한 사람들에 의한 유출이 빈번하였음을 증명한다. 그 외에는 도굴 혹은 매매 등으로 개인 소장가들의 소장품으로 이관되는 경우도 많았다.

요컨대 일제의 고적조사사업은 역사 고도를 중심으로 유적·유물을 조사하고 보존하며 더 나아가 한국의 전통문화를 보호한다는 미명하에 실시되었다. 그러나 결국은 일본이 '보여주고자 하는 역사'를 대변하는 증거물로 왜곡·재구성되는 방식에 활용되거나 '보존'이라는 명분하에 유물이 유출되는 이중의 피해를 준 사업이었다. 그렇게 모인 유물은 조선총독부박물관 전시 공간 속에서 다시 한번 식민통치의 정당성을 드러내고자 하는 정치적 목적에 따라 왜곡 전시됨으로써 일제가 고적조사사업을 통해 목적한 바를 '근대적 전시 공간'에서 재구성하여 보여주는 데에 쓰이고 말았다.

제국 일본의 '만선滿鮮' 관광지觀光誌와 고도 경주의 표상

나카네 다카유키(中根隆行)

1. '만선' 관광의 계절

1910년대 후반부터 1930년대에 걸쳐 성행한 제국 일본의 '만선' 여행과 고도 경주에 대한 묘사 방식을 관광이라는 관점에서, 일본인 문학자를 사례로 하여 검토해 보고자 한다. 이 글에서 주로 다룰 대상은 오마치 게게쓰(大町桂月)의 『만선유기滿鮮遊記』, 다야마 가타이(田山花袋)의 『만선의 행락(滿鮮の行樂)』, 지즈카 레스이(遲塚麗水)의 『만선취미의 여행(滿鮮趣味の旅)』이다. 원래 '만선' 여행으로 경주를 방문한 일본인 문학자는 그 외에도 다수 있었다. 그 중에서도 유명한 인물은 1916년 경주 석굴암 방문을 계기로 조선미술에 반한 야나기 무네요시(柳宗悅)일 것이다. 그렇지만 대개 야나기와 대조적으로, 그야말로 관광으로서의 '만선' 여행에 그치는 경우가 일반적인 여정이었다. 이 글에서는 일본에 의한 식민지통치기에 간행된 많은 '만선' 여행기 중 '만선' 관광의 가이드 북과 같은 역할을 한 여행기를 통해서 ① 1910년대 후반부터 고양된 '만선' 여행, ② 청일·러일 전쟁기의 종군기와 '만선' 여행기의 관계성, ③ 고도 경주의 표상, ④ '만선' 여행과 경주탐방에 있어서의 여행자와 관광사업의 연대에 관해서 고찰하겠다.

식민지통치기의 조선에서는 금강산관광으로 상징되듯 관광개발이 식민지사업의 중요한 정책 항목으로 거론되었다. 말할 것도 없이 이것은 '내지인'이라고 불렸던 일본인을 한반도로 불러들이기 위한 것이었다. 경주 등 조선의 고도에서의 관광개발의 경우도 마찬가지였다. 물론 거기에는 고적조사나 역사서를 편찬한 재조선 일본인 학자, 그리고 조선총독부의 촉탁으로 재직했던 관료들에 의한 학술 조사·연구 활동이 연계되었음을 추측할 수 있다.

조선 고도의 이미지를 사회적으로 조성시키는 데 있어 관광지개발사업은 빼놓을 수 없는 중요한 역할을 담당하였다. 그리고 당연히 그것은 고도의 이미지가 언어에 의해 표상되고 미디어를 통해 유포되어 가는 프로세스를 반복했다. 금강산관광을 예로 들어보자. 도쿠토미 소호(德富蘇峰)나 오마치 게게쓰, 다야마 가타이, 그리고 이후 지즈카 레스이와 같은 유명인들이 금강산을 칭송하는 문장을 씀으로써 금강산의 이미지가 종주국 사회에 전파되었고, 그와 동시에 내금강에 이르는 금강산전기철도나 외금강에 이르는 조선총독부의 철도교통망이 정비됨에 따라, 금강산은 조선여행의 일대 명승지가 되었다. 하나의 예를 들어보자. 오마치 게게쓰의 『만선유기』(1919. 10)라는 여행기는 다음과 같은 문장으로 시작된다.

> 조선에 건너와 곧바로 세계적인 명산인 금강산이라는 승지를 찾아 3주 동안 괴엄怪巖, 기계奇溪, 단풍의 미관을 둘러봤고, 평양에서 1박을 하며 모란대에 올랐다. 나아가 만주에 들어가 처음에는 다롄(大連)을 근거지로 하여 세 차례 뤼순(旅順)의 전적지戰蹟地를 방문하였으며, 전후 8일에 걸쳐서 당해의 충혼을 기리고 금주金州 이북의 전장戰場도 기리며 심개합心開合의 철교를 비롯해 남산, 북산, 노철산老鐵山, 대화상산大和尙山, 소흑산小黑山.[1]

오마치 게게쓰(1869~1925)는 미문가로 알려진 저명한 기행문 작가이다. 『만선유기』는 1918년 9월부터 이듬해 1월에 걸친 여행을 기록한 여행기이다. 이 여행기의 서두에서 우선 "세계적인 명산인 금강산이라는 승지를 찾아"라고 쓰고 있다. 3개월에 걸친 여정 속에서 금강산관광에 3주간이나 시간을 할애했던 것에서 알 수 있듯이, 오마치가 '만선' 여행을 떠났던 것은 이전부터 "세계적 명산"이라 유포되어 왔던 금강산의 이미지 때문이었다. 덧붙여 인용문에서는 당시 조선여행이 '만주'와 한 세트였던 점과, "세 차례 뤼순(旅順)의 전적지를 방문"했다고 한 것처럼 주로 '만주'에서는 러일전쟁의 전적지를 둘러보았다는 점을 알 수 있다. 후술하겠지만 이러한 여정은 오마치에게만 한정된 것이 아니라 그 당시 일반화된 '만선' 여행의 전형적인 코스였다.

당시의 조선여행을 경성을 중심으로 한 도시 관광과, 금강산이나 평양 등 풍광명미風光明媚한 경승지와 함께 고도나 옛 전장을 둘러보는 역사 관광으로 구분해 볼 수 있다. 오마치의 『만선유기』에서는 특히 '고도故都'라는 말이 자주 사용된다.

> 조선에 돌아와 경성을 견물하고 고려의 고도故都인 개성, 신라의 고도인 경주, 백제의 고도인 부여, 임나任那의 고도인 김해, 고바야카와 다카카게(小早川隆景), 다치바나 무네시게(立花宗茂)가 공명을 남긴 벽제관碧蹄館, 가토 기요마사(加藤清正)와 아사노 요시나가(浅野幸長)가 농성籠城했던 울산 등 조선의 고도와 옛 전장戰場을 둘러보고 조선 제일의 온천인 동래온천에서 여행의 진塵을 씻어 냈다. 옥내屋內에 있으면서는 불과 며칠이면 돌아볼 수 있으나 주로 산수山水와 사적을 찾았다.[2]

---

1 大町芳衛,『滿鮮遊記』(大阪屋號書店, 1919. 10), 1쪽.

2 大町芳衛, 앞의 책, 2쪽.

첫 문장에서 알 수 있듯이 오마치에게 조선의 '고도' 탐방은 금강산 탐승探勝에 이은 여행의 목적이었으며, "산수와 사적을 찾았다"고 했듯이 조선여행은 그의 개인적인 취미에 근거한 것이었다고 할 수 있다.

오마치가 조선이나 '만주'를 여행했던 1910년 후반부터 1930년에 걸친 시기는 말하자면 '만선' 관광의 계절이 도래했던 시대였다. 그가 '만선' 여행을 시작한 그해에 금미문연당金尾文淵堂에서 『신일본견물新日本見物 -타이완(臺灣)·가라후토(樺太)·조선朝鮮·만주滿洲·칭타오(青島)의 권卷』이라는 책이 간행되었다. 그 부제에서 알 수 있듯이, 여기에서는 제1차 세계대전에서 독일에 선전포고한 제국 일본이 남양군도와 함께 점령했던 중국 내 독일의 조차지租借地인 칭타오가 포함되어 있으며, 이 칭타오를 포함해서 '신일본'이라고 명명했음을 추측할 수 있다.

『신일본견물』에는 많은 사진 및 일러스트와 함께 저명한 9명의 여행탐방기가 수록되어 있다. 여기에서는 시마무라 호게쓰(島村抱月)와 이와야 사자나미(岩谷小波)의 사례를 소개하겠다. "다롄을 도쿄에 비견한다면 경성은 교토"라고 평하는 시마무라는 「신일본견물」에서 "내가 만유漫遊한 곳은 타이완이 한 차례이고 만주와 조선이 두 차례이다. 이 세 곳 식민지는 각각 색다른 색채를 지니고 있으며, 그 특유의 정취를 느낄 수 있었다"[3]고 적고 있다. 또한 이와야의 「신일본소감」에서는 '신일본'의 묘미는 백문이 불여일견이라 하면서, "내가 신일본의 각지를 편력했을 때도 그러했다"며 1913년의 '만주' 여행과 1916년의 타이완 여행을 회고하고 있다. 그리고 이어서 이렇게 적고 있다. "전혀 모르는 사람은 한번 이들 지방에 웅비하여 그 공기를 맛보는 것이 좋다. 절실히 만인의 관광을 권한다."[4] 즉 『신일본견물』은 일본인 독자에

3 島村抱月, 「新日本見物」, 『新日本見物 -臺灣·樺太·朝鮮·滿洲·青島之巻』(金尾文淵堂, 1918. 6), 1쪽.

4 岩谷小波, 「新日本所感」, 『新日本見物 -臺灣·樺太·朝鮮·滿洲·青島之巻』(金尾文淵堂, 1918.

게 적극적으로 제국 일본의 식민지·조차지·점령지를 여행하라는 메시지를 호소하고 있는 것이다.

물론 이 『신일본견물』 한 권에 의해서 '만선' 관광의 계절이 도래했다고 할 수는 없다. 오히려 관광여행에 대한 당시 시대적 요청의 산물로서 이와 같은 서적이 간행되었고 텍스트화되었던 것이라고 생각한다. 여기에서 또 다른 하나의 예를 소개해 보자. 1924년 4월에는 일본여행협회에서 『여행(旅)』이라는 여행잡지가 창간되었다. 이 『여행』은 단순한 여행잡지가 아니었다. 『여행』의 발행처로서 같은 해 2월에 창립된 일본여행문화협회의 회원 목록에는 철도성鐵道省을 비롯해 남만주철도주식회사, 일본우선郵船주식회사, 오사카상선주식회사, 타이완철도주식회사 등의 대표자가 이름을 올려놓고 있기 때문이다. 이 『여행』 창간호에서 일본여행문화협회의 초대 회장 노무라 류타로(野村竜太郎)는 "자연아自然兒로서의 일본인의 생활이 가장 극명하게 표현되어 있는 것은 최근 각지에서 발흥하는 여행열旅行熱과 그와 관련된 여행단체의 조직"이라고 기술하고 있다.[5] 덧붙여 이 일본여행문화협회 설립의 취지는 만철이 관계하고 있다는 사실에서도 알 수 있지만 '만선' 관광과 밀접하게 연관되어 있었다.

> 여행이 적어도 안락하고 유쾌할 수 있도록 교통업자와 일반 민중의 중간에 서서 고찰하고, 건전한 여행취미의 육성, 여행에 관한 안내, 주의를 하는 것에서부터 더 나아가 내지, 조선, 만몽滿蒙, 지나支那 등의 인정人情, 풍습의 소개 등 모든 방면에서 일본인 본래의 성정性情을 보육하고 수성守成하려는 것이 그 목적이다. 따라서 현대사회문화에 다소나마 공헌할 바가 있다면 그 지망志望을 이뤘던 것이라고 해야 한다.[6]

---

6), 13, 25쪽.

5 野村竜太郎, 「日本旅行文化協會創立に際して」, 『旅』 1-1, 3쪽.

이상의 정보에 따르면, 1920년대 전반기의 시점에서 "최근 각지에서 발흥하는 여행열旅行熱"이 있었고, 동시에 민간의 '여행열' 고양에 대응하여 "그와 관련된 여행단체의 조직"이 탄생한 것이다. 일본여행문화협회는 이 관광여행에 관한 수용자와 공급자를 결합하는 '지도기관'을 담당하기 위해 설립된 단체이다. 인용문 중 "교통업자와 일반 민중의 중간에 서서" "건전한 여행취미를 육성"한다고 하는 부분이 그 취지를 말해 주고 있다. 그리고 그것은 보다 단적으로 말하자면, "내지, 조선, 만몽滿蒙, 지나支那 등의 인정人情, 풍습의 소개 등 모든 방면에서 일본인 본래의 성정性情을 보육하고 수성守成하려는 것이 그 목적이다"라는 부분으로 이어진다.

즉, 조금 첨예한 견해인지 모르겠지만 일본여행문화협회의 중요한 목적 중 하나는 관광여행을 '내지'뿐만 아니라 제국 일본의 판도로 확장하는 데 있었다고 생각한다. 이 『여행』 창간호에는 회사명의 이니셜 M과 레일의 단면을 형상화한 사문社紋과 함께 "여행의 시즌이 온다/ 조선으로!/ 만주로!/ 지나로!"라는, 만철의 광고도 실려 있다. 오마치가 동경憧憬의 금강산을 탐승하고 조선의 고도를 둘러보는 관광여행을 했던 것이 1910년대 후반이며, 그와 때를 같이하여 앞서 언급한 『신일본견물』이 간행되었고, 또 1924년에는 일본여행문화협회의 기관지 『여행』이 창간되었다. 이렇게 해서 제국 일본은 '만선' 관광의 계절을 맞이하게 된 것이다.

2. 종군기자에서 관광여행자로

다음으로 다소 멀리 우회하는 감이 있으나, 일본인 문학자에 의한 '만선'

6 (S生)「日本旅行文化協會發會式」,『旅』 1-1, 83쪽.

관광과 고도 표상의 전사前史에 대해서 살펴보자. 종주국의 저명한 문학자가 식민지를 관광하는 것, 그 여정은 당연히 새로운 관광지를 '만선'으로 확장한다는 의미에서의 문화제국주의적 요소와 그 관광에서 얻은 견문을 가지고 '만선'을 지적으로 지배한다는 의미에서의 식민지주의적 요소로 특징지을 수 있다. 그렇다면 이와 같은 '만선' 관광의 원형(prototype)은 언제, 어떻게 형성된 것일까. 이것을 조선 그리고 '만주'로 향하는 제국주의적 욕망으로 파악한다면, 두말할 것도 없이 청일·러일 전쟁기에 형성되었다고 할 수 있다. 이 시기에 조선에 관한 문화·풍속의 소개가 성행했던 점을 감안하면 이는 충분히 이해할 수 있다.

이 시기를 한마디로 개설概說하는 것은 어렵겠지만, 굳이 말하자면 일본인 문학자의 '만선' 관광의 원형은 청일·러일 전쟁의 종군기에서 찾을 수 있다고 해도 과언이 아닐 것이다. 왜 종군기인가라고 생각할지 모르겠지만 특히 문학자에 의한 청일·러일 전쟁의 종군기에는 훗날 '만선' 여행기에서 보이는 전형적인 담론을 엿볼 수 있다. 아래의 인용은 오마치 게게쓰와 함께 기행문 작가로 알려진 지즈카 레스이(1866~1942)가 청일전쟁 때 호치(報知) 신문 기자로 종군하는 것이 결정되었을 때의 심경을 늘어놓은 부분이다.

> 나는 그것을 듣고 처음에는 크게 기뻐했고, 그리고 나중에는 우울해졌다. 기쁜 것은 미견未見의 산하를 밟고 이수異殊의 풍속을 본다는 것, 그리고 한번 양국의 전투干戈 양상을 보는 날에 이르러서는 관광의 객이 다시금 붓을 놓고 군려軍旅 사이를 쫓아 豊公(도요토미 히데요시 -옮긴이)이 한국을 정벌한 후 오백 년의 장관을 볼 수 있는 것에 있으며, 우울한 것은 백발의 노모가 집에 계셔 누군가에게 의지하여 보살피지 못함이라.[7]

7 遅塚麗水, 『陣中日記』(春陽堂, 1894), 3쪽.

여기에서는 "미견未見의 산하를 밟고 이수異殊의 풍속을 본다"라는 이異문화에 대한 호기심이, "豊公이 한국을 정벌한 후 오백 년의 장관"으로서 파악되는 근대 전쟁으로의 종군·관전觀戰의 원망願望과 병기되어 있다. 이와 거의 비슷한 종군·관전의 원망은 러일전쟁에 제2사진반원으로 종군한 다야마 가타이(1871~1930)의 회고에서도 엿볼 수 있다. "나는 전쟁을 생각하고 평화를 생각하고 포연砲烟이 하얗게 작열하는 야산을 생각했다. 나 자신도 가 보고 싶다고 생각했다. 아산牙山 전투, 경성과 인천의 점령, 이어서 평양의 그 큰 전쟁이 벌어졌다. 달 밝은 밤에 십오야의 아름다운 밤……."[8] 근대 전쟁에 종군하고자 하는 바람과 중첩되어 그 전장이 된 이문화에 대한 호기심이 표출되는 이러한 사례에서는 전장을 스펙터클하게 견문활사見聞活寫하는 미학적인 욕망을 곳곳에서 지적할 수 있다. 다야마의 『제이군종정일기第二軍從征日記』(1905)에는 다음과 같은 기록이 있다.

> 근래 미증유한 러시아 정벌에 내가 종군한 것은 실로 더없는 행운이다. 포연탄우砲烟彈雨, 그것이 나 자신의 유치한 사상에 커다란 영향을 끼쳤던 것은 물론이거니와, 나는 인간 최대의 비극, 인간 최대의 사업을 보았다고까지 생각했던 것이다.[9]

왜 당시 문학자는 종군한다는 행위에 마음이 끌렸던 것일까. 근대 전쟁을 스펙터클하게 파악하고 그 전장을 눈앞에서 본다는 경험이 "자신의 유치한 사상에 커다란 영향을 끼쳤"다는 것, 그것은 다야마의 경우 비일상적인 근대 전쟁을 본다는 것이 자기 쇄신으로 이어졌다는 것을 의미한다. 그리고 그는 러일전쟁의 종군 경험을 가지고 문학계에서 주목을 받아 그 후 계속해서 문학사에 남을 소설을 발표하게 된다.

---

8 田山花袋, 『明治大正文学回想集成2 東京の三十年』(日本圖書センター, 1983), 91~92쪽.
9 田山花袋, 『第二軍従日記』(博文館, 1905), 1쪽.

여기에서 지즈카와 다야마의 사례를 들었던 것은 훗날 그들이 조선이나 '만주'를 만유하며 고도나 전적지를 둘러보는 여행기를 집필하고 있기 때문이다. 그에 덧붙여 지즈카는 기행문, 다야마는 자연주의문학의 기수이기도 했다. 여행을 좋아하고 기행문을 많이 쓴 문학자들이 이문화에 대한 호기심을 강하게 가지고 그 심성이나 시선이 조선이나 '만주'의 '미견'하고 '이수'한 문화 풍속을 도모했다는 것이다. 여기에서 이러한 경위를 살핀 것은 청일·러일 전쟁기의 종군기에서 1910년대 후반 이후의 '만선' 여행기로 이어지는 흐름이 관광이라는 개념을 경유하여 조선 고도의 발견으로 이어지고 있다고 생각되기 때문이다.

관광이라는 단어의 어의는 원래 유교의 오경 중 하나인 『역경易經』에 있는 '관국지광觀國之光'이 전거이다. 다만 당시 일본에서는 관광이라는 말이 일반화되어 있지 않았고, 또한 '관국지광'의 의미는 지금의 'sightseeing'의 의미와도 그다지 관계가 없었는데, 이 '나라의 빛을 보다'라는 말은 제국 일본의 '만선' 관광지觀光誌를 생각했을 때 매우 적확한 어의였다고 생각한다. 앞서 다룬 오마치의 『만선유기』에는 다음과 같은 내용이 있다.

> 조선은 이제는 황국皇國이다. 남만주 땅은 최근 청일전쟁과 러일전쟁에서 우리 동포가 선혈을 흘린 곳이며, 현재 우리 동포가 활약하는 곳이다. 여행하는 사람이 매년 늘어나야 할 것이며, 그리고 정치에서, 실업에서, 학술에서, 군사에서, 미술에서, 풍속에서 각각의 사람에 따라 관찰의 방면도 달라야 할 것이다.[10]

청일·러일 전쟁의 역사와 그 전장이 되었던 1918년 당시의 조선과 '만주'는 이와 같이 '관국지광', 제국 일본의 국가적 위신을 나타내는 관광의

10 大町芳衛, 앞의 책, 2~3쪽.

땅으로서 파악되었다. 앞서 언급한 대로 문학자의 종군·관전 원망에는 비일상적인 근대 전쟁을 보는 것이 자기 쇄신으로 이어진다는 사고방식이 내재되어 있었다. 이러한 사고방식은 관광여행에 있어서도 유사한 구조로 파악될 수 있다. 종군기자와 관광여행자는 일상생활로부터 일탈한 것을 본다는 점에서 공통적이다. 본래 지즈카는 종군·관전을 '미견', '이수'한 이문화에 대한 호기심과 중첩시키고 있었다. '만선' 여행에서는 그것이 청일·러일 전쟁의 역사라는 제국 일본의 '관국지광'에 다다르는 프로세스로 치환되는 것이다.

청일전쟁 시 종군기자로 조선에 건너온 지즈카는 1930년에 『만선취미의 여행(満鮮趣味の旅)』이라는 여행기를 쓰고, 자신이 종군한 경험을 밝히고 있다. 거기에는 옛 종군 체험이 이렇게 적혀 있다.

> 30여 년 전, 내가 처음 붓을 들고 조선에 종군했을 때의 해로海路는 바칸(馬關, 시모노세키(下関)의 다른 이름 —옮긴이)에서 나가사키(長崎)로, 나가사키에서 쓰시마(対馬)의 이와하라(岩原)에 기항하여 이후 부산, 인천에 이르는 것이었다. 오늘날 바칸에서 바로 아름다운 연락선을 타고 아침과 밤 두 차례로, 불과 7시간에 왕래할 수 있는 것과 비교하면 격세지감을 느낀다. 당시 신문기자는 물질적 · 정신적으로 혜택을 받는 지금의 신문기자와 비교해서 지극히 비박한 대우를 받았지만, 누구나 국사國士라 자임하며 붓을 던지고 융헌戎軒에 종사할 의기가 있었다.[11]

『만선취미의 여행』에서는 이상과 같이 젊은 날의 종군 체험이 특히 강조되며, 그때마다 견문한 조선의 문화 풍속과 비교하는 것으로 1920년대 말의 조선이 이야기되고 있다. "비 내리면 진흙덩이 속에 신발이 빠지던 이현泥峴

11 遅塚麗水,『満鮮趣味の旅』(大阪屋號書店, 1930), 4, 7쪽.

도 이웃고 고상한 집들이 늘어서고 평탄한 포장도로가 되었고 은방울꽃 모양의 등燈을 늘어 걸은 영란등鈴蘭燈은 거리 양편에 세워졌으며, 한밤중에도 대낮 같은 경성 제일의 번화가가 되었던 것이다."[12] 일본인 거류지의 왜성대에 있었던 '이현'이 현재 '혼마치(本町)'라는 "경성 제일의 번화가"가 되었다고 하는 이러한 서사는 지즈카의 제국주의적인 심성에 의해 지탱되고 있으며, 그것이 인용문에서는 철도해상교통망의 근대화로 서술되어 있다. 경부선이 모두 개통됨에 따라 1905년에 취항한 관부연락선은 이듬해 철도국유법을 가지고 철도성이 운영하는 철도연락선이 되었고, 1910년 이후는 국내항로의 취급을 받았다. 러일전쟁기에 있어서의 철도는 군수물자의 수송이 주요 역할이었다. 그 후 도쿄에서 시모노세키(下関)로, 그리고 관부연락선을 경유해 경부선으로 연결되는 철도망은 조선·'만주'로 향하는 종주국과 식민지의 유통 경제권을 형성하는 중요한 역할을 담당하게 되었고, 인적 이동이라는 시점에서 말하자면 일본인의 식민지·관광 사업에서 빼놓을 수 없는 인프라로서 기능하였다.

지즈카는 자신을 포함해서 당시 종군기자를 "누구나 국사國士라 자임하며 붓을 던지고 융헌戎軒에 종사할 의기가 있었다"고 평하고 있었다. 『당시선唐詩選』의 권두를 장식한 위징魏徵의 「술회」 중에 있는 "투필사융헌投筆事戎軒"은 '국가의 비웅을 결정하는 지금 붓을 던지고 전쟁터로 향하는 기개'를 의미하는 말이다. 청일전쟁의 종군기자가 지니고 있던 이런 심성이 30여 년 후에 조선과 '만주'를 두루 돌아보며 그 모습을 활사하는 존재증명일 수 있는 것이다. 청일전쟁을 종군기자로서 관전하며 『진중일기陣中日記』를 쓴 지즈카가 기행문 작가로서 이름을 떨친 후 30여 년이 지나서 『만선취미의 여행』을 세상에 내놓은 것. 이 경위는 그대로 제국 일본의 확장주의의 노정과

12 遲塚麗水, 앞의 책, 41쪽.

중첩되어 있다. 본래 지즈카나 다야마와 같은 종군 경험을 지니지 않았더라도 청일·러일 전쟁의 전적지를 둘러보는 여행자는 옛 전장에 선 채 그곳에서 제국 일본의 노정을 상기함으로써 '관국지광'을 추체험追體驗하게 된다. 특히 '만주' 관광의 메인은 러일전쟁의 전적지 관광이었다.

3. 고도 경주의 표상

제국 일본 '만선' 여행기의 담론은 청일·러일 전쟁의 종군기에 그 가까운 기원을 두고 있었다. 그렇다면 조선이라는 이문화에 대한 호기심이 어떻게 고도의 묘사 방식에 나타나 있는가에 대해, 여기에서는 지즈카와 다야마에 의한 경주 표상을 대상으로 하여 고찰해 보고자 한다. 경주는 야나기 무네요시를 비롯해 기노시타 모쿠타로(木下杢太郎)나 와쓰지 데쓰로(和辻哲郎) 등 많은 문학자가 이끌려서 방문했던 고도이다. 가령 화가 이시이 하쿠테이(石井柏亭)는 "신라의 역사를 생각하거나 그 예술을 감상하려고 하는 자에게 경주는 반드시 견학하지 않으면 안 되는 곳"이라고 적고 있으며, 또한 투숙했던 여관에서 우연히 아베 지로(阿部次郎)와 만났다는 에피소드도 남기고 있을 정도이다.[13] 우선 지즈카의 『만선취미의 여행』에서 경주에 관한 내용을 들어 보겠다.

> 경주는 우리의 나라(奈良)이다. …(중략)… 오니요시(青丹よし, 奈良를 의미하는 마쿠라고토바 ―옮긴이). 옛 도읍의 옛 모습은 그 면모를 지금에 남기고, 고사古寺며, 고탑이며, 고분이며, 고허古墟가 있어 이른 봄을 좇아 한만汗漫의 놀이에 며칠 밤을 이

13 石井柏亭, 「附錄」, 『旅の絵 ―朝鮮支那の巻』 (日本評論社出版部, 1921. 6), 7쪽.

근처에서 보낸 나는 그 온아한 산하의 모습을 보고 황홀하게 나라의 교외 길을 걷는 듯한 생각이 들었다. 단지 유감스러운 일은 그곳에 만지滿地의 금을 깔아 이른 봄 평야를 분장하는 야마토지(大和路, 교토에서 나라까지 통하는 길 –옮긴이)의 푸성귀 꽃을 이 땅에서는 볼 수 없다는 것이었다.[14]

1910년대 후반부터 1930년대에 걸쳐서 산출된 일본인 문학자에 의한 경주 표상에는 "경주는 우리의 나라(奈良)이다"와 같은 표현과 유사한 기술이 산견된다. 금관총 발굴로 알려진 고고학자 하마다 고사쿠(濱田耕作)는 경주와 나라를 "당나라의 문화로부터 탄생한 두 가지의 자매 문화"라고 규정하고, 이렇게 서술하고 있다. "나라의 구도舊都를 동경하는 것과 동일한 이유에서 경주에 깊은 애착을 느낀다. 나라의 문화에 동정을 가지고 있는 자는 신라의 고경古京에 한없는 감흥을 느끼지 않을 수 없다."[15] 이와 같이 학술적 견식을 초석으로 삼은 견해와 비교할 때, 지즈카의 경우는 경관의 유사성에 근거한 상상력으로부터 문장이 기술되어 있는 것을 알 수 있다. 그중에서도 이 인용문은 "오니요시(青丹よし)"라는 나라(奈良)를 의미하는 마쿠라고토바(枕詞, 와카(和歌)에서 주로 쓰는 수사법)를 문두에 쓰고 "야마토지의 푸성귀 꽃"이 없음을 유감스러워 하는 것처럼 기술되어 있으며, 그런 의미에서 경주라는 미지의 조선 고도를 나라라는 기지旣知의 고도 이미지로 채색하는, 황홀한 의사擬似적 감각에 특징이 있다. 이렇게 경주를 나라로 파악하는 감성은 선행하는 텍스트인 다야마 가타이의 『만선의 행락』(1924. 11)에도 공유되어 있다.

경주가 나라와 같은 곳이라고 듣기는 하였지만 이 정도라고는 생각하지 않았

14 石井栢亭, 앞의 책, 12쪽.

15 濱田青陵(耕作), 『百年觀音』(平凡社, 1969. 10), 62쪽.

다. 그곳에서 천이백 년 이래의 유적이 그대로 똑같이 놓여 있는 것을 보았다. …(중략)… 반월성터에 섰을 때 나는 분명하게 천 년 전의 모습을 본 듯한 느낌을 받았다.[16]

경주를 방문하고 그곳이 나라인 양 파악하는 이러한 감성은 지즈카나 다야마의 경주 표상이 단적으로 고도를 발견한 놀라움과 그 영탄의 정情에 기초하고 있기 때문이다. 특히 다야마는 "어디에 또한 이만큼 완전하게 남아 있는 옛 '폐허'가 있을까"라고 하고, '나라'에서는 물론 '서경'이나 '히라이즈미(平泉)'에서조차도 그렇게는 느낄 수 없었다며, 그대로 남아 있는 조선 고도의 '폐허'성을 더욱 강조하고 있다. 이러한 이향에 있어서의 고도 표상은 그것이 식민지 표상이더라도, 고도 발견의 놀라움과 영탄의 정의 영역을 결코 벗어난 것이 아니다. 그것은 조선 고도에 대한 칭송이자, 그 경승이나 사적을 소개하는 데 있어서만은 이중성을 지니고 있었다고 할 수 있다. 하지만 다야마의 경주 표상에서는 또 한 가지의 특징을 발견할 수 있다.

석굴이 있는 곳은 그곳에서 그다지 멀지 않았다. 산 그림자와 같은 곳을 조금 지나가면 앞은 얕은 계곡이 되어 있는 듯한 곳에 임하며 그 석굴은 동면東面하여서 있었다. 우리들은 곧 그 석굴 안에 새겨진 커다란 석불과 대면할 수 있었다.

"흐음."

"정말 훌륭하다."

우리들은 오로지 이렇게 말할 뿐이었다. 그 단려한 얼굴, 그 큰 표정, 우리들은 넋을 잃고 보았다. 나는 오랫동안 그것이 굴 안에 매몰되어 있었던 때의 일들을

16 田山花袋, 『滿鮮の行樂』 (大阪屋號 書店, 1924. 11), 453쪽.

상상했다. 돌인지 탑인지 발도 들여놓을 곳이 없던 때를 상상했다. 누구도 그때는 이것이 이렇게 훌륭한 것이라고는 생각할 수 없었다고 한다. 조금씩 정돈됨에 따라 광휘가 드러나기 시작했다고 한다.[17]

이것은 불국사 근교에 있는 석굴암을 방문했을 때를 서술한 부분이며, 석가여래상에 대한 칭송은 다야마 가타이의 『만선의 행락』 안에서도 절창絕唱에 가깝다. 본래 여기에서는 식민지를 여행하는 종주국의 저명한 문학자가 그곳에 사는 사람들이 아닌, 고대 한일 관계의 유대를 풀어내는 듯한 사적의 발견에 이끌린다는 지배적인 시선을 지적해야 할지 모르겠다. 하지만 본고에서는 그러한 지배적인 시선을 초래한 심성에 대해서 검토하고자 한다. 다야마의 '만선' 여행의 산물로 『만선의 행락』 외에 『아카시아(あかしや)』(聚芳閣, 1924. 11)라는 단편소설집이 있다. 그중 「석굴石窟」이라는 단편소설에서는 위에 인용한 『만선의 행락』과 같은 장면이 소설화되어 있다. 주요 등장인물은 다야마를 모델로 한 소설가 M과 서양화가 A인데, 마찬가지로 석굴암의 석불을 마주한 장면이 다음과 같이 묘사되어 있다.

두 사람은 몸이 서로 엉켜 감기는 듯한 느낌이 들었다. 그들은 어제 이 오랜 역사를 지닌 토지에 와서 한동안 그대로 남겨진 연못, 성터, 절탑, 제왕의 능, 일본에서는 지금은 쉽게 볼 수 없게 된 귀부龜趺와 이수螭首, 그리고 커다란 종 등을 보고 지난 오랜 인생에서 갑자기 나타나, 또 홀연히 스쳐 간 사람들의 일을 생각하고, 그 공기며 감정들에 깊이 빠져들어 간밤도 제대로 자지 못했을 정도였는데, 지금은 그런 감상적인 마음가짐이 아니라 완전히 뭔가 커다란 것에 압도적으로 지배되고 만 듯한 느낌이 들었다. 그럼에도 석각의 불상은 아무것도 모른다는

---

17 田山花袋, 앞의 책, 465~466쪽.

듯이, 누가 와서 그것과 상대하든지 말든지, 감동하든지 말든지 그런 것에는 개의치 않는다는 듯이 숙연하게 그곳에 서 있었다.[18]

조선의 고도 경주를 방문하여 나라(奈良)와 닮은 그곳의 모습을 칭송하는 다야마는 석굴암의 석불 앞에서 그 장엄한 미에 넋을 잃고 말을 잃었다. 장엄한 미는 초연하게 눈앞에 있는 '엄숙'한 그 존재성에 씌워진 것이며, "뭔가 커다란 것에 압도적으로 지배되고 만 듯한" 감각으로 파악되었다. 하지만 간과할 수 없는 것은 "지난 오랜 인생에서 갑자기 나타나, 그리고는 또 홀연히 스쳐 간 사람들의 일을 생각하고"라는 대목이다. "갑자기 나타나" "홀연히 스쳐 간 사람들"이란 소설가 M의 헤어진 애인으로 상징되는 과거의 인물들이다. 본래 「석굴」이라는 단편소설의 플롯은 "M이 이렇게 2개월이나 전부터 이향으로 방황하지 않으면 안 되는 이유—모두 던져버리고 쓸쓸한 들에서 호흡하지 않으면 안 되는 이유"로서 기록된 여자관계의 갈등으로부터의 도피—'lovesick'—일 뿐이었다.

다야마와 같이 경주를 묘사하는 방식은 결코 일반적인 것이 아니다. 하지만 그의 '만선' 여행 경험이 "이향으로 방황"하는 단편소설집을 낳은 배경에는 왠지 여유와 같은 것이 느껴진다.

지금까지 오마치 게게쓰, 지즈카 레스이, 다야마 가타이에 의한 '만선' 여행과 고도 경주의 표상을 고찰했다. 지즈카와 다야마는 과거 청일·러일 전쟁에서 종군한 경험을 지니고 있고, 오마치도 러일전쟁기에는 종합잡지 『태양太陽』의 문예란 주필로서 전쟁을 찬미하는 평론을 쓰는 등 전시하의 문학계에서 힘을 가졌던 인물이다. 이 세 사람은 결국 일본의 원호로 말하자면 메이지 시기 후반에 활약했던 문학자이며, 다이쇼·쇼와 시기에는 노대가로

18 田山花袋, 『あかしや』(聚芳閣, 1924. 11), 81쪽.

인정받던 인물이었다. 시기는 다르지만 세 사람은 모두 '만선' 여행을 떠났고, 여행기를 상재했다. 다야마 가타이의 여행기는 '행락'이며, 오마치 게게쓰의 경우는 '유기遊記'이고, 지즈카 레스이의 경우는 '취미의 여행'이다. 이와 같은 개인적인 취미에 근거한 경주로의 여행이 고도 경주의 이미지를 형성해 갔던 것이다.

4. '만선' 여행과 경주관광의 네트워크

지금까지 주로 검토해 온 오마치 게게쓰의 『만선유기』와 다야마 가타이의 『만선의 행락』 그리고 지즈카 레스이의 『만선취미의 여행』은 각각 개인의 '만선' 여행기라는 체제로 편집되어 있다. 그리고 각각 조선과 '만주'를 돌아보는 관광여행이었으며, 경주에서는 신라 고도로서의 양상을 특필하였고, 석굴암이나 불국사의 소개로 시작해서 신라의 석탈해왕이 시림始林을 계림鷄林으로 개명했다는 『삼국사기』의 고사 등에 대부분의 지면을 할애하고 있다. 하지만 경주에 관한 여행기는 많은 경우 비슷한 감을 지울 수 없는 것도 사실이다. 1910년대 후반에는 경주의 관광지화가 진행되어, 여행자를 나르는 철도교통망이나 각지의 명소와 유적의 인프라가 정비되고 있었다. 그렇다면 그런 가운데 일본인 문학자의 '만선' 여행과 경주관광은 어떻게 자리매김되었을까. 다야마 가타이의 『만선의 행락』에는 서두에 다음과 같이 기술되어 있다.

> 별로 다른 관찰도 없을 것이겠지만, 아무튼 이것이 한 편의 내 만선 인상기이다. 가능하다면 이 작은 책자가 연고가 되어 나아가서는 그 지방의 자연이나 인사人事에 깊이 빠져들 기회가 생겼으면 좋겠다고 생각한다. 만철의 제군諸君—그 중에서도 다카야나기(高柳) 장군에게는 적지 않은 도움을 받았다. 다카야마 고지

(高山孝治) 씨에게도 깊은 사의를 표한다.

다이쇼 13년 추우秋雨의 창에서 가타이생(花袋生).[19]

다야마 가타이는 그 여행기를 간행할 목적에 대해 "이 작은 책자가 연고가 되어 나아가서는 그 지방의 자연이나 인사에 깊이 빠져들 기회가 생겼으면 좋겠다"고 쓰고 있는데, 『만선의 행락』은 이를테면 '만선' 여행의 가이드 맵guide map과 같은 것으로서 편집되었음을 추측할 수 있다. 다시 말해 여기에 일본의 국책회사·남만주철도주식회사가 언급되어 있듯이 다야마나 오마치의 '만선' 여행은 만철의 초빙에 의한 것이었고, 조선이나 '만주'에 관한 그 내용을 여행기로 만들어 냄으로써 일본의 독자에게 조선이나 '만주'의 문화 풍속을 소개하는 것—이런 영위 또한 만철이나 조선총독부가 내세운 국책의 의도에 따른 것이었다고 할 수 있다. 덧붙여 말하자면, 인용문 중의 "다카야나기(高柳) 장군", 즉 다카야나기 야스타로(高柳保太郎)는 퇴역한 육군 중장이며 이때는 만철의 고문이었다. 그리고 중요한 것은 다야마가 조선과 '만주'를 여행한 1923년에 이 다카야나기가 중심이 되어 만철 사장실에 홍보계弘報係를 설치했다는 사실이다. 이 만철 홍보계는 일본에서 본격적인 홍보를 전문으로 하는 부서의 기원이라고 일컬어지고 있다.[20] 다야마가 그것을 의도한 것이든 그렇지 않든 만철의 홍보 활동과 다야마의 '만선' 여행, 그리고 가이드 맵적인 내용의 여행기 『만선의 행락』은 밀접히 연동되어 있음을 알 수 있다.

본래 이 정도로 명료하지는 않더라도, 고도 경주의 표상을 생각했을 때, 조선을 방문하는 일본인 문학자를 맞이하는 주최 측인 재조선 일본인의 네트워크는 무시할 수 없는 중요한 조건이었다. 예를 들어 오마치 게게쓰가

19 田山花袋, 『滿鮮の行樂』(大阪屋號 書店, 1924. 11), 차례 참조.

20 眞山孝治는 백마회(白馬會)에 속했던 화가로 1912년에 만철에 초청받은 인물이다.

경주고적보존회 진열관을 방문했을 때를 서술한 글에는 다음과 같은 대목이 있다.

> 지금으로부터 천이백 년 전 옛날 법흥왕 때, 불교가 처음 신라에 들어올 때 왕의 사인舍人인 이차돈은 불교를 믿었기 때문에 죄를 물어 참수에 처해졌는데, 피에서 흰 젖이 솟아났다는 등. 석부石斧는 대개 양쪽을 갈아 날을 세우는데, 여기에서는 한쪽만을 갈은 것이 보인다. 안내해 준 오사카 긴타로(大阪金太郎) 씨의 말에 따르면, "내지에서는 이즈모(出雲, 시마네현의 동부 —옮긴이) 지방에서 나온다"고 하더라. 또 "곡옥曲玉은 추풍령 이북에서는 출토되지 않는다"고 한다. 석부와 곡옥만으로도 일선日鮮 관계의 고대가 보인다.[21]

여기에는 그 당시 경주공립보통학교 교장이었던 오사카 로쿠손(大阪六村) 즉 오사카 긴타로의 이름이 적혀 있다. 그는 경주고적보존회에 소속되어 경주박물관 관장으로 근무했던 인물인데, 훗날 일본어 작가로 데뷔하는 장혁주가 그의 영향을 받아 일본어와 역사에 관심을 갖게 되었다는 에피소드도 남기고 있다. 또한 경주의 시내 관광에 대해 서술한 부분을 보면 조선총독부 학무국 편찬과에 소속되어 이후 경성제국대학 교수가 되는 가토 간카쿠(加藤灌覺)가 동행하고 있으며, 오마치 게게쓰는 '조선총독부의 박학'으로 알려진 그로부터 많은 지식을 얻고 있다.[22] 다시 말해 오마치의 『만선유기』는

---

21 大町芳衛, 앞의 책, 77~78쪽.

22 한 예를 들자면 다음과 같다. "가토 씨는 말했다. '계림을 조선어로 훈독하면 닭숲(たくすば)이다. 신라 마쿠라고토바(枕詞)의 다쿠부스마는 그로부터 나온 것이라 해야 한다'고. 재래의 국학자는 신라의 시라(しら)를 백(白)으로 놓고, 다쿠부스마를 고금(栲衾)이라 풀었다. 나도 그렇다고 믿지만 지금 가토 씨의 설명을 들으니 갑자기 꿈에서 깨어난 듯한 기분이다. 이 계림은 지금도 있다. 가보니 무릇 일정사방(一町四方)이나 되어서 樺, 榎, 槐 등의 고목이 무성하다."(大町芳衛, 앞의 책, 81쪽) (즉 다쿠부스마는 신라 앞에 붙는 마쿠라코토바인데, 이는 다쿠부스마도 희며 신라의 일본명인 시라기(しらぎ)에서 시라(白)가 흰색을 나타내는 데서 유래한

오사카 로쿠손이나 가토 간카쿠 등의 관광 안내 없이는 성립할 수 없다는 것이다. 오마치 게게쓰가 경주를 방문했을 때 관광 안내를 한 오사카 로쿠손이 쓴 『경주의 전설(慶州の傳說)』에는 다음과 같은 일절이 있다.

> 신라의 구도舊都 경주는 일면 전설의 도읍이다. 유적이라는 유적에는 대부분 전설이 딸려 있다. 다시 말해 신라의 유적은 전설에 의해 보존되어 왔던 것이나 마찬가지다. …(중략)… 따라서 만약 경주를 방문했을 때 이런 전설들을 알지 못하고 지나쳤다면 경주는 단지 황량한 기왓돌 터로만 여겨졌을 것이다. 보는 이에게나 보이는 경주에게나 유감이라고 하지 않을 수 없다.[23]

이제까지 이 글에서는 주로 일본인 문학자의 '만선' 관광과 고도 경주의 표상에 대해서 고찰했다. 1910년대 후반부터 널리 행해지기 시작했던 '만선' 여행은 제국 일본의 확장주의적 문화 정책으로서 추진된 관광사업과 밀접하게 연관되어 있었으며, 많은 일본인 문학자들이 '만선' 여행에 나아가 그 여행기를 썼다. 이 과정에서 '만선' 관광이 가진 (청일·러일 전쟁기의 종군기에서 단초를 보인 듯한) 제국주의적인 심성도 엿볼 수 있었다. 이른바 경주는 이러한 '만선' 관광 안에서 조선의 고도로서 발견되었던 것이다.

지즈카 레스이와 다야마 가타이의 사례와 같이 일본인 문학자는 경주의 명소와 유적을 방문하여 그곳을 일본의 고도 나라(奈良)에 비유했다. 신라의 고도 경주를 나라와 비교하는 이러한 심상 행위는 야나기 무네요시를 비롯해 기노시타 모쿠타로나 와쓰지 데쓰로 등의 다양한 논의를 볼 수 있어 결코 단순한 문제로서는 논할 수 없으나, 다른 한편에서는 지극히 유형적인 표현을 공유하는 여행기도 다수 확인할 수 있다. 그것은 '만선' 관광이 개인

것으로 알려져 있다. —옮긴이)

23 大阪六村, 『慶州の伝説』(田中東洋軒, 1932. 4), 1쪽.

적인 취미에 근거한 여행이고, 여행자가 고도 경주에 일상생활과는 다른 본래성을 요구했다고 하더라도, 그것이 관광여행인 한 그 여정이나 명소, 유적에 관한 지식을 제공하는 것은 관광 가이드 맵이나 현지의 안내자이기 때문이다. 경주의 다나카 동양헌(田中東洋軒)에서 발행된 오사카 로쿠손의 『경주의 전설』은 그러한 현지 거주 일본인이 쓴, 여행자를 위한 서적이다. 여기에서 오사카 로쿠손은, 여행자가 경주에 전해 오는 전설을 알지 못하고 방문한다면 "보는 이에게나 보이는 경주에게나 유감이라고 하지 않을 수 없다"고 쓰고 있다. 이런 의미에서 신라의 고도 경주의 이미지는 관광하는 측과 관광객을 받아들이는 측 사이에서 상호보완적으로 형성되었다고 해도 좋을 듯하다.

(번역: 박광현, 동국대 국문과 교수)

제2부
고도의 문화적 표상

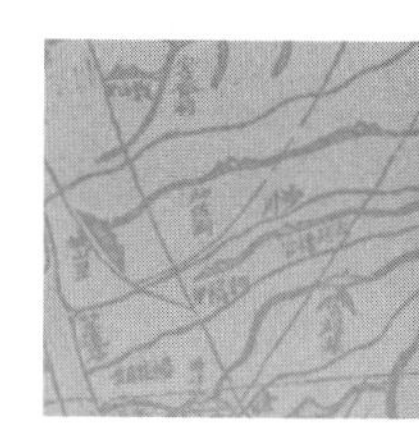

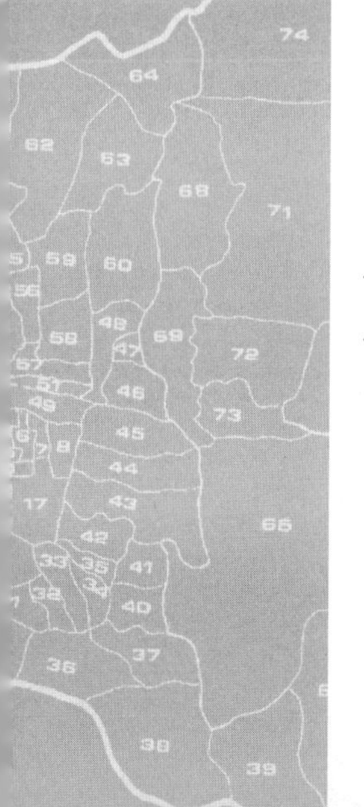

평양 토포필리아와 고도의 재장소화

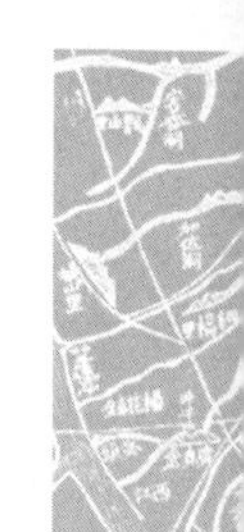

오태영

1. 머리말

평양은 그곳을 바라보고 인식하는 주체의 위치, 관점, 욕망 등에 따라 고정되지 않고 새로운 의미를 부여받으면서 '평양임'을 만들어 갔다. 또한, 근대 이후 국민국가, 동아시아 지역주의, 세계 질서 등 지정학적 지역 질서 및 세계 체제 변동의 과정 속에서 평양은 그 위상(topology)을 달리해 왔다. 평양은 그곳을 둘러싼 국가, 지역, 세계 체제 안에서 '평양'으로 불릴 수 있었던 것이다. 따라서 말할 것도 없이 평양을 평양답게 만드는 것은 평양 그 자체가 아니라 평양에 대한 인식과 표상의 결과인 셈이다. 그런데 근대 한국에서 평양은 특히 식민지 후반기 제국 일본의 동아시아로의 지리적·문화적 팽창 과정 속에서 새로운 인식과 표상의 대상이 되었다. 그것은 근대 이전부터 지속되어 오던 조선의 '지방(local)'으로서의 위상뿐만 아니라 제국 일본을 구심점으로 하는 동아시아 '지역(region)' 내 지방이라는 이중의 중첩된 위상 획득의 과정과 긴밀히 연결된다. 당시 평양은 식민지 조선의 중앙인 경성에 이어 북선北鮮 지방 제1도시로서의 위상뿐만 아니라, 도쿄를 중앙으로 하는 동아시아 지역주의하 신흥 공업도시로서의 위상도 지니고 있었다.

근대 초기부터 평양은 제국과 식민지 사이에서 일본인들과 조선인들에게 조선 최고最古의 도시로 인식되면서 문학작품, 여행기, 각종 지리지 등을 통해 소개되었다. 또한 식민지 후반기에 이르러 평양은 '조선적인 것'의 대표적 기표 중 하나로 환기되면서 식민자/피식민자, 여행자/정주자 등 각각의 표상 주체에 의해 다양한 방식으로 인식되어 나타났다. 주지하다시피, 식민지 후반기 제국 일본과 식민지 조선의 문화적 헤게모니 획득의 과정 속에서 '조선적인 것'에 대한 관심과 탐구가 활기를 띠었다. 물론 근대 초기를 전후한 시기부터 조선적인 것에 대한 관심과 탐구는 계속되어 왔지만, 식민지 후반기에 이르러 그것은 '서양적인 것'의 몰락 징후 속에서 '동양적인 것'이 발견되고, 동시에 '일본적인 것'이 부상한 과정과 밀접한 관련을 맺고 있었다.[1] 조선적인 것에 대한 관심과 탐구의 열기는 다양한 방식으로 표출되었는데, 그중 눈에 띄는 현상은 조선의 고도古都 '경주', '부여', '평양'에 대한 새로운 인식과 표상의 결과물들이 각종 미디어를 통해 생산, 소비, 유통되었다는 점이다.[2] 이 글은 이러한 상황에 주목하면서 식민지 후반기 고도 평양을 인식하고 표상한 식민/피식민, 여행자/정주자 주체의 욕망을 토포필리아 topophilia의 관점에서 고찰하고, 그러한 욕망의 발현 속에서 재장소화된 고도

---

1 이와 관련해서 차승기의 다음과 같은 논의를 참고할 수 있다. "1920년대까지만 해도 '조선적인 것=과거적인 것'에 대한 관심은 특정 학파나 유파에 국한되어 있었으며, 그 관심의 사상적 기반도 낭만적 민족주의에서 크게 벗어나지 못했다.// 이에 반해 1930년대의 조선 연구는 근대성의 가치전도와 깊이 결부되어 있다. 즉 근대적 가치와 규범들이 지배할 때에는 '봉건적인 것' 또는 '낡은 관심과 사상'과 동일시됨으로써 억압되었던 '조선적인 것'이 '억압되었던 과거의 재생'이 담론화되는 과정에서 새롭게 출현한 것이다." 차승기, 『반근대적 상상력의 임계들: 식민지 조선 담론장에서의 전통·세계·주체』(푸른역사, 2009), 94쪽.

2 이와 관련해 '고도 경주'에 대한 인식과 표상은 황종연 엮음의 『신라의 발견』(동국대학교출판부, 2008)을, '고도 부여'에 대한 인식과 표상은 허병식의 「폐허의 고도와 창조된 신도(神都)」(『한국문학연구』 36, 동국대학교 문화학술원 한국문학연구소, 2009, 79~105쪽)를 참고.

평양에 대해 논의하고자 한다. 즉, 이 글에서는 "공간은 그 자체로는 절대적이지도, 상대적이지도, 관계적이지도 않지만, 상황에 따라 그중 하나가 되기도 하고 동시에 모두가 되기도 한다. 공간을 적절하게 개념화하는 문제는 그에 관한 인간의 실천을 통해 해결된다. …(중략)… '공간이 무엇인가?'라는 질문은 따라서 '어떻게 상이한 인간 실천이 공간의 상이한 개념화를 창출하고 또 그것을 사용하는가?'라는 질문으로 대체된다"[3]는 데이비드 하비David Harvey의 지적을 염두에 두고, 식민/피식민, 여행자/정주자의 실천(또는 행위)이 어떻게 평양이라고 하는 공간(또는 장소)의 상이한 개념화를 창출하고 그것을 사용하는가에 논의의 초점을 맞추고자 한다.

그리스어로 '장소'를 뜻하는 'topos'와 '병적 애호'를 뜻하는 'philia'의 합성어인 '토포필리아topophilia'는 인간과 장소 사이의 정서적 유대 및 결속을 뜻하는 개념이다. 이-푸 투안Yi-Fu Tuan은 물리적 환경과 결부된 인간의 정서적 관계를 정의하기 위해 토포필리아란 신조어를 만들어 사용했는데, 그는 인간이 환경에 대응하는 방식을 시각적·심미적 평가에서부터 신체적 접촉에 이르기까지 광범위하게 논의하면서 건강이나 친밀함, 과거에 대한 자각 등이 토포필리아와 관련되어 있다고 주장했다. 동시에 그는 특히 고향, 기억의 장소, 삶의 터전에 대한 인간의 장소 감각을 토포필리아의 관점에서 강조했다.[4] 그런데 토포필리아는 단순히 어떤 공간에 대한 특별한 애착을

3 David Harvey, *Social Justice and the City* (Edward Arnold, 1973), p. 13.

4 "'토포필리아(topophilia)'란 단어는 신조어로, 물질적 환경과 인간과의 모든 정서적 관계를 포함하는 것처럼 넓게 정의할 수 있다는 점에서 편리한 단어이다. 환경과의 이러한 정서적인 관계는 그 강렬함도 미묘함도 표현 양식도 매우 다양하다. 환경에 대한 반응은 우선 무엇보다 심미적인 것인지도 모른다. 그리고 그것은 또한 인간이 조망해서 손에 들어오는 무상한 기쁨이기 때문에, 동일하게 무상하지만, 훨씬 열렬한, 돌연 계시적으로 나타난 미적 감각으로까지 다양하게 이어질 수 있다. 그 반응은 공기나 물, 흙의 감촉에서 기인하는 기쁨처럼, 촉각적인 것인지도 모른다. …(중략)… 그곳이 고향이거나 기억의 장소이거나 생계를 세우는 수단이라는 이유 때문에 인간이 장소에 대해서 갖는 감각이다." Yi-Fu Tuan, *Topophilia: A Study of Environmental Perception, Attitudes, and Values* (Colombia University Press, 1990), pp. 92~93.

가리키는 개념이 아니다. 그것은 인간을 둘러싼 자연적(물리적·지리적), 인공적(건축적·사회학적) 환경을 '장소(place)'로 만들고자 하는 인간 본연의 성향을 의미한다.[5] 다시 말해, 인간이 자신의 주변 세계를 안전과 안정의 감각과 결부된 거주 가능한 장소로 구조화하는 본능적인 성향을 가리키는 것이 토포필리아인 것이다. 따라서 토포필리아는 공간을 장소로 구조화하는 '장소화'의 메커니즘으로 이해할 수 있다.

이 글에서 평양을 인식하고 표상한 주체의 욕망을 토포필리아의 관점에서 고찰하는 이유가 바로 여기에 있다. 그것은 그러한 주체의 욕망에 의해 토포필리아의 대상으로서 평양이라는 공간이 재장소화되는 맥락을 추적할 수 있기 때문이다. 이 글에서는 제국인/식민지인, 일본인/조선인, 여행자/정주자라는 중층적 구분 속에서 평양을 인식하고 표상한 주체의 평양 토포필리아와 그를 통해 발생한 평양의 재장소화에 대해 살펴볼 것이다. 이와 관련해서 본론에서 본격적으로 다루겠지만, 특히 이효석李孝石의 「은은한 빛(ほのかな光)」은 제국 일본인/식민지 조선인이 아닌 정주자의 관점에서 평양을 인식하고 표상하는 주체의 평양 토포필리아를 보여준다는 점에서, 제국 일본/식민지 조선이라는 이분법적 틀로 환원시킬 수 없는 복잡한 지점을 내포하고 있어 주목되는 작품이라고 할 수 있다.

2. '고도古都' 평양의 발견과 전유

평양에 대한 인식과 표상을 통해 재장소화된 고도 평양을 고찰하기 위해서는 먼저 평양이 고도로 발견된 과정을 살펴볼 필요가 있다. 평양이 고도

5 박정수, 「허윤석 소설의 토포필리아 ―그 반근대적 장소애의 포스트 식민성에 대해」, 『한국문학이론과 비평』 20, 한국문학이론과비평학회, 2003, 92쪽.

로 인식되고 표상될 수 있었던 것은 무엇보다 고고학적인 조사와 발굴에 의해 '평양의 발견'이라 명명할 수 있을 만한 사건이 선행되었기 때문이다. 식민지시기 조선에 대한 고고학적인 조사와 발굴은 식민지배라는 특수한 상황 아래 전개되었다. 조선총독부가 중심이 된 관권官權과 자본에 의해 이루어진 고적 조사와 발굴은 식민정책의 일환이었으며, 그 과정에서 조선인은 거의 배제되었다. 3·1운동 이후 고적조사사업은 전환을 맞이하게 되는데, 1921년 독립적인 고적조사과가 설치되어 원활한 사업 추진과 업무의 영속성을 유지할 수 있게 된다. 이후 1924년 재정난으로 고적조사과가 폐지되자 1930년대에 들어서면서 외부로부터의 자금을 지원받아 총독부의 외곽 단체인 조선고적연구회를 설립하게 된다. 이 단체는 해방 이전까지 조선에서의 고적조사사업을 담당하게 되는데, 조선사의 타율적인 측면을 부각시킬 수 있는 증거의 수집과 정리에 사업의 초점이 맞춰져 있었다. 이러한 고적조사사업과 병행해서 각 지방에서 고적보존회가 설립되었는데, 고적의 유지·보존 및 관광사업의 일환으로 공원을 조성하거나 박물관을 건립하는 것이 주요 사업이었다. 이처럼 식민지시기 조선에서의 고적조사사업은 조선총독부를 중심으로 한 관官과, 지방고적보존회를 중심으로 한 민간단체 주도로 이루어졌다.[6]

고적조사사업에서 경주를 중심으로 한 신라시대 유적 발굴은 일선동조론日鮮同祖論뿐만 아니라 임나일본부任那日本府의 존재를 증명하기 위한 것이었고, 평양을 중심으로 한 고구려 및 한, 낙랑 시대의 고적발굴과 유물조사는 과거 조선에 대한 중국의 지배라는 타율적 역사를 뒷받침하는 것을 통해 식민지배를 합리화하기 위한 목적에 의해 이루어졌다.[7] 조선총독부 측

6 이에 대해서는 이순자의 『일제강점기 고적조사사업 연구』(경인문화사, 2009)와 최혜정의 「일제의 평양지역 고적조사사업과 고적보존회의 활동」(『역사와 세계』 32, 효원사학회, 2007, 159~211쪽) 참고.

7 최석영, 『일제의 동화이데올로기의 창출』 (서경문화사, 1997), 250~251쪽.

탁이었던 세키노 다다시(關野貞)는 1909년부터 매년 가을과 겨울에 걸쳐 평양 대동강 남부에 있는 전실고분塼室古墳을 조사하여 이를 낙랑시대의 계통이라고 보고하였다. 이 역시 과거 한반도를 지배하였던 한의 발달된 물질문명을 통해 한반도의 역사를 타율적으로 규정하려는 의도를 지닌 것이었다.[8] 또한, 조선사 편수를 맡았던 구로이타 가쓰미(黑板勝美)는 1916년 고적조사 위원으로 황해도와 평안도 일대를 조사한 뒤, 세키노 다다시의 고적조사를 인용하여 낙랑유적이 있는 평양이 최초의 중국 문명 수용지이며, 그곳이 조선 역사의 출발지라고 강조하였다. 더욱이 그는 조선 역사의 기원과 관련해 단군에 대해 서술하면서도 그것이 최근의 신앙일 뿐이라고 간단히 부정했다.[9] 이처럼 근대 초기부터 지속된 고적 조사와 발굴은 단순히 고대유적의 조사·보존의 차원에 머물지 않고 식민지 조선의 역사를 지배자의 시선으로 재편하는 과정과 맞물려 있었다. 그리고 이러한 고고학적인 발굴과 조사의 결과는 조선 고대사 서술의 내러티브로 원용되었다.

> 平穰이라고도 쓰며, 반도 최고의 도읍으로 4천 년의 역사를 지니고 있고, 평안남도의 수도로 대동강을 둘러싸고 평양 옥야沃野를 이루어 뛰어난 지형을 점유하여 왕검王儉·기성箕城·낙랑樂浪·유경柳京·서경西京·서도西都·호경鎬京 등으로 불렸던 적이 있다. 옛날 지나의 효제 때 환웅(환인의 아들)이 이 왕검에 내려와 도읍을 정했다는 전설도 있다. 은나라 말 주나라 초에 은나라의 왕족 기자의 자손이 요동으로부터 이주해서 기씨箕氏 9백 년간 옛 도읍이 되었다. 지금도 기자릉이 있다. 그런데 기준왕箕準王이 위만[燕人]에서 쫓겨났기 때문에 위씨衛氏의 도읍이 되어 위우량衛右梁에 이르렀다. 그 후 한무제가 위우량을 멸망시켜 낙랑군을 설치

8 최석영, 앞의 책, 266~267쪽.

9 이성시, 「구로이타 가쓰미를 통해 본 식민지와 역사학」, 『만들어진 고대: 근대 국민 국가의 동아시아 이야기』, 박경희 옮김 (삼인, 2001), 220쪽.

하고 군의 수도로 삼았다. 고구려의 동명왕 등도 이곳에 도읍을 정했는데, 고구려 보장왕高寶藏王이 당신唐新 연합군에 의해 멸망하자, 당나라가 즉시 안동도호부安東都護府를 이곳에 설치했던 적이 있다. 고려조(왕건의 건국) 때는 서경이라 불렸다. 임진왜란 때에는 고니시 유키나가(小西行長)가 진격해 본영을 이곳에 설치했는데, 7월 명나라 군대는 조승훈朝承訓의 명령에 따라 역습했지만 패배했다. 9월 명나라의 심유경沈惟敬이 이곳에 와 고니시 유키나가와 화의했지만, 이듬해 정월 명나라 장수 이여송李如松이 돌연 우리 군을 이곳에서 습격했는데, 종의지宗義智 등은 모란대에서 격퇴했지만, 이익이 없었다. 고니시 등은 마침내 물러나 경성으로 퇴각했다. 갑오년 청일전쟁에서는 좌보귀左寶貴가 이 성에 근거를 두었는데, 메이지 27년 9월 중순에 노즈 미치쓰라(野津道貫) 중장·오시마 요시마사(大島義昌) 소장·다쓰미 나오(立見尙) 소장·사토 다다시(佐藤正) 대좌가 사방에서 평양을 포위해 마침내 함락했다. 러일전쟁에서는 메이지 37년 2월에 제1군[黑木]의 선발대가 평양에 들어왔다. 우리 장교 척후가 적병 5기마(부대)에 추적을 당했을 때 칠성문 밖에 있던 1분대가 사격해서 이를 물리쳤다. 이것이 육군 개전의 효시이다. 이조시대는 평남도 관찰부가 있었던 곳으로, 한국의 광무 2년 5월 이후 시장이 열리게 되었다. 또 역사상 유명한 모란대·을밀대, 혹은 칠성문·현무문·대동문·연광정·부벽루 등이 있다. 지금은 평안남도청의 소재지로, 복심覆審법원·지방법원 및 야포병 연대·비행 연대도 이곳에 있고 부근에 육군의 비행장이 있다. 근방의 사동寺洞에는 평양 탄광이 있어서 고생대의 무연탄을 생산하고 있다.[10]

앞의 인용문은 사토 다네하루(佐藤種治)의 『최신조선역사지리사전最新朝鮮歷史地理辭典』에서의 '平壤' 항목에 대한 설명이다. 이 책은 저자가 서문에서 밝히고 있다시피, "고등학교·중등학교 및 소학교 교원과 특히 문부성 중등

10 佐藤種治, 『最新朝鮮歷史地理辭典』 (富山房, 1933), 169~170쪽.

교원 역사과 동양사 수험자 및 지리 연구자의 참고와 조선 거주 지식계급"에 제공할 목적으로 편찬되었으며, "주로 태고 이래 조선에 관한 역사상의 사건·인명·지명·직명·제도·문헌 및 지리상 요지 등에 관한 말을 수집해서 거기에 간단한 설명을 덧붙인" 책이다.[11] 위의 '평양' 지명에 대한 설명 역시 유사 이래 평양을 둘러싼 인물, 사건 등의 역사 서술을 하고 있다는 점에서 당시 역사 서술에서의 평양지平壤誌 구성의 한 측면을 보여준다. 그리고 이러한 역사 서술에서의 평양지 구성에 있어서도 중국 은나라의 기자릉, 위나라의 위우량, 한무제의 낙랑군 등 중국의 조선 지배라는 타율성이 강조되고 있다. 뿐만 아니라 임진왜란, 청일전쟁, 러일전쟁 등의 서술을 통해 역사상 일본과 조선의 관계를 부각시키면서 일본에의 조선 의존도를 강조하고 있다. 요컨대 제국 일본의 조선사 서술의 맥락 속에서 평양은 조선의 타율성과 의존성을 부각시켜 식민지배의 정당성을 확보하기 위한 가장 유력한 장소로

사진 1 기자릉(箕子陵)

11 左藤種治, 앞의 책, 7쪽.

자리매김되었던 것이다.

한편, 고도 평양이 근대 한국의 민족사 서술에서 구심점으로 작동하고 있었던 것은 신채호의 『조선사朝鮮史』를 통해 쉽게 확인할 수 있다. 신채호는 『조선사』에서 평양의 옛 이름이 '왕검성王儉城'이라는 것을 밝히기 위해 『삼국사기三國史記』 권 17 고구려 동천왕東川王 21년조와, 중국 위 왕조 및 남북조시대의 북위와 동·서위의 역사서 『위서魏書』를 그 근거로 제시하여 "平壤의舊名이 王儉城이오 新羅의仙史에도 平壤者仙人王儉之宅이라하고 魏書에도 乃往二千載前 有檀君王儉 立國阿斯達 國號朝鮮이라하니 그러면 朝鮮古代에 檀君王儉을 宗敎의 敎祖로 尊奉하야왓슴은 事實"[12]이라고 서술했다. 그는 조선 역사의 출발점을 단군으로 삼고, 그 단군이 세운 고조선의 도읍이 평양이라는 것을 내세우면서 유사 이래 조선 문명의 발상지이자 정신적 성지가 평양임을 주조해 냈다.

이처럼 민족사 서술에서 고도 평양이 기원의 공간으로 존재한다는 것은 평양을 성적지聖跡地로 자리매김하고, 그곳을 순례하여 기록을 남긴 글을 통해서도 확인할 수 있다. 현진건은 1932년 7월부터 11월까지 묘향산, 평양, 강동江東, 강서江西, 구월산九月山, 마니산 등 단군 관련 고적지를 순례하여 「단군성적순례檀君聖蹟巡禮」라는 제목의 글을 『동아일보』에 연재했다. 동아일보사의 주최로 4달 남짓의 기간 동안 평양을 중심으로 한 단군 관련 고적지를 순례하여 기록한 이 글은 민족사 서술에 나타난 고도 평양의 내러티브를 내면화하고 있는 양상을 잘 보여준다. 순례기가 연재되기 전 동아일보사 측은 "半萬年文化의 創造者시오 二千三百萬朝鮮人의 肉과靈의 源泉이시며 歷代朝鮮民族의 崇仰의對象이신 檀君聖祖의 遺跡을奉審하고 아울어 그神功聖訓을 全朝鮮同胞와 함게 追慕하고喚醒하옵기爲하야" 사회부장인

12 申采浩, 「朝鮮史」(十五), 『朝鮮日報』, 1931. 6. 27.

현진건으로 하여금 "檀君께옵서 오래 統治敎化하시던首都"인 평양을 비롯한 단군 성적지를 순례하게 한다고 밝히고 있다.[13] 이는 일본인에 의한 타율적인 고대사 서술과는 달리, 민족을 상상하는 축으로서 단군과 그 성적지를 제시하고 있는 것이다. 현진건 역시 "聖祖ㅅ게 對한 丹誠과 信念"[14]을 가지고 성적지를 순례하면서 폐허가 된 성적지에 대해 한탄하기도 하지만, 면면히 이어져 내려오는 성조 단군의 영험함이 살아 숨 쉬는 공간으로 그곳을 표상하기도 하였다.

그런데 「단순성적순례」에서 현진건은 강서 주변을 순례하면서 과거 왕조 조선시대의 읍지邑誌뿐만 아니라 조선총독부에 의해 만들어진 보고서, 세키노 다다시의 고적조사 결과를 활용해 순례기를 기술하고 있다. 이것은 식민지시기 이루어진 조선인 문학자들과 지식인들의 고도에 대한 상상이 스스로의 자각에 의해서만 이루어진 것이 아니라, 먼저 그 장소를 발굴하고 여행한 제국 일본의 문학자들과 지식인들의 발견과 감탄의 기록에 영향을 받았다는 것을 의미한다. 식민지배자의 시선에 의해 개발된 조선의 고도는 식민지 지식인들의 내면에도 기입되어 일종의 심상지리로 작동하게 되었던 것이다. 민족사 서술의 중추에 평양을 놓으려는 식민지 조선인 지식인의 기획 역시 식민지통치를 위한 제국의 고적조사와 조선 고대사 서술의 자장으로부터 자유로울 수는 없었던 것이다.

이상에서 평양을 중심으로 한 고적조사와 제국에 의한 조선사 서술 및 식민지 조선인들의 민족사 서술의 구심점으로 작동하는 고도 평양에 대해 간단히 살펴보았다. 이 글에서 평양을 중심으로 한 고적조사나 역사 서술에서의 평양에 대한 인식과 표상의 전모를 논의하기에는 제한적일 뿐만 아니라, 필자가 감당할 수 있는 부분도 아니다. 다만, 평양이 제국과 식민지 사이에

---

13 「檀君聖跡巡禮 特派員 本社社會部長 玄鎭健」, 『東亞日報』, 1932. 7. 9.

14 玄鎭健, 「檀君聖跡巡禮」(一), 『東亞日報』, 1932. 7. 29.

서 고도로서 발견되고 전유된 맥락을 간단하게 언급하고 싶었을 뿐이다. 왜냐하면 그것이 이후 본격적으로 논의하게 될 문학작품에 나타난 평양에 관한 인식과 표상이 가능할 수 있었던 물질적·정신적 기반을 제공했다고 여겨지기 때문이다. 요컨대 근대 초기부터 진행되었던 평양에 관한 고적조사와 그 결과를 바탕으로 한 조선 고대사 서술 등이 평양에 고도의 위상을 부여하였고, 그러한 위상이 식민지 후반기 문학작품 속에서 일본인/조선인, 여행자/정주자에 의한 평양의 재장소화로 이어졌던 것이다.

3. 여행자의 시선과 노스텔지어적 시간관념

여행이라는 행위는 여행자의 욕망을 여행지에 투사하는 것을 통해 여행지를 인식하고, 표상하며, 기억한다는 점에서 정주자의 그것과는 근본적으로 다른 공간적 실천 행위이다. 또한, 여행 주체의 위치나 여행지의 위상에 따라 그곳은 다르게 인식되고 표상되기 마련이다. 식민지 조선의 평양이라는 공간 역시 제국 일본인과 식민지 조선인이라는 여행 주체에 따라 다르게 인식되고 표상되어 그들 각자에게 장소화되었다. 이 장에서는 제국 일본인과 식민지 조선인 여행자의 평양 인식과 표상, 그리고 그 속에 나타난 평양 토포필리아에 대해 살펴보기 위해 각각의 여행 서사를 검토하고자 한다. 먼저 식민지 후반기 일본인 여행자의 평양에 대한 인식과 표상을 살펴볼 수 있는 대표적인 작품으로 1939년 11월 『모던일본(モダン日本)』의 임시증간호 〈조선판朝鮮版〉에 실린 두 편의 소설, 하마모토 히로시(濱本浩)의 「여수旅愁」와 가토 다케오(加藤武雄)의 「평양平壤」을 들 수 있다.[15]

15 윤소영·홍선영·김희정·박미경 옮김, 『일본잡지 모던일본과 조선 1939: 완역 〈모던일본〉 조선판 1939년』 (어문학사, 2007). 앞으로 이 책에서 인용할 경우 괄호 안에 해당 쪽수만 병기함.

하마모토 히로시의 「여수」는 아내와 사별한 일본인 작가 고노(河野)가 "죽은 아내에 대한 기억이 가득한 도쿄를 떠나 새로운 풍경에 마음을 달래고, 잊으려 해도 잊혀지지 않는 마음의 상처를 치유하여 다시 새로운 생활을 시작하려는 마음"(56쪽)에서 조선의 금강산과 경성, 평양을 여행하는 내용으로 이루어져 있다. 이 소설에서 평양은 일본인 고노에게 전적지戰迹地, 색향色鄕, 명승지名勝地로 인식되고 표상된다.[16] 청일전쟁에서 일본군 전승의 기념지이자 조선 기생의 본고장, 그리고 "적송의 모란대와 푸른 버드나무의

『모던일본』은 1930년 10월에 창간되어 문예춘추사에서 발간되다가 1932년 10월부터 1942년 3월까지는 모던일본사에서 발간된 월간잡지였다. 기쿠치 간(菊池寬)은 창간호에서 변화하는 현대 일본을 표현하기 위해 시대의 첨단을 보여주는 생활, 과학, 오락, 취미 등을 다루겠다고 잡지 창간의 취지를 밝혔다. 모던일본사에서는 1939년과 1940년 두 차례에 걸쳐 임시증간호를 발행했는데, 이것이 '조선판'이라 명명된 조선 특별호이다. 특히, 1939년 〈조선판〉은 마해송(馬海松) 개인 주도로 기획되고 출판되었는데, 그는 개성 출신으로 일본 니혼대학 예술과에서 수학했으며, 『文藝春秋』의 초대 편집장을 지내기도 한 인물이었다(「해제」 참고). 잡지의 「편집후기」에서 "조선반도가 군사적·경제적·문화적으로 대륙과 연결되는 거점으로서 중요성이 강조되고 조선에 대한 인식이 절대화되어, 식자는 물론 전 국민의 애국적 관심이 팽배해지는 시점에서 간행되었다"(508쪽)고 말하거나, 기쿠치 간이 「조선판에 부치는 말」에서 "조선이라면 금강산과 기생 정도 외에는 일반에게 잘 알려져 있지 않다. 조선에도 문단이 있고 많은 작가가 있지만 아직 작품을 접한 적이 없다. 다행히 이번 증간호에 다수의 조선 작품을 소개한다는데 그것만으로도 즐거움이고 기대가 크다.// 시국하에 의미 있는 사업이므로 마 군에게도 보람 있는 일이 되리라 생각한다"(106쪽)고 말한 것을 통해 확인할 수 있듯이, 〈조선판〉은 조선에 대한 관심과 탐구의 열기 속에서 내지 일본인에게 조선을 소개하려는 목적에 따라 기획된 것이었다. 그리고 하마모토 히로시와 가토 다케오의 두 편의 소설 역시 이러한 기획 아래 "조선을 시찰하고 조선에서 취재한 이색적인 걸작"(508~509쪽)으로 평가받으면서 잡지에 수록된 것이었다.

16 "부친의 옛 참전지가 아니더라도 평양에 가 보고 싶었다. 3천 년 고도의 땅, 대동강과 기생도 매력적이었다. 고고학자인 친구가 지금 평양 교외에서 고구려유적을 발굴하고 있었다. 그 현장도 보고 싶었다."(63쪽) 이러한 양상은 당시 하마모토 히로시의 「平壤の手帖」(『觀光朝鮮』 第二卷 第一號, 1939. 12, 18~23쪽)에서도 반복적으로 나타난다. 『관광조선』이 내지 일본인들의 조선여행안내서 격이었다는 점을 감안한다면, 1939년 『모던일본』 〈조선판〉과 마찬가지로 조선에 대해 소개하고, 관심을 불러일으키기 위해 평양의 명소, 고적 등을 내러티브상에 적극적으로 활용하고 있음을 알 수 있다. 『관광조선』과 이어 제호가 바뀐 『文化朝鮮』에 대해서는 오태영, 「관광지로서의 조선과 조선문화의 소비 ―『觀光朝鮮』과 『文化朝鮮』에 대한 개괄적인 소개」, 『日本學』 30, 동국대학교 문화학술원 일본학연구소, 2010, 281~299쪽 참고.

능라도가 좌우로 바라다 보였고, 정면으로 곧장 대동강이 흐르고 있"(78쪽)는 빼어난 풍광을 간직하고 있는 곳이 평양이었던 것이다. 그런데 조선여행이 끝날 즈음 "여기는 도쿄에서 몇백 리나 떨어져 있을까 하는 생각이 문득 들었다"(87쪽)라는 구절을 통해 짐작할 수 있듯이, 고노는 도쿄를 중심으로 식민지 조선의 평양을 바라보고, 인식하며, 표상하고 있었다. 그것은 이 작품이 여행기의 형식을 취하고 있다는 점에서 보다 명백해진다. 그는 도쿄를 떠나 조선의 금강산과 경성, 평양을 여행하고 다시 도쿄로 돌아가는 여행자, 그 이상도 이하도 아니었던 것이다. 따라서 고노에게 평양은 잠깐 머무르는 여행지이지 정주처는 아니었고, 그의 평양에 관한 인식과 표상은 여행자의 시선(the tourist gaze)에 의해 양산되었던 것이다.[17] 요컨대, 고도 평양은 내지 일본인 고노의 나르시시스틱한 여행자의 욕망을 충족시켜 주는 대상에 다름 아니었던 것이다.

사진 2 김인승(金仁承)이 그린 「여수」의 삽화

여행기의 형식을 취하고 있다는 점은 가토 다케오의 「평양」도 마찬가지이다. 평양을 방문한 주인공은 먼저 평양부립박물관을 찾아 박물관장 고이

17 '여행자의 시선(the tourist gaze)'에 대해서는 John Urry, *The Tourist Gaze* (SAGE Publications, 2002) 참고.

그림 3 정현웅(鄭玄雄)이 그린 「평양」의 삽화

즈미(小泉)의 안내로 낙랑고분 출토 유물의 정교함에 감탄하고, 청일전쟁 기념 전시실에서 당시의 풍속화와 사진을 관람하면서 청일전쟁이 "대륙진출을 향한 우리 민족의 첫발"(91쪽)이었다고 회고한다. 다음날 그는 마에다(前田)의 안내로 현무문, 을밀대, 기자묘를 둘러보고, 사토(佐藤) 부윤이 오마키 차야에 마련한 연회에 참석한다. 연회의 주석에서 시중을 드는 기생과 계월향 고사와 관련된 한담을 나누고, 이어 대동강에 놀잇배를 띄워 고려시대 금강사지터로 추정되는 곳에 도착한다. 그는 금강사의 당탑 배치와 구조를 야마토의 호류지(法隆寺)와 비교해서 설명하는 고이즈미 박물관장의 말을 들으면서 "사물의 눈을 꿰뚫어 보고자 하는 커다란 열의"(100쪽)에 감복하는 동시에 성진城津고주파중공업주식회사의 전무 다카하시(高橋)를 떠올린다. 다카하시는 "일개 고기잡이 항구에 지나지 않던 성진을 혼자 힘으로 북선 굴지의 대공업 도시"(101쪽)로 만든 사람으로 그에게 여겨졌던 인물이다. 즉, 고이즈미 박물관장과 다카하시 전무는 서술자에게 시국의 요청에 부응하는 '평양의 개척자'로 인식되고 있었던 것이다.

「평양」에는 앞선 「여수」에 비해 신흥 공업도시로 변모하고 있는 평양에 대한 인식과 표상이 잘 나타나는데, 평양의 발전사를 서술하는 일본인의 내러티브 속에서 제국 일본과 식민지 조선의 위계화된 배치는 소거되어 증발한다. 그런데 보다 흥미로운 점은 평양을 고도와 공업도시로 인식하고 표상하는 주체가 그것들을 현재의 시점에서 '먼 과거'와 '무한한 미래'로 병치시키고 있다는 점이다.

"조선은 불가사의한 곳이야. 같은 땅속에 이렇게 2천 년 전의 문화가 잠들어 있고 동시에 풍부한 지하자원과 함께 무한한 미래가 묻혀 있거든."

"그렇군요."

"과거와 미래가 동시에 발굴되는 모습이 재미있지 않은가."

…(중략)…

고이즈미 씨가 바라보는 것은 **먼 과거**이다. 거기엔 조선과 일본의 구별이 없었다. 다카하시 씨가 바라보는 것은 **무한한 미래**이다. 다카하시 씨는 자신의 눈에는 내지인도 조선인도 없다고 자기 회사에서 내선인內鮮人은 평등한 대우를 받는다고 했는데 내선일체가 되어 무한한 미래로 돌진하는 이가 다카하시 씨이다.(102~103쪽, 강조는 인용자)

인용문을 통해 확인할 수 있듯이, 내지 일본인 여행자에게 평양은 2천 년 전의 문화와 풍부한 지하자원, 그리고 무한한 미래를 상상하게 하는 곳이다. 물론 고이즈미를 통해 '먼 과거', 다카하시를 통해 '무한한 미래'를 볼 수 있었다는 서술은 식민지 후반기 내선일체 담론의 당위성을 확보하기 위한 수사적 전략이다. 그것은 제국 일본의 조선 식민지 지배를 합리화하기 위해 동원된 고적조사와 고대사 서술이 식민지 후반기 내선일체 담론의 근거로 재소환된 것이다. 하지만 보다 주목되는 것은 식민지 조선의 평양이라는 공간을 인식한 주체가 그러한 공간 속에서 과거와 미래의 시간을 동시에 발견할 수 있었다는 점이다. 즉, 여기에서 내지 일본인 여행자에게 평양은 일본(과 조선)의 과거와 미래가 공존하는 곳이자, 통합의 시간 감각을 통해 제국주의적 욕망을 표출하기에 유력한 공간이었던 셈이다.

그런데 하마모토 히로시의 「여수」와 가토 다케오의 「평양」에서 동시에 등장하는 장소가 있어 이목을 끈다. 그곳은 대동강 모란대 근처에 있는 일본인 경영의 요리점 '오마키 차야'로, 다카하마 교시(高濱虛子)의 『조선朝鮮』에 이미 등장하는 관광 명소이다. 이 글에서 오마키 차야를 매개로 「여수」와

「평양」을 『조선』에 유비시키는 이유는 1930년대 후반 내지 일본인의 평양여행의 서사 속에 나타난 평양에 관한 인식과 표상의 기원이 이미 30여 년 전에 발아하고 있었다는 점을 환기하기 위해서다. 1912년에 출간된 『조선』에서 일본인 여행자에게 평양은 처음부터 전적지, 명승지, 색향으로 인식되어 표상되고 있었다.[18] 그리고 1930년대 후반에 이르러 이러한 익숙한 표상의 유통 과정 속에서 평양은 내지 일본인 여행자들에게 소개되고 있었던 것이다. 이와 관련해 조선총독부가 편찬한 『조선철도여행편람朝鮮鐵道旅行便覽』에서의 평양 안내의 서술을 통해 그러한 표상의 유통 과정에 조선총독부를 위시로 한 식민통치와 여행산업자본의 공모가 긴밀하게 관련되어 있음을 짐작할 수 있다. 이 책에서 인구 8만 6천 명(그중 내지인 1만 9천)이 거주하고 있는 평양은 경성 이북의 제1도시로서 천여天與의 자연 풍광風光을 보유하고 있고, 지하자원이 풍부해 공업지로서 전 조선에서 가장 좋은 입지 조건을 갖추고 있다고 소개된다. 또한, 단군의 도성, 기자·위만의 거점, 한무제의 낙랑군, 고구려 도성의 땅으로 역사적으로도 풍부한 풍치를 자아낼 뿐만 아니라, 임진왜란에서 청일전쟁에 이르기까지 일본군의 전승지로서 중요한 의미를 지니는 사적지로 안내되고 있다.[19] 물론 이러한 표상은 내지 일본인을 위한 조선여행안내서뿐만 아니라, 지리풍속지에서도 재생산되고 있었다.[20]

---

18 高濱虛子, 『朝鮮』(實業之日本社, 1912). 대표적으로 "「실로 훌륭한 옛 전쟁터군요.」라며 예전에 세키가하라(關ケ原)나 오케하자마(桶狹間) 등 의외로 소규모였던 데 실망한 적이 있었던 나는 이 웅대한 경치에 감동받아 나도 모르게 탄식했다"(312쪽)라고 말하거나, "하늘이 만들어 준 자연의 명승지로서 이 물과 저 구릉을 함께 생각했다"(315쪽)라고 서술한 점, 그리고 "경성에도 (기생이) 있습니다만 기생의 본향은 평양이기 때문입니다.// 그러면 풍경뿐만 아니라 미인이라는 점에서 말해도 교토네요"(348쪽, 괄호 첨언은 인용자)라는 대화 등을 통해 확인할 수 있다.

19 朝鮮總督府 編, 『朝鮮鐵道旅行便覽』(朝鮮印刷株式會社, 1923), 169~171쪽.

20 "단군 이래 기자, 고구려 등의 수도로서 이미 4천 년의 역사를 갖고, 조선 최고의 도읍이라 불리고 있는 곳이 평양이다. 특히 대동강 변의 구릉지 일대는 단지 풍광이 아름다울 뿐만 아니

따라서 하마모토 히로시의 「여수」와 가토 다케오의 「평양」이 새삼스럽게 식민지 조선의 도시 평양에 관한 새로운 인식과 표상을 창출해 내고 있는 것은 아니다. 그것은 이미 근대 초기부터 일본인에 의해 만들어지고 유통된 평양 인식과 표상의 방식을 고스란히 답습하고 있었던 것일 뿐이다. 그리고 그러한 재생산의 과정 속에서 식민지 조선의 기생을 섹슈얼리티의 대상으로 타자화하면서 식민자 남성의 나르시시스틱한 욕망을 가감 없이 드러내거나, 현재의 평양에 일본(과 조선)의 과거와 미래를 병치시키면서 내선일체 담론을 역설하는 태도를 덧칠했던 것이다. 요컨대 식민지 조선의 평양은 내지 일본인 남성 작가에 의해 익숙한 방식 속에서 전적지, 명승지, 색향으로 표상되면서 식민자이자 여행자의 낭만적 욕망의 전유물로 재장소화되었던 것이다.

한편, 여행자의 관점에서 식민지 조선 지식인의 평양에 관한 인식과 표상을 살펴볼 수 있는 대표적인 작품으로 이태준李泰俊의 「패강랭浿江冷」을 들 수 있다. 이태준의 「패강랭」에서 소설가 현은 평양 소재 고등보통학교에서 조선어와 한문을 가르치는 친구 박의 편지를 받고 10년 만에 경성에서 평양으로 간다. 그는 정거장에 마중 나온 박을 보고 "이 시대전체에서 긴치않게 여기는, 찌싯찌싯 붙어있는 존재 같았다"[21]고 느끼면서 자신과 자신의 작품 또한 그러하다는 생각에 할 말을 잃어 저녁에 다시 만나기로 하고 홀로 모

라, 매우 중요한 위치이기 때문에 많은 격전의 무대가 되었다. …(중략)… 하지만 우리들이 지금 보는 것처럼 평양은 조선의 공업도시로서 최근에 전개되고 있다. …(중략)… 사동(寺洞)의 무연탄전 개발이 급격하게 진보하는 동시에 평양의 대안 평지인 선교리에는 조선전기흥업주식회사나 일본제당지사와 같은 큰 공업회사가 설립되고, 거기에 수반해 이전의 황무지는 급격하게 공업지대로 변화했다."(仲摩照久 編, 「平壤府」, 『日本地理風俗大系』 第17卷, 新光社, 1930, 271~275쪽) 이 책에서 평양은 '전통의 도시'(과거)와 '공업의 도시'(현재)로 나뉘어 설명된다.

21 李泰俊, 「浿江冷」, 『三千里文學』, 1938. 1, 22쪽. 앞으로 이 책에서 인용할 경우 괄호 안에 해당 쪽수만 병기함.

란봉으로 향한다. 모란봉으로 향하는 차 안에서 그는 경찰서 건물이 새롭게 세워진 것과 평양 여자들의 머릿수건이 보이지 않는 데 서글퍼한다. 이후 차에서 내려 을밀대로 향하던 중 비행장 경계 보초병을 보고 발걸음을 돌려 강가의 놀잇배를 불러 타고 약속 장소인 동일관에 이르러 박과 함께 온 부회의원이자 실업가인 김을 만난다. 기생을 동석시킨 주석에서 현은 12년 전 호감을 가졌던 기생 영월이를 떠올리고 그녀를 부른다. 주석이 무르익으면서 생활개선운동의 일환으로 머릿수건 착용이 금지된 것과 관련하여 현과 김이 언쟁을 벌이자, 취흥을 깨지 않기 위해 영월이 장구를 치며 노래를 부른다. 노래가 끝난 뒤 김이 유성기를 틀어 춤을 추면서 현에게도 권하자 현은 경멸하는 태도를 보이고, 이제부터 실속을 차리라는 김의 말에 다시 싸움이 일어나게 된다. 싸움을 말리기 위해 박이 현을 데리고 밖으로 나가고, 현은 강가에 서서 "서리를 밟거던 그뒤에 어름이 올것을 각오하란"(30쪽) 의미의 『주역周易』의 '이상견빙지履霜堅冰至' 구절을 되뇐다.

「패강랭」에서 현은 부벽루의 기둥과 처마를 보면서 왕조 조선의 문물다운 우직한 순정을 느끼고, 대동강 변의 구릉을 바라보면서 "자못 유구한맛이 난다"(21쪽)고 생각한다. 이태준의 분신 격인 현의 시선을 통해 확인할 수 있듯이, "이태준의 애정어린 시선은 주로 고도, 사찰, 농촌, 자연 등 시대의 변화를 견디며 남아 있거나 아니면 아예 변화를 타지 않는 것들에 머문다. 그리고 그것들이 빚어내는 낯익은 풍경은 근대도시와는 대조적으로 확실성과 구체성이 충만한, 인지 가능한 공간으로 부각된다. …(중략)… 이태준의 신변담이 지니고 있는 여러 특징들 중에서 과거의 유물에 대한 강렬한 애착만큼 그 신변담의 반시대적 취향을 분명하게 증거하는 것도 없다."[22] 그런데 현은

---

22 황종연, 「반근대(反近代)의 정신 –식민지시대 이태준의 단편소설에 관한 고찰」, 『비루한 것의 카니발』 (문학동네, 2001), 434~436쪽. 황종연은 이태준의 「패강냉」에서의 부벽루 경치가 근대도시 평양에 이방(異邦)처럼 남아 있는 '이조(李朝)'의 풍경이자 이태준 신변담의 풍경이라

사진 4 대동강의 경관

대동강 변을 바라보다 부여에 가서 낙화암과 백마강을 보았던 때를 떠올리며, "조선 자연은 왜 이다지 슬퍼 보힐가?"(21쪽)라고 한탄한다. 그의 이러한 탄식은 10여 년 만에 찾은 평양의 변화된 모습에 대한 상념, 이제는 사라진 과거 평양에 대한 애도의 표현이라고 할 수 있다.

> 현은 평양여자들의 머리수건이 늘 보기좋았다. 현은단순하면서도 힌 호접과 같이 살아 보혓고, 장미처럼 자연스런 무게로 한송이 얹힌 당기는, 그들의 악센트 명랑한 사투리와 함께 「피앙내인」들만이 가질수 있는 독특한 아름다움이었다. 그런 아름다움을 제고장에와서도 구경하지 못하는것은, 평양은 또한가지 의미에서 폐허廢墟라는 서글픔을 주는 것이였다.(23쪽)

고 논하고 있다.

이처럼 식민지 조선인 현에게 "자못 유구한맛"이 나는 평양은 폐허의 공간으로 여겨진다. 왜냐하면 "악센트 명랑한 사투리와 함께 「피앙내인」들만이 가질수 있는 독특한 아름다움"의 상징물인 머릿수건이 사라지고, 기생의 노래와 춤은 유성기의 재즈음악과 댄스에 자리를 내주었기 때문이다. 다시 말해, 평양에서 현은 사라지는 조선의 기표 즉 사라진 평양 여자의 머릿수건, 사라진 조선 기생의 모습을 보며 비애를 느끼게 되는 것이다.[23] 이러한 '소멸되는 것들'에 대한 애착은 이태준의 작품 속에서 다양한 형태로 나타났다. 그런데 「패강랭」에서 현이 머릿수건이 없어진 것과 관련해 고유한 것으로 여겨지는 문화를 천대하는 경세가 김의 태도를 경멸하는 것을 민족주의적 의식의 발로라고 단정할 수만은 없다. 작가 이태준의 분신 격인 현의 '고

사진 5 서선(西鮮) 지방의 풍속 중 하나인 머릿수건

23 박진숙, 「식민지 근대의 심상지리와 『문장』파 기행문학의 조선표상」, 민족문학사연구소 기초학문연구단, 『'조선적인 것'의 형성과 근대문화담론』 (소명출판, 2007), 89쪽.

유한 문화'에 대한 애착이 미적 대상물에 대한 심미주의적 태도의 발현일 뿐만 아니라 그러한 심미주의적 태도는 '동양적인 것' 속에서 '조선적인 것'에 대한 관심과 탐구가 새롭게 부상한 당시의 제국주의적 담론과 밀접한 관련을 갖기 때문이다.[24]

그렇다면 보다 관심을 가져야 할 것은 현재의 평양에서 과거의 평양을 소환하는 현의 행위에 있다. 경찰서와 비행장으로 상징되는, 식민권력에 의해 변동하고 있는 평양을 '폐허'로 인식하는 행위는 폐허 이전의 평양을 상정하는 것을 통해서 가능하다. 따라서 폐허 이전의 '유구한 맛'이 나는 곳으로 평양을 인식하고 표상하는 행위는 노스텔지어적 시간관념에 의해서 추동된 것이다. 다시 말해 그는 도달할 수 없는 곳에 대한 욕망을 분절화된 근대적 시간 감각을 통해 추인하고 있는 것이다. 따라서 식민지 조선인 현에게 평양은 노스텔지어적 시간관념에 의해 새롭게 심미화된 대상으로 위치 지어지고 있는 것이다. 그것은 현재에 과거를 소환하는 피식민 주체의 시대착오적인 욕망의 일단이라고 할 수 있지만, 그러한 욕망이 가능했던 것은 여행이라는 행위가 증폭시키는 현재(경성)에서 과거(평양)로의 이동가능성에 다름 아니다. 이처럼 이태준의 「패강랭」은 노스텔지어적 시간관념을 통해 식민권력에 의해 변동하고 있는 고도 평양을 폐허로 인식하고 표상하는 피식민 조선인 여행자의 시선을 여실히 보여주고 있는 것이다.

이상에서 살펴보았던 것처럼, 식민지 조선의 평양은 제국 일본인과 식민

24 이와 관련해서 "이태준이 심미화하고 있는 '평양', 비애의 대상으로서의 조선과 그 문화의 사라짐에 대한 분노 등은 조선인 이태준만의 것이 아니라 당대의 많은 일본인들에게서도 동일한 발상을 볼 수 있는 것이다. …(중략)… 이태준의 「패강냉」이 조선어 금지의 당국의 정책과 조선의 문화적 로컬리티가 사라져 가는 당대의 상황에 대해 비판하고 있는 텍스트라는 사실은 분명한 것이지만, 그가 재현해 내고 있는 '조선'의 기표들이 제국의 지방으로서의 '평양' 혹은 '조선'을 심미화하는 방식으로부터 자유롭지 못했다는 것 또한 사실이다"라는 정종현의 논의를 참고할 수 있다(정종현, 「한국 근대소설과 '평양'이라는 로컬리티」, 『사이間SAI』 4, 국제한국문학문화학회, 2008, 117쪽).

지 조선인 여행자의 욕망에 의해 각각 재장소화되었다. 하마모토 히로시의 「여수」와 가토 다케오의 「평양」에서 평양은 전적지, 명승지, 색향 등으로 표상되면서 식민자이자 여행자의 낭만적 욕망의 전유물로 재장소화되었고, 이태준의 「패강랭」에서 평양은 식민권력에 의해 변동하고 있는 폐허의 고도로 재장소화되었다. 그런데 앞서 살펴보았던 것처럼, 이들 제국 일본인과 식민지 조선인 여행자의 평양에 대한 인식은 노스텔지어적 시간관념에 의해 추동된 것이었다. 「여수」의 서술자가 평양을 부친의 옛 참전지로 기억하거나 「평양」에서의 서술자가 '먼 과거'와 '무한한 미래'를 현재의 평양에 병치시키는 태도, 「패강랭」의 현이 폐허 이전의 평양을 그리워하면서 폐허로서 평양을 인식하는 것 등은 모두 노스텔지어적 시간관념의 산물인 것이다. 지금이 아닌 어떤 다른 시간, 이곳이 아닌 어떤 다른 곳에 대한 열망, 그것이야말로 근대적 노스텔지어의 원천이라는 점[25]을 감안한다면, 이들 이방인들에게 평양은 노스텔지어적 시간관념에 의해 새롭게 인식되어 개인적 장소로 여겨졌던 것이다. 요컨대, 토포필리아가 시간의 흐름에 따라 어떤 장소에 대한 특별한 의미와 가치를 인식하게 되는 과정에서 점진적으로 발생·축적되는 정서로, 주로 회고나 기억의 방식과 연루[26]될 뿐만 아니라 그것이 '기억의 장소'에 대한 감각이라는 점을 다시 한번 상기한다면, 이들 여행자의 평양 토포필리아는 노스텔지어적 시간관념에 의해 추동되었던 것이다.

25 김철, 「프로레타리아 소설과 노스탤지어의 시공(時空)」, 동국대학교 문화학술원 한국문학연구소 엮음, 『'고향'의 창조와 재발견』 (도서출판 역락, 2007), 166쪽.

26 신재은, 「유년의 기억 속에 투영된 공간 수사학 –'토포필리아'와 '토포포비아'의 수사적 차이를 중심으로」, 『현대문학의 연구』 28, 한국문학연구학회, 2006, 307쪽.

4. 정주자의 관점과 삶의 장소에의 동일시

앞서의 작품들이 일본인/조선인 여행자의 시선에 의해 발견되고 표상된 평양을 보여주고 있다면, 이효석의 「은은한 빛」은 평양 거주 일본인과 조선인 모두의 그것을 주조하고 있다는 점에서 흥미롭다. 이 작품은 일본의 문예잡지 『문예文藝』 1940년 7월호의 〈조선문학특집朝鮮文學特輯〉에 수록되었다.[27] 『문예』 편집자는 조선문학의 내지 소개가 조금씩 이루어지고 있는 것이 우연한 것이 아니라, 조선문학이 그동안 일군의 훌륭한 작가를 양산해 왔고, 내지의 문화인들이 관심을 가지지 않았던 조선에 주목했기 때문이라고 말한다. 하지만 무엇보다 〈조선문학특집〉이 가능할 수 있었던 것은 중

ほのかな光

李孝石

埃の匂といふものを始めて嗅ぐもの丶やうに、郁は陳列棚を撫でまはし、汚れた指を鼻先にもつてゆくのだつた。狭つ苦しくむさい店いつぱいに詰まつた古い物の上に、拭き潔めるあとからいつとはなし埃は積り積りして、それ自身一つの價値を主張するかのやうだつた。樂浪と高勾麗を主に、高麗、李朝時代のを合せて、五百點ほどの陶磁器の外に、數百枚の瓦類が幾列もの棚にぎつしりならべてあつた。土の中から拾ひ上げられたそれらの古代の靜物は、それぞれ昔ながらの意志を有するかのやうで、郁は幾日も田舍を廻つて店に歸ると、しづかな壁の中に魂の息づかひを聽くやうな氣がし、埃の匂が殊の外なつかしまれた。

사진 6 이효석의 「은은한 빛」 첫 페이지

---

27 조선문학이 본격적으로 일본의 잡지에서 특집의 형식으로 다루어진 것은 『문예』의 〈조선문학특집〉이 처음이었다. 물론 이 특집은 조선인의 황민화 과정 속에서 제국 일본의 지방으로 위치 지어진 조선이라는 제국주의의 확장 정책에 문화적으로 동원된 것으로 볼 수 있지만, 한편으로는 식민지 본국과 식민지 간 문화 교류의 측면으로서의 의미를 갖는다. 이에 대해서는 윤대석, 「식민지인의 두 가지 모방 양식 —식민주의를 넘어서는 두 가지 방식」, 『식민지 국민문학론』 (도서출판 역락, 2006), 87~116쪽 참고.

일전쟁 이후 내지와 외지를 불문하고 일본이 하나의 국민적 감정에 휩싸이고 있었기 때문이라고 밝히고 있다.[28] 시국과의 관련성을 차치하고서라도, 내지 문단의 외지 문학에 대한 관심의 증대 속에서 『문예』지에 마련된 〈조선문학특집〉의 글들은 말할 것도 없이 일차적으로 내지 문인들의 호기심의 산물이다. 하야시 후사오(林房雄)는 「조선의 정신(朝鮮の精神)」에서 1939년 가을 조선을 여행한 경험을 피력하면서 "조선에서는 경주의 석불과 이왕직의 아악雅樂과 금강산 외에는 볼만한 것이 없다고 생각되었다"며 그 이유로 자신이 "조선문학의 존재를 알지 못했기 때문"이라고 말한다.[29] 그러면서 그는 이제 조선문학을 통해 조선의 정신을 알 수 있고, 그것은 "건강하고, 순수하며, 풍부하고, 고귀했다"(194쪽)고 서술한다. 이러한 하야시 후사오의 서술은 표면상 조선문학 또는 조선의 정신에 대한 내지 일본인 작가의 호의적 태도를 드러낸 것이라고 할 수 있다. 하지만 이러한 서술은 역설적이게도 그 이면에 조선의 정신이 불건강하고, 비순수하며, 빈곤할 뿐만 아니라 비천하다는 서술자의 인식이 이미 자리 잡고 있었다는 것을 방증하는 것이기도 하다. 즉, 조선(문화, 정신)은 경주의 석불, 이왕직의 아악, 금강산으로 대표되듯, 내지 문인들의 호기심을 충족시키기 위한 대상이었던 것이지, 그 자체로 성립되는 하나의 독창적이고 자립적인 주체나 단일 문화가 아니었던 것이다. 따라서 〈조선문학특집〉은 당시 외지 문학에 대한 관심의 고조 분위기 속에서 식민지배자의 식민지 조선에 대한 나르시시스틱한 호기심과 신기성의 추구가 착종되어 발현된 결과물이라고 할 수 있다.

물론, 그렇다고 하더라도 조선의 작가와 비평가가 내지 문단의 호기심을 충족시키는 데 급급했을 것이라고 단정하는 것 또한 성급하다. 이런 점에서 임화林和의 「현대조선문학의 환경(現代朝鮮文學の環境)」에 대해 살펴볼 필요

28 「編輯後記」, 『文藝』 第八卷 第七號, 1940. 7, 248쪽.

29 林房雄, 「朝鮮の精神」, 『文藝』 第八卷 第七號, 1940. 7, 194~200쪽.

가 있다. 이 글에서 그는 "생활의 지리정신상地理精神上의 풍토"의 차이를 부각시키면서 문학의 특수성을 강조한다. 나아가 "고유한 환경 가운데 고유한 문학이 발생하는 것"은 당연한 것으로 "결국 조선문학은 우리들 삶의 독특한 방법의 소산이다. 사람들은 객관적으로는 동일한 세계에 살고 있어도 주관적으로는 다른 환경을 체험한다"라고 말하기에 이른다.[30] 물론 그가 조선문학의 특수성을 강조한 것은 식민지 후반기 제국 일본의 한 지방으로 재편된 조선과 지방문화로서의 조선문화에 대한 인식이 있었기 때문에 가능한 것이었다.[31] 하지만 그는 조선문화의 위치를 제국 일본의 경계 내에서만 설정하지 않고, 그 경계를 넘어 위치 짓고 있기도 하였다. 그가 글의 말미에서 조선문학이 "일본 현대문학의 출장소도 아니며, 세계문학이 이 20세기라는 시대에 지방적으로 꽃을 피운 근대문학의 일종이라고 했던 가와카미 데쓰타로(河上徹太郎) 씨의 견해가 내지 문학자의 조선문학관 중 가장 우수한 것이었다고 할 수 있을 것이다"(202쪽)라고 말했던 것처럼, 그는 세계문학의 지방문학으로서 조선문학을 바라보고 있었던 것이다. 결국 그의 이러한 태도는 조선(문화)의 지방성 담론을 전유하여 식민지주의에 균열을 가할 수 있는 탈식민주의의 전략으로 이어질 가능성을 내포하고 있는 것이기도 했던 것이다. 이처럼 제국 일본의 문인들과 식민지 조선 문인들의 조선문화(또는 문학)를 둘러싼 헤게모니 획득의 쟁투를 보인 〈조선문학특집〉에 이효석의 일본어 소설「은은한 빛」이 실렸던 것이다.

이효석의「은은한 빛」이 고구려시대의 고도古刀를 둘러싼 사건을 전개하고 있는 작품이라는 점에서 먼저 눈에 띄는 인물은 평양부립박물관장 호리(堀)

30 林和,「現代朝鮮文學の環境」,『文藝』第八卷 第七號, 1940. 7, 202쪽.

31 조선문화의 지방성과 관련해서는 오태영,「'朝鮮' 로컬리티와 (탈)식민 상상력 –이효석의『花粉』과『碧空無限』을 중심으로」, 동국대학교 문화학술원 한국문학연구소 엮음,『제국의 지리학, 만주라는 경계』(동국대학교출판부, 2010), 405~433쪽 참고.

사진 7 평양부립박물관 전경

이다. 역사상 왕조의 유물인 고도는 그것을 발굴하고, 평가하고, 전시하는 자, 즉 박물관장에 의해 일차적으로 의미를 가진다. 물론, 지방 박물관은 제국의 시선에 의한 조선 내 지방(역사)의 발견이라는 거시적 시각에서 바라보아야 하지만, 토착화된 식민들과 조선인 토착 유지들이 주로 활동했던 지방 고적회가 중심이 되어 시작되었던 사업이라는 점에서 그것은 토착 식민들이 '조선'이라는 장소와 역사에 어떻게 동일화를 꾀하면서 새롭게 자신들의 아이덴티티를 모색하려 했는지와도 밀접한 연관성을 지니고 있는 것이다.[32] 평양부립박물관의 시초는 평양중학교 역사표본실에 민간 수집가의 소장품을 진열·관람하게 한 것이었는데, 쇼와(昭和) 초기에는 신설된 도서관 2층에 잠정적으로 진열실을 마련하였다가 민관 유지의 지원을 받아 당시 일본 고고학의 거두인 구로이타 가쓰미, 하마다 고사쿠(浜田耕作)의 조언을 얻어 평

32 박광현, 「식민지 조선과 박물관의 정치학 –재조선(在朝鮮) 식민 사회의 형성 과정과 관련하여」, 『日本學硏究』 27, 단국대학교 일본학연구소, 2009, 76쪽.

양명승구적보존회사업의 일환으로 추진되었다. 평양부립박물관은 1933년 7월 평양 모란대에 기공하여 8월 9일 준공, 10월 7일 우가키 가즈시게(宇垣一成) 총독 임석하 개관식이 거행된 뒤 평양부에 기부되어 10월부터 개관하였다. 설계는 평안남도 건축기사였던 아즈마(東) 건축기사가 담당했는데, 그는 도쿄제국호텔, 나라호텔, 나라역 등의 건축 양식을 참조하여 서양 건축 양식에 일본풍[和風]을 가미하여 박물관을 지었다.[33] 박물관의 진열품은 주로 낙랑과 고구려 시대의 유물이었고, 여기에 신라와 고려 시대의 것을 더해 700여 점에 이르렀다.[34] 본관의 진열실은 총 7실로 나누어져 있었으며, 별관에 고분관이 있었다. 제1실부터 제6실까지는 유사 이전, 낙랑시대, 고구려시대의 유물이 주로 전시되어 있었고, 제7실은 청일전쟁기념실로 히로시마 대본영 사진, 현무문 현액懸額, 청일전쟁 시 평양 부근 전투 사진 및 신문, 포탄, 소총탄 등이 전시되어 있었다. 별관에 마련된 고분관은 1931년 가을 조선고적연구회가 발굴한 남정리 제116호분 일대 목곽과 1934년 가을 발굴된 장진리 제40호분 전곽塼槨을 목곽분으로 옮겨 놓아 일반인이 관람할 수 있도록 한 것이었다.[35] 이러한 박물관의 유물 배치는 관람자들의 시선을 재편하는 과정과 밀접히 관련되어 있을 뿐만 아니라, 그것은 앞서 살펴본 제국 일본의 식민지 지배 이데올로기를 충실히 재현한 것이었다. 말할 것도

33 小泉顯夫,『朝鮮古代遺跡の遍歷 −發掘調査三十年の回想』(大興出版, 1986), 370~371쪽.

34 "평양은 기원전 108년부터 서기 313년까지 한사군의 주군(主郡)인 낙랑군의 소재지였고, 또한 서기 427년부터 668년까지 고구려의 수도였던 곳으로, 당시 이미 상당한 고도의 문화를 가졌던 반도 최고의 문명 발상지이다. 본 박물관은 1928년 8월 이래 동(同) 부립도서관과 동일 건물 내 진열실을 마련해 개관했는데, 1932년에 이르러 평양명승구적보존회의 사업으로 내선독지가의 기여금을 통해 관(館)의 신축을 기획하고, 같은 해 7월 모란대 을밀대 남쪽 지점에 기공하여, 1933년 9월 준공한 뒤 보존회에 의해 부(府)에 기부되어 10월 7일부터 개관했던 것이 현재의 박물관이다. 본관의 진열품은 금석병용(金石併用)시대, 낙랑시대, 고구려시대의 유물을 주로 하고, 신라 및 고려 시대의 것도 약간 더해 합계 700여 점에 달해, 반도의 고대문화를 아는 데 특색 있는 박물관이다." 北條亮英,『朝鮮大觀』(朝鮮文化普及會, 1938), 816쪽.

35 「朝鮮の博物館と陳列品」,『朝鮮』, 1938. 6, 100~101쪽.

없이, "수집에서 전시에 이르는 일련의 과정 그 자체가 권력을 체현하는 것이며, 식민지주의적인 지배/피지배의 관계 안에서 박물관은 지배자에게 좋은 도구가 될 수 있는"[36] 것이다.

작중의 호리는 당시 평양부립박물관장이었던 고이즈미 아키오(小泉顯夫)를 모델로 한 인물이다. 고이즈미 아키오는 하마다 고사쿠에게 고고학을 배웠고, 조선에 건너와 조선총독부박물관 촉탁으로 근무하면서 서관총 발굴 등 조선 고고학 연구에 종사하였으며, 1934년 6월 평양부립박물관장에 취임하여 해방 이전까지 근무하다 1946년 8월 귀환하였다.[37] 고이즈미 아키오와 관련해서 흥미로운 사건은 일명 '금관기생사건'으로, 이는 작품 속에서 '왕관사건'으로 묘사되었다. 이 사건은 1935년 9월 10일 제1회 고적애호일古蹟愛護日을 맞아 평양부립박물관에서 서봉총瑞鳳冢 출토 신라 금관을 경성박물관으로부터 빌려 특별 전시한 뒤 반환하기 전날 주석에서 평양기생 권번의 기생 차릉파車綾波에게 그것을 씌워 사진을 촬영하였는데, 그 사진이 유출되어 왕조 유물의 경시 풍조에

金冠の波紋

博物館の失態？

國寶を妓生の玩弄物に

平壤で問題激化す

사진 8 『부산일보』에 실린 금관기생사건 기사

36 가네코 아쓰시, 『박물관의 정치학』, 박광현 외 옮김 (논형, 2009), 13쪽.

37 고이즈미 아키오(小泉顯夫)에 관해서는 최석영, 『한국박물관 역사 100년: 진단&대안』 (민속원, 2008), 85, 87, 154쪽 참고.

대한 비판이 거세게 일면서 사회적 파문을 일으켰던 사건이었다.[38] 하지만 이효석의 「은은한 빛」에서 고이즈미 아키오의 모델 격인 호리는 단순히 부정적 인물로만 그려지고 있지 않은데, 그것은 그가 내지 일본인 여행자와는 다른 관점과 입장에서 평양을 바라보고 있다는 데서 기인한다.

> "내가 이곳에 온 지 이십 년, 머지않아 뼈도 이 땅에 묻히게 되겠지만, 조그마한 박물관을 가지고 주야로 진력해 봤는데, 생각만큼의 성적은 거두지 못했소. 낙랑 고분의 모형을 만들어 본 것이, 별 거 아니지만, 업적이라고 한다면 할 수 있을까, 나머진 보는 바대로 빈약한 것이어서, 참 부끄러운 이야기요. 다만 **조선을 사랑하는 마음**만은 남들에게 뒤지지 않는다고 생각하오. **토지에 대한 커다란 애정** 없이는, 이런 수수한 일을 할 수 있는 건 아니라고. 그 점은 다소 자부하고 있을 뿐인데, 특히 무엇보다도 박물관을 충실하게 해 나가고 싶은 바람 외에는 솔직히 아무것도 없소."[39]

그는 조선에 온 지 20여 년이 지나 머지않아 자신도 조선 땅에 묻히겠지만 박물관 경영에 최선을 다해 왔음에도 그동안의 업적이 보잘것없다고 말한다. 그러면서도 "조선을 사랑하는 마음만은 남들에게 뒤지지 않는다고 생각하오. 토지에 대한 커다란 애정 없이는, 이런 수수한 일을 할 수 있는 건 아니라고. 그 점은 다소 자부하고 있을 뿐"이라고 강변한다. 이때 '토지에 대한 커다란 애정'이 내지 일본인과는 다른 조선을 거점으로 한 재조 일본인의 입장이다. 즉, 호리 관장은 평양을 통해 조선과 자신의 일체화를 꾀하면

38 「金冠の波紋 博物館の失態? 國寶を妓生の玩弄物に 平壤で問題激化す」, 『釜山日報』, 1936. 6. 29.

39 李孝石, 「ほのかな光」, 『文藝』 第八卷 第七號, 1940. 7, 95~96쪽. 강조는 인용자. 앞으로 이 책에서 인용할 경우 괄호 안에 해당 쪽수만 병기함.

서 내지의 일본인들과는 다른 자신만의 아이덴티티를 창출하고 있는 것이다. 따라서 그가 "요즘에는 조선 음식도 점점 없어지네, 어디를 가도 순수성을 상실하고 있거든. …(중략)… 음식만이 아니라, 없어진다면, 건축도 복장도 그러한데"(94쪽)라고 말하면서 조선다운 음식, 건축, 복장 등 조선문화가 사라져 가고 있는 현실에 대해 안타까워하는 태도 역시 식민자의 자기 과시의 퍼포먼스로만 볼 것이 아니라 재조 일본인의 정치적 무의식이 표출된 것이라고 보아야 할 것이다. 그것은 조선의 젊은이들이 "자기의 것은 아무것도 모르면서 흉내 내는 데 열중하고 있다. 가난함 속에서 자라 왔기 때문에 무리도 아니지만, 자신의 장점만은 확실히 분별해야지요"(95쪽)라고 말하는 것과 마찬가지로 조선문화에 정통하다고 자부하고 있는 재조 일본인의 발화인 것이다. 또한 그것은 내지 일본인에 비해 자신을 비롯한 재조 일본인들이 조선문화에 대해 잘 알고 있을 뿐만 아니라 조선 사회와의 학문적·문화적 네트워크 형성을 통해 조선에 대한 새로운 인식과 표상을 만들어 낼 수 있다는 우월감이 내재되어 있는 발화인 것이다.

조선인 욱郁에게도 호리 관장은 단순히 돈으로 고도를 매수하려는 야욕을 가진 인물이나 왕관사건에서처럼 왕조의 유물을 천시하여 그것을 사적으로 소유하려는 인물로만 여겨지지 않는다. 욱은 유물을 발굴하면 호리 관장을 찾아가 감정을 부탁하는데, 이는 고고학자로서 호리 관장의 전문성을 인정하는 것일 뿐만 아니라 자신의 유물 발굴 행위의 최종 승인자로서 그를 위치시키는 것이다. 다시 말해, 욱은 호리 관장으로부터 자기 행위의 근거를 확보하고 있는 셈이다. 이런 점에서 욱이 호리 관장의 '토지에 대한 커다란 애정'을 거짓 없는 심정이라고 여기는 것 또한 같은 맥락에서 이해할 수 있다. 호리 관장은 일본인 식민자라기보다는 평양(조선)에 대한 애정을 가지고 있는 사람이라는 측면에서 욱에게 평가받고 인정받고 있는 것이다. 말할 것도 없이 이러한 상황은 호리 관장이 조선사회와의 학문적·문화적 네트워크에 깊숙이 관여하고 있는 재조 일본인이기 때문에 가능한 것이었다. 이처럼 이효석의 「은은한 빛」에서 재조 일본인 호리 관장은 제국 여행자의 관점이 아닌 식민 정주자의 관점에 의해 평양을 인식하고 표상하는 가운데 자신의 아이덴티티를 구축하고 있었던 것이다.

호리 관장이 식민 정주자의 관점에 의해 평양을 인식하고 표상했다면, 피식민 정주자의 그것은 욱을 통해 확인할 수 있다. 물론 피식민 정주자라고 해서 모든 조선인들이 「은은한 빛」에서의 욱과 동일한 방식으로 평양을 인식하고 표상하지는 않는다. "平壤은 朝鮮에 있어 歷史的으로나 文化的으로나 産業的으로 代表할만한 都市"[40]이지만, 상공계를 중심으로 한 평양인들에게는 주로 공업도시로 인식된다. 1934년 12월에 창간된 상공계 전문잡지 『대평양大平壤』은 조선물산연합朝鮮物産聯合의 선전지 역할을 하였으며, 특히 평양상공진흥회平壤商工振興會의 이익을 대변하는 잡지였다. 평양상공진흥회는 "平壤舊市街 朝鮮人側商工界의 繁榮을 目的"[41]으로 하여 1937년 8월에 창립된 단체로, 평양 신新시가지를 중심으로 일본인에 의해 신흥 공업도시로 변모하고 있는 평양에서 조선인 상공업자들이 자신들의 이익을 도모하기 위해 만든 이익단체였다. 따라서 이들에게 평양은 색향이나 명승지보다는 천연자원의 보고나 상공업 중심지로 인식되고 표상되기 마련이었다. 다시 말해, 평양 거주 조선인 상공계 종사자들에게 역사상 왕조의 수도나 기생의 고향, 빼어난 자연풍광을 간직한 명승지라는 기존의 익숙한 평양 표상은 신흥 공업도시로 발전해 가야 할 미래의 평양을 부각시키기 위해 수사적으로 동원되는 것이었다.

하지만 이효석의 「은은한 빛」에서는 신흥 공업도시로서의 평양의 면모보다는 고도로서의 평양 이미지가 주를 이루고 있다. 평양 "대성산 기슭의 그 일대는 고구려시대의 궁전이나 불사의 터로, 종래에도 자주 불상이나 고

40 朱요한, 「『大平壤』에 對한 나의 希望」, 『大平壤』, 1935. 1, 12쪽.
41 主幹, 「平壤時事」, 『大平壤』 續刊號, 1937. 12, 16쪽.

사진 9 평양 사동탄갱(寺洞炭坑)

물 등이 발굴되어 표적이 되었던"(92쪽) 곳으로 "흙 속에서 발굴된 그들 고대의 정물은 제각각 옛날의 의지를 가지고 있는 것처럼"(88쪽) 욱에게 여겨진다. 「은은한 빛」에서 조선인 욱은 강서고분벽화를 모사하거나 고적을 수집하는 등 골동 취미를 가지고 있는 인물이다. 작중에는 그의 학력이나 이력에 관한 어떠한 설명도 제시되어 있지 않을 뿐만 아니라, 그가 골동 취미를 가지게 된 원인에 대해서도 구체적으로 명시되어 있지 않다. 하지만 골동품 판매점 '고려당'의 주인인 그는 호리 관장과는 다른 측면에서 고적을 발굴하고, 전시하여 판매하는 사람이다. 욱이 자신이 발굴한 골동품을 박물관장을 통해 감정을 받는다든지, 박물관 소장품과 비교해서 자신의 골동품에 가치를 부여한다든지 하는 행위를 통해 그의 고적에 대한 '광적인 흥분과 감격'이 단순히 취미의 차원에서만 설명될 수 없다는 것을 알 수 있다. 그것은 무엇보다도 고적의 발굴과 전시의 장場인 박물관이라는 식민 제도 및 기관과 연결된 조선인의 욕망, 위치 등을 고려해야 하기 때문이다. 다시 말해, 고적이 발굴자(농민)↔판매상(욱)↔박물관(호리)의 중층적 관계 속에서, 한편으로는 자본의 힘에 의해, 다른 한편으로는 식민지배의 권력에 의해 이동하고 있었던 맥락을 간과할 수는 없는 것이다.

따라서 욱이 스스로를 하찮은 장사치라고 명명하면서도 고도에 대해서만은 장사치가 아니라고 말한 것에 좀 더 유념해서 그의 평양에 관한 인식과 표상을 살펴볼 필요가 있다. 고도를 돈으로 매입하려는 호리 관장과의 일을 들은 친구 백빙서白憑西가 고도를 보기 위해 찾아와 욱의 편집광은 그 자체만으로도 충분히 골동적 가치가 있다고 야유하면서 "우리의 장점을 발견하게 해 준 것은 정직하게 말해 그들인지도 모르네. 적어도 타인의 풍부함이 우리에게 반성을 환기해 주었다고 말할 수 있지 않을까"(97쪽)라고 말한다. 일본의 풍부함이 조선의 장점을 발견하게 해 주었다는 백빙서의 말은 평양의 고적이나 유물의 발견이 일본인에 의해 가능했다는 식민주의적 태도로 볼 수 있다. 백빙서의 이러한 말에 대해 욱은 다음과 같이 반박한다.

> "파렴치한 소리도 작작 하게. 우리의 장점이란 본래 우리에게 있는 거야. 남들에게 배워서야 겨우 알게 된다면, 그런 건 없어도 좋아. 치즈와 된장, 어느 게 자네의 입맛에 맞던가? 만주 등지를 일주일 넘게 여행하고 집에 돌아왔을 때 무엇이 제일 맛있던가? 조선 된장과 김치 아니었나? 그런 걸 누구한테 배운단 것인가? 체질의 문제네. 풍토의 문제야. 그것마저 외면하는, 자네들의 그 천박한 모방주의만큼 같잖고 경멸할 만 한건 없다네."(97쪽)

욱은 친구 백빙서가 일본인을 통해 조선미를 발견하게 될 수 있었다는 말을 '천박한 모방주의'의 태도로 경멸하면서 '체질'과 '풍토'를 근거로 들어 "우리들의 장점이란 본래 우리에게 있는 거야"라고 강변한다. 체질과 풍토는 당시 내선일체 담론의 유력한 근거 중 하나였는데, 욱은 그것을 전유해 조선문화의 독창성을 확보하고 있는 것이다. 타자의 시선에 의해 발견된 조선문화가 아니라, 주체 스스로 조선문화 고유의 독창성을 강조하는 것은 그 자체로 지배 담론의 포섭 전략을 부인하는 행위이다.[42] 이처럼 「은은한 빛」은 지배 담론의 문법을 전략적으로 모방하는 것을 통해 제국/식민지, 일본/조선, 중앙/지방이라는 이분법적 인식 자체를 희미하게 할 가능성을 가지고 있었다. 그것은 식민권력의 모방적이고 나르시시즘적인 요구를 동요시키는 한편, 권력의 시선 위에 피차별자의 응시를 되돌리는 전복의 전략이다.[43] '조선(문화)'의 정체성을 새롭게 구축하고 확보하기 위한 "가장 영리하고 효과적인 행동은 상이한 규칙들을 채택하여 식민지배자의 의표를 찌르고, …(중략)… 그의 이데올로기의 다른 부분들을 불러내거나 접목시킴으로써 식민지배자를 교란시키는 것"[44]이다. 즉, 식민담론의 편집증적인 요구를 해체하고, 단일문화주의 기획을 산포시키는 전략 속에서 새롭게 조선(문화)의 정체성을 구축해 나갈 수 있었던 것이다.

그런데 천박한 모방주의를 경멸하고 체질과 풍토를 근거로 조선문화의 독창성을 확보하고자 한 욱이 고도에 대한 광기 어린 집착을 보이고 있었다는 것은 무엇을 의미하는 것일까? 아버지가 호리 관장에게 몰래 넘긴 고도를 되찾아와 청류정 난간에 기대어 2천 년 전 고구려시대의 사람들 또한 강가에 서서 변함없는 강물을 바라보았을 것이라는 시대착오에 빠진 욱이 평양에 살고 있는 "수십만 창생의 삶은 나의 손아귀에 잡혀 있다는 터무니없는 환각"(105쪽)을 느끼거나, 고도를 휘둘러 길가의 풀을 베면서 미친 사람처

42 오태영, 「'향토'의 창안과 조선문학의 탈지방성」, 동국대학교 문화학술원 한국문학연구소 엮음, 『'고향'의 창조와 재발견』 (도서출판 역락, 2007), 232~233쪽.

43 Homi K. Bhabha, *The Location of Culture* (Routledge, 1994), 112쪽.

44 로버트 J. C. 영, 『포스트식민주의 또는 트리컨티넨탈리즘』, 김택현 옮김 (박종철출판사, 2005), 603쪽.

럼 웃는 것 등은 단순히 호리 관장에게 고도를 넘겨 주지 않았기 때문에 발생하는 우월감이나 자족감이 아니다. "녹슨 청록의 고색은 저녁 어스름 속에 녹아들고, 금빛 칼자루가 달빛에 은은하게 빛난"(106쪽) 고구려시대의 고도가 독창적인 조선문화를 상징하는 것이라면, 욱의 광기는 식민자에 의해 발굴되고 전시된 조선문화가 아니라 피식민자 조선인에 의해 발견된 조선문화에 대한 애착의 발로라고 볼 수 있을 것이다. 하지만 조선문화가 제국 일본의 지방문화로 새롭게 재편되어 포섭되어 가는 상황 속에서 욱의 이러한 광기는 식민지 조선의 고도 평양을 자기 장소화하려는 피식민 조선인의 분열된 무의식의 일단을 표출한 것이라고도 할 수 있다. 다시 말해 식민지 조선문화가 면면히 이어져 내려오고 있는 장소로 평양을 장소화하려는 피식민 정주자의 욕망이 제국주의 담론의 자장 속으로 함몰되어 갈 때, 그러한 욕망이 광기의 형태로 표출되었던 것이다. 결국, 그의 광기는 식민주의 담론의 모방을 통한 부인 전략으로는 결코 조선문화의 독창성을 확보할 수 없을지도 모른다는 불안감의 표출에 다름 아니었던 것이다.

이상에서 살펴본 호리 관장의 '토지에 대한 애정'이나 욱의 '광적인 흥분과 감격'은 모두 평양에 대한 '장소애場所愛'와 관련된다. 그리고 호리 관장과 욱의 평양 토포필리아는 평양이라는 공간을 정주자로서 자신의 '삶의 장소'로 위치시키면서 거기에 애착을 보인다는 점에서 여타 일본인이나 조선인의 그것과는 차이가 있다. 삶의 장소로서의 터전은 단순한 물리적 대상이나 지도상의 좌표가 아닌 의미론의 대상이자 능동적으로 작용하는 동태로 스스로 말하는 기호론의 체계이기도 하다.[45] 호리 관장이 자신이 죽어서 평양에 묻히고 싶다고 말할 정도로 강렬했던 '토지에 대한 커다란 애정'이나 고도에 대한 욱의 광적인 흥분과 감격으로 표출되는 욱의 '토지에 대한 커

45 김열규, 「Topophilia: 토포스를 위한 새로운 토폴로지와 시학을 위해서」, 『한국문학이론과 비평』 20, 한국문학이론과비평학회, 2003, 9~10쪽.

다란 애정'은 모두 평양을 자신들의 삶의 장소로 위치시키고 거기에 애착을 드러낸 것이다. 그리고 이러한 애착은 일본인/조선인, 식민자/피식민자, 박물관장/골동품상 등 민족적·정치적·사회적으로 위계화된 그들의 관계를 드러내는 기표들보다 '평양인'으로서 자신들의 아이덴티티를 정립하는 데 있어 가장 유력한 동력이었던 것이다. 또한, 그들이 박물관장이나 골동품상이라는 것을 통해 확인할 수 있듯이, 그들의 평양 토포필리아가 고적이나 고물에 대한 남다른 애착과 관련된다는 점을 간과해서는 안 된다.[46] 그것은 평양 토포필리아의 근원이 고적이나 고물을 통한 고도 평양의 장소성에 기반하고 있음을 방증하는 것이기 때문이다. 요컨대, 호리 관장과 욱의 평양 토포필리아는 '은은하게 빛나는' 고구려시대의 고도가 상징하는 것처럼 '고도'로서의 평양의 장소성에 기반하고 있었던 것이다.

5. 맺음말

이 글에서는 제국인/식민지인, 일본인/조선인, 여행자/정주자라는 중층

46 고적이나 고물에 대한 남다른 애착을 '죽은 자에 대한 사랑'을 뜻하는 '네크로필리아(necrophilia)'의 일종으로 생각할 수 있다. 에리히 프롬은 네크로필리아가 성교를 목적으로 여자의 시체를 가지려는 욕망 또는 죽은 자와 함께 있으려고 하는 병적 욕망을 가리킨다고 말하면서 다음과 같이 논의한다. "죽음을 사랑하는 정위를 가진 사람은 살아 있지 않은 모든 것, 다시 말해 죽어 있는 모든 것, 곧 시체, 부패, 배설물, 오물에 집착하고 매혹당하는 사람들이다." "죽음을 사랑하는 사람은 과거에 살 뿐 결코 미래에 살지 않는다. 그들의 감정은 본질적으로 감상적이다." 에리히 프롬, 『인간의 마음』, 황문수 옮김 (문예출판사, 2002), 59~60쪽. 「은은한 빛」에서 욱의 고도에 대한 광기에 가까운 집착뿐만 아니라, 그가 고대의 정물이 제각각 옛날 그대로의 의지를 지니고 있다고 여기거나, 고려당의 조용한 벽 속에서 영혼의 숨소리를 듣는 듯 착각하는 것, 그리고 한증막을 원시적 풍습으로 여기면서 살인적 고행 속에서 속세가 이미 망각의 피안으로 사라져 안 보이게 되었다고 느끼는 것 등을 네크로필리아의 측면에서 논의할 수 있을 것이다.

적 구분 속에서 평양을 인식하고 표상한 주체의 평양 토포필리아와 그를 통해 나타난 평양의 재장소화 양상에 대해 살펴보았다. 이를 위해 먼저 평양을 중심으로 한 고적조사와 제국 일본인들에 의한 조선사 서술 및 식민지 조선인들의 민족사 서술의 구심점으로 작동하는 고도 평양에 대해 간단히 살펴보았다. 왜냐하면 근대 초기부터 진행되었던 평양에 관한 고적조사와 그 결과를 바탕으로 한 조선 고대사 서술 등이 평양에 고도로서의 위상을 부여하였고, 그러한 위상이 식민지 후반기 문학작품 속에서 일본인/조선인, 여행자/정주자에 의한 평양의 재장소화로 이어졌다고 판단했기 때문이다.

먼저 식민/피식민 여행자의 시선에 의해 평양을 인식하고 표상한 작품으로 하마모토 히로시의 「여수」와 가토 다케오의 「평양」, 그리고 이태준의 「패강랭」을 살펴보았다. 제국 일본인 여행자에게 평양은 전적지, 색향, 명승지 등으로 표상되면서 식민자이자 여행자의 낭만적 욕망의 전유물로 재장소화 되었고, 피식민 조선인 여행자에게 평양은 식민권력에 의해 변동하고 있는

사진 10 평양 대동문(大同門)

폐허의 고도로 재장소화되었다. 그리고 이들 이방인들에게 평양은 노스텔지어적 시간관념에 의해 새롭게 인식되어 개인적 장소로 장소화되었다. 토포필리아가 '기억의 장소'에 대한 감각이라는 점에서 이들 여행자의 평양 토포필리아는 노스텔지어적 시간관념에 의해 추동되었던 것이다. 한편, 평양 거주 일본인과 조선인의 평양 인식과 표상을 살펴볼 수 있는 작품으로 이 글에서는 이효석의 「은은한 빛」에 주목했다. 「은은한 빛」에 나타난 호리 관장과 욱의 평양 토포필리아는 평양이라는 공간을 정주자로서 자신의 '삶의 장소'로 위치시키고 거기에 애착을 보인다는 점에서 여타 일본인이나 조선인의 그것과는 차이가 있었다. 그들의 '토지에 대한 커다란 애정'은 평양을 자신들의 삶의 장소로 위치시키고 거기에 애착을 드러낸 것이었고, 그들의 평양 토포필리아의 근원에는 고적이나 고물을 통한 고도 평양의 장소성이 자리 잡고 있었다.

주지하다시피, 식민지 후반기 조선, 조선문화, 조선문학은 제국 일본의 지방, 지방문화, 지방문학으로서 새롭게 재편되었다. 그것은 세계 체제 및 동아시아 질서의 변동 속에서 제국 일본의 지정학적 위상 변화와 제국 일본과 조선·만주·타이완·남양 등 식민지 사이의 지정학적 위상 변화, 그리고 제국 일본 식민지들 사이의 지정학적 위상 변화 과정과 맞물려 있었다.[47] 이 글에서 주목한 이효석의 「은은한 빛」은 근대 초기부터 제국 일본인과 식민지 조선인에 의해 고도, 전적지, 색향 등 익숙한 방식 속에서 인식되고 표상되었던 평양이라는 공간을 중심으로 평양 토포필리아를 갖고 있는 식민/피식민 정주자의 목소리를 통해 당시 조선문화의 지정학적 위상을 새롭게 주조하고 있다. 그것은 식민지 조선의 지방이자 제국 일본의 지방이라는 이중적 위계화가 중첩된 공간에 대한 인식과 표상 체계를 추인하는 듯하면서도,

47 이와 관련해서 오태영, 「동아시아 지역주의와 조선 로컬리티 –식민지 후반기 여행 텍스트를 중심으로」, 동국대학교 박사학위논문, 2012 참조.

동일한 문법으로 그러한 인식과 표상 체계를 해체할 가능성을 가지고 있었다. 이효석이 욱의 목소리를 통해 말한 '체질'과 '풍토'는 모두 조선문화의 개별성·독창성의 근거로 작동하면서 세계 속의 조선, 동아시아 속의 조선의 위상을 문화지정학적으로 새롭게 재편하고자 하는 식민지 조선 지식인의 욕망을 강화시키는 기제였던 것이다.

평양의 경향

김동인과 최명익의 소설을 중심으로

조연정

1. '이중도시' 경성과 투명한 평양

식민지시기 급변하는 근대화 혹은 식민화 정책으로 말미암아 우리의 일상적 삶의 토대가 빠른 속도로 변모해 갔음은 주지의 사실이다. 그동안 이러한 식민지 근대화(colonial modernity)의 득과 실에 대해서는 상충하는 여러 의견들이 제출되어 왔다. 일본의 제국주의가 구미 열강의 그것과는 다르게 자기 방어를 최우선 목표로 하는 후발 제국주의였기 때문에, 조선에 대한 일제의 식민화 정책이 경제적 수탈만을 목적으로 하기보다는 오히려 정치적·군사적 목적을 강조했다는 점, 따라서 일방적인 '지배'가 아니라 토착민의 사정을 여러모로 고려한 신중한 '동화' 정책을 꾀했다는 점을 고려하더라도, 식민지배가 우리의 일상적 삶에 가한 내밀한 폭력들이 간과될 수는 없을 것이다. 식민지 근대화, 즉 타율적 근대화라는 이중고二重苦의 상흔을 섬세하게 탐색하는 것이 식민지시기 문학을 연구함에 있어 이제껏 중요한 과제가 되어 온 것은 당연한 일이며, 이때 관심의 초점이 '경성'으로 향했던 것도 무리는 아니다.

그러나 일제 식민지배라는 역사적 특수성이 그 시기 문학을 바라보는 유일한 기준이 될 수는 없다. 일제시기 문학을 시대적 응전이나 도피의 결과로만 바라볼 경우 우리 문학의 토양 자체가 단순화될 위험이 있기 때문이다. 그런 점에서 최근 식민지시기의 문학 연구가 사상사 혹은 사조사라는 거시적 관점의 한계를 반성하고, 미시사·풍속사·문화사적 시각의 도움을 받아, 개인의 일상적 삶을 중심으로 다양한 관찰 결과들을 내놓고 있는 것은 중요한 연구 성과라 할 만하다. 특히 '경성'을 중심으로 하는 도시 풍속에 관한 연구들은 울분과 폐허의 피식민 공간보다는 자본주의적 욕망으로 들썩거리는 활력의 근대공간에 주목하여 일상적 삶의 양태를 다각도로 재구했다는 점에서, 당대의 삶과 문학에 접근하는 새로운 통로를 열어 주었다고 하겠다.

그런데 이때 '경성'이라는 공간의 특수성에 대해서는 섬세한 접근이 필요하다. '식민지 근대화'라는 절대적 기준을 해체하며, 일제시기 삶과 문학의 복잡한 관련을 재탐색하고, 근대문학의 자생적 동력을 추출하려 할 때, '경성'이라는 도시공간을 중심에 두는 방식은 여러 가지로 한계를 내포하기 때문이다. '경성'은 '식민지 근대화'의 영향을 온몸으로 흡수한 공간이다. 일제는 조선에 대해 '이주'와 '정착'을 강조한 '동화' 정책을 실시하였는바, 러일전쟁 이후 철도의 개설과 더불어 조선 내 일본인 이주민이 폭발적으로 증가했음은 주지의 사실이다.[1] '경성'은 식민화를 통해 새롭게 건설된 '신도시'이기보다 기존의 도시 위에 식민지도시가 중첩되어 형성된 '이중도시(dual city)'

1 김백영에 따르면 일본의 식민지는 이주형 · 정착형 · 농촌형 식민지의 형태를 띠었기 때문에 조선 내 일본인의 도시 집중 현상이 두드러지게 나타나지는 않았다. 그에 따르면 "일제 식민지에서 식민지도시에 대한 공업 투자가 본격화되고, 공업 노동력의 이동으로 인해 도시 인구가 급증하는 것은 대륙 침략으로 인해 병참기지화 정책이 본격화되는 1930년대 중반 이후의 일이다." 김백영, 『지배와 공간』 (문학과지성사, 2009), 169~177쪽 참조.

의 형태를 띠었는데, 이처럼 일본인 거주지인 남촌과 조선인 거주지인 북촌으로 완벽히 분열된 이중도시 경성은, 식민지 근대화로 인한 '분리'와 '소외'의 양상을 집약적으로 드러낸 공간이었다고 할 수 있다.[2] 오백 년 조선 왕조와 대한제국의 수도인 '한성'으로부터 일본제국의 변방인 '경성'으로의 개명을 앞둔 근대계몽기에서부터 그곳이 "사실과 삶의 공간이기보다는 상징과 정치의 공간으로 작동, 표상되고 있"[3]음은 물론이거니와, 특히 1930년대 중반 이후 '대동아공영권'이 강조되고 '황국신민화' 정책이 강화될수록 경성이 제국의 '지방'이라는 정체성을 표 나게 강요당한 점을 고려한다면, 경성 중심의 사유 속에서 '식민지 근대화'라는 그늘을 거두기는 어렵다.

한편, 일제에 의해 건설된 신도시가 아니라 조선시대로부터 도시였던 경성, 평양, 대구 중에서 1915년을 기점으로 하여 일본인 인구의 비중이 가장 적었던 곳은 평양이라고 알려져 있다. 평양은 일제가 지정한 조선의 12개 부府 중에서도 일본인 인구 비율이 가장 낮았던 곳이다.[4] 이는 조선의 전 지역이 빠르게 식민화되어 가고 있다는 현실과는 별개로, 경성 이북의 제1도시인 평양의 토착민들은 실감의 차원에서 식민화로 인한 소외로부터 조금은 자유로웠음을 시사하는 것이기도 하다.[5] 물론 일제의 대륙진출 욕망이

---

2 일제가 건설한 식민지도시를 그 특징에 따라 분류한 논의로는 하시야 히로시, 『일본 제국주의, 식민지도시를 건설하다』, 김제정 옮김 (모티브북, 2005) 참조. 김백영은 하시야 히로시의 논의를 토대로 '이중도시' 경성의 면모를 여러 가지 실증적인 자료를 통해 세밀히 분석하고 있다. 김백영, 앞의 책 참조.

3 최현식, 「근대계몽기 '한양-경성'의 이중 표상과 시적 번역」, 『상허학보』 26, 2009. 6, 208쪽.

4 권태환, 「일제시대의 도시화」, 『한국의 사회와 문화』 11, 정신문화연구원, 1990; 김백영, 앞의 책, 172쪽에서 재인용.

5 일본 근대 '여행안내서'에 나타난 '평양'을 살펴본 서기재는 1934년 도쿄제국대학 교수인 도모에 세키호(遠重積穗)가 『朝鮮遊記』에 쓴 평양에 대한 감상을 다음과 같이 옮기고 있다. "평양은 …(중략)… 부산이나 경성과는 달리 진정한 조선이라는 기분이 든다. 평양에서 볼 만한 것은 대동강 변의 풍경과 교외의 강서 지방의 고구려의 고적과, 대동강 맞은편의 낙랑의 유적이다."(서기재, 「전략(戰略)으로서의 리얼리티 -일본 근대 「여행안내서」를 통하여 본 '평양'」, 『비교문학』 34, 2004, 80쪽) 서기재에 따르면, 일본인의 눈에 비친 평양은 '개발'에의 욕망을 강하게 불러일

가속화될수록 대륙의 문턱이자 풍부한 자원의 보고라는 지정학적 특성을 인정받아 평양은 공업과 군사의 도시로 급속히 개발된다. 그럼에도 불구하고 '비-수도'이자 '비-항구'인 평양은 식민지시기 동안에도 얼마간은 자신의 고유한 지역적 색채를 유지할 수 있었던, 비교적 더 자유롭고 덜 불행한 공간이었다고 할 수 있을 것이다.

수도이자 제국의 지방이라는 이중의 정체성을 지니고 있는 '경성'은 만주사변과 중일전쟁을 기점으로 일제의 식민지배가 강화될수록, 제국의 지방이라는 정체성을 은연중 강요당하는 처지에 놓인다. 이처럼 대표적인 식민지도시인 경성이 근대화에 비례하여 차분히 지방화되어 갔다면, 경성 못지않은 대도시였던 평양은 식민치하의 급박한 시대적 변화 속에서도 그 지역의 독자성을 비교적 안정적으로 유지해 나갈 수 있었을 것이라 추측된다. 이미 지방으로서의 소외감과 우월감을 동시에 지녔던 평양은, 일제의 식민화로 인한 지방으로의 격하에는 오히려 덜 민감했다고 할 수 있다. 일본인 이주민이 경성보다 훨씬 적었던 상황도 평양이 식민화의 실감으로부터 비교적 자유로웠다는 것을 암시한다. 경성이라는 공간만을 염두에 둔다면 식민지시기의 삶과 문학을 다룸에 있어 식민지 근대화라는 상황을 괄호 치는 일이 공허한 결과를 낳을 수도 있다. 그러나 식민지 근대화라는 상황에만 전적으로 의지하지 않은 채 우리 문학의 토양을 다층적으로 검토하기 위해서는, 즉 민족과 국가라는 '상상의 공동체'를 넘어서 사유하기 위해서는, 상상된 공동체의 범위를 가능한 축소시켜 보아야 할 필요가 있다. 『창조』라는 우리 문단 최초의 순문예지가 생겨난 '평양'을 주목해 볼 필요는 이렇게 생겨난다. 물론 식민지시기 전후로 '탈-중심'의 정체성을 오랫동안 '고르게'

으키는 장소였다. 이러한 시선으로부터 우리는 식민지 근대화로 인해 경성보다 덜 훼손된 평양의 면모를 역으로 확인할 수도 있다.

간직해 온 평양에 주목함으로써, 결과적으로는 '속도의 정치'[6]가 재현되고 있는 조선의 식민지 근대화 현상이 우리 문학에 가한 충격을 오히려 뚜렷하게 포착할 수도 있을 테지만,[7] 식민화와는 무관하게 진행된 우리 문학의 특정한 경향이 탐색될 것이라고 짐작할 수도 있다.

이러한 문제의식을 바탕으로 이 글에서는 식민지시기 문학의 성격을 형성함에 있어 '평양'이라는 탈-중심의 공간이 어떤 식의 기여를 하고 있는지, 평양 출신의 두 작가 김동인과 최명익의 작품을 중심으로 살펴보고자 한다. 이 글이 확인하고자 하는 것은 식민지시기 작품에서 '평양'이라는 공간이 어떤 양태로 드러나는지를 소재적·배경적 차원에서 검토하는 것을 넘어선 곳에 있다. 평양에서 나고 자란 문인들이 자신의 예술관을 확립하는 과정에, '평양'이라는 공간이 어떠한 영향력을 행사하고 있는지를 작품을 통해 재구하고자 하는 것이 이 글이 궁극적 목표이다. 특히 김동인의 문학에서 '대동강의 체험'이 갖는 의미를 그의 예술지상주의와 관련하여 살펴보고, 더불어 최명익의 문학에서 '길의 체험'이 갖는 의미를 그가 보인 자기 관조의 성격

---

6 폴 비릴리오는 정치(권력)와 속도의 관계를 논하면서, 이동과 운송의 전략이 중요한 전쟁의 역사가 도시의 형성에 전적인 영향을 끼쳤음을 분석하고 있다. 일제의 식민화 정책이 경제적인 목적보다는 군사적·정치적 목적을 강조하는 쪽에 가까웠다는 점을 상기한다면 폴 비릴리오의 '질주학(dromologie)'은 일제 식민지도시를 둘러싼 지배의 역학을 검토하는 데 유용한 참조점이 될 수 있다. 폴 비릴리오, 『속도와 정치』, 이재원 옮김 (그린비, 2004) 참조.

7 최근 식민지시기 '평양'이라는 공간에 주목하는 논의들은 '평양'의 역사적·지리적 조건을 세밀히 검토하면서, '중심'과 '지방'의 길항 관계 속에서 형성된 '평양' 지역의 복잡한 정체성을 증명하는 데 몰두하고 있다. 이러한 논의들이 공통적으로 주목하는 것은 평양 지역의 문화적·민족적 가능성이다. 정종현은 1930년대에 여러 매체를 통해 제출된 '평양' 관련 논의들을 검토하면서, 그 안에는 "일본제국이라는 네이션의 전체성 안에서 '평양'이라는 지방성을 식민지 조선의 역사적·문화적·경제적·정치적 중심으로 재정립하고자 하는 열망이 드러나 있다"(정종현, 「한국 근대소설과 '평양'이라는 로컬리티」, 『사이(SAI) 』 4, 2008, 124쪽)고 지적하였고, 박성란은 이광수와 전영택, 최명익 등의 소설에 나타난 '평양'의 표상을 분석하면서, 평양을 "갱생과 부활의 공간"이라 지칭한다(박성란, 「한국 근대문학에 나타난 평양 표상」, 『古都의 근대 -'古都' 인식과 표상을 통해 본 한·일 역사 인식의 비교(동국대학교 한국문학연구소 학술대회 자료집)』, 2009).

과 결부시켜 이해함으로써, 이를 중심으로 식민지문학에 나타난 '평양의 경향'을 추출해 보고자 한다.

2. 김동인의 예술지상주의와 '대동강'의 기능

1) 예술의 기능과 감정의 강화

문학의 계몽성으로부터 거리를 둔 채 '예술을 위한 예술'을 주창했던 우리 문단 최초의 순문예지인 『창조』가 주요한, 김동인, 전영택 등 평양 출신 문인들을 중심으로 만들어졌다는 것은 여러모로 상징적이다. 더욱이 『창조』의 발간을 모의하는 자리에서 김동인이 "정치운동은 그 방면 사람에게 맡기고 우리는 문학으로"[8]라고 주창했다는 유명한 일화 역시 의미심장한 대목이 아닐 수 없다. 일찍이 김윤식은 근대문학사를 서술하는 자리에서 '서울중심주의'와 '평양중심주의'라는 이분법적 도식을 제안하면서, 창조파가 "전통적 압력에서 쉽사리 이탈하여 기독교라든가 예술성이라든가 참인생이라는 낯선 것에로 옮겨 다닐 수 있었던 것"[9]은 '서울중심주의'의 압력으로부터 자유로운 지방성으로서의 '평양중심사상' 때문이라고 정리하였다. 더불어 김윤식은 이러한 이분법이 전형기 문단에서는 이상李箱과 '삼사문학파' 대 최명익과 '단층파'의 대립으로, 해방공간에서는 '카프 해소파' 대 '비해소파'의 대립으로 확장 적용됨을 밝히고 있다. 그런데 식민지시기 평양의 정체성이 '서울-중심' 대 '평양-지방'이라는 이분법적 도식으로만 설명될 수 있는 것은 아니다. 평양의 정체성이 중심에 대한 지방의 그것으로만 설

8 김동인, 「문단 30년사」, 『신천지』, 1948. 3~1949. 8(『김동인전집 6』, 삼중당, 1976, 9~10쪽).
9 김윤식 · 정호웅, 『한국소설사』(예하, 1993), 94쪽.

명된다면, 우리는 필연적으로 평양 지역에 거점을 둔 문인들의 행로로부터 열패감이나 소외 의식이라는 원한 감정을 찾을 수밖에 없다. 앞에서 살펴본 바와 같이 식민지시기 평양이 일본의 대륙침략이 가속화되기 전까지는 식민화로 인한 구속으로부터 조금은 자유로울 수 있었다는 사실까지 염두에 둘 때 평양발 문학의 정체성을 더욱 섬세히 이해할 수 있다. 『창조』의 예술주의로부터 『단층』의 심리주의에 이르기까지 이들이 보이는 '순문예'적 경향에 대해서는, 도피나 원한이라는 해석을 넘어 좀 더 적극적인 의미 부여가 가능할 텐데, 이 장에서는 김동인을 중심으로 창조파 예술지상주의의 의미를 살펴보고자 한다.

『창조』가 1921년 9호로 끝을 낸 후, 1930년에 『창조』 동인 김동인이 『중외일보』에 발표한 「광염소나타」는 예술지상주의의 극치를 보여주는 작품이다. "방화, 사체 모욕, 시간屍姦, 살인" 등 온갖 무서운 죄를 범함으로써만 훌륭한 예술을 탄생시키고야마는 천재 작곡가 '백성수'를 두둔하는 '비평가 K씨'는 훌륭한 예술을 위해서라면 범죄마저도 '기회'로 삼아야 한다고 주장하는 급진적인 예술옹호자인바, 서술적 관찰자의 역할을 맡고 있는 K씨는 김동인의 분신이라 할 만하다. K씨에게 예술이라는 것은 다른 모든 가치를 초월한 곳에 있다. 그는 천재적 예술을 알아보지 못하는 것이 오히려 '죄악'이라고까지 말한다. "방화? 살인? 변변치 않은 집개, 변변치 않은 사람개는 그의 예술 하나가 산출되는 데 희생하라면 결코 아깝지 않습니다. 천 년에 한 번, 만 년에 한 번 날지 못 날지 모르는 큰 천재를, 몇 개의 변변치 않은 범죄를 구실로 이 세상에서 없이하여 버린다 하는 것은 더 큰 죄악이 아닐까요?"[10] 라는 것이 K씨의 주장이다. 이 소설에서 예술은 이미 근대적 의미의 예술 개념에 밀착해 있다. '백성수'가 작곡하고 비평가 K씨가 극찬하는 광기 어린

10 김동인, 『김동인전집 5』 (삼중당, 1976), 51쪽.

음악은, '재현'이라는 예술의 좁은 의미의 기능과도 무관하게 존재하며,[11] 나아가 도덕적·윤리적 기준으로부터도 자유롭다. 이 작품은 외부의 어떤 가치에도 속박되지 않는 근대적 예술의 독자적 존재가 거의 완성형에 이른 모습을 보여주는 작품이라고 할 수 있다.

이 소설을 통해 예술지상주의자로서 김동인의 면모를 재차 확인하는 것이 새로운 발견이 될 수는 없다. 김동인의 소설 중 「광염소나타」에서 가장 극단적인 형태로 제시되는 이 같은 예술옹호는 이미 「배따라기」(『창조』 9, 1921)에서 김동인 특유의 운명애와 결부되어 나타나기도 했다. 따라서 김동인의 '예술옹호'에 대해 중요하게 지적해야 할 것은 예술을 향한 김동인의 무한한 애정이라기보다는 예술이라는 형식의 기능이라고 해야 할 것이다. 요컨대 '예술'이라는 소재가 김동인 소설에서 어떤 영향력을 행사하고 있는지 따져보는 일이 필요하다.

예술을 통해, 인간이 미처 인식하지 못했던 새로운 감정을 발견 혹은 발명해 왔다는 것은 예술의 독자적 기능을 논할 때 가장 핵심적인 것으로 제시된다.[12] 이로부터 「광염소나타」의 중요한 명제를 도출해 볼 수 있을 것이

---

11 근대적 패러다임 속에서 각 예술은 자신의 고유한 물질성에 입각해서 자율성을 구축하려고 한다. 그 고유한 물질성이 가장 두드러지는 장르인 '음악'이 이 소설의 소재로 선택된 것은 의미심장하다. 백성수의 음악은 외부의 물질적 상을 모방한다는 좁은 의미의 재현으로부터도, 물질적 상을 포함하는 심적인 상을 모방한다는 넓은 의미의 재현으로부터도 자유롭다. 이후 논의에서 설명되겠지만 백성수의 음악은 무정형의 감정이 재현 혹은 표현되는 통로라기보다는 발견 혹은 강화되는 통로에 가깝다.

12 '예술의 정치성'을 탐색하기 위한 기초 작업으로서 역사적인 맥락에 따라 예술을 '윤리적 체제', '재현적 체제', '미적(감성적) 체제'로 구분하여 정리한 랑시에르에 따르면 예술은 기존의 감성 체계를 재배치하는 역할을 통해 정치적 효과를 산출해 낸다(자크 랑시에르, 『미학 안의 불편함』, 주형일 옮김, 인간사랑, 2008, 60~71쪽 참조). 이러한 이론은 실상 들뢰즈를 경유하여 칸트의 감성론으로까지 거슬러 올라갈 수 있는데(이에 대해서는 서동욱, 「감정교육」, 『문학수첩』, 2009 여름 참조), '감성의 분할' 혹은 '감각의 재배치'를 통해 "개인과 공동체, 주관과 객관 사이의 긴장이 가장 심화되는"(L. 페리, 『미학적 인간』, 방미경 옮김, 고려원, 1995, 37쪽) 장면을 연출하는 예술의 정치는 근대적 미학의 성립 이후에 가능한 것이다.

다. 예술이 어떤 가치로부터도 자율적인 절대적 영역에 속한다는 것도, 훌륭한 예술을 위해서는 어떤 희생도 감수할 수 있어야 한다는 것도, 이 소설의 중요한 테마가 됨은 물론이다. 그런데 '예술의 존재'보다 '예술의 기능' 쪽에 주목하고 예술보다는 오히려 '감정'이라는 것에 초점을 둔다면 우리는 또 다른 사실을 확인할 수도 있다. 인간의 감정이라는 것이 결국 '예술'이라는 의장을 입고서 자각된다는 사실 역시 「광염소나타」가 증명하는 명제 중 하나일 것이기 때문이다. 방화나 살인만을 추동하게 되는 통제 불가능한 광기 어린 감정의 덩어리들은, 예술이라는 상징을 거쳐 비로소 주체가 자각할 수 있는 감정으로 전환된다는 것이다. 그렇다면 김동인의 「광염소나타」는, 예술의 독자적 가치를 강조하는 소설임과 동시에 근대적 예술이 탄생하는 장면을 구체적으로 형상화한 작품이라 할 만하다.

그것은 순전한 야성적 음향이었습니다. 음악이라 하기에는 너무 힘있고 무기교無技巧이었습니다. 그러나 음악이 아니라기에는 거기는 너무 괴롭고도 무겁고 힘있는 '감정'이 들어있었습니다. 그것은 마치 야반의 종소리와도 같이 사람의 마음을 무겁고 음침하게 하는 음향인 동시에 맹수의 부르짖음과 같이 사람으로 하여금 소름돋치게 하는 무서운 감정의 발현이었습니다. 아아 그 야성적 힘과 남성적 부르짖음, 그 아래 감추어있는 침통한 주림과 아픔—순박하고도 아무 기교가 없는 그 표현![13]

'백성수'의 "야성적 음향"은 그의 "괴롭고도 무겁고 힘있는 '감정'"을 온전히 실어 나른다. 아니 차라리 그것은 "소름 돋치게 하는 무서운 감정"과 뗄 수 없는 한 덩어리이다. "기교가 없는 그 표현"이라는 구절이 의미하는바,

13 김동인, 앞의 책, 37~38쪽.

이 장면은 '음향'이라는 예술의 형식과 감정이라는 예술의 내용, 즉 원인과 결과가 한 몸이 된 상태를 환기한다. 예술이라는 형식을 둘러싸고 원인과 결과, 선과 후가 통일된 상태, 즉 예술이 감정의 표현 도구로 전락하기 이전의 상태를 암시하는 것이다. '백성수'는 악보 위의 음표를 두고 "감정의 재"라고 말했는데, 이처럼 「광염소나타」에서 두드러지는 것은 음악이라는 형식의 현장성인바, 이때 '백성수'의 '야성적 음향'은 그의 내부에 이미 분명한 형태로 존재하는 감정을 그대로 전달하는 형식이기보다는, 차라리 알 수 없는 어떤 충동을 불러일으키는 형식이 되기도 한다는 점이 흥미롭다. '백성수'의 이 같은 "야성과 광포성"이 '방화'나 '살인'처럼 외부로 향하는 파괴적 성향과 동일선상에 놓인다는 점에서, 이로부터 시대적 상황으로 수렴되는 어떤 상징성을 읽어 낼 수도 있겠지만, 무엇보다 중요한 것은 '예술'이라는 형식을 통해 "기교가 없는", 즉 형태와 내용이 없는 감정이 발견되고 강화된다는 사실일 것이다. "야성적 음향", "기교가 없는 그 표현"의 덩어리들은 백성수가 자신의 곡에 이름 붙인 "광염소나타", "성난 파도", "피의 선율", "사령死靈" 등으로 은유의 옷을 입음으로써 비로소 존재할 수 있게 된다. 요컨대 김동인은 무정형의 감정이 예술이라는 형식 속에서 가시화되고 있음을 강조하는 것이다.

김동인의 예술지상주의의 의미를 명확히 파악하기 위해서는 이처럼 그가 자주 묘사하는 비정상적인 광기의 감정들이 어디서 발견되는가에 초점을 둘 필요가 있다. "거저 다 운명이외다"(「배따라기」)라고 말하는 김동인의 숙명론이나, 광기 어린 예술가들이 공통적으로 지닌 태생적 비극, 즉 "천분天分"이라는 것을 염두에 둘 때, 김동인이 중시한 것은 감정의 내용 혹은 기원이 아니라, 오히려 감정의 형식 혹은 표현임을 알 수 있다. 비평가 K씨가 '백성수'의 천재적 광기를 발견하는 형태로, 또 '백성수'가 편지를 통해 비평가 K씨에게 자신의 내면을 고백하는 형태로, 「광염소나타」는 예술이라는 형식이 감정을 발견하고 계발하는 역할을 하고 있음을 보여준다.

이러한 해석의 연장선상에서 김동인의 「광화사狂畵師」(『野談』, 1935. 12)를 읽어 볼 수 있다. 「광화사」는 인왕산을 산책하며 심산의 "유수미幽邃美"에 탄복하던 화자 '여余'가 우연히 발견한 '암굴'로부터 불쾌한 상상에 빠져 솔거라는 한 화공의 이야기를 지어내는 과정을 보여주는 소설이다. 「광염소나타」와 마찬가지로 일종의 액자소설 형태를 취하고 있다. '소설 속 소설'에서 화공 솔거는 "세상에 보기 드문 추악한 얼굴의 주인"이다. 부득이하게 금욕과 은둔 생활을 하던 그는 "좀더 색채 다른 표정"을 그려 보고 싶다는 욕망으로 미녀들을 관찰하던 중, 어느 소경 처녀의 얼굴에서 "놀랄 만한 아름다운 표정"을 발견한다. 그 표정은 공허한 눈으로부터 비롯되는 것이었는바,[14] 그 눈이 '애욕의 눈'으로 변했다고 느끼는 순간 솔거는 소경 처녀의 얼굴에서 더 이상 아름다움을 발견하지 못하게 되고 분노를 표출하다가 본의 아니게 처녀를 죽이게 된다. 솔거에게 아름다움이란 소경 처녀의 '공허한 눈'이 상징하듯 어떠한 내용도 담고 있지 않은 순수한 감정의 덩어리로부터 생성되는 것이었겠고, 더불어 그에게 '그림'이라는 예술 형식은 바로 이러한 감정의 아름다움을 발견하도록 하는 한갓 수단에 불과했을지도 모른다.

백성수나 솔거에게는 예술가가 되었어야만 하는 뚜렷한 이유가 없다. 「광염소나타」의 백성수와 「광화사」의 솔거는 모두 유복자 출신이라는 점에서 태생적 비극을 공유한다.[15] 백성수는 아버지의 천재성과 광폭한 야성을 함께 물려받았으며, 솔거는 공포와 혐오를 불러일으키는 추한 얼굴을 지녔다는 점에서 이들의 광기에 숙명적인 데가 있기는 하다. 그러나 이들의 광기

14 소녀의 눈에 대한 매혹은 「水晶비둘기」(『매일신보』, 1930. 4. 22~24)라는 소품(小品)에서도 이미 제시된 테마이다.

15 이들에게는 공통적으로 어질고 아름다운 어머니가 있었는데, 백성수의 어머니가 가난으로 인해 처참하게 죽었다는 사실을 음미한다면 우리는 '백성수'의 폭발적인 감정의 근저에서 다소간 사회적 기원을 찾을 수도 있을 것이다. '백성수'의 '방화와 살인'을 보며 신경향파 소설의 전형적인 결론을 떠올리지 않을 수 없다.

는 예술을 통해 승화에 이르는 것이 아니라 오히려 강화된다는 사실을 지적해야 할 것이다. 「광화사」를 통해 김동인이 생각하는 예술의 기능은 다시 한 번 강조되고 있다.

「광염소나타」와 「광화사」는 광인 예술가의 비정상적 행위의 의미를 탐색한다는 서사뿐 아니라, 그들을 발견하거나 창조하는 또 다른 화자가 등장한다는 형식의 측면에서도 상동성을 보인다. 단지 예술 충동에 휘둘리는 광인 예술가를 묘사하는 데 그치지 않고, 이들의 삶을 소개하는 논평자(비평가 K씨, 여)를 둠으로써, 김동인은 광인 예술가에게 예술이, 또 자신에게 이러한 예술가의 이야기가 어떤 의미를 지니는지를, 다시 말해 예술이 어떤 기능을 하고 있는지를 사유하도록 독자를 유도하고 있는 셈이다. 김동인의 소설에서 액자형식이나 중계자의 설정은 이미 1920년대 초에 「배따라기」에서 완미한 형태로 제시된바, 단편 미학의 정립이라는 측면에서 김동인의 최고 업적으로 평가되어 온 것이 사실이다. 그러나 이 같은 액자형식의 구사는 조선의 구체적인 현실을 외면하는 하나의 방식이라는 점에서, "예술적 완성도에도 불구하고 작가 정신의 측면에서는 근본적인 패배를 전제하는"[16] 것이라고 평가되기도 하였다. 1930년대에 쓰인 이 두 편의 소설에서 여전히 액자형식과 중계자의 개입이 발견되는 것은, 1920년대 말 가산을 탕진한 후 신문연재소설로 "훼절"한[17] 작가의 전기적 사실을 고려할 경우, 독자를 끌어들이기 위해 흥미를 유발하는 방식이라 볼 수 있을 것이다. 그러나 이 같은 형식을 작품의 내용과 함께 고려한다면, '예술'이 요구되는 맥락을 무조건적인 선언의 형태가 아닌 설득의 과정을 통해 보여주고자 하는 작가의 의도가 반영된 것이라 판단할 수도 있다. 결국 김동인의 예술가소설에서 예술의 기능

16 박상준, 『한국 근대문학의 형성과 신경향파』(소명출판, 2000), 81쪽.

17 김동인, 「문단 30년의 자취」, 『신천지』, 1948. 3~1949. 9(『김동인전집 15』, 조선일보사, 1988, 370쪽).

이 강조되는 내용과 형식을 참조하면서, 우리는 그의 예술지상주의가 시대적 조건을 고려한 도피적 선택이기보다는 시대의 변화와 무관하게 유지되는 적극적인 문학관임을 확인할 수 있다.

2) 미적 형식으로서의 '대동강'

김동인의 예술지상주의가 무엇을 위해 요청되는 것이었는지를 상기하며, 1919년 『창조』의 창간호에 실린 주요한의 시 「불노리」로 거슬러 올라가 보자. 정신사적 측면에서 접근할 때 흔히 「불노리」는 공동체로부터 떨어져 나온 개인의 슬픔을 드러냄으로써 근대적 개인의 탄생을 알리는 작품이라고 읽혀 왔다. 여기서 '불놀이'라는 축제의 형식에 주목할 필요가 있다. 주지하다시피 축제는 성과 속, 일상과 비일상, 인간과 자연이 분리되기 이전의 전일적 상태를 재현하는 장이다. 그렇다면 이미 인간과 자연 혹은 신과 인간이 분리된 상태 속에서 재현되는 축제란, 일상의 삶이 일시 중지되는 '인공의 시간' 안에 놓이는 하나의 형식에 불과할 뿐인지도 모른다. 주요한의 「불노리」의 소설 버전이라고 할 만한 「눈을 겨우 뜰 때」(『개벽』, 1923. 7~11)에서 김동인은[18] 단오 명절을 위해 잘 차려 입은 평양 여인의 뒤태에서 "초월한 신성한 느낌"과 더불어 "극도로 조화된 인공미"를 느낀다고 고백한 바 있다. 일 년에 단 하루 '아낙네의 날'을 위해 성장盛粧한 여성이 "'자연'이라는 것보다 한 예술품"처럼 느껴진다는 이러한 고백은 인위적 성격을 지니게 된 축

18 김동인은 주요한의 「불노리」가 대동강의 관화(觀火)놀이를 배경으로 삼고 있음을 지적하면서, 어려서부터 도쿄에서 생활한 주요한은 관화를 본 일이 없으므로, 「불노리」는 자신에게 전해 들은 이야기를 바탕으로 창작된 것이 분명하다고 밝힌다(김동인, 「문단 십오년 이면사 4」, 『조선일보』, 1934. 4. 4). 물론 주요한의 입장은 이와 다르다. 그는 「불노리」가 "4월 파일날 대동강에서 본 관등회, 평양 사람들이 봄이면 오르는 서산, 동산과 보통강 너머 서장대에서 본 광경들을 기억에 되살려 쓴 것"(주요한, 『주요한문집 1』, 요한기념사업회, 1982, 22쪽)이라고 주장한다.

제의 형식적 전략을 씁쓸히 묘사한 대목이다.[19]

그렇다면 주요한의 「불노리」와 김동인의 「눈을 겨우 뜰 때」에서 묘사되는 대동강의 4월 초파일 불꽃놀이는, 김동인의 여타 소설에서 강조된 형식으로서의 예술과 조응한다고 볼 수 있다. 주요한과 김동인에게는 축제가 충만한 공동체적 기억을 불러옴으로써 개인을 고독 속으로 위축시키기보다는, 오히려 인공화된 축제, 즉 예술이라는 형식이 개인으로 하여금 다양한 감정들을 불러 모으게 했다고 해야 할 것이다. 「불노리」에서 대동강의 화려한 불은 화자의 쓸쓸한 마음을 강조하는 상징적 소재라기보다는, 화자의 복잡한 심리 상태를 출현시키는 자극적 대상이 되고 있기 때문이다. 즉 불놀이라는 축제가 화려하고 흥성스럽다는 이유로 개인의 고독이 강화되는 것이 아니라, 불놀이라는 형식 자체가 복잡한 감정을 불러왔다고 볼 수 있다는 것이다. 이 작품은 외부로부터 촉발되는 감정의 수동적 성격, 혹은 오로지 예술이라는 형식을 통해 발견되는 감정의 풍부한 변화를 증명하는 텍스트이기도 하다.

> 아아 춤을춘다, 춤을춘다, 싯벌건불덩이가, 춤을춘다. 잠々한城門우에서 나려다보니, 물냄새 모랫냄새, 밤을깨물고 하늘을깨무는횃불이 그래도무어시不足하야 제몸까지물고드들때, 혼차서어두운가슴품은 절믄사람은 過去의퍼런꿈을 찬江물우에 내여던지나, 無情한물결이 그기름자를 멈출리가이스랴? —아아 꺽거서 시둘지안는 꼿도업것마는, 가신님생각에 사라도죽은 이마음이야, 에라 모르겟다, 저불낄로 이가슴태와버릴가, 이서름살라버릴가 어제도아픈발 끌면서 무덤

19 신범순에 따르면, 축제의 모순된 두 측면을 겹치게 그려 놓은 것이 김동인의 예술적 성취라 할 수 있다. 김동인은 축제 속에 '냉혹한 현실의 구조'를 갖다 놓음과 동시에 축제 속에서 "하루를 즐기는 사람들의 가슴속에 그 옛 축제의 열기를 전해 주려" 하고 있다. 신범순, 「주요한의 「불놀이」와 축제 속의 우울」, 『시작』, 2002 겨울, 213쪽.

에가보앗더니 겨울에는 말랐던꼿이 어느덧피엇더라마는 사랑의봄은 또다시 안도라오는가, 찰하리 속시언히 오늘밤이물속에………할적에 퉁, 탕, 불띄를 날리면서튀여나는매화포, 펄덕精神을차리니 우구구 떠드는구경꾼의소리가 저를 비웃는듯, 꾸짓는듯. 아々 좀더 强熱한熱情에살고십다, 저귀저햇불처럼 엉긔는 煙氣, 숨맥히는불꼿의苦痛속에서라도 더욱뜨거운삶을살고싶다고 뜻밧게 가슴두근거리는거슨 나의 마음………[20]

「불노리」의 2연에서 화자는 대동강의 춤추는 불을 보며 "가신님생각에 사라도죽은 이마음"을 외치며 대동강 물에 뛰어들고 싶은 마음을 드러내다가 곧바로 "强烈한熱情에살고십다"며 급격한 감정의 변화를 보인다. 이때 화자의 "숨맥히는불꼿의苦痛"이 한순간 "뜨거운삶"에 대한 열정으로 급변하는 것은 단지 "우구구 떠드는구경꾼의소리" 때문일 뿐이다. 축제의 흥성스러움은 「불노리」의 화자에게 죽고 싶도록 쓸쓸한 감정만을 안겨 주는 것이 아니라 "가슴두근거리는" 열정을 품게 하기도 하는데, 애초에 화자의 외롭고 서러운 감정이 '가신님'보다는 오히려 '불놀이'라는 축제의 형식으로부터 생성된 것이 아닌가 생각하게 할 정도로 「불노리」 속의 감정 변화는 너무 빠르다.

인용된 2연으로부터 이어지는 3연에서 묘사되는 축제의 풍경 속에는 "어린기생"이 등장한다. "한잔한잔또한잔 끗업는술"을 마시며 "즈저분한뱃미창에 맥업시누워" "까닭모르는눈물"을 흘리는 이 '어린기생'은 「눈을 겨우 뜰 때」의 기생 금패의 모습과 완벽하게 겹치는데, 김동인이 그린 금패는 어죽놀이를 나갔다가 처음 마신 술에 취해 치마를 뒤집어쓰고 배에 드러누워 "여러 십 가지의 슬픔이 함께 얽힌 범벅의 슬픔" 속에서 눈물을 흘리는 모습으로 형상화된다. 금패의 '범벅의 슬픔'은 유서 깊은 것인데,[21] 그 모든 슬픔

20 주요한, 「불노리」, 『창조』 창간호, 1919.

21 금패의 슬픔은 기생이라는 자기 신분에 대한 자각에서부터 비롯된다. 김동인은 예술가—남성

은 4월 초파일의 대동강 뱃놀이로부터 비롯된다. "살림살이의 한 단편의 축도에 다름없었"던, 다시 말해 살림살이 흉내로서의 어죽놀이는 금패에게 자신의 처지에 대한 설움을 상기시켰던 것이다. 금패의 눈물은 어죽놀이라는 인공의 형식이 배태한 슬픔이라는 점에서 의미심장하다. 진정한 살림살이를 할 수 없다는 서글픔은, 특정한 연모의 대상이 있음으로부터, 즉 특정한 상대와 살림살이를 꾸리고 싶다는 구체적인 욕망으로부터 천천히 생겨난 감정이 아니라, '살림살이 흉내'라는 공허한 형식으로부터 돌발적으로 생겨난 것이다. 눈물을 흘리는 금패는 언젠가 대동강에서 여학생들이 자신을 보며 수군거렸던 "이제 십 년만 디내 봐라. 데것들의 꼴이 뭐이 되나. 미처 시집두 못 가구. 구주주하게……"라는 말을 떠올렸는지도 모르지만 금패의 슬픔이 어떤 구체적인 욕망으로부터 응축되어 나온 것이 아니라는 점은 분명하다. 다시 「불노리」로 돌아가자면, 3연의 "까닭모르는눈물"이 화자가 바라보는 어린기생의 것인지, 아니면 어린기생을 바라보는 화자의 것인지는 불분명하지만, 내용도 주체도 불분명한 이 슬픔은, 김동인의 금패가 그랬듯

인물들에게 감정을 발견하고 계발하는 일을 맡겼으며, 기생-여성 인물들에게는 자신의 주체성을 자각하는 일을 맡겼다. 표면적으로만 보더라도 이러한 설정은 기존의 젠더 체계를 뒤흔드는 면이 있다. 이광수의 「무정」에서 '계월화'-'계월향(영채)'으로 이어지는 기생 인물들과 김동인 소설에 등장하는 기생 인물들은 자신의 삶에 대해 끊임없이 질문을 던지고 있다는 점에서 상통하는데, 그녀들이 공통적으로 드러내는 '우울'의 정서가 이를 증명한다. 이태준의 「패강랭」에 이르기까지 평양을 배경으로 하는 소설에서 빠짐없이 등장하는 기생은 일본인의 평양 기행문에 등장하는 그녀들처럼 '제국의 남성성'이 투영된 존재(서기재, 앞의 글, 89쪽)이기보다는 자신의 삶과 인생에 대해 일찍 '눈을 뜨는' 인물형이라는 점에서 주목할 만하다. 이광수와 김동인은 기생의 삶을 재현한 작가라기보다, 기생이라는 역설적으로 자유로운 신분의 인물들이 김동인과 이광수로 하여금 근대적 개인의 자각을 그릴 수 있게끔 해 주었다고 할 수 있을 정도로, 이광수와 김동인의 소설에서 기생은 긍정적인 인물형이다. 물론 이광수가 '영채'에게 여학생으로의 변신이라는 다소 비현실적인 비전을 선사하였다면, 김동인은 '금패'에게 '자살'이라는 어찌 보면 좀 더 현실적일 수 있는 행위를 요구하고 있다는 점이서 차이가 있다. 1938년 『삼천리』에 발표된 이태준의 「패강랭」에서의 영월은 "우리 기생은 제가 돈을 놔서 돈 없는 사낼 얻는 게 제일이랍니다"라며 자기 삶을 현실적으로 책임지려는 여성으로 변모해 있다.

현실의 구체적인 불행("가신님")보다는 오로지 4월 초파일의 축제라는 형식으로부터 생겨났다는 점은 분명한 듯하다.

주요한과 김동인이 주목한 '불'은 물론 휘발성을 지닌 감정의 속성을 상징하는 것이기도 하지만, 중요한 것은 이러한 무형식의 순간적 감정이 예술이라는 인공의 형식으로부터 비롯된다는 것이다. '창조파' 예술지상주의가 지닌 진정한 함의는 여기에서 찾을 수 있다. 더 나아가 「불노리」 안의 '불놀이'가 화자로 하여금 어쩐지 쓸쓸한 감정의 정체를 자각하게 하는 '유사-예술'이 되었다면, 주요한의 「불노리」라는 텍스트 자체는 독자로 하여금 '까닭 모를 슬픔'이라는 감정을 발견토록 하는 매개가 되었다고도 할 수 있다. 주요한의 텍스트를 비롯한 1920년대의 소위 '낭만주의적' 경향의 시들은, '우울'과 '슬픔'과 '허무'라는 '병적'인 감정들이 '기쁨'과 '정열'과 '환희'라는 건강한 감정들과 전적으로 평등한 위치에 놓인다는 점을 스스로 증명한 텍스트가 된 것은 아닐까. 이러한 작품들로부터 식민지적 공분과 우울, 3·1운동 실패 이후의 열패감이라는 감정의 불분명한 기원만을 찾는 것은 어쩌면 무의미할지도 모른다. 그것은 '미'와 '추'가 범벅이 된 다양한 예술작품들로부터 이미 충분한 '감정교육'을 받은 현대인의 시각으로 이 작품들의 감정의 기원을 단선적으로 규정하는 것이며 작품들의 미숙함만을 재차 확인하는 일이 될 수 있기 때문이다.[22]

대동강의 '축제'로부터 슬픔의 감정을 자각하는 인물들을 그림으로써, 「불놀이」와 「눈을 겨우 뜰 때」는 '창조파' 예술지상주의의 의미를 압축적으로

22 조영복은 1920년대 근대 초기 시를 분석하면서, "'상징주의의 완결함'(원본성)에 미치지 못한 '상징주의 모방의 산물'이라는 평가, 그렇지 않으면 3·1운동 이후의 퇴폐적 지식인의 내면을 그린 것, 혹은 그들의 좌절과 절망을 드러낸 것이라는 평가, 현실도피의 산물이라는 평가는 제한적이다"라고 주장하면서 이들이 그린 것은 '관능'과 '퇴폐'의 정조가 아니라, '상징'과 '은유'라는 형식임을 지적한 바 있다. 조영복, 『1920년대 초기 시의 이념과 미학』(소명출판, 2004), 82쪽.

재현한다. 이른바 이들은 예술(축제)이라는 인공적 형식을 통과하며 내면의 감정이 발견 혹은 발현되는 형태에 주목하고 있다. 작중 인물들에게 대동강 축제가 자신의 처지에 대한 자각과 더불어 슬픔을 불러일으키는 매개가 되는 구조는, 김동인의 많은 소설에서 '여余'라는 일인칭 화자가 대동강을 응시하다가 어떤 이야기를 전하게 되는 액자형식을 통해 반복된다. 앞에서 살펴본 「광화사」는 물론 1930년에 『매일신보』에 발표한 「소녀의 노래」, 「수녀」, 「무지개」 등 일련의 소설들은 대동강으로부터 시작되어 대동강으로 끝난다.[23] 물론 이러한 구조를 선취한 작품은 「배따라기」이다. "대동강에 첫 뱃놀이하는 날" 모란봉 일대를 산책하던 화자는 '배따라기' 소리를 따라 간 곳에서 영유 출신의 뱃사람을 만나는데, 그가 들려준 이야기가 바로 이 작품의 속 이야기이다. 기생 금패가 대동강의 축제로부터 내면을 자각하고 감정을 발견해 나가듯, 김동인 자신도 '대동강'을 매개로 하여 이야기를 창출해 내고 있는 셈이다. 김동인에게 '대동강'은 백성수의 음악이나 금패의 축제와 마찬가지로 일종의 '미적 형식'으로 육박해 있다. 김동인은 「대동강」과 「대동강의 평양」 등의 수필에서 "평양인의 시, 평양인의 정서, 평양인의 노래는 대동강과 함께 일어나고 살고 뛰놀고 하는 것"[24]이라며 대동강의 정서에 대해 노골적으로 적어 놓은 적이 있다. 김동인의 "평양 태생이라는 사실은 한갓 '경력'이 아니고 '자질'의 일종인 셈"[25]이라는 직관은 이 같은 김동인 자신의 언급이나, 대동강 주변을 산책하며 상념에 젖는 김동인 소설 속 일인칭

23 김동인은 「문단 30년의 자취」에서 "1927, 28 이태 동안을 나는 아무것도 하는 일이 없이 평양에 박혀 있었다"고 고백한다. 이 시기 재정적 파탄과 아내의 가출 등으로 힘든 시절을 보낸 그는 1931년 재혼을 하고 이후 신문연재라는 생계형 집필을 시작한다(『김동인전집 15』, 조선일보사, 1988, 367~371쪽). 1930년에 씌어진 일련의 소설에서 대동강을 배경으로 하는 액자형식이 반복되는 것은 흥미를 위주로 하는 신문연재소설의 요구에 부흥한 형태라 파악할 수도 있지만, 대동강에서 낚시질로 소일한 그의 체험이 강하게 작용했음도 부인할 수 없다.

24 김동인, 「대동강의 평양」, 『신동아』, 1932. 9(『김동인전집 4』, 삼중당, 1976, 503쪽).

25 김윤식, 『김동인 연구』(민음사, 1987), 233쪽.

화자의 발언, 더 나아가 대동강에서 시작되는 액자소설의 구조를 통해서도 충분히 증명될 수 있다.

이와 관련하여 본고가 주목하고자 하는 것은 김동인의 예술지상주의와 관련하여 평양의 대동강이 어떤 역할을 하고 있는가에 관한 것이다. 우선 김동인에게 '예술'이 무엇이었는가를 정리해 보자. 「자기가 창조한 세계」(『창조』 7, 1920. 7)라는 평문을 통해 김동인이 자신의 예술관을 피력해 놓고 있음은 주지의 사실이다. 그 글에서 김동인은, 주어진 세계인 '자연'에 만족하지 못하는 인간이 자신의 "위대한 창조성"을 발휘하여 "자기의 지배할 자기의 세계"를 만들어 놓은 것이 바로 '예술'이라고 설명했다. 예술이란 창조자의 위치에 서고자 하는 인간의 욕망이 요청한 형식인 것이다. 특히 소설가는 톨스토이가 그랬듯 자기가 창조한 인물들을 인형 놀리듯 함으로써 완벽한 창조자가 되어야 한다는 것이 김동인의 그 유명한 '인형조종술'의 요체이다. 김동인의 이러한 예술관에 대해서는, 부유한 집안 출신이라는 전기적 사실과 관련하여 신의 자리에 서고자 하는 '귀공자의식'의 소산으로 설명되거나,[26] 예술사적 관점에서 "자아를 절대화하려는 노력"으로서의 '낭만적 개인주의'[27]의 발현으로 설명되기도 하였다. 김동인은 실제 작품 속에서 대동강 주변을 산책하다 어떤 '공상'에 이르게 되는 일인칭 화자를 노출시킴으로써, 이러한 창조자로서의 소설가의 모습을 강조한다.

그런데 김동인이 그리는 예술가가 '겉 이야기'의 일인칭 화자로서의 작가가 아니라, '속 이야기'의 주인공으로서의 예술가인 경우, 이때 강조되는 것은 "자기의 지배할 자기의 세계"를 철저하게 만들어 내고 있는 예술가의 행위이기보다는 그의 고양된 감정에 관한 것이라는 점에 주목해 볼 필요가 있

---

26 김윤식, 앞의 책 참조.

27 황종연, 「낭만적 주체성의 소설」, 문학사와 비평학회 엮음, 『김동인 문학의 재조명』 (새미, 2001), 89~94쪽.

다. 예술가를 주인공으로 내세운 「광화사」와 「광염소나타」에서 확인했듯 이 소설들에서 '예술'이란, 예술가의 고양된 감정을 발견하고 강화하는 것으로 그려진다. 김동인의 예술가소설에서 소재가 되는 예술은 주로 음악과 미술인바, 내용보다는 재료로서의 '소리'나 '색'이 강조되는 음악과 미술에서는, 언어를 통해 이야기를 만들어 내는 문학의 경우보다, 예술가와 작품 사이의 거리가 더 가깝다고 할 수 있다. 예술가소설에서 묘사되는 백성수나 솔거 같은 예술가들은 엄밀히 말해, 김동인이 「자기가 창조한 세계」(『창조』 7, 1920. 7)에서 신의 위치로까지 격상시킨 절대적 존재로서의 예술가와는 거리가 있어 보인다. 요컨대 김동인의 소설에는 두 가지 층위의 예술가가 존재한다. 작가 김동인을 연상시키는 인형조종술의 당사자와, 주체할 수 없는 감정에 휘둘리는 비극적인 예술가가 그것이다. 즉 김동인의 소설에는 관조적 주체로서의 예술가와 정념적 주체로서의 예술가가 혼재되어 있는 것이다. 전자로부터는 이야기를 만드는 '창조'의 행위 자체가 강조되고, 후자로부터는 그 과정에서 불거져 나오는 고양된 '감정'이 특히 강조된다.

이러한 괴리가 생겨나게 된 원인에 대해서, 김동인의 '대동강'의 체험을 통해 설명할 수 있을 것이다. 김동인에게 평양의 대동강이란 미적 체험의 원형공간으로 작용하는 것인바, 김동인 소설에서 예술이 인간의 창조적 능력을 증명하는 것임과 동시에 그 능력을 한껏 고양시키는 것으로서 강조되었던 것은, 그에게 예술이 애초에 관념으로서가 아니라 정서적인 것으로 이해되었기 때문이라고 생각할 수 있다. 김동인의 예술지상주의의 성격을 대동강의 체험과 떼어 놓고 생각할 수 없다는 것은 기왕의 논의에서 자주 지적되어 온 바이지만, 그의 소설에 상반되는 예술가의 모습이 등장한다는 사실과 관련하여서도 대동강 체험의 의미는 중요하다.

김동인 문학에서 예술과 감정의 관계는, 이광수의 「무정」(『매일신보』, 1917. 1. 1~6. 14) 속 인물들이 서로 간의 관계를 통해 '감정교육'을 받음으로써 자신의 '속사람'을 자각하는 것과는 확실히 다른 자리에 있는 것이다. 예술로부터 학습한 감정이 결국 합리적이고 이상적인 공동체를 형성하기 위한 수단이 된다는 이광수의 계몽적 발상과 김동인식 예술지상주의는 예술의 중요성을 인정한다는 점에서 유사하지만 서로 다른 지향을 보인다. 「무정」에서 형식의 약혼자 선형이 소문 속의 기생 계월향을 영채라는 실물로 접하면서 느낀 질투의 감정은 "질투라는 독균"이라고까지 표현되는데, 이때 선형은 "종교나 문학에서 인생이라는 것을 대강 배워 사랑이 무엇이며 질투가 무엇인지를 알았던들 이 경우에 있어서 어떻게 하여야 할 것을 분명히 알았을 것"이라며 뒤늦게 후회한다.[28] 근대식 교육을 받은 여학생 선형이 품고 있었던 '사랑'에 대한 이상적 관념은 '질투'라는 고통스런 감정을 통과하며 새롭게 수정되고 있다. 이광수는 감당할 수 없을 정도의 직접성으로 도래할 미래의 감정에 대비하는 면역 바이러스라고 문학을 정의하면서 그 기능을 강조했다.[29] 이광수의 표현을 빌려 쓰자면, 새로운 감정의 출현에 관한 한, 이광수에게 예술(문학)이 '정신의 우두'였다면, 김동인에게는 '정신의 천연두'였다고 할 수 있다. 이광수에게 예술이 감정을 간접적으로 체험하도록 하는 도구에 불과했다면, 김동인에게 예술은 감정의 직접 체험의 매개로 작용하는 것이었다. 이처럼 상이한 세계관이 생겨나게 된 원인으로서 김동인의 '대동강 체험'은 중요한 요소로 작용한다.

1920년대 문학이 발견한 내면의 욕망과 다양한 감정들에 대해서는, 개인

---

28 관련되는 부분을 인용하면 다음과 같다. "선형은 지금껏 방 안에 갇혀 있었다. 그는 공기 중에 독균이 있는 줄도 몰랐다. 그리고 그는 우두도 넣지 아니하였다. 그런데 지금 질투라는 독균이 들어갔다. 사랑이라는 독균이 들어갔다. 그는 지금 어찌할 줄을 모른다. 그가 만일 종교나 문학에서 인생이라는 것을 대강 배워 사랑이 무엇이며 질투가 무엇인지를 알았던들 이 경우에 있어서 어떻게 하여야 할 것을 분명히 알았을 것이언마는 선형은 처음 이렇게 무서운 병을 당하였다." 김철 엮음, 『(이광수 장편소설) 무정』 (문학과지성사, 2005), 440쪽.

29 이는 이광수가 강조하는 '감정의 해방'이라는 것이 이성적이고 합리적인 사회를 지향하는 계몽의 기획을 좀처럼 넘어서지 않는 지점에 있다는 사실과도 관련된다. 이광수 소설에 나타난 '감정의 해방'과 '계몽의 기획'의 복잡한 관련 양상에 대해서는 서영채, 「이상주의, 사랑, 지사적 주체: 이광수」, 『사랑의 문법』 (민음사, 2004) 참조.

의 감정이 지닌 '공감의 능력'에 주목하며 계몽의 기획과 결부시켜 이해하는 방식과,[30] '내면의 발견'이라는 측면에 주목하여 '미적 근대성의 선취'[31]라고 이해하는 방식으로 양분될 수 있다. 이렇게 양분된 시각은 감정의 기능에 관해 그 강조점을 어디에 두는가에 따라 갈라져 나온 것인데, 1920년대 문학이 발견한 '감정'이 문학의 자율적 영역을 마련하는 토대가 되었지만 "이 감정이 문화적 계몽주의에 내재해 있는 기만성과 무관할 수 없"으며 이로부터 이 시기 문학의 한계를 찾을 수 있다는 지적은 타당하다.[32] 이와 관련하여 본고가 주목하는 부분은 '감정'을 중심으로 개인과 사회가 절합되는 장면에 관한 것이기보다는 예술이 감정을 발견하는 장면에 관한 것이다. 본고가 1920년대로부터 1930년대 후반에 이르기까지의 김동인의 소설을 통해 확인하고자 하는 것은, 감정을 발견토록 하는 직접적인 매개가 되는 '예술의 형식'에 관한 것이며, 나아가 김동인이 강조하는 '형식으로서의 예술'이 대동강의 축제 체험에 그 기원을 두고 있다는 사실이다. 평양은 김동인에게 미적 체험의 원형공간으로 작동하고 있다.[33] 이는 1930년대 후반 '단층파' 문

30 특히 이광수의 '情' 담론을 그의 친일 행위와 연관시켜 소급적으로 이해하는 방식들도 이와 관련된다. 개인의 감정을 계몽의 기획 속에 포섭시키는 '감정정치학'류의 연구들은 피식민 상황이라는 특수한 조건 속에서 우리의 근대문학이 형성·전개되는 장면을 투명하게 보여주고 있으나, 문학을 정치의 논리로 환원한다는 지적으로부터 자유로울 수는 없다. 이러한 연구들의 한계를 극복하기 위한 시도로서 1920년대의 지배적 감정 구조(structure of feeling)에 주목하여 정치와 문학, 개인과 사회, 윤리와 미학이라는 상반된 도식들을 폭넓게 아우르려는 연구들도 행해지고 있다.

31 1920년대 동인지 문단의 예술적 특성에 주목한 김춘식에 따르면, 1920년대의 계몽주의는 "지배의 장치"가 될 가능성이 훨씬 높은 기획이었던 반면, "형체가 없는 내면적 제도인 예술과 자아, 인생의 관계에 대한 자각"을 담고 있는 『창조』, 『폐허』, 『장미촌』, 『백조』, 『금성』 등의 동인지 예술은 "낭만적 자아가 표방하는 미적 근대성"의 중요한 특질을 보여준다는 점에서 의미가 크다. 김춘식, 『미적 근대성과 동인지 문단』(소명출판, 2003), 35~41쪽 참조.

32 김행숙, 「근대시 형성기에 있어서의 '감정'의 의미」, 『어문논집』 44, 2001.

33 김동인 문학의 '악'과 '광기'의 근원으로서 대동강에 주목하여 거기서 특수한 지역성이 아닌 보편적 낭만성을 분석해 낸 논의도 있다(권희철, 「속삭이는 목소리로서의 '대동강'과 어머니 형상의 두 얼굴」, 『한국근대문학연구』 17, 2008. 4). 이러한 보편적 낭만성이 평양 지역 출신의

인들에게, 평양의 거리가 관조의 공간으로 작용하고 있는 것과 동궤에서 설명될 수 있는 부분이다. 다음에서는 단층파의 대표적인 작가 최명익의 작품을 통해 평양의 '길'이 관조의 공간으로 표출되는 장면을 짚어 보도록 하겠다.

3. 최명익 소설에 나타난 자기 관조의 시선과 '허우적거리는 걸음'의 의미

『단층斷層』(1937~1940)[34]은 카프 해체 이후 전형기 문단의 구도 속에서 바라볼 때, '본격소설'을 대체하는 '세태소설'과 '내성소설' 중 후자 쪽을 맡았던 집단이다. 앞서 언급한 '서울중심주의'와 '평양중심주의'는 1930년대 후반 경성의 고현학과 평양의 심리주의로 양분되어 나타나는데, 김윤식은 "박태원의 망원경"과 "단층파의 현미경"이라는 비유를 사용하기도 했다. 이는 카프라는 거대 집단을 염두에 둔 이데올로기 중심의 문학사관으로부터 형성된 구도일 텐데, '단층파'의 내성적 경향, 심리주의 경향이라는 특징은 비단 카프 문학의 후신이라는 위치로서만 보아질 수 없는 면이 있다. 『단층』은 포스트 카프 잡지이기 이전에 『창조』로부터 그 맥을 이어받아 평양에 거점을 둔 동인들의 잡지이기 때문이다.

근대문학 최초의 순문예지로서 "우리는 문학으로"라는 슬로건을 내건 『창조』는 제목에서부터 자기중심적인 우월감을 표출하고 있다. 물론 이 잡

'창조파'에게 본격적으로 드러났음을 상기할 때 그것을 평양의 특수한 지역성과 결부시켜 보지 않을 이유도 없을 것이다.

34 1937년 4월 평양에서 창간호를 낸 『단층』은 한동안 1937년 9월의 제2호, 다음해 3월의 제3호까지만 전해져 왔는데, 2001년 김명석에 의해 1940년 6월에 발간된 이 잡지의 제4호가 발굴·소개되었다. 이에 대해서는 김명석, 「『단층』 4호에 대하여」, 『한국 소설과 근대적 일상의 경험』(새미, 2002) 참조.

지 역시 어느 정도 상업적 성격을 띠고 있기는 했지만,[35] 최초의 순문학지가 '평양'에서 나왔다는 점은 중요하다. 『창조』로부터 18년이 지난 후에 등장한 평양 출신 문인들의 또 다른 동인지 『단층』은 김이석의 증언에 따르면 "새로운 문학으로 기존 문단과 층계를 지어 보려는"[36] 야심에서 출발한다. "우리는 문학으로"로부터 "새로운 문학으로"로의 변모, 즉 '창조創造'에서 '단층斷層'으로의 이 같은 이행은, 평양 출신 문인들의 정체성이 자기중심적인 우월감으로부터 중심에 대한 대타적 자의식으로 하향 조정되었다는 점을 비유적으로 암시하기도 한다. '단층'은 비단 '서울중심주의'에 대한 대타성만을 강조하는 명명은 아닐 텐데, 식민지배 20년의 결과 평양을 포함한 조선의 전 지역이 제국의 지방으로 격하되고 있는 현실, 혹은 더 이상의 사상투쟁이 불가능해진 암흑의 현실에 대한 개입 의지를 상징적으로 보여주는 명명으로도 읽힌다. 김동인의 「약한 자의 슬픔」에서 엘리자베트의 말을 빌리자면, 약자로서의 "표본 생활 20년"의 결과가 불러온 상황일 것이다.

『단층』 동인 최정익의 형으로 잡지에 소설을 싣지 않았음에도 문학사에서 이 동인의 수장쯤으로 대우받는 최명익을 제외하고, 소설 분야의 유항림, 김이석, 김화청, 최정익 등과 시 분야의 양조한, 김조규 등의 동인들[37]에 대한 당대의 평가는 대체로 부정적이다. 넘치는 의욕에 비해 방법론적으로

35 김영민은 『창조』가 경제적인 문제를 해결할 요량으로 부유한 집안 출신의 미술학도 김환을 동인으로 끌어들인 점과, 잡지의 판매 부수를 높이기 위해 당시 대중적 인지도가 높았던 이광수를 영입하려 한 것을 근거로 삼아, 『창조』의 상업성을 논하고 있다. 김영민, 「동인지 『창조』와 한국의 근대소설」, 『현대문학의 연구』 18, 2002.

36 김이석, 「동인지 「단층」에서」, 『서울신문』, 1959. 5. 28.

37 정주 출신으로 평양고보를 나온 이석훈은 『인문평론』(1940. 8)에 실은 「문단풍토기 -평양편」에서 평양 출신 문인들을 소개하면서 『단층』 동인들에 대해서도 언급하고 있다. 이석훈은 『단층』의 동인들이 대부분 광성중학 출신이므로 "無變化와 單調"의 우려도 있지만 하나의 문학운동으로 발전할 가능성에 대해서 긍정적인 기대를 할 만하다고 말한다. 이 글에서 흥미로운 지점은 이석훈이 '단층파'의 "心理主義的모더니즘의作風"이 "사치한 南監理教界系 光成中學의 校風"에서 비롯된다고 지적하고 있는 부분이다.

어설픈 점, 그리고 체험의 절실함이 부족한 점 등이 거론되었다.[38] 그러나 주로 최명익의 작품에서 드러나는 병약한 인물들의 치열한 자기 탐구, 다시 말해 자신의 현실적 곤궁과 그로 인한 심리적 불편함에 대해 정확하게 인식하고 그것을 솔직하게 묘사하는 모습은, 열패감 혹은 도피의 소산으로만 단정하기에는 너무도 철저한 데가 있다. 이들의 이러한 철저함 혹은 솔직함은 어디로부터 기인할 것일까? 이에 대해 범박하게나마 평양 출신 문인들의 기질적 자존감 혹은 문학에 대한 순정을 떠올려 볼 수도 있을 것이다.

우선, 평양 출신의 문인들이 외부의 객관적 관찰에 눈을 돌리기보다 내면으로 향하고 있는 이유에 대해 생각해 볼 필요가 있겠다. 본격소설의 미달태로서 임화가 구분한 '세태소설'와 '내성소설'이라는 구도에 괄호 친다면, 즉 그 시기 사상의 구현이 불가능했다는 이데올로기적 관점을 잠시 유보한다면, 그 이유는 이들의 생활공간의 모습으로부터 찾아질 수 있을지도 모른다. 경성의 빠른 변모에 비해 비교적 자신의 고유한 색채를 어느 정도 일관되게 유지할 수 있었던 평양에서 나고 자란 경험이, 다시 말해 외부의 변모에 시선을 빼앗기지 않을 수 있었던 배경적 특수성이 이들로 하여금 자신에게 집중하고 냉정할 수 있는 태도를 키워 주었다고 생각해 볼 수도 있지 않을까. 흥미로운 것은 최명익의 소설에서도 박태원의 소설에서처럼 이른바 '거리'와 '산보'라는 것이 중요한 모티브가 되기도 하는데, 박태원의 '거리'와는 달리 최명익에게 '길'은 외부 관찰보다는 그야말로 자기 관조의 기회를 제공하는 장이 되고 있다는 사실이다. 『단층』 동인 중 거의 유일하게 나름의 작품 세계를 구축했던 시인 김조규의 작품에서도 "가장假裝하고 지나가는 밤의 행렬行列 데드마스크를 쓴 심야深夜의 물상物象들"(「猫」, 『단층』 3, 1938)처럼, 경성의 밤거리를 스케치하는 김기림의 시를 연상케 하는 구절들이 보이

38 김남천, 「신진소설가의 작품세계」, 『인문평론』, 1949. 2; 임화, 「창작계일년」, 『조광』, 1939. 12.

는데, 김조규의 시에서도 두드러지는 것은 휘황한 밤거리보다는 '암흑 속의 거리'이며 그로부터 투명해지는 자신의 내면이다.[39] 경성의 모더니즘 작가들이 빠르고 편리한 인공의 길 위에서 매혹과 거부의 양가적 감정을 표출할 때, 평양의 작가들은 느리고 구불구불한 자연의 길을 천천히 걸으며 내부로 침잠한다고 할 수 있다.

'길'이라는 공간이 가장 두드러지는 최명익의 소설로는 「비 오는 길」을 꼽을 수 있다. 물론 이 소설의 배경이 되는 공간은, "옛 성문"을 중심으로 하여 성문 안에는 넓은 신작로가 관통하는 시가가 펼쳐져 있고 성문 밖으로는 공장 지대가 구성되어 있는 "신흥 상공 도시"로서의 1930년대 후반의 평양이다. 그러나 각기병으로 다리가 불편한 주인공 '병일'이 매일 다니는 길은 걷기 편한 대로가 아니다. 그는 인력거도 다니기 힘들 만치 "부府 행정 구역도에 없는 좁은 비탈길"을 따라 매일 출퇴근을 한다.

봄이면 얼음 풀린 물에 길이 질었다. 여름이면 장맛물이 그 좁은 길을 개천 삼아 흘렀다. 겨울에는 아이들이 첫눈 때부터 길을 닦아놓고 얼음을 지쳤다.

병일은 부드러운 다리에 실린 몸의 중심을 잡기 위하여 외나무 다리나 건너듯이 두 팔을 허우적거리며 걷는 것이었다.

봄의 눈 녹은 물과 여름 장마를 치르고 나면 이 길은 돌작길이 되고 말았다. 그 때에는 이 어두운 길을 걷는 병일이가 아끼는 그의 구두 콧등을 여지없이 망쳐버리는 것이었다.[40]

---

39 『단층』에 실린 시는 그 수가 적기도 하거니와 대표적인 두 시인 양운한과 김조규는 주로 평양 문단과 간도문단에서 활동했다는 이유로 그간의 문학사에서 별다른 주목을 받지 못했다. 최근 『단층』의 시를 본격적으로 검토한 김정훈에 따르면 평양 출신으로만 이루어진 『단층』 동인들은 시와 소설을 막론하고 일정한 문학적 공감대를 토대로 활동하였다고 볼 수 있다. 김정훈은 그 공감대를 현실에 대한 패배의식과 내면의 무력감으로부터 찾고 있다. 김정훈, 「『단층』 시 연구」, 『국제어문』 42, 2008. 4.

40 최명익, 「비 오는 길」, 『조광』, 1936. 4.

"성 밖 안끝"에 사는 병일이가 "성 밖 한끝"에 있는 공장으로 매일 출퇴근을 하는 그 길은 한 계절을 제외하고는 물로 질척거리는, 즉 배수 시설과는 무관한 전근대적 돌길이다.[41] 그 돌길을 병일은 매일 걷는다. "병일이는 이 길을 2년간이나 걸었다"라는 표현이 마치 그가 쉬지 않고 2년이라는 긴 세월을 걷기만 한 것처럼 느껴지도록 하는 것은 아마도 '병일'의 불편한 다리가 상기시키는 느린 속도나 "허우적거리"는 자세 때문일 것이다. 신작로를 옆에 두고 물이 질척한 좁은 골목을 불편한 다리를 이끌고 걸을 수밖에 없는 '병일'의 모습은 "취직한 지 2년이 되도록 신원 보증인을 얻지 못하"는 그의 암울한 처지를 환기하기도 한다. 그러나 이러한 '허우적거림'은 외부의 "산문적 현실 속에는 일관하여 흐르고 있는 어떤 힘찬 리듬"을 쫓아가지 못하는 '병일'의 패배감을 상징하는 것만은 아니다. 그보다는 오히려 "옛 성벽을 깨트리고 …(중략)… 성 밖으로 뀌여나오는" 속도 빠른 도시의 공간 변화 속에서도, '병일'이 잃지 않고자 하는 자기 삶의 균형을 드러낸다. 최명익이 '병일'을 이러한 길로 내몬 이유는, 즉 허물어지는 성벽의 곁에 둔 이유는 '병일'로 하여금 "평범하고 속된" 현실 속에서 진정한 자기를 찾기를 바라는 마음 때문이었을지도 모른다.

허우적거리며 다니는 길 위에서 '병일'이 만난 것은 "노방路傍의 타인", 즉 사진관의 '이칠성'이라는 노인이다. 이 노인은 '병일'에게 "독립적으로 사업을 시작하시우"라고 훈계하며 병일의 독서 취미를 비웃는 "평범하고 속된" 부류의 인간이다. '병일'은 '이칠성'과 마주앉은 시간이 불편하다. 신원 보증인을 얻지 못한 자신을 감시하는 듯한 공장 주인의 태도에서 불쾌감을 느꼈

41 박성란은 일제의 '시구개정' 과정을 살펴 「비 오는 길」의 공간을 당대의 관점으로 재구하면서, "「비 오는 길」에서 최명익은 일제의 도시계획과 그에 따른 일상적 공간의 배치, 분화된 사회 계층과 소시민의 파탄 등에 주목하여 평양의 도시 지리를 해부하고 있다"고 밝히고 있다. 더불어 병일의 '독서'를 제국의 질서 안으로의 편입을 거부하는 메타포로도 읽었다. 박성란, 앞의 글, 274~279쪽 참조.

던 '병일'은 '이칠성' 앞에서도 똑같은 감정을 느낀다. '병일'은 훌륭한 생활인이 되지 못하는 자신을 멸시하는 듯한 그들에게 똑같이 멸시의 시선을 돌려주지만 어느새 "독서력을 전혀 잃고" 자기 삶의 리듬을 잃게 된 자신을 발견한다. '노방의 타인'과의 불쾌한 대면이 스스로도 인정하고 싶지 않은 자신의 누추한 삶을 펼쳐 보였기 때문일 텐데, 그러한 점에서 '병일'이 '이칠성'과 처음 만나는 장면은 흥미로운 데가 있다.

> 빗소리밖에는—고요한 저녁이었다.
>
> 병일이는 다시 쇼윈도 앞으로 돌아서서 연하여 하품을 하면서 사진을 보고 있었다. 그때에 갑자기 사진이 붙어 있는 뒤 판장이 젖혀지며 커다란 얼굴이 쑥 나타났다. …(중략)… 비를 놓고 부채로 쇼윈도 안의 하루살이와 파리를 좇아내는 그의 혈색 좋은 커다란 얼굴은 직사되는 광선에 번질번질 빛나 보였다. 그리고 그의 미간에 칼자국같이 깊이 잡힌 한 줄기의 주름살과 구둣솔을 잘라 붙인 듯한 거친 눈썹과 인중에 먹물같이 흐른 커다란 코 그림자는 산 사람의 얼굴이라기보다 얼굴의 윤곽을 도려낸 백지판에 모필로 한 획씩 먹물을 칠한 것같이 보였다.
>
> 병일은 지금 보고 있는 이 얼굴이나 아까 보던 사진의 그것은 모두 조화되지 않은 광선의 장난이라고 생각하였다.[42]

비 오는 어둡고 조용한 길에서 쇼윈도 안으로부터 불쑥 튀어나온 '노방의 타인'의 얼굴은 사람의 얼굴이 아닌 듯 이물감을 풍기며 묘사된다. "직사되는 광선에 번질번질 빛나"는 그 "커다란 얼굴"은 "광선의 장난"으로 여겨질 만큼 평면적으로 그려지는 것이다. 이처럼 쇼윈도로 불쑥 나타나는 '이칠성'의 얼굴은 마치 '병일'이 거울 속을 들여다보는 것처럼 묘사된다. 타인의 얼

42 최명익, 앞의 글.

굴이 거울 속 얼굴처럼 그려진다는 것은 '이칠성'과의 만남이 '병일'에게 자기 응시의 기회를 제공하고 있음을 상징한다. '노방의 타인'의 얼굴이 섬뜩한 느낌을 주고 그와 마주 앉은 시간들이 불쾌감을 주는 것은 그가 타자의 '시선'을 경유하여 철저한 자기 인식에 이르고 있기 때문이다. "산문적 시간" 속에 살고 있는 '이칠성'을 "청개구리 뱃가죽 같은 놈!"이라며 과도하게 경멸하는 '병일'의 심리 속에는 "내게는 청개구리의 뱃가죽만 한 탄력도 없"지 않는가라는 자조가 담겨 있기도 하다.

최명익 소설의 주인공들은 무능력한 생활인이자 독서인이라는 점에서 유사한데, 이들은 주로 앞의 장면에서처럼 타인으로부터 시선을 돌려받음으로써 더욱더 명확한 자기 응시에 이르게 된다는 점에서도 공통점을 보인다. 이처럼 주인공들이 타인의 시선으로부터 불편함을 느끼는 장면은 최명익의 소설에서 흔하다. 인물의 복잡한 심리가 매우 세밀하게 묘사되고 있는 「무성격자」(『조광』, 1937. 9)에서는 각혈하는 애인 '문주'의 투명한 얼굴이 '정일'로 하여금 불안을 느끼게 한다. 자신을 바라보고 있는 문주의 시선을 거울 속에서 확인한 정일이 ""지금껏 내 얼굴에서 무얼 보았어?" 하며 손으로 문주의 눈을 가"리는 감각적인 장면이 등장하는 것이다. 「폐어인肺魚人」(『조선일보』, 1935. 2. 5~25)에서의 '현일'은 자기와 비슷한 처지에 놓인 '도영'의 "앱노말리티"한 행동을 바라보는 '병수'의 시선이 오히려 자신에게 수치감을 불러일으키고 있음을 느낀다. 도영을 향하는 병수의 응시가 자신에게 되돌아오고 있기 때문이다.

「비 오는 길」에서 '병일'이 도달한 결론은 "노방의 타인은 언제까지나 노방의 타인이기를 바란다"는 것, 그리고 더욱 "독서에 강행군 하리라고 계획하며 그 길을 걸었다"는 것이다. '병일'의 독서에의 다짐과 쉽게 끝나지 않을 것 같은 그 '허우적거림'은 자기기만이나 도피의 소산이라기보다는 철저한 자기 응시를 통해 도달한 값진 선택이라고 할 수도 있다. '단층파'의 수장격인 최명익은 시대적 멸시 속에서도 지켜야 할 자기 삶의 기율이 있다는 것을 이 같은 '길' 위의 인물들을 통해 보여준다. 이는 "자신의 순정을 지키려는 필사적인 노력"[43]에 다름 아니다. 이 글에서 강조하고 싶은 것은, 최명익 소설에 나타나는 타자의 응시를 통한 철저한 자기 인식과 그로부터 결과하는 주체적 삶의 선택이, 바로 평양의 구불구불한 물길(돌길) 위에서 가능했다는 사실이다. 물론 최명익의 인물들이 어떤 과정을 통해 어떤 선택을 했는가와는 별개로 "나의 시간"이라고 지칭되는 이들의 삶이 폐허廢墟 속의 '폐어인肺魚人'의 삶으로 전락할 위험을 내포하고 있다는 점을 부정할 수는 없다. '지방'의 '비 오는 길' 위에서 '허우적거리는' 이들의 삶이 "반신 물에 잠기고 반신 바람에 불리면서도 두 가지 호흡의 기능을 다 잃고 죽어가는"(「폐어인」) '폐어인'의 '균형 상실'인지 아니면 '균형 잡기'인지 불분명하다는 것이 평양 혹은 조선이 처한 시대적 조건이 아니었을까. 물론 이러한 사실을 가장 정확하게 인식하고 있었던 것은 '길' 위의 인물들, 즉 평양의 작가들이었을지도 모른다.

십 년 만에 평양을 방문한 짧은 소회를 다루는 이태준의 단편 「패강랭」에서도 평양은 식민지 지식인의 곤란한 처지를 되비추는 거울과 같은 장소로 묘사된다. "물이 아니라 유리 같은 것"처럼 투명하고 차가운 대동강의 이미지 속에 이 같은 의미가 응축되어 있다. 어죽놀이의 풍류는 이미 사라지고 기생들이 "딴스"를 추는, "폐허廢墟"로 치자면 "인전 평양두 서울과 별루 지지 않"는 그 공간이 '현'에게 씁쓸함을 가져다주는 것은 그곳이 평양으로 대변되는 조선의 처지, 나아가 자신의 처지를 자각토록 하는 공간이기 때문이다. 그는 부벽루와 청류벽, 연광정으로 홀로 돌며 "조선 자연은 왜 이다지 슬퍼 보일까?"라고 생각하며 부여의 낙화암과 백마강을 떠올리는데, 이러한 장면에서도 보듯 이 소설에서 '평양'은 일종의 거울 역할을 하는 투명한

43 신수정, 「「단층」파 소설연구」, 서울대학교 석사학위논문, 1992, 36쪽.

공간일 뿐, 지역적 특수성은 탈각되어 있다고까지 말할 수 있는 것이다.[44] 평양을 경유한 이태준의 자기 인식은 '단층파'의 자기 인식과 상통하는 면이 있다. "나 좀 혼자 걸어보구 싶네"라며 모란봉에 오른 현에게 그렇듯, '단층파' 지식인들에게 투명한 자기 응시는 평양의 '비 오는 길'로부터 가능했던 것이다.

4. 맺음말

경성 이북 제1의 도시 평양의 정체성을 설명할 수 있는 키워드는 여러 가지이다. 굳이 문학작품을 경유하여 확인하지 않더라도, 평양이 상업의 도시이자 기생이라는 심미화된 코드가 작동하는 공간이며, 서북 지역에 대한 오래된 차별로 인한 소외감과 역사적 우월감이 공존하는 공간이라는 점은 잘 알려져 있다. 이 글에서 주목한 것은 소외된 도시 평양의 역설적 자유와 우월감에 관한 것이다. 이 글은 그러한 평양의 '경향'을 『창조』와 『단층』이라는 대표적인 평양 지역 동인지의 수장 격인 김동인과 최명익의 소설을 통해 부분적으로나마 살펴보고자 하였다. 이들이 보여준 역설적 자유는 이데올로기와는 다소 무관한 예술에 대한 경사로 나타나거나 자신의 곤궁한 처지에 대한 철저한 인정으로 드러난다. 물론 '창조파'가 강조하는 예술의 자율성도, '단층파'가 보여준 철저한 자기 응시도 결국에는 '자유'라는 이름의 '고립'에 불과하다는 또 다른 역설로부터 자유로울 수는 없지만, 김동인이 예

---

44 '평양'을 배경으로 한 「패강랭」과 '경주'를 배경으로 한 「석양」을 상호텍스트적으로 검토한 정종현은 이들 소설에서 평양과 경주가 '호환가능성' 속에서 '조선'의 상징으로 변모하는 지점을 포착하면서 이는 결국 "'조선'이라는 지방을 제국의 여러 지방 중 호환가능한 한 지방으로 축소시키는" 역설적 지점을 만들어 낸다고 지적하였다. 정종현, 앞의 글, 118~119쪽.

술의 자율성과 더불어 강조한 예술의 기능, 그리고 타자를 경유하여 도출된 최명익의 자기 응시의 성격을 섬세히 따져 본다면, 이들의 자유 속에 내장된 적극적 의미도 도출해 낼 수 있을 것이다. 굳이 평양 지역이 지켜 온 민족적 정체성을 염두에 두지 않더라도, 다시 말해 '제국'에 대응하는 '민족'이라는 또 다른 상상의 공동체를 선험적으로 상정하는 방식이 아니더라도, 『창조』의 김동인과 『단층』의 최명익에 이르기까지 평양 지역 문인들이 보여 준 실제적 경향 속에서 이들 문학의 시대적 의의를 추출해 낼 수 있다는 것이다. 이 글은 김동인과 최명익의 소설을 중심으로 검토했지만, '평양'이라는 공간의 체험이 식민지시기 우리 문학의 형성과 발전에 있어 어떤 의미로 작용하고 있었는지에 관해서는, 『창조』로부터 『영대』, 그리고 『단층』에 이르는 평양 출신 문인들의 잡지들의 공통적 경향을 토대로 좀 더 정치하게 연구될 필요가 있다.

폐허의 고도와 창조된 신도神都

허병식

1. '백제'라는 몰락과 상실의 표상

작가 김소진의 첫 창작집 『열린 사회와 그 적들』(1993)에는 「임존성任存城 가는 길」이라는 단편이 실려 있다. 백제부흥운동의 중심지였던 임존성을 소재로 한 기사로 인해 필화를 겪고 해직당한 경험이 있는 신문사 기자 한기돈의 실종사건을 다루고 있는 이 작품에서 백제유민의 항쟁은 우리 역사에서 몰락과 상실의 표상이 되는 여러 사건들을 아우르는 원초적인 이미지로 제시되고 있다. 매천 황현의 절명시로 상징되는 구한말 조선의 국권상실, 1980년의 광주민주화운동과 이에 이어지는 언론탄압, 그리고 현재의 시점에서 결국 한기돈의 실종을 불러온 1990년대 이후 민주화운동의 쇠퇴와 후일담으로 전락한 민족문학의 위기의 중핵에 놓인 사건으로 제시되는 것이 백제라는 몰락과 상실의 표상이다. "지금은 任存城에 가도 아무도 님을 만날 수가 없다"[1]라는 문장으로 시작되는 한기돈의 기사에서 그 '님'이 표상하는 것이 시대를 초월하여 갱생의 희망을 이어 가는 민족의 이미지임은 작품 전반에 걸쳐 일관되게 드러나고 있다. 백제라는 표상이 몰락과 상실의 순간마다 애틋한 회고와 감상으로 과거로부터 불려 나오는 사라진 고대왕국의 전형이라는 점은 「임존성 가는 길」의 독자가 작품의 서사와 함께 공감하는 대목일 것이다.

한편으로 이 작품에서 한기돈이 임존성이 지닌 역사적 의미를 들려주고 있는 역사기행의 한 대목은 조금 유심히 살필 필요가 있다.

> 그러면 '任存城'이란 어떠한 뜻이 있는 것일까?
>
> 600년 7월에 나당군에 의하여 사비성이 함락한 뒤 西部恩率인 복신이 임존성을 근거로 하여 항쟁한 사실에 대하여 『日本書紀』에 다음과 같이 전하고 있다.
>
> 於 是西部恩率 鬼室福信赫然憤據任射岐山(이에 서부은솔인 귀실복신이 임사기산을 근거로 하여 분연히 떨치고 일어났다)
>
> 그런데 이 책 『大系本』의 註에 의하면 어느 寫本에는 '任射岐山' 대신 '任射利山' 이나 '任劍山'이라고 쓴 것도 있다고 하였다.[2]

위의 인용은 한기돈이 자신의 역사기행에서 임존성의 역사에 대해 서술하고 있는 부분인데, 임존성의 존재를 알리는 최초의 기록이 『일본서기』였다는 점을 다소 무심한 듯 들려주고 있다. 신군부의 폭압 아래 무참히 짓밟혀 간 광주 민중들의 원혼을 위로하기 위해 기획된 이 백제유민의 항쟁에 대한 조명의 과정에서 부각되는, 민족의 부흥을 위한 투쟁의 성스러운 장소의 기원이 『일본서기』라는 점은 조금 유심히 들여다볼 필요가 있다. 거기에

1 김소진, 「임존성(任存城) 가는 길」, 『열린 사회와 그 적들』 (솔, 1993), 245쪽.
2 김소진, 위의 책, 255쪽.

백제라는 표상 속에 자리 잡은 모순적인 이미지가 깃들어 있기 때문이다. 그 이미지는 백제를 둘러싼 역사의 사실史實들과 그에 대한 해석의 장에 참여했던 사람들이 직조해 낸 것일 터이다.

이 글은 백제를 둘러싼 표상이 근대에 새롭게 구축되는 과정을 그 대표적 고도인 부여의 이미지를 통해 살펴보려 한다.

2. 폐허의 고도

부여는 백제 멸망 이후 오랜 세월 동안 망각된 고도古都였다. 부여에는 정림사지와 여러 성터의 흔적, 주인을 특정할 수 없는 다수의 고분 외에는 백제의 고도임을 확인할 수 있는 고적古蹟이 거의 남아 있지 않았고, 수도로부터의 접근성이 매우 떨어졌기에, 부여는 오래도록 지방의 한 소읍으로 머물러 있었다. 부여는 경주와 같이 다수의 유적이 남아 있는 것도, 평양처럼 근래에 이르기까지 중요한 도시로서 기능해 온 것도 아닌, 역사적으로 변방에 지나지 않는 지역이었다. 인구수가 구한말 무렵의 호적표에 327호, 1441인으로 집계되었을 정도로 부여는 침체했던 소읍이었다.[3]

1909년 통감부 탁지부 장관 아라이 겐타로(荒井賢太郎)는 도쿄제국대학의 세키노 다다시(関野貞), 야쓰이 세이이치(谷井濟一) 등에게 의뢰하여 조선 각지의 고분 조사를 실시하였는데, 이들은 부여에서 단 이틀을 머물렀을 뿐이고, 아무런 고적도 발견할 수 없었다.[4] 1915년에 백제의 수도인 부여와 공주에 대한 본격적인 조사가 진행되었는데, 세키노 다다시는 부여 능산리에 백제왕릉이 있다는 사실을 듣고 현지를 답사하여 여섯 기의 고분이 모여 있는

3 손정목, 「日帝下 扶餘神宮 造營과 소위 扶餘神都建設」, 『한국학보』 49, 1987, 138쪽.
4 최석영, 「일제의 강점상황과 부여의 '관광명소'화의 맥락」, 『인문과학논문집』 35, 2002, 136쪽.

것을 확인하고 본격적인 발굴 조사를 시작하였다. 그리하여 도쿄제국대학의 구로이타 가쓰미(黒板勝美)가 이 가운데 가장 큰 중앙 고분(중하총)과 그 아래 고분을 발굴하였다.[5] 그러나 이 발굴이 고도로서 부여의 위상을 높이는 데 기여하지는 못하였다. 오히려 고하라 니조(小原新三)가 1915년 조선물산공진회에 부여8경을 디오라마로 제작하여 출품한 것이 부여를 사람들에게 알리는 데 기여한 바가 더 컸다. 나라(奈良)현에서 사무관으로 재직하던 시절, 백제의 역사 자료들을 수집하여 『백제의 사적事蹟과 부여의 명소구적名所舊蹟』을 집필할 정도로 백제에 대한 이해가 깊었던 고하라 니조의 관심은 백제가 아스카(飛鳥)·나라 문화와 대단히 밀접하다는 통념에서 비롯된 것이었다.[6]

식민지 조선의 작가들에게 부여라는 표상이 자리 잡은 방식은 이러한 제국의 발굴과 밀접한 관련이 있었던 것으로 보인다. 식민지시기에 부여를 여행하고 남긴 기록 중에서 먼저 살펴보아야 할 것은 이병기의 「부여행夫餘行」이다. 1926년 11월 5일 『동아일보』에 발표한 이 기행문의 첫 장인 '1. 百濟王陵에서'의 첫머리에서, 이병기는 백제왕릉을 돌아본 소회를 시조로 남기면서 먼저 왕릉의 발굴에 대한 설명을 제시하고 있다. "王陵은 夫餘面陵山里에 잇는데 自來로 百濟王陵이라일컷는것을 黑板, 關野 二博士가 發掘하여 그 雄大한 構造와 珍貴한 遺品을 보고 百濟王陵으로 斷定하였다"[7]는 대목이 그것이다. 세키노 다다시와 구로이타 가쓰미의 발굴의 결과에 의존해서 부여의 명소를 돌아보고 "地下에 가신님을 차즌듯 보랴마는/ 계시든 곳이라니 흙내라도 마타보려/ 나제도 촛불을 혀어 기픈굴을 드나니"라는 시조를 남긴 이병기는 다음 순서로 부소산의 기록을 전하고 있다.

5 이순자, 「일제강점기 고적조사사업 연구」, 숙명여자대학교 박사학위논문, 2007, 42쪽.
6 최석영, 앞의 글.
7 이병기, 「扶餘行」, 『동아일보』, 1926. 11. 5.

2. 扶蘇山에서

平濟塔은 夫餘邑아페서잇는 花岡石 五層塔인데 奇拔雄建한 南鮮의 最大藝術品으로 本來 百濟古刹의 遺物이라 한다. 唐과 新羅의 聯合軍이 千二百六十餘年前에 百濟를 討平하고 唐將 蘇定方이 그 功績을 이 塔에 새겻스나 百濟後民이 그 祖上의 손에 된 것이라하여앗겨 그대로 保存하여왓고 劉仁願碑는 夫餘邑 뒤 扶蘇山위에 서잇는데 이것은 蘇定方과 가치왓든 唐將 劉仁願이 都督이 되어 머물러 잇다가 얼마 안되여 百濟將 福信과 王子 夫餘豊이 百濟復興을 圖謀함을 鎭定하고 그 事實을 記錄한 것인데 百濟後民이 그 後 쪽여버렷든것을 大正六年 總督府에서 碑쪽을 차저부치고 碑閣을 세웟다.

이어이 문힐느냐 남의 손에 싸힌 塔을
이아니 쪽일느냐 나를 해혀 세운 碑를
지금에 또다시세니 그누구를 위함인고[8]

백제를 평정한 것을 기념하기 위해 당이 세운 비석인 평제탑과 당의 장수 유인원의 비석을 둘러싼 일화를 전달하면서 이병기가 들려주는 시조에는 부여유적이 불러일으키는 비애와 함께 총독부의 정책에 대한 은근한 비판의 목소리가 드러나고 있다.

그러나 1920년대까지 산견되는 백제와 부여의 이미지는 쇠망한 고대왕국의 그것이고, 몰락한 역사의 한 장면에 대한 회한의 정조가 자동화되어 나타나고 있다. 1935년 『개벽』 신간 3호와 4호에 연재된 박노철朴魯哲의 「사차고도근례泗沘古都覲禮」에는 백제의 고도를 노래한 조선시대의 시인묵객들이 남긴 작품이 소개되고 있는데, 그 작품들에서 나타나는 정조 또한 그러

8 이병기, 앞의 글.

하며, 그것이 1920년대에까지 이어지고 있는 것이다.

『한빛』 1928년 8월호에 수록되어 있는 박노철의 연작시조 「백제고도기행百濟古都紀行」이라든가 『동광』 1931년 9월호에 발표된 김설강金雪崗의 시조 「부여행扶餘行」이 그 대표적인 사례인데, "皐蘭寺 종소리에 갈가마귀 울고 간다/ 三忠碑 찾아가서 옛일을 묵상하고/ 天政臺 松林 속에서 가슴 치고 울리라"[9]라는 연에서 보이는 것처럼, 부여 각지의 유적-폐허를 답사하면서 잊혀진 고대왕국의 영욕성쇠榮辱盛衰를 추억하고 무상함의 비애를 노래하는 방식으로 역사의 한 시대를 복원하고 있다.

3. 부여의 근대

부여라는 도시에 대한 근대적 이미지가 생산되기 시작한 것은 1929년을 전후한 상황이었던 것으로 보인다. 그 중요한 계기로는 1915년 발족된 부여고적보존회가 1929년 재단법인으로 변경된 것을 들 수 있다. 부여고적보존회가 재정난을 타개하기 위해 재단법인으로의 변경을 신청하며 낸 진정서에 따르면, 백제가 일본과 관련이 깊은 땅이며, 일본의 아스카문화 형성에 지대한 영향을 미친 역사 등을 거론하며 부여의 사적명승에 대한 보존을 통해 내선일체의 강화를 꾀하는 논리를 엿볼 수 있다. 재단법인으로 새롭게 출발한 부여고적보존회는 백제와 일본과의 관계사關係史를 나타내는 고적의 보존, 유물의 수집, 고적유물 조사 및 연구·발표, 관람자 편의를 위한 제반 설비의 정비 등에 특히 역점을 두고 있었다. 예를 들어 외지로부터의 접근성을 개선하기 위해 교통 시설을 대대적으로 정비하고, 일대의 고적을 개

9 김설강, 「夫餘行」, 『동광』 25, 1931. 9.

보수하며, 부여의 유래와 고적, 명승지 등을 언론을 통해 지속적으로 소개하는 식의 노력을 경주하였다.[10]

또한 1929년을 전후한 시기에 『매일신보』, 『조선일보』, 『동아일보』 등에서는 일제히 부여에 관한 특집기사를 마련하고 있었다. 『동아일보』 1928년 9월의 기사는 부여고적보존회가 재단법인으로 변경됨과 부여박물관이 설립됨을 알리고 있다.

> 忠南夫餘는 百濟의 古都로서 附近은 史實的 遺蹟이 豊富하야 至今에도 城址에서는 兵馬에 짓밟힌 當時의 米麥이 發掘되는터이라. 이 由緖잇는 古蹟을 保存하기 爲하야 同地에는 古蹟保存會가 잇서 겨우 그 散逸을 防止하고 잇스나 거의 이름만이오 何等 保存硏究의 施設을 가치 안햇슴으로 年年이 荒廢되고 그 面影조차 업서지게 되엇슴으로 總督府 古蹟調査會에서는 자못 遺憾이라하야 여러가지로 斡旋한 結果 今番에 補助金을 交附하야 同保存會를 財團法人으로하는 同時에 同塘無量寺 境內에 博物館을 建立하게 되엇는데 만일 이 博物館이 建立되는 時에는 新羅의 榮華를 자랑하는 慶州博物館과 相對하야 兵馬에 짓밟힌 百濟의 文化를 자랑할 有名한 夫餘博物館이 되리라더라.[11]

'신라의 영화를 자랑하는 경주박물관'과 '병마에 짓밟힌 백제의 문화'의 대비는 주목할 만하다. 이후로 신문기사나 기행문에서 엿보이는 부여에 대한 소개에서는 경주나 평양에 필적하는 도시로 부여를 재발견하고자 하는 의도를 전하고 있다. 부여는 이제 경주나 평양에 맞서는 유서 깊은 고도로 다시금 조명받고 있는 것이다.

---

10 최석영, 「일제식민지 상황하에서의 부여(夫餘) 고적에 대한 재해석과 '관광명소'화」, 『비교문화연구』 9-1, 2003 참조.

11 「百濟文化를 자랑할 扶餘博物館, 짓밟힌 古蹟을 保存코자」, 『동아일보』, 1928. 9. 4.

1933년 4월 9일자 『동아일보』의 기사 「百濟古都 扶餘에 大遊覽地計劃, 경주 평양에 필적할 각종시설, 歷史的事實을 土臺로」에는 "백제고도 부여를 경주나 평양에 지지않은 역사적 유람지로 만들고저 모든 계획을 세운다"는 설명 뒤에 "신라고적을 연구하는 사계권위자인 오사카 긴타로(大坂金太郎) 씨를 작년부터 촉탁으로 부여에 주재케 하야 백제고적을 연구케 하는 중"[12]이라는 내용으로 부여에 대한 새로운 발견의 계획을 전하고 있다. 기사에 등장하는 오사카 긴타로는 부여의 고적을 새롭게 해석하고, 영지로서의 부여의 이미지 형성에 직접적인 영향을 준 인물이었다. 그는 『일본서기』에 등장하는 '득이신성'의 위치를 찾는 데 주력하여, 청마산성이 그것이라는 학설을 내세우고, 낙화암 전설에 관한 적극적인 재해석을 시도하여 백제 멸망 당시 낙화암에서 몸을 던진 사람들 중에는 "일본인 부인"들도 상당수 포함되어 있었다는 주장을 하였다. 오사카 긴타로의 작업이 가장 큰 호응을 얻었던 것은 고란사에 대한 재해석에서였다. 오사카 긴타로는 스슌(崇峻) 원년(587) 3월, 시마메(島女), 도요메(豊女), 이시메(石女) 3명이 부여에 유학하여 기거했던 장소가 고란사였을 것으로 추정한 바 있다. 그와 같은 추정은 적어도 지식인들 사이에서는 '사실史實'로 받아들여졌다. 재단법인으로 새로이 발족한 부여고적보존회에서 관광 코스에 청마산성을 포함시킨 것, 낙화암에 백화정百花亭을 새로 건립한 점, 그리고 고란사를 조선과 일본의 선린 관계를 상징하는 소재로 보고 시설을 보수하여 관광명소로 삼은 것 등은 부여의 관광명소화 과정에 오사카 긴타로의 해석이 중요하게 작용한 증거로 삼을 수 있다.[13]

1933년 7월 15일자의 기사 「古都의 扶餘서 百濟文化講習」에는 "남조선에

12 「百濟古都 扶餘에 大遊覽地計劃, 경주 평양에 필적할 각종시설, 歷史的事實을 土臺로」, 『동아일보』, 1933. 4. 9.

13 최석영, 앞의 글, 참조.

잇어 사적은 백제百濟의 부여扶餘와 신라新羅의 경주慶州가 그쌍백이 되어 옛날의 우리의 찬란한 문화를 보여주고 잇는바 경주는 일찍부터 사적의 발굴연구와 고적보존에 유감없이 직행하는 반면에 부여는 아직 널리 알리지 않은만큼 연구에 한각한바 잇엇으니 뜻잇는 사람의 큰 유감이었다"[14]고 전하면서, 부여에서 백제문화에 대한 강습회가 열린다는 소식을 전하고 있다.

이 무렵 이광수가 발표한 부여기행은 잊혀진 고도 부여를 다시 만나는 후대인의 감동과 환희를 다음과 같이 노래하고 있다.

> 여기 150년의 榮華가 一夜에 살아질 때 扶蘇山 全體가 왼통 불길이 되여 7월의 밤하늘과 泗자 水를 비최일 때 그때의 悲壯悽慘한 광경이 눈을 감으면 보이는 듯 하다. 그때의 榮華의 꿈에 취하엿든 九重의 궁궐이 왼통 驚惶하야 울며불며 업더지며 잡바지며 이리 뛰고 저리 굴고 하든 樣 꼿가치 아름답고 細柳가치 軟弱한 수백의 妃嬪이 黑煙을 헤치고 送月臺의 빗긴 달에 落花岩으로 가든 樣 숫고개와 泗자 水로 폭풍가치 말 몰려오든 羅唐聯合軍의 乘勝한 고함소리가 귀를 기우리면 들리는 듯 하다.
>
> 나는 靑草우에 펄석 주저 안저서 힘껏 그때 일을 상상하려 하엿다. 내 눈 압헤는 그때의 半月城이 잇다. 그때의 궁전이 잇고 그때의 사람이 잇다. 그때의 색채가 보이고 그때의 음성이 들린다. 나도 그때의 사람이 되여서 노래하고 춤춘다.[15]

백제 패망의 순간을 눈 앞에서 직접 보고 듣는 듯한 환각과 환청을 전하는 이광수의 음성은 몰락한 유적의 황량한 땅 위에서 재생의 희망을 발견하려는 기획으로 이어지고, "나는 朝鮮史에서 高麗와 李朝를 削去하고 십다. 그러고 三國으로 溯去하고 십다. …(중략)… 나는 三國時代의 朝鮮人이다.

---

14 「古都의 扶餘서 百濟文化講習」, 『동아일보』, 1933. 7. 15.

15 이광수, 「아아 · 落花岩」, 『삼천리』 5-4, 1933. 4.

高句麗人이요 新羅人이요 百濟人이다. 高麗를 내가 모르고 李朝를 내가 모른다. 西洋의 신문명이 古思想 復活에 잇다는 것과 동일한 의미로 朝鮮의 신문명은 三國時代의 부활에 잇슬 것이다. 아이구. 나는 泗자城의 녯날에 도라가고 십허 못 견대겟다. 나는 平濟塔을 바라보고 다시 바라보며 昔日의 祖先은 戀慕한다"라고 말하며 옛 조선의 부활을 꿈꾸는 자신의 심정을 절절하게 고백하고 있다.

이후 조선총독부에서 발간하는 잡지『조선』도 부여 관련 소개 기사와 일본인에 의한 부여 일대 기행문 등을 지속적으로 게재했다. 경성제대 교수였던 아베 요시시게(安倍能成)는 1935년 8월 잡지『조선』에 발표한「백제의 고도 부여(百濟の古都扶餘)」에서 자신이 만 9년 전에 부여를 방문하였던 기억을 되새기면서, "경주도, 평양도, 개성도, 경성도 역시 예전의 왕도의 땅은 풍경이 뛰어난 곳이어서, 자연의 풍경 또한 풍족하였다. …(중략)… 거기에 비하면 백제의 고도 부여는 완전히 금강을 그 경치의 중심으로 포용하고 있는 점에서 앞에 말한 어느 도시보다도 뛰어나다"[16]고 말하며 부여의 경치를 호평하고 있다. 경주, 평양, 개성, 경성 같은 왕도와 부여를 직접적으로 비교하는 방식은 이제 매우 일반화되어서, 부여가 고도의 반열에 당당하게 올라섰음을 알게 해 준다. 아베는 이어서 몇 년 후 다시 부여를 방문했을 때 작은 박물관이 생겨 있어 전시된 유품들을 관람했던 기억을 이야기하면서, "이러한 수집으로만 보자면 경주박물관의 유품에는 아무래도 미치지 못하고, 또한 평제탑의 당당하게 조화를 이룬 자태도 작으면서도 주위를 압도하는 힘을 갖고 있으나, 경주의 당탑의 풍부함에는 미치지 못한다. 그렇다고 해도 밀도 있는 뉘앙스를 지닌 자연의 풍경, 거기에 난폭한 사람을 물리치는 듯한 자연이 아니라, 세련된 사람을 끌어안는 듯한 자연의 아름다움에

16 安倍能成,「百濟の古都扶餘」,『조선』243, 1935. 8.

대해서는 필시 영원한 부여의 자랑일 것이다"라고 부여에 대한 인상을 전하고 있다.

이노우에 슈(井上收)는 같은 지면에 발표한 「부여와 경주(扶餘と慶州)」에서 "반도의 이름난 산하는 대부분 다 가 보았으나, 그 산하 중에서도 머리에 깊은 인상으로 남아 있는 장소로는 …(중략)… 성쇠흥망이 있고, 더하자면 비사애사悲史哀史도 있는 말하자면 우리들의 심장을 울리는 무언가와 맺어져 있는 땅이라고 생각한다"고 말하면서 경주와 부여의 이야기를 시작하고 있다.

> 여기는 『삼국사기』, 『일본서기』 등에도 기재되어 있는 것처럼, 오늘의 소위 내선융화라고 하는 미온적인 이야기가 아니라, 극히 깊은 관계 아래 유무상통有無相通한 선린의 관계였던 당시를 회상토록, 물이 맑고 찬 백마강을 중심으로 하여, …(중략)… 그 명칭을 귀에 듣는 것만으로도 추억을 새롭게 하는 것이 가능하다. 백제의 성왕에서 의자왕에 이르는 약 백이십 년간의 왕도. 이 도시에서, 천삼백여 년 전의 과거에 문화가 속속 수입되어, 여기에 우리들 선대문화의 이어가야 할 중개(intermediation)가 있었던 것을 생각하면, 참으로 감개무량함을 금할 수 없다.[17]

이노우에 슈가 강조하는 점은 '내선융화'라는 당대의 시책조차도 넘어서 조선과 일본을 지극히 깊은 관련으로 맺어 주는 장소로서 부여의 정체성을 다시금 만들어 내는 것이다. 두 나라의 역사에 무언가 의미 있는 관계가 있었다면, 그것은 부여라는 장소를 제외하고는 상상하기 어렵다는 인식을 통해 부여의 표상을 새롭게 주조해 내고 있는 것이다. 『조선』의 〈수필隨

17 井上收, 「扶餘と慶州」, 『조선』 243, 1935. 8.

筆 산수호山水號〉에 소개된 다른 글들에서도 엿보이는 것은 다른 고도에 비해 친근한 모습으로 다가오는 부여의 이미지이다. "일찍이는 화려한 국제도시, 지금은 조용하게 잠든 고도, 굽은 강 물안개(曲江水煙), 자못 풍정風情을 지니고 있는 부여는, 오랜 동경 뒤에 조선에서 좋아하는 곳 중 하나가 되었다. 모란대 주변도 나쁘지 않으나, 직선의 파이프, 문화식文化式의 집지붕이 보인다. 배를 띄워 사위의 온화함을 음미하는 점에 있어서는 부여 쪽이 낫다고 하고 싶다. 발전하는 평양의 대동강에서는 천고에 변하지 않는 풍광을 구하는 것은 무리인 것이다. 어쨌든 금강 백마강의 경치는 생각하면 기쁘다"[18]는 고백이나, "백제지百濟池, 백제관음, 백제의 박사博士, 백제라고 하는 단어는 우리들이 소년 시절부터 들어 온 것이어서, 그 고도古都로서의 부여는, 경주보다도, 개성보다도, 무언가 친근함을 지니고 있는 것이나, 개성과 같은 교통의 편리도 없고, 경주만큼 풍부한 사적을 갖고 있지 않아서 그저 나중에 보자는 식으로, 그 풍광을 접할 기회를 얻지 못하는 사람이 많을 거라고 생각된다"[19]라는 감상은 고도 부여를 일본인들과 친근한 땅으로 새롭게 자리 잡도록 만드는 데 중요한 계기를 제공하고 있다. 이러한 고백들이 내선일체의 영지로서의 부여의 이미지가 자리 잡는 데 중요한 역할을 하였을 것임은 분명하다.

4. 창조된 신도神都

1939년 3월 조선총독부는 기원 2600년 기념사업의 일환으로 부여신궁건립계획을 발표한다. 부여에 새로 설립될 부여신궁에는 일본과 백제, 신라,

18 伊藤憲郎, 「扶餘行」, 『조선』 243, 1935. 8.
19 高本千鷹, 「扶餘」, 『조선』 243, 1935. 8.

고려의 관계에서 특히 교류가 깊었던 오진천황(應神天皇), 사이메이천황(齊明天皇), 덴치천황(天智天皇), 진구황후(神功皇后)의 네 신들의 사주四柱를 봉재하였다. 이를 통해 부여를 근본에 보답하고 처음으로 돌아가는(報本反始) 장으로 삼고, 또한 내선일체 강화 철저의 정신적 전당으로 삼고자 하는 기획을 시도하였던 것이다.[20] 부여신궁건립계획은 '신도神都'건설계획으로 확대되어 잊혀진 고도 부여는 내선일체의 역사적 기원을 증명하는 신도神都로 새롭게 탄생한다. "부여 땅은 내선일체 발상發祥의 성지로서 역사상으로 빛을 발하고 있는 우리들 아스카문화의 원천지라고 말해도 과언은 아니다. 이 부여 땅은 산자수명山紫水明하여 과거를 그리워하는 웅대한 도성의 터(都城址)가 남아 있고, 백제의 전성기 무렵에는 십오만 이천삼백 호, 칠십만 명이 살았다고 전해진다"[21]는 말로 성지 부여를 안내하고 있는『관광조선』의 기사가 그 점을 증명하고 있다.

이 신도건설계획은 부여로 이르는 교통의 정비와 박물관의 신설 등을 포함한 대규모 계획으로 전개되었다.『동아일보』는 1939년 5월 19일자 기사에서 그간 백제의 왕도 부여를 방문하는 데 있어 그 교통이 불편하였음을 지적하면서 "근자에 와서는 관폐신사官幣神祀와 청년훈련소青年訓練所 등의 국가적 기관이 설치됨을 따라 교통관계 당국에서는 부여의 교통기관에 대하여 신중히 고려중"[22]이라는 기사를 통해 철도국에서 부여관광을 위한 새로운 안을 마련하였음을 밝히고 있다. 또한 1939년 5월 24일의 기사에서는 총독부 지령에 의해 총독부박물관 부여분관을 신축키로 결정하였다는 내용을 전하고 있다. "신축될 박물관은 전콩크리트 제일층으로 옛 적성을 모방한 미술적 건물로 총공비 대략 20만원을 던저 명년봄에는 시국하 자원부족의

20 「扶餘に官幣社御造營 御神域は內鮮一體發祥の靈地」,『京城日報』, 1939. 3. 9.

21 高畠卯一,「聖地夫餘の昔」,『觀光朝鮮』2-6, 1940. 11.

22 「扶餘觀光「루-트」新設」,『동아일보』, 1939. 5. 19.

난관을 뚫고 착공키로 되엇다는데 동년가을 조선초유의 대장관에 박물관이 백제고도 부여에 나타날 것이라고 한다."[23]

총독부박물관 부여분관이 "조선초유의 대장관"에 들어선다는 계획은 부여신궁의 건설이 일본의 기원 2600년 기념사업의 일환으로 추진된 사업이었기 때문이다. 일본에서도 기원 2600년 기념사업의 중요한 내용으로 국사관 계획이 추진되었다. '국사관건설계획안(文部省案)'은 문부성이 작성해서 1936년 4월 22일 제 4회 특별위원회에 제출한 것으로 그 취지로 "조국肇國 이래 2600년, 그 동안의 우리의 국운발전의 흔적을 찾고, 문화진보의 유래를 분명히 하며, 이로써 국민으로 하여금 존엄한 우리 국체와 우월한 우리 문화를 적확하게 인식하게 하기 위해"라는 점을 밝히고 있다.[24]

식민지 지식인들에게 부여를 새롭게 만드는 이 도시계획은 천 년이 넘도록 퇴락한 채 먼 옛날의 부귀영화만을 추억하고 있는 고도古都 부여가 소생하는 순간을 의미했으며, 동시에 그 장소에 하나의 정체성을 부여함으로써 내선일체라는 당대의 국책에 부응하는 방식이기도 했다. 이러한 시도는『삼천리』 1941년 3월호의 「부여성지 근로봉사기扶餘聖地 勤勞奉仕記」라는 기사에 특히 잘 드러나 있다. 1941년 1월 9일, 부여신궁 건설 현장에서 근로봉사했던 경성의 여러 명사들의 수기를 게재하고 있다. "內鮮一體의 史的 發祥의 地 扶餘에 방금 神宮이 御造營 중인 바, 工役에 血汗의 一滴을 봉사하려 서울 재계, 교육계, 諸氏가 1월 9일, 夫餘로 專往하여, 친히 「목도」를 메고, 「괭이」를 잡고서, 勞働봉사를 한 뒤에 歸京하였다"[25]라는 설명에서도 보이듯이, 조선의 지식인과 명사들이 근로봉사에 동원되어 직접 삽과 괭이를 잡고 성지를 건설하는 포즈를 취해야만 했던 것이다. 이 특집에 글을 실은

---

23 「扶餘博物分館을 新築」,『동아일보』, 1939. 5. 24.

24 金子淳,『博物館の政治學』(青弓社, 2001), 82~86쪽 참조.

25 「扶餘聖地 勤勞奉仕記」,『삼천리』, 13-3, 1941. 3. 1.

화신백화점의 사장 박흥식은 "1200년 전에 內鮮一體의 정신을 이미 구현하여 大和族과 조선인이 피를 함께 한 史蹟은, 현재 內地에 있는 高麗村의 18,000의 內鮮混血民이 이를 증명하지만, 惶悚하옵께도 百濟의 聖王의 증손녀를 桓武天皇의 御母后로 모시어서 황실에까지도 內鮮의 피가 함께 한 그 아름다운 정신을 다시금 부활케 하기 위하여 그 정신의 전당으로 御造營하는 官幣大社 扶餘神宮의 공사에 나도 聖鍬를 잡게 된 것은 나의 無常의 감격이였었다"[26]라고 말하며 고대로부터 긴밀하게 이어져 온 '내선'의 피의 친연성을 추인하고 그 정신의 부활에 환호하고 있다.

문인들과 예술인들 또한 이 내선일체의 전당에 참례하는 행사에서 예외일 수는 없어서, 1941년 2월 8일 조선문인협회, 조선영화인협회, 조선연극협회, 조선연예협회, 담우회 등 5개 문화단체 대표들은 부여신궁 조영 및 '신도' 건설 현장에 동원될 '동로봉사動勞奉仕'의 명목으로 1박 2일간 부여를 방문한다. 『신시대』 3월호는 이 행사에 대한 특집기사를 게재하였다. 『신시대』의 담당 기자는 이 특집의 첫머리에 실린 근로봉사기에서 "燦爛하던 百濟時代, 十五萬戶의 大長安이 寂寞한 廢墟로 묻친지 千三百餘年 이제 雄渾無比한 옛精神의 復古를 보게되는 感激은 實로 二千三百萬 後孫이 다같이 感激할 歷史的事實이겠습니다"[27]라고 말하며, 이 근로봉사가 민족의 대염원을 실현하는 자랑스런 현장에의 참여임을 역설하고 있다.

이 행사에 동원되었던 유치진이 "앞으로 이 古都가 얼마나 훌륭한 神都로 再現될까는 道土木課長의 神都 計劃에 對한 抱負로써 알수 있다"[28]라고 말하고 있는 것이나, 이석훈이 "부여는, 백제고도로서 자칫하면 현대에 있어 잊어버려질 存在로부터, 神都로서 크게 更生케 된것이다"[29]라고 밝히

---

26 박흥식, 「扶蘇山城趾와 內鮮史實」, 『삼천리』 13-3, 1941. 3. 1.

27 勝山雅夫, 「聖鍬를 두르고」, 『신시대』, 1941. 3, 250쪽.

28 유치진, 「아름다운 神都」, 『신시대』, 1941. 3, 253쪽.

고 있는 것은 동원된 근로봉사에 대한 강요된 감상의 토로를 넘어서는 적실한 마음의 반영이라 보아도 무방할 것이다. 이석훈은 부여에 도착한 날 저녁 부소산과 사비루, 백마강, 낙화암 등 부여의 잘 알려진 명승지를 둘러보고 나서 백제 패망의 장면들을 그 글쓰기의 현재 속에 다시금 상연한다. "百濟榮華가 바로 어제인 양, 가슴이 근질근질해온다. 暴惡한 唐軍이 몰려들어 軍倉에 불지르고 아우성치는 소리, 百濟敗亡의 痛哭聲이 왼산을 뒤흔드는듯 금방 눈거풀이 뜨거워짐을 깨닫는다."[30] 환각으로 가득한 이 현현의 장면은 낯선 것이 아니다. 1933년의 이광수에게 현현하였던 그 환각이 고대의 민족문화로 회귀하고자 하는 원초적인 욕망으로부터 출현한 것이었다면, 이석훈에게 다가온 그 환영은 내선일체의 신성한 사명을 수행하여야 할 신생의 주체에게 다가온 재생의 신호와도 같다.

5. 「백마강」과 「흑치상지」의 거리

부여를 내선일체의 영지이자 고대로부터 이어져 온 내선의 '피'의 친연성을 증명하는 장소로서의 신도로 건설하고자 했던 1940년대 초반의 움직임에 부응하는 작품으로 김동인의 장편역사소설 「백마강」을 들 수 있다. 1941년 7월부터 1942년 1월까지 『매일신보』에 연재된 이 소설은 의자왕 말년 내우외환의 위기에 놓인 백제를 배경으로, 왕족이자 충신이었던 종실宗室 복신가家의 이야기를 들려주고 있다.

「백마강」에서 서술자가 전달하는 백제의 위기의 정체는 이러한 것이다. "과거에 백제에 국난이라도 있는 때—즉 외국과 전쟁관계라도 생기는 때에

29 이석훈, 「夫餘紀行」, 『신시대』, 1941. 3, 257쪽.

30 이석훈, 앞의 글, 259쪽.

는 야마도부의 재가 자기의 본국에 청병을 해서 백제를 도운 예가 여러 번 있었다. 지금 야마도와의 관계가 이렇듯 소원해진 때에 더욱이 밖으로는 신라 문제가 있고 안으로는 임금이 국정을 돌보지 않으니 이 나라와 신라 혹은 당나라의 사이에 무슨 충돌이라도 생긴다 할지라도 야마도의 원조를 청하기도 또한 힘들어졌다."[31] 서술자가 파악하고 있는 위기의 핵심에는 '야마토(大和)' 즉 일본과의 관계가 놓여 있다. 신라 혹은 당나라와의 사이에 무슨 충돌이 생기더라도, '야마토'와의 관계만 정상적으로 복원된다면, 위기의 근본 문제는 해결되리라는 것이 사태 인식의 내용인 것이다. 그리고 그 위기는 몇 페이지 지나지 않아 서둘러 봉합되고 있다.

> 그 사이 양국의 사이가 약간 소원하게 되었던게 실수옵지 왜 소원하리까? 첫째로 혈통으로 보아서 우리 부여씨(백제 왕실)의 혈통에 저 나라 피가 얼마나 많이 섞이었습니까? 또 우리 부여씨의 피가 저나라 왕실에는 얼마나 섞이었습니까?
>
> 위로서 이같이 피가 얽힌만치, 아래 백성으로도 우리 나라 백성이 얼마나 많이 저 나라에 건너가서 잡거해 살며, 저나라 백성은 또 얼마나 우리 나라에 건너와 잡거해 삽니까? 잡거해 살면서 혼인하고 자손이 생기고 이렇듯 서로 피가 교류되기 몇백 년에 먼저 생긴 자손들은 각각 사는 나라의 백성으로 화하고 지금에 와서 내 백성을 서로 가릴 수가 도저히 없게 되지 않았습니까? (118쪽)

혈통의 친연성과 거주의 잡거성에 대한 확인을 통해 두 나라의 관계는 굳건하게 복원된다. 위기가 이미 봉합되었으므로, 서사는 이미 하나의 상징적 종결을 맞은 것이나 다름없다. 작품의 결말이 부여를 나당연합군에게 내어준 종실집기와 소가를 중심으로 한 백제인들과 야마토의 청년들이 마지막

31 김동인, 『백마강』 (대중서관, 1983), 108쪽. 앞으로 이 책에서 인용할 경우 괄호 안에 해당 쪽수만 병기함.

항거를 하던 주류성에 복신과 풍豊 왕자가 이끄는 야마도 원정군의 무리가 극적으로 나타나면서 종결되는 것은 그러한 흐름의 자연스런 매듭에 해당하는 것이다.

「백마강」에서 일본과 백제의 친밀함을 더욱 부각시키기 위해 등장하는 인물은 일본인의 집단 거주지인 야마토부의 책임자인 '소가'이다. 그는 종실복신의 외아들 집기와 친밀한 우정을 나누면서, 자신이 신하로 임명되어 있는 백제에 충성을 다하고 있는 인물이다. 그가 집기와 백제의 운명에 대해 고민하며 나누는 대화 중에는, 중국의 지배를 넘어 스스로의 힘을 떨쳐 보여주었던 고구려나 일본과 같은 당당한 자세를 백제에 요구하는 대목이 등장한다. 그는 "우리 야마도나 크다라나 신라나 모두 영토에 호령하는 임금이야. 왜 구구히 한토의 천자에게 허리를 굽히느냐 말일세"(159쪽)라고 말하며, 고구려의 본을 받아 백제 또한 중국으로부터의 진정한 독립을 쟁취해야 한다고 말하고 있다. 이 대목에 주목한 한수영은 「백마강」에 중세의 전통적인 중국 중심의 '천하관'을 정면에서 부정하고, 각 나라가 고유한 독자성을 추구할 권리가 있다는 '근대 국민국가의 이데올로기'가 삼투되어 있다고 지적한다.[32]

사실 「백마강」에서 그 근대 국민국가의 이데올로기는 모순적인 방식으로 도출되고 있다고 볼 여지가 있다. 특히 일본의 여인들을 가르치기 위해 일본에 갔다 돌아온 집기의 동생 봉리수와, 그녀와 함께 백제를 방문하면서 부여라는 왕국의 수도에 대한 경외감을 전하는 일본인 오리메의 이야기는 일본에 대한 백제의 문화적 우위를 은밀하게 전하는 설정으로 읽힐 여지도 있다. 이 두 사람의 이동은 형식적으로는 일본으로부터 백제로의 이동이라는 외양을 지니지만, 그 내부에서 발생한 것은 백제의 우월한 문화와 지식

32 한수영, 「고대사 복원의 이데올로기와 친일문학 인식의 지평 –김동인의 『백마강』을 중심으로」, 『실천문학』 2002년 봄호, 197쪽.

이 일본으로 이동한 것이다. 그것을 증여의 형태로 본다면, 작품의 결말에서 일본으로부터 원군이 '이동'하여 주류성으로 다가오는 것은 그에 대한 정당한 답례라고 보아도 좋을 것이다. 그러나 그러한 대목들이 이 작품이 지니고 있는 내선일체와 성지로서의 부여에 대한 찬양이라는 근본적인 맥락을 전복할 만한 힘을 지니고 있지는 못하다고 보아야 할 것이다. 작가 자신이 이 작품의 집필 동기가 내선의 친연성을 강조하는 데 있음을 밝히면서 "백제는 문화는 야마도(大和)에까지 미쳐 오늘의 대일본제국을 이룩하는 초석이 되었다"[33]는 표현을 한 바 있으나, 그 속에서 제국주의의 위계질서를 전복하려는 야심을 발견하려는 것은 지나친 해석일 것이다. 가라타니 고진은 마르크스의 상품경제로서의 교환이 공동체 안에서도 발생하는 것임을 지적하면서, 그 증여-답례의 호혜제는 공동체의 구속력이 강하게 존재하고 배타적인 것이라고 지적한 바 있다.[34] 이 호혜로 이루어진 백제-일본의 네이션으로부터 전복의 욕망이 아니라 공동체가 되어 중국을 타자로 삼고자 하는 욕망을 발견하여야 하는 것은 그 때문이다.

이 작품에 부여에 대한 제국주의적 발견의 흔적이 고스란히 나타난 대목으로 앞에서 언급하였던 오사카 긴타로의 부여에 대한 새로운 '발굴'을 언급할 수 있다. 즉 고란사에 유학하였던 여승의 이야기나 나당의 침입 시에 백마강에 몸을 던진 부인들 중에는 일본인들도 포함되어 있었다는 설명 등은 「백마강」의 서사가 수행되어 가는 과정에서 주요한 참고의 대상이었던 것으로 보인다.

친일문학의 대표격으로 여겨져야 할 「백마강」과 비교해서 또 한 편의 소설을 살필 필요가 있다. 현진건의 미완의 장편 「흑치상지」가 그것이다. 「백마강」이 주목하였던 것이 주류성에서 항쟁을 이어 갔던 '복신'이라는 인물

33 임종국, 『친일문학론』 (평화출판사, 1966), 197쪽.

34 가라타니 고진, 『트랜스크리틱』, 송태욱 옮김 (한길사, 2005), 41~43쪽.

이라면, 「흑치상지」는 '임존성'에서 당에 대한 투쟁을 전개하였던 흑치상지에 초점을 맞추고 있다. 이 작품은 알려진 바처럼 일제의 검열에 의해 강제로 중단되어, 결국 미완으로 남겨지고 말았다. 그러나 「흑치상지」가 검열에 걸린 까닭이 무엇이었는가에 대해서는 아직까지 구체적으로 알려진 기록이 없는 듯하다. 다만 소설 뒤에 실려 있는 월탄 박종화의 기록, 즉 "『黑齒常之』는 빙허가 1936년 가을부터 동아일보 지상에 연재하다가 일제의 가혹한 탄압으로 인하여 동아일보는 부득이 이 작품의 게재를 중단했고, 따라서 이 작품은 미완성의 작품이 되고 말았다"[35]는 글만이 그 정황을 짐작하게 만들 뿐이다.

「흑치상지」는 백제가 멸망한 이후, 당의 군대에 끌려가는 백제의 유민들을 흑치상지가 영웅처럼 나타나서 구해 내는 장면으로 시작하고 있다. 이후 임존성에 진을 친 그의 부대에 백제의 유민들이 구름처럼 몰려들고, 당과의 첫 번째 전투에서 의미 있는 승리를 거두는 대목까지가 소설의 핵심적인 서사를 이루고 있다. 문제는 이 작품이 검열에 걸려 중단된 이유에 석연치 않은 구석이 있다는 점이다.

한만수는 구한말의 구국영웅전과 1930년대 이후의 역사소설을 대비하면서, 검열의 우회 방식으로 선택된 것이 중국의 침략에 맞서 승리한 인물들의 강조와 흑치상지, 견훤, 임꺽정 같은 실패한 영웅들을 그리는 경향 등이라고 지적하고 있다.[36] 이런 맥락에서라면 유독 흑치상지만이 검열로 중단이 된 이유를 판단하기 어렵다. 무엇보다도 "중국을 자신의 타자로 만드는 조선민족의 자전적 이야기는 19세기 후반 김옥균과 개화파 지식인들의 반

35 현진건, 『(한국역사소설문학전집 3) 흑치상지』(을유문화사, 1975), 406쪽에 실린 박종화의 글. 여기서 1936년은 1939년의 오기임.

36 한만수, 「植民地時期 한국문학의 檢閱場과 英雄人物의 쇠퇴」, 『어문연구』 129, 2006. 3, 184~191쪽 참조.

청反清주의와 상통하기 때문에 일본 식민주의자들로서는 위험하다고 여겼을 이유가 없다. 또한 중일전쟁(1937) 직후의 시점에서 중국의 속국화를 거부하는 신라 세력의 영웅화는 일본 제국주의자들이 바라마지 않는, 중국에 대한 멸시와 적대의 풍조에 부합하는 측면이 있다"[37]는 지적이 흑치상지의 서사에도 동일하게 적용될 수 있다고 판단한다면, 이 작품을 강제로 중단시켜야 할 이유는 더욱 모호해지고 마는 것이다.

물론 흑치상지에 대한 역사의 기록이 증언하듯이, 그가 결국 당에 투항하여 중국의 장수로 공을 세우고 높은 관직을 받았던 인물이라는 점에서, 흑치상지의 이야기는 전적으로 중국을 타자로 만드는 국민국가의 이데올로기에는 부합하지 않는다. 그러나 이 작품이 강제 중단되지 않고 백제부흥운동이 좌절되는 시점까지 다루었다면, 일제 말에 친일한 민족지도자들의 행위를 합리화하는 것과 유사한 부담을 안게 되었으리라는 지적[38]을 보더라도, 중국에 투항했다는 역사적 사실이 검열을 근본적인 이유가 되었으리라고 판단하기는 어렵다.

물론, 검열로 인한 중단은 어느 정도 객관적 사실에 근거하고 있을 것이고, 검열의 복잡한 상황에 관한 연구는 좀 더 진행되어야 하리라고 생각된다. 다만 여기서 제기하고 싶은 문제는 친일의 길로 나아가 일제의 내선일체 이데올로기를 강조하고 있는 「백마강」의 서사와 제국주의에 대한 비판으로 검열이라는 '영광된 상처'를 입은 「흑치상지」의 거리가 그다지 멀지 않다는 점이다. 그 중요한 차이로 백제와 일본의 친연성에 대한 강조의 유무를 들 수 있으나, 그것이 당에 맞선 백제유민의 항쟁이라는 주제를 근본적으로 변화시키는 지점으로 나아가지는 않는다. 「백마강」에서 이동의 양상이 백제와 일본의 호혜라는 형태로 나타난다면, 「흑치상지」에서 당군에 붙잡혀 가

37 황종연, 「한국 근대소설에 나타난 신라」, 『신라의 발견』 (동국대학교출판부, 2008), 37쪽.
38 강영주, 『한국 역사소설의 재인식』 (창작과비평사, 1991), 96쪽.

는 유민들을 흑치상지가 구해 내는 장면은 공동체 사이에서 발생하는 강탈의 한 예로 볼 수 있다. 그 강탈은 국가의 경계를 더욱 공고히 만드는 데 기여하는 교환의 형태일 것이다.

이 글에서 주목하는 것은 두 작품에 나타난 표상의 상이함이고, 그 거리는 이 글의 서두에서 제기하였던 것처럼 백제 표상이 지니고 있는 모순에서 발생한 것일지도 모른다. 검열관이 게재 중단의 판정을 내리는 계기와는 무관하게, 우리의 마음속에 이미 민족의 신성한 항쟁의 역사에 대한 이야기가 제국주의에 대한 투쟁과 동일시되어 그에 대한 탄압이 정당화되고 있는 것인지도 모른다. 그 속에서 소거되는 것은 백제라는 왕국, 부여라는 장소가 안고 있는 식민의 어두운 흔적이다. 민족의 비애를 불러일으키는 몰락한 고대왕국의 이미지와 일본과의 혈통적 친연성의 증거가 되는 고대국가의 이름 사이에서 백제라는 표상은 부유하고 있다. 그리고 김소진 소설의 한 인물이 그러하였던 것처럼, 백제를 대하는 우리 모두는 그 멀지 않은 거리 속에서 길을 잃고 실종될 위기에 처해 있다. 저항과 협력으로 대표되는 친일에 대한 이분법을 극복해야 한다는 무수한 논의들과 그 소중한 연구 성과들에도 불구하고, 백제와 그 고도 부여의 표상을 다시금 살펴야 하는 것은 이 때문일 것이다.

일본제국기 '개성'의 지역성과 (탈)식민의 문화 기획

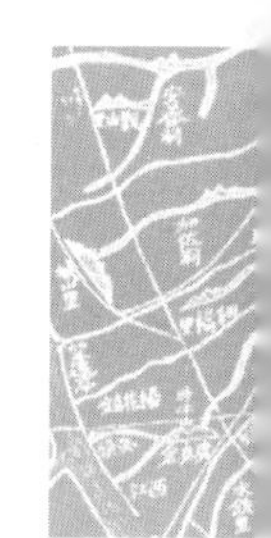

정종현

1. '황성荒城옛터'에서 '제국의 상인'까지

전수린 작사, 왕평 작곡의 〈황성荒城옛터〉(1928)는 한국인이 만든 최초의 대중가요로 알려져 있다. 순회극단 연극사硏劇舍의 개성 공연 중에 만들어진 이 노래는 폐허가 된 고려의 옛 궁터 만월대滿月臺를 찾았다가 느낀 쓸쓸한 감회를 그리고 있다. "허물어져 빈터"에 "방초만 푸르른" 황성옛터(만월대)에서 외로운 나그네가 "구슬픈 벌레소리"를 듣는 이 노래의 정조는 "산천은 의구하데 인걸은 간 곳 없다"는 길재의 고시조 혹은 '맥수지탄麥秀之嘆'의 감각과 연계되어 있다. 망국의 페이소스를 기본 정조로 하고 있는 이 노래는 그 자신이 개성 출신인 이애리수李愛利秀에 의해 불려져 삽시간에 전국으로 퍼져 갔으며 조선총독부가 이 노래가 주조하는 망국의 회한을 경계하여 금지시킬 정도로 유행했다고 전한다.[1] 이러한 〈황성옛터〉의 배경인 만월대,

1 최초 발표 당시 5만 장이 팔려나갔다고 하는데 이를 지금의 인구 비례로 다시 환산해서 계산하

정몽주의 혈흔으로 유명한 선죽교, 고려에 대한 충절의 상징 두문동 72현, 조선미의 상징인 '고려자기' 등 개성 지역성의 핵심적인 기반은 고려의 '고도古都'라는 전통의 정조와 결부되어 있다.

그렇지만 개성은 '고도'라는 정적인 정조와는 정반대로 진취적인 모더니티의 공간으로 묘사되기도 한다. 개성상인은 모더니티를 기반으로 하는 개성의 지역성을 상징한다. 개성(상인)은 근검함을 기반으로 구축한 부와 '송방松房'이라는 조직을 통해 조선 전국의 상권을 좌우했으며, 식민지시기에도 일본인의 진출을 막은 유일한 민족자본의 성소로 인식되어 왔다. '부기簿記'와 '시변時邊'으로 상징되는 개성상인만의 제도들은 근대 부르주아의 합리성으로, 개성상인은 서구적 시민으로 표상되었다.[2] 더 나아가 개성은 21세기에 들어서 한국 자본주의의 근원적 공간으로 호명된다. 가령, 지난 2007년의 대통령 선거에서 당시 여당 후보 정동영이 내세웠던 집권의 비전은 북한을 관통하여 러시아를 거쳐 유럽으로 확장해 가는 한국 국민경제의 세계적 팽창을 주창하는 '북방대륙개척론'이었는데, 이러한 비전을 설명하고자 출간한 『개성역에서 빠리행 기차표를』[3]에서 개성과 개성상인은 한국 자본주의 대륙진출의 출발점이자 진취성의 상징으로 소환되었다. 경제영토라는 식민지 영유에 대한 욕망이 잠재해 있는 이러한 국가적 비전이 제국주의의 논리

면, 500만 장이 팔린 것과 같다고 한다. 〈황성옛터〉에 대해서는 박찬호 지음, 안동림 옮김의 『한국가요사 1』(이지북스, 2009)을 참조할 것.

2 이를테면, 근대 이행기부터 한국전쟁 시기까지의 개성을 배경으로 상인 전처만 일가의 이야기를 통해 민족의 수난과 극복을 그리고 있는 박완서의 『미망』(문학사상사, 1990)을 개성상인을 근대적 시민으로 표상화한 대표적인 작품으로 거론할 수 있을 것이다. 또 하나의 사례로 대중소설인 오세영의 『베니스의 개성상인』(동방미디어, 2002)은 '임진왜란'의 포로로 이탈리아의 상업도시 베네치아에 끌려가 자본주의의 발상지에서도 인정받은 개성인을 주인공으로 삼아 개성상인을 세계적 부르주아의 반열에 위치시키고 있다.

3 정동영, 『개성역에서 빠리행 기차표를』(랜덤하우스코리아, 2007). 이 저술의 핵심은 '개성공단'에 있지만, 그것을 부각시키는 과정에서 개성상인 정신을 근대적인 가치로 호명하고 소환한다는 점에서 개성의 지역성에 대한 대중의 통념을 공유하고 있다고 할 수 있다.

와 닮아 있다는 사실도 논의될 필요가 있을 터이지만, 개성의 지역성을 문제 삼는 이 글에서는 다만 정동영의 이러한 발상이 그가 소환한 개성상인들에 의해 1930년대에 직접적으로 제기되고 실천되었다는 사실만을 환기하고자 한다. “개성역에서 빠리행 기차표를” 끊어 대륙으로 진출하자는 내셔널리즘과 결합된 제국적 비전의 선조는 ‘빠리’의 소르본대학에서 유학을 마친 후, ‘파리역에서 개성행 기차표를’ 들고 러시아와 만주를 거쳐 돌아오면서 광활한 만주를 개척할 웅지를 품고 조선으로 귀국한 후 ‘만몽개척주식회사’를 설립하여 만주로 진출한 ‘제국의 상인’ 공진항이었다.[4] 이처럼 일본제국기의 개성은 망국민의 정조와 제국의 모더니티가 교차하는 중층적인 공간이었다.

이 글은 개성이라는 지역을 배경으로 수행된 식민–탈식민, 제국–민족의 역학을 해명하는 것을 목적으로 한다. ‘고도’라는 전통과 상인 정신이라는 (자본주의적) 모더니티가 결합된 개성의 지역성이 일본제국 내에서 어떻게 구성되고 의미화되었는가를 중심으로 논의를 진행하고자 한다. 고려의 도읍이었던 개성은 전통적으로 조선 왕조의 중심이었던 한양과 적대적이면서도, ‘조선’이라는 민족의 심상지리 안에서는 다시 일본에 대해 적대적인 인식을 지니고 있었던 복잡한 성격을 지닌 도시였다. 개성은 근대적인 부르주

4 박완서의 『미망』은 공진항의 귀향 어간을 다음과 같이 묘사하고 있다. “개성갑부 공성학이의 아들 공진항이가 만주벌판 평안점에 대농장을 개척한 얘기는 그 곳 상공회의소뿐 아니라 개성바닥에 소문이 자자했다. 드물게 통이 큰 이야기이기도 했지만 그 발단도 극적이었다. 부친을 잘 만난 덕으로 구라파 유학까지 가서 남달리 오랜 유학생활을 마치고 돌아올 때 시베리아를 거쳐 만주평야를 지나면서 가도 가도 지평선만 보이는 그 광대무변함에 한없이 매혹당했다고 한다. 당초의 매혹은 그 버려진 황무지를 옥토로 개간할 수만 있다면 떼돈을 벌 수 있다는 다분히 상업적인 영감이었지만 고향으로 돌아와 그동안 많이 피폐해진 농촌과 남부여대 유랑의 길을 떠나는 농민들의 참상을 보고는 장삿속보다는 자신의 교양에 맞는 이상향건설을 꿈꾸게 되었다. 워낙 통크게 벌인 사업이라 우리 고장에서 큰 인물 났다고 믿고 싶은 소박한 마음들이 미화시킨 얘긴지는 몰라도 하여튼 공진항의 성공담은 어디가나 화제거리였다.” 박완서, 『미망 3』 (문학사상사, 1990), 241쪽.

아의 도시이자 일본 자본이 침탈하지 못한 민족자본의 거점이라는 정치성을 획득한 장소였다. 개성의 이른바 '민족자본'에 대한 당대 개성인들의 자부심과 현재까지 이어지는 일반의 통념은 개성의 지역성이 '매판자본=식민화'에 대한 반제국주의적 대항 담론의 문제와 관련되어 있음을 시사한다. 본 연구에서는 민족경제론적 감각과 결부되어 있는 개성의 지역성을 일본제국이라는 전체성 속에서 맥락화함으로써 개성이라는 지역성이 지니는 식민/탈식민의 중층성을 구명하고자 한다. 이러한 개성 지역성의 중층성의 문제는 개성의 지역성을 구성하는 설명 모델이 누구에 의해 만들어졌는가라는 질문과 연동되어 있다. 이 글에서는 구한말 김택영 등의 개성 내부인과 최남선과 같은 개성 외부의 조선인에 의한 개성에 대한 인식과 표상 방식에서부터, 1910년대 일본인/조선인 기자가 함께 만들었던 제국의 미디어인 『반도시론半島時論』의 개성에 대한 담론, 1930년대 개성 지역사회 신진 엘리트의 언론 매체였던 『고려시보高麗時報』 등에 이르기까지, 개성 지역 엘리트들의 세대적 추이와 개성 외부에서도 조선인/일본인의 관점을 폭넓게 고려함으로써 개성의 지역성이 구성되는 역사적 맥락과 복합적인 양상을 복원해 보고자 한다. 이러한 작업을 통해 민족자본이라는 반제국적 주체성으로 일방화하거나 거꾸로 제국주의의 첨병으로 비난하기 어려운, 제국의 현실적인 경계 안에서 민족자본의 정체성을 구성해 간 '민족/제국'이 동거하고 있던 중층적인 개성의 지역성을 제시하고자 한다.

2. 구한말舊韓末 두 지식인의 개성관: 김택영과 최남선의 경우

개성 출신으로 이건창, 황현과 더불어 구한말 3대 문장가로 꼽히는 김택영과 서울 중인 출신으로 일본 유학을 경험한 새로운 유형의 지식인 최남선이 각각 자신의 출신 지역과 학문적·사회적 경력을 배경으로 남겨 놓은 개성에 대한 인식을 병치시킴으로써 근대로의 이행기인 구한말에 개성의 지역성이 어떻게 맥락화되기 시작했는가를 확인할 수 있다.

먼저 창강 김택영(1850~1927)[5]의 개성 인식에서 주목할 첫 번째 저술은 『숭양기구전崧陽耆舊傳』[6](1888)이다. '숭양崧陽'은 개성의 별칭이거니와, 이 저술은 제목 그대로 고려 말부터 조선시대에 걸쳐 개성에 연고가 있는 '충신忠臣, 열사烈士, 학행學行, 문사文詞, 기술技術, 은일隱逸, 순량循良, 효우孝友, 임휼任恤, 기절奇節, 무용武勇'의 대표적인 인물들의 전을 모은 것이다. 그 서문에서 김택영은 정인지의 『고려사』를 "옳고 그름이 어지러워 본디 군자가 취하지 않는 바"[7]라고 비판하고 "고려말의 逸事를 『崧陽耆舊傳』의 첫머리에 기록한 것은 崧陽의 제공들이 하늘처럼 떠받드는 분들이기 때문"[8]이라고 적고 있다. 이 책의 다른 판본 서문에서는 개성의 고려유민들이 "조선 초기에 동화同化에 맞섰던 것으로 폐고廢錮당하여 비록 나중에 눈 녹듯 풀렸다고는 하나 여전히 관리의 품계에서 배척을 받았다"[9]고 쓰고 있다. 이 저술의 도

---

5 창강 김택영은 19세기 말, 20세기 초에 활동한 문장가이자 계몽사가이다. 인삼 상인 집안에서 태어나 독학으로 시문을 공부한 그는 대한제국의 역사가로 학부 편집위원 등을 역임하다가 1905년 을사조약 이후 중국으로 망명하여 그곳에서 생을 마감했다. 창강 김택영의 역사 인식과 구체적인 저술에 대해서는 최혜주의 『창강 김택영의 한국사론』(한울아카데미, 1996)에서 많은 도움을 받았다. 한문으로 구성된 창강 김택영의 다양한 문집과 역사서를 통독하고 전체적인 사관을 도해하는 것은 필자의 능력 밖이기에 최혜주의 논의를 참조하며 특히 개성과 관련한 부분의 번역(서)을 참조하여 논의로 구성했음을 밝혀 둔다.

6 이 책은 이후 독자가 많아져 1910년 통주의 한묵림서국에서 2권 1책으로 재간되었다. 재간할 때 개성군 사람들의 원조를 얻어 출판할 수 있었다고 한다(최혜주, 위의 책, 36쪽, 각주 48). 여기서는 김승룡이 편역한 『송도인물지』(현대실학사, 2000)의 번역을 참조했다.

7 김택영, 「숭양기구전」 前篇 서문(북경대본), 김승룡 편역, 위의 책, 12쪽.

8 김승룡 편역, 위의 책, 13쪽.

9 김택영, 「숭양기구전」 서문(고려대본), 김승룡 편역, 위의 책, 17쪽. 김택영의 또 다른 저술인 『한사계(韓史綮)』에서도 이태조가 실시한 별과를 조직적으로 거부한 개성의 유자(儒子)들을 두문동에 가두어 불태우거나 혹은 수장시켰으며 성종 때까지 과거 응시가 금지되었다고 적고 있는데, 김택영의 역사 서술은 조선시대 개성인에 대한 지역적 차별에 대한 고려유민 의식에 기반하고 있다고 할 수 있을 것이다. 『조선인명사전』(조선총독부 刊)의 부록에는 조선조의 성명별

입부에는 선죽교에서 죽은 포은 정몽주를 위시하여 최영, 우현보 등 고려의 몰락과 더불어 죽은 이들이 입전되어 있고, 태조 이성계와 이방원의 지우를 받고도 고려조와의 절의를 지켜 조선 왕조에 나아가지 않은 길재, 이숭인 등의 고려 유신들과 두문동의 72현 중 이름이 남아 있는 이들의 행적을 적고 있다. 김택영의 고려유민에 대한 저술은 1920년 『고려계세충신일사전高麗季世忠臣逸事傳』으로 이어졌는데 "이 책을 짓는 것은 오로지 (고려)유민만을 드러내어 밝히기 위한 것"[10]이라고 설명한다. 이처럼 그의 조선사 인식은 명분과 절의를 지킨 고려유민에 대한 높은 평가에서 출발했다.

그는 의식적으로 고려의 고도인 개성 지역의 인물과 가치를 중심으로 조선사를 재구성하고자 했다. 이러한 사실은 김택영의 대표적인 저작인 『한사계韓史綮』(1918)에서 보다 극명하게 드러난다. 조선 왕조 건국부터 한일합병까지를 다룬 이 저술에서 김택영은 태조 이성계의 건국을 '찬탈'로 규정하고 세조의 단종 살해, 영조의 사도세자 살해를 각각 찬탈과 비도非道로 비판하는가 하면, 조선 왕조의 멸망 원인 중 하나를 군주의 실정에서 찾고 있다. 또한 선현의 포폄에서도 정몽주–서경덕으로 이어지는 개성 지역 유가의 학맥을 고평하고 서경덕과 비슷한 시기의 도학자이자 조선 유가의 기원으로 추앙되던 조광조에 대해서 비판하고 있다.[11] 조선 왕조의 멸망 원인을 군왕의 실정과 조선 유가의 부덕에서 찾고 고려유민의 충절과 개성을 중심으로 한 유가 계보에서 망국을 이겨 낼 '바른' 정신을 소환하여 구성하는 것이 김택영이 수행한 작업이었다. 이러한 창강 김택영의 저술은 식민지 조선의 유

문과방목이 있는데, 문과 급제자 14,620명 가운데 개성인은 66명으로, 그것도 갑과는 4명뿐이고 을과 14명, 병과 44명, 기타 2명, 불명 2명이다(최혜주, 앞의 책, 139쪽, 각주 97에서 재인용).

10 김택영, 『高麗季世忠臣逸事傳』 서문, 김승룡 편역, 앞의 책, 15쪽.

11 동향의 기철학자 서경덕을 고평하고, 예학을 내세운 조광조를 비판한 것은 실질을 숭상하는 개성의 지역성과 긴밀하게 연결된 태도로 볼 수 있다. 이와 관련하여 조선 후기의 중요한 실학자 중 하나인 혜강 최한기 역시 개성인이라는 점은 시사하는 바가 크다고 하겠다.

림들에게 격렬한 비판의 대상이 되었다.

> "개성의 조금 우수한 자는 이렇게 자세히 기록하면서 전후에 높은 충절을 가진 분들은 빼버린 것을 이루 다 열거할 수 없으며, 기타 捏誣, 訛誤도 내가 다 들어 말할 수 없습니다. …(중략)… 海域 삼천리 오백 년간에 열녀처사라고 칭할 만한 이가 어찌 개성 김씨 문중에만 있기에 그러하였단 말입니까? 이는 소견이 燕中에 불과하기 때문입니다. **이것을 開城誌라고 한다면 가하지만 어찌 韓史라고 할 수 있겠습니까?"**[12]

면암 최익현의 문하인 곡성유림의 김택영 비판에는 역설적으로 김택영이 수행한 작업의 핵심이 포착되어 있다. 김택영이 추구한 작업은 '개성지開城誌'를 '한사韓史'로 만드는 작업, 즉 비도非道를 걷다 망한 조선 왕조를 대신할 바른 역사와 사상으로 '개성'에 기반한 가치를 제시하는 것이었다. '개성(적인 것)'을 왕조 조선을 대신하여 (식민지) '조선'을 대표하는 가치로 제시하려는 이러한 시도는 김택영의 동향 후예들로 이어진다. 김택영 사후 7년 뒤에 『창강선생실기』(1934)가 간행되었다. 이 실기는 창강의 문하생인 공성학, 이기소, 김상우 등과 종형제인 김광현에 의해 편찬되었다. 공성학은 양조장, 삼포, 상사를 소유한 개성 자본을 대표하는 인물로, 4장에서 다루게 될 1930년대 개성의 지역신문인 『고려시보』의 핵심인물 공진항의 아버지이다. 또한 그는 총독부가 기존의 성균관을 폐지하고 조선의 유학을 체제 안에서 관리하기 위해 만든 '경학원'의 부제학을 지낸 유학자이기도 했다.[13] 이기소는 『고려시보』에 한문 문예를 지속적으로 발표하며 관계를 맺고

12 최혜주, 「譯註 『略辨韓史書』」, 앞의 책, 225쪽. 강조는 인용자.

13 공응규→공성학→공진항으로 이어지는 공씨 집안의 삼업 자본 축적 과정에 대해서는 양정필의 「19-20세기 개성상인의 삼업자본 연구」(연세대학교 석사학위논문, 2001)를 참조할 것. 공

있는 대표적인 개성의 구세대 지식인이었다. 창강 김택영→공성학, 이기세(전통 지식인, 장년 엘리트)→『고려시보』 동인(신진 엘리트)으로 이어지는 이러한 개성 지역사회 내부의 인적 연계를 통해 근대 개성 지식인의 개성 중심적인 역사 및 세계 인식의 연속성과 변천 과정을 확인할 수 있다.[14] 이러한 개성 지역사회의 내적 인적 계보가 본 연구에서 1920년대를 배제하고 1910년대와 1930년대에 논의를 집중하는 이유이다. 1910년대는 창강의 문하들이 포함된 '장년 엘리트'들이 20~30대의 실업가로 개성 지역사회를 주도하면

성학의 정치 활동에 대해서는 민족문제연구소의『친일인명사전 1』(2009) '공성학' 편을 참조할 것.

14 대한제국기에 김택영과 유사한 방식으로 개성의 지역성을 구성한 사례로 박은식의「平壤과 開城의 發達」(『서우』 9, 1907. 8. 1; 여기서는 단국대동양학연구소 엮음, 『朴殷植全書 下』, 단국대학교출판부, 1975)을 거론할 수 있다. 박은식은 이 글에서 단도직입으로 "現吾國中에 人民之思想이 漸進ᄒᆞ고 社會之風氣가 日開ᄒᆞᄂᆞᆫ 起點은 於平壤 及開城"(22~23쪽)이라고 주장한다. 그는 평양을 단군이 세우고 기자가 건너와 교화를 펼친 '韓'의 예의문물이 발원한 곳이라 설명하면서 단군, 고구려로 이어지는 평양 중심의 역사상을 구성하고 있다. 평양을 핵심으로 하는 서북 중심의 역사상의 구성은 근대계몽기 '서북계' 인사들의 전형적인 역사 인식이었거니와, 여기서 보다 주목할 것은 이어지는 개성에 대한 설명이다. 전조(前朝)의 이제현, 안향, 정몽주 등이 중국에서 배우고 '공맹(孔孟)', '정주(程朱)'의 도를 가져와서 이조시대에 유학이 꽃필 수 있었다고 서술하면서 "吾邦之人이 好禮崇道ᄒᆞᄂᆞᆫ 美風善俗이 亦其不源於開城者乎"(23쪽)라고 하여 왕조 조선의 문명의 기원을 개성(고려)에서 찾고 있다. 박은식은 평양과 개성을 조선 문화의 원류로 구성한 후 "限於門地ᄒᆞ야 沈鬱錮塞에 殆不能以人格으로 自居矣라. 是以로 語國中之賤族者必曰 西北松都人이라 ᄒᆞ니 當是時也ᄒᆞ야 吾輩의 祖先과 父兄이 雖有通天之才와 貫古之學이라도 其亦寂寞枯槁ᄒᆞ야 草木同腐而已니 寧不悲哉"(23쪽)라고 다시 이 둘을 조선 왕조로부터 차별받은 지역이라는 공동성을 기반으로 동질화한다. 황해도 황주 출신인 박은식은 평양과 개성을 중심으로 평안도와 황해도, 경기도의 개성을 포괄하는 지역민을 '서북/송도인'으로 묶어 조선조에서의 차별의 기표로 공동의 정체성을 구성하고 있다. 박은식은 러일전쟁을 환기시키며 철선과 총포와 국가의 부에 의해 재편되고 있는 세계 질서를 언급하고 조선이 백척간두에 놓여 있는 현실에도 불구하고 구습에 빠져 있는 사대부와 정부를 질타하면서 이에 대비하여 "唯我西友社會中에 平壤 及 開城 兩處가 現出一條 光線ᄒᆞ니 學校之進就와 社會之活潑이 實有方興未艾之象이라"(24쪽)라고 대한제국의 희망을 평양과 개성에서 구한다. 개성은 구습에 휩싸인 조선 사회 일반과 사대부 및 위정자와 구분되는 진취적인 기풍을 간직한 공간으로 제시된다는 점에서 김택영의 개성을 기반으로 한 역사 서술과 동일한 맥락에 있다고 할 수 있는데, 박은식의 경우 개성을 '서북'이라는 확장된 동일자를 구성하는 데 활용하고 있다는 점에서 약간의 차이를 보인다고 정리할 수 있을 것이다.

서 제국하의 개성 지역성의 골간이 형성되는 시기이다. 개성이라는 지역사회 내부의 세대에 주목해 보았을 때, 조선 사회 전체의 차원에서 격변기였던 1920년대의 개성에서는 본질적인 변화가 없었으며 오히려 1910년대를 전후하여 개성 사회의 유지로 등장한 장년 엘리트들의 자녀 세대들이 유학 및 교육을 끝마치고 개성으로 복귀하여『고려시보』를 중심으로 새로운 사회문화적 실천을 수행한 1930년대에 급격한 변화가 수반되었다. 이에 대해서는 다음 장에서 상술하도록 하겠다.

다음으로 최남선의 경우를 검토해 보자. 최남선은『소년』지에 게재한「쾌소년세계주유시보快少年世界周遊時報」,[15]「평양행平壤行」[16] 두 편의 기행 형식의 글을 통해 개성에 대한 인식을 남기고 있다.「쾌소년세계주유시보」는 영화로웠던 고려의 도읍지 개성에서 망해 가는 현재의 대한제국 사회를 연상하고 있는데, 특히 일본에 의해 식민지화되는 조선의 현실을 문화재 약탈 및 유출이라는 구체적인 사례를 통해 제시한다. 양영학교 보통과를 졸업한 15세의 최건일이 교과에서 배운 세계를 직접 눈으로 보기 위해 세계일주를 떠나면서 시작되는 이 글은 실제 조선을 벗어나지 않은 채 연재가 중단되거니와, 전체 여정기의 대부분은 최건일의 개성 답사기라고 해도 틀리지 않다. 서울을 떠난 최건일은 "外國 구경도 밧부디마는 王家四百五十年의 興廢遺跡도 한번 弔傷"[17]하기 위해 개성에 내린다. "朴淵瀑布, 花潭先生, 黃眞娘의 三絕이 낫다난 松都", "五百年 갓갑게 王氏집 大鼎을 便安히 맛하가지고 잇던 松都", "우리나라 出口貨의 가장 主要한 物件이 되난 人蔘의 主要産地인 松都"[18]라고 개성의 지역적 특색의 핵심으로 '송도삼절', '고려 왕조의 고도',

15 최남선,「快少年世界周遊時報」,『소년』, 1908. 11~1909. 10.
16 최남선,「平壤行」,『소년』, 1909. 10.
17 최남선,「쾌소년세계주유시보」(제2보),『소년』, 1908. 12, 11쪽.
18 최남선,「쾌소년세계주유시보」(제3보),『소년』, 1909. 1, 35쪽.

‘고려인삼’을 환기시키며 개성여행을 시작한다.

최건일에 의해 구성되는 개성(고려)의 과거는 수치와 굴욕의 역사이다. 이를테면 서소문에서의 최건일의 상념을 통해서 고려사는 “前朝의 歷史를 닑으매 매양 嘔逆남을 禁치못하난 것은 太祖以后에 聖神文武하다할만한 君主가 한사람도 나지 아니하고 또 臣下에도 良輔碩弼이라 할만한 者가 잇지 아니하야” “恒常 屈辱과 羞侮를 當하얏슬섇이오 조곰도 後世에 對하야 誇矜하고 顯耀할만한 事物이 업난 것”[19]으로 규정된다. 이어서 최건일은 자하동 도처의 암석상에 놀러온 선객들이 새긴 성명들을 고려의 ‘망국기념비’로 명명한 후, 망국에 이르게 된 고려인의 생활 태도를 다음과 같이 제시한다.

> 大抵 高麗人이 遊賞宴樂을 조와한 것은 遺文舊記에 歷歷히 可考할 事實이오 또 그섇아니라 驕奢安逸하고 着實한 氣風이 업섯슴도 또한 事實이니 庶民은 姑捨하고 王家에서도 八關會 갓흔 巫祝과 擊毬戱갓흔 要遊를 大典通編에 매인法처럼 依例設行하난것을 보아도 可히 그習尙을 알것이오 더욱 擊毬戱갓흔것은 常人이하난것이 아니라 居半은 武官中年少한者를 簡拔하야 彎弓舞槍을 가르칠 時間에 이것을 肆習하야 年少銳氣를 兒女戱事에 消磨케 하얏다하니 이 읏지 後世에 들닐말이며 또 宋史를 據한즉 國子監貢生이 六千人인데 聲律만 尙하고 經義를 通하난者 적엇다하니 생각해 이에 이르매 다시 무엇이라고 論評하여야 조흘지 모르겟소이다[20]

---

19 최남선, 「쾌소년세계주유시보」(제3보), 『소년』, 1909. 1, 36쪽.

20 최남선, 「쾌소년세계주유시보」(제3보), 『소년』, 1909. 1, 40쪽. 이어지는 “松都길 굿”에 대한 설명에서도 “이 「길ㅅ굿」이란 것도 다만 婦女子迷信으로서 盛行하난 것만 아니라 또한 여긔ㅅ사람 놀기조와하난 마음에 드러나지 아니한 根據가 박히지 아니하얏난지도 모를일”이라며 굿이 미신일 뿐만 아니라 놀기 좋아하는 개성인들의 나태한 마음의 표출이라고 언급하고 있다.

고려인을 착실한 기풍과는 무관하며 유흥과 연회를 좋아하는 퇴폐한 족속으로 묘사하면서, 팔관회와 격구희 등을 그 사례로 들고 있다. 신진의 무관들을 선발하여 격구희를 시키고, 경전의 뜻을 새기지 않고 성율性律만을 숭상한 국자감을 비판하고 있는데, 이러한 대비는 앞서 김택영이 조선 왕조의 비도非道 등과 대비하여 개성(고려)의 정체성을 선현의 올바른 유학적 가치와 건전한 윤리로 구성했던 것과는 정반대의 인식이다. 요컨대 최남선은 '지금-현재' 망국으로 치닫고 있는 대한제국의 부정적인 속성을 타자화하여 고려라는 왕조에 투사시키고 있다.

여기서 개성 남대문의 문루에 매달린 '범종'에 관한 최건일의 서술은 각별히 주목할 필요가 있다. 최남선은 이 범종을 "白頭山絕頂에다 매여놋코 靜且淸한 夜半에 自由槌를놉히들어 힘껏 짜려서 靑邱二千萬民의 頑蒙을 깨우고"[21]라며 백두산을 정점으로 하는 이천만 "靑邱"라는 민족국가의 심상지리를 구성하고, 자유의 망치를 휘둘러 대중의 '완몽'을 깨우는 계몽가로서의 자기상을 주조한다. 이러한 자부와 흥취는 "「國王千秋」라한 글을 보고 되지못한 北方오랑캐밋헤 눌녀서 敢히 聖壽萬歲갓흔 文字를 쓰지못하도록 옴치라든 高麗史에 對하야 瞥眼間에 神經이 衝激되여"[22] 곧 깨어지고 만다. 몽고의 간섭을 받으며 '만세'를 사용하지 못하고 '천세'로 표기한 비명을 보면서 몽고 치하의 고려 왕조의 상황을 매개로 독립이 위태로운 대한제국의 현실을 환기시키고 있다. 여기에 덧붙여 범종에 대해서 자세히 기술한 것은 이것이 언제 반출되어 사라질지 모르기 때문이라고 설명하면서, 떠들썩했던 '경천사보탑'의 사건을 전한다. 일본 상인의 농간과 조선인들의 무관심 속에서 '경천사보탑'이 개성에서 반출되었는데, 최남선은 후쿠오카일일신문에서 이 사건의 전말을 읽고 분개했으며, 자신이 도쿄 유학 시절에 일본으

21 최남선, 「쾌소년세계주유시보」(제3보), 『소년』, 1909. 3, 25쪽.

22 최남선, 위의 글, 같은 쪽.

로 유출된 조선의 유물들을 보아 온 경험을 언급하면서 일본에 의해 침탈당하고 있는 당대 조선의 현실을 개탄한다. 계속해서 제4보에서도 순사에게 체포되어 가는 일본인 여러 명을 길거리에서 만난 사실을 보고하면서 이들이 "散在한 高麗各陵墓를 發掘하야 高麗磁器를 훔쳐다가 파난 못된 놈들"이고 "이것을 專業을 삼난者가 單 二三十名뿐아니니 거의 이것은 公現한 秘密"[23]이라며 일본에 의해서 침탈당하는 조선의 유물을 통해 식민지화되어 가는 조선의 현실을 경고하고 있다.[24]

이처럼 「쾌소년세계주유시보」에서는 개성의 유물과 풍속을 통해 조선이 나아가야 할 모더니티의 타자로 고려를 구성한다. 또한 일본인의 상점, 고분의 도굴, 경천사탑의 유출 등 현재 진행되고 있는 대한제국의 식민지화에 대한 구체적인 사례들이 환기되고 있다. 이러한 인식은 「평양행」에서도 그대로 재현되거니와 '망국' 고려의 유물인 경천사보탑이 일본인에 의해 유출되는 사건이 다시 한 번 제시되면서 망국의 위기에 처한 조선의 현실이 부각된다. 「평양행」에서 최남선은 특히 덕물산 최영 장군 사당과 관련한 여러 가지 미신을 지적하며 "기도 치성등 일홈으로 어리석은 백성들이 거룩한 사람을 욕보히난 일을 읏지하면 아주 업서지게할꼬"라며 '송도(인)'에서 미개를 발견한다.[25] 「평양행」의 맨 끝에 붙어있는 시는 최남선의 개성관을 요약

23 최남선, 「쾌소년세계주유시보」(제4보), 『소년』, 1909. 10, 36쪽.

24 일본이 1910년 이전까지 벌인 문화재 및 고분 약탈의 대표적인 관심 지역은 개성이었다. 1906년 통감부 법무원 재판장의 평정관으로 부임해 왔던 三宅長策은 당시 고분 도굴 상황을 "고려청자광 시대가 출현하여 한때 이로서 생활하는 자가 수천 명이라 하며 따라서 도굴된 개성 강화도 해주 방면의 대소의 고분의 수는 놀랄 만한 것"이라고 술회하고 있다(황수영, 『일제기 문화재 피해자료』, 한국미술사학회, 1972, 127~128쪽에서 재인용).

25 1930년대 홍명희의 「임꺽정」, '의형제편'의 박유복의 이야기에서 최영 장군 사당과 무속은 문학적 소재로 등장하거니와 여기서도 그 미신에 대한 비판은 있지만 그 굿거리와 풍속은 조선적인 것의 하나로 배치된다는 점에서 다른 의미를 획득하게 된다. 황석영의 「장길산」에서도 이러한 덕물산의 최영 사당과 개성의 송도굿은 민중들의 생명력이 깃든 풍속으로 새롭게 맥락화된다.

하고 있다고 할 수 있다. 이 시에서 최남선은 "개똥감춘 풀포기가 푸릇누릇한" 만월대터를 배경으로 제시하고, 폐허의 문루門樓 위에 앉아 있는 "허술한 支揭ㅅ軍"을 등장시킨다. 지금-여기의 폐허의 지게꾼과 교차되는 것은 "南蠻(安南·섬羅等)이 方物을 드리고/ 東夷(蝦夷·琉球等)가 臣되기를 願"했던 "한때 榮華가 너도 쏘한「로오마」"[26]였던 과거의 고려 왕조이다. '로마'로 형상되는 고려의 영화로운 과거와 대비되면서 "얼업는 지게군"은 '지금-여기'의 퇴보한 '조선'을 구성하는 무기력한 족속을 상징하게 된다. 망국의 후예인 '얼업는' 지게꾼에게 "너의 支揭가 썩을때까지라도 그리만하고 잇거라"라고 질책하는 근대적인 계몽 주체인 '나'가 있는 곳은 "暫時도 그치지 안"고 달리는 기차 위다. 멈춤 없이 달려가는 모더니티의 상징 기차 위의 근대적인 주체 '나'는 '황성옛터'의 지게꾼을 '얼업는' 야만으로 구성하면서 미래를 향해 달려 나가고 있다. 하지만 1910년 한일합방 이후 최남선이 모더니티 미달로 풍경화한 고려의 후예인 '얼업는' "허술한 支揭ㅅ軍"들은 식민지-제국하의 자본주의 체제 내에서 스스로를 모더니티의 적자로 구성해 가기 시작한다. 1910년 식민지화의 방식으로 조선이 세계 자본주의 체제에 편입된 이후 개성의 지역성을 설명하는 담론은 개성을 미개의 장소로 구성했던 최남선은 물론이거니와, 퇴보하는 조선 왕조와 변별되는 진보의 상징이지만 여전히 전통적인 유교적 패러다임 안에 머물러 있었던 김택영의 설명과도 다른 차원에서 구성·전개되었다. 1910년대 이후 개성의 지역성은 자본주의적 근대의 가치를 세목으로 하여 구성된 것이었다. 이제부터 일본제국하에서의 개성의 지역성이 어떻게 새롭게 맥락화되는가를 검토해 보자.

26 최남선,「平壤行」,『소년』, 1909. 10, 139~141쪽 참조.

3. 일본제국기 개성 지역성 담론의 시원: 1910년대 후반 『반도시론』의 개성론

일본제국하 개성의 지역성이 구성된 맥락은 1910년대 잡지 『반도시론』의 기사를 통해 확인할 수 있다.[27] 『반도시론』 1917년 5월호에 게재된 개성 군수 김연상의 「개성아관開城我觀」에 따르면 1917년 현재 "개성읍내의 호수 8,300호로 내지인 호수 약 400호"이고 인구는 "내지인 1,911인, 조선인 남성 11,036인, 여성 12,703인"이다. 김연상은 "조선인 7천여 호 중 7천 호가 지주"이고 재산가가 읍내에 집중하였으며 "제1의 재원은 소작세"로 연 수입이 2백만에 달한다고 전하고 있다. "상업이 조선인 측은 매우 발전되나 내지인 측은 그리 발전되지 아니하"고 이는 "조선인은 반다시 조선인끼리만 거래"하기 때문에 "내지인은 해마다 감소"해 가고 있다고 설명한다.[28] 개성 주민의 장점으로 "검소함"을 꼽으며, "집은 비록 적어도 반드시 田地가 있고 또는 노동ᄒᆞ기를 미우 됴아ᄒᆞ오, 또그리고 共同事業을 됴아하고 依賴ᄒᆞᄂᆞᆫ 思想이 업"다고 설명되고 있다. 단점으로는 "사람들이 매정하고 타향사람하고 조금도 가까이 아니함, 또 사회 계급에 상중하가 없고 관청사람과 가까이 하기를 죽기보다 싫"[29]어하는 것으로 묘사하고 있다. 이러한 고립성과 배타성, 관청 사람에 대한 적대적 기질 등은 모두 고려의 패망 이후 조선 왕조

---

27 『半島時論』은 1917년 4월 10일에 일본 도쿄에서 창간된 조선문 시사종합지로 1924년 4월 통권 25호로 종간되었다. 이 잡지의 사장은 1913년부터 서울서 『新聞界』를 발행한 竹內錄之助이다. 도쿄에 본사가 있었으며 일본인과 조선인 기자들이 함께 만들었던 잡지였다. 대표적인 조선인 기자가 「추월색」의 작가 최찬식이었다.

28 그 외에 개성의 교육 현황은 "내지인 심상소학교 3개소, 조선인 공보교가 3개소, 사립초등학교가 16개소, 서당이 181개소, 내지인 생도 수는 223인, 조선인 공교생도 920인, 사립학교 생도 수는 1,535인, 서당 아동 수는 1,576인, 간이실업학교–야학 생도 40인"으로 적시되어 있다. 김연상, 「開城我觀」, 『半島時論』 2–5, 1917. 5, 59쪽.

29 김연상, 위의 글, 같은 쪽.

와의 정치적 관계 속에서 형성된 것으로 설명되며, 이 잡지의 다른 글에서 뿐만 아니라 1920~1930년대의 글에서도 반복된다.

『반도시론』 1917년 7월호(제2권 제7호)는 아예 '개성호'라고 표제한 개성특집호로 구성되었다. 이 특집호에서는 우선 개성 거주 일본인들의 개성에 대한 설명이 이채롭다. 개성경찰서장 모리와키 에이시(森脇英土)의 「위재개성偉哉開城」[30]은 개성의 '부富'를 중심으로 개성 지역의 특징을 설명하는 글이다. 모리와키는 "인구의 密接ᄒᆞᆫ 점이 十三道中 경성에 亞할 도회"이며 "위대한 富力에 至ᄒᆞ야ᄂᆞᆫ 전조선 제일"로 개성을 규정한다. 특히 그 부富는 경성처럼 한 명이 수백만 내지 수천만 원의 재산을 가진 것이 아니라 백만, 오십만, 삼십만, 이십만 전후의 자산가가 많이 있어 사회 중추가 되고 한 사람도 빈곤한 자가 없어서 "조선은 물론이오 內地 기타 歐米 각국에 비하여도 讓頭할 바 無한 優良한 사회상태를 呈"한다고 찬탄된다. 이러한 "개성의 부가 가능했던 것은 이조에 대한 반항의 結晶"이라고 그 역사적 연원을 설명한다. 모리와키는 개성인의 장점을 "質朴 勤勉" "단결력이 강고한 것" "商取引의 확실과 사업도덕의 발달"로 제시한다. 개성이 평양, 대구 등과 입지 조건이 다르고 좌우에 경인京仁과 진남포의 대시장이 있어서 경의선의 일개 역으로 전락할 위치에 있음에도 이를 극복하고 전국적으로 상세를 확장했던 것은 "개성상인의 위대한 실력이 有한 所以"이며 이들이 상업지로는 부적절한 개성을 "반도상업의 策源地"로 만들었다고 극찬하고 있다. 자기 거처 주변에 사는 조선인들의 부지런함을 고평하고, 조선측의 자본과 "단결력의 강고함" 때문에 내지 출신 상인 세력이 대항할 능력이 없다고 토로하고 있다. 이처럼 모리와키는 개성을 조선 상업의 중심지로 명명하고 그 역사적 연원과 개성인의 질박 근면한 정신, 단결력 등을 바람직한 근대성의 정신으

30 森脇英土, 「偉哉開城」, 『半島時論』 2-7, 1917. 7, 6~7쪽.

로 고평하면서, 개성 지역의 부를 조선, 일본, 나아가 구미를 능가하는 것으로 제시한다. 이러한 찬사에 뒤이어 모리와키는 개성인의 "극단적 이기주의"를 단점으로 지적하며 "자기의 利될바 아니면 何事던지 불응"한다는 비판도 잊지 않고 있다. 모리와키에게 개성인의 물질에 대한 태도는 '지나인'이나 미국인의 '공통 타산주의', 달리 말하면 자본주의적 속물성으로 받아들여졌다. 그렇지만 이러한 단점도 지난해 상업학교 건립을 주장한 군수와 내지인의 호소에 대해서 보여준 개성 유지들의 토지의 희사와 모금으로 보았을 때 극복되어 가고 있는 중이라며, 인구 35,000명의 개성인을 "천재의 상인이오 사업가"이며 이곳에서 세계적 사업과 위대한 인물이 배출될 것이라 예견하고 있다. 모리와키의 글을 길게 설명한 이유는 이 글 안에 조선인, 일본인의 종족적 차이를 넘어서 일본제국기에 개성의 지역성을 설명하는 전형적인 설명 방식이 담겨져 있기 때문이다.[31]

모리와키의 글이 개성에 대한 설명 방식의 원형에 해당한다면, 음월생吟月生의 「개성급개성인開城及開城人」[32]은 제국 안에서 개성이 맥락화되는 방식의 전형적 사례이다. 필자 음월생吟月生의 이력은 밝혀져 있지 않아서 그를 일본인 혹은 조선인 중 하나로 특정하긴 어렵지만, 개성(상인)을 일본 '내지'의 도시 및 상인과 비교하고 '내지동포'라는 수사 등을 사용한다는 서술상의 특징으로 볼 때 조선으로 이주한 일본인의 관점 혹은 일본을 보편으로 설정하고 그와의 비교를 통해서 조선을 사유하려는 조선인의 관점이라고 이해할 수 있다. 이 글에서 개성에 대한 논의는 선죽교로부터 시작한다. 근대 과

31 이러한 설명 양식은 이 특집의 다른 글들에서 반복적으로 등장한다. 일례로 李子洞人이 쓴 「開城人의 將來」도 그 장점은 물론이거니와 개성인의 단점 즉 '공익'에 대한 감각의 부재, 인색함 등을 비판한 후 상업학교 개설의 기부를 매개로 그 단점이 극복되고 있다고 森脇의 논법을 반복한다. 이러한 설명 방식은 이 특집의 여타의 글에서도 확인되며, 1920년대의 개성 관련 글에서도 큰 변화 없이 이어지고 있다.

32 吟月生, 「開城及開城人」, 『半島時論』 2-7, 1917. 7, 15~20쪽.

학에 입각한 서양인이 다리 위의 혈흔을 학리적으로 부인함으로써 더 이상 선죽교의 혈흔을 믿는 자는 없으나 "圃隱鄭先生의 血은 李朝의 存在를 限ᄒᆞ야 開城人의 血管으로 流入ᄒᆞᆫ 歷史的 血痕"이라고 규정하고 이에 기반한 "적개심"을 개성 지역성의 핵심으로 제시한다. 잘 알려진 부조현, 두문동 72현의 사적을 거론하고 이조의 개성 차별에 상응하여 "李朝의 祿을 不食ᄒᆞ고 李朝와 不共戴天의 讎을 結"하였다고 설명한다. 이러한 개성인의 오백 년간의 상황을 읍월생은 "世界史上에 猶太民과 伯仲의 價値를 對照ᄒᆞᆯ 外에 類例가 無"하다고 주장하거니와 이러한 비유는 이후 개성상인을 유태인과 비교하는 수사의 기원에 해당한다. 이러한 강렬한 적개심이 "商業에 對ᄒᆞᆫ 一致團合的 結晶體로 化"하여 조선 전도의 부를 흡수하게 된 바 이것은 "內地의 江州商人과 如"한 것으로 비교된다. 읍월생의 관점은 역사적으로 고려라는 '국가'를 조선 왕조와 대립시켜 변별하고 개성(상인)을 '지금-여기'의 일본제국의 균질적인 영역 안에서 고우슈(江州) 상인과 비교하는 논법을 취하고 있다.[33] 그는 "開城天地는 冷血人뿐 集合ᄒᆞᆫ 場所로 人에게 情도 無하고 熱도 無"하다고 설명하면서도 이것을 개성인의 장점이자 단점으로 보고 있다. 개성인이 냉혈인이 된 것은 오백 년 동안 상업에 종사하여 이재에 밝기 때문에 생긴 당연한 현상이라고 설명한다. 읍월생에게 개성인의 '부기'법

33 고우슈(江州)는 현재 일본의 사가현의 이름으로 오우미(近江)로 불리기도 했다. 고우슈 상인 혹은 오우미 상인은 일본을 대표하는 상인으로 흔히 개성상인과 비교된다. 『モダン日本』 朝鮮版(1940) 〈조선도시소식: 개성〉에서는 "개성은 고려의 고도. 만월대의 초석은 풀에 가리워도 사람들은 선죽교의 돌에 밴 충신 정몽주의 핏빛에 머리를 조아린다. 개성은 또한 인삼의 도시로 연간 순이익이 356만 엔이다. 그리고 또한 개성은 상인의 도시이기도 하다. 이들은 오우미(近江) 상인으로 생각하면 된다. 다부지고 야무지다. 남편이 일년 내내 거의 타향으로 돌고 있는 부인들은 청초하고 알뜰하고 부지런해서 마루 같은 데도 검은 빛으로 빛날 정도로 잘 닦여 있다. 그러고 보니 의자가 잘 닦여진 개성의 선술집은 전 조선에서 맛의 으뜸을 자랑하고 있다"(홍선영·박미경·채영님·윤소영 옮김, 『일본잡지 모던일본과 조선 1940』, 어문학사, 2009, 386쪽)고 적고 있는데, 1910년대 개성상인=오우미 상인이라는 등식과 함께 구성된 전통+모더니티를 특징으로 하는 개성의 지역성이 1940년대까지 이어지고 있음을 알 수 있다

은 20세기 부기법에도 적합한 근대성의 상징으로 받아들여지는가 하면, "學而不行은 不如不知"라는 공자의 말을 근거로 조선 땅에 개성인을 제외하고 진정한 의미의 공자(유교)의 제자가 없다는 개성 지인과의 문답을 통해 개성인의 실용적인 세계관이 긍정되고 있다. 개성 상업의 현황을 설명하며 "松房"이 "全道 360郡에서 葉錢時代 唯一의 爲替機關"으로 이익을 올린 점에서 일본의 "兩替"와 비교하며 고평되기도 한다.

이 글의 마지막 부분에서 음월생은 개성인의 내지인에 대한 관점을 설명하고 있는데 여기에 제국 내부에서의 개성에 대한 기대가 잘 드러나 있다. "개성에 住하여 실업에 종사하는 내지인의 다수는 열악한 인물뿐"이라는 개성인들의 평가에 공감하며 그 근거로 첫째는 30년 전 처음 내왕하며 개성에 들어온 소자본의 일본인들이 행한 가혹한 고리대와 그에서 비롯된 개성인의 적개심이 제1의 실패이고, 둘째는 고려인삼에 대한 도굴로 인삼밭을 망치고 도굴인삼을 매득하여 부당한 이익을 취득한 일본인들이 지금 개성에서 성공한 일본인으로 칭하는 자의 대다수인 점이 두 번째 실패이며, 마지막으로 이토 히로부미와 이왕직박물관에서 고려자기를 진귀한 보물로 매입한 것이 열악불량한 내지인들이 무덤을 도굴하게 하였는바, 이는 개성인들에게 자신의 조상의 묘를 파헤친 둘도 없는 모욕으로 느껴졌으니 이것이 세 번째의 실패라고 설명한다.[34] 따라서 음월생은 "開城人이 開城在住의 內地에 對ᄒᆞ여 今日까지라도 好感情이 無ᄒᆞᆫ 것은 當然ᄒᆞᆫ 事"이며 흔히 개성에서 '내지인'이 발전하지 못한 것을 개성인의 풍부한 자본을 핑계하는 데 그러한 사실 외에도 발전하지 못하는 진정한 최대 이유는 "30년 內地同胞의

34 같은 시기에 今西龍은 "적어도 능묘의 형태를 하는 것으로서 도굴되지 않은 것이 없고, 심한 것은 1능묘로서 2, 3회에 미친 것도 적지 않다 이미 봉토 석물을 잃고 외면으로 보아 분묘인지 분명하지 않은 것조차 교묘하게 搜索發掘하여 荒掠悽慘을 極하기에 이르렀다"고 보고하고 있다. 조선총독부, 「高麗諸陵墓調査報告書」, 『大正五年度朝鮮古蹟調査報告』, 1917, 270쪽.

取훈 惡意不道의 行爲가 開城人의 好感情을 害훈야 意志가 疎隔훈게 된 것"이라고 주장한다. "開城은 現在에던지 將來에던지 朝鮮의 有數훈 都會오 全道第一의 商業地오 半島第一의 商業策源地라 如何間 朝鮮半島에셔 商業에 成功코져 훈는 者는 모롬지기 開城人을 提携훌지라"라고 내지인에게 발화하고, 개성인에게 대해서는 "舊習을 打破훈고 內地人과 協力"하여 "大開城의 건설"을 이루라고 당부하고 있다. 음월생의 개성과 개성인에 대한 관점은 조선의 역사로 소급하여 개성 지역성의 연원을 과거 조선 왕조에 대한 원한으로 수렴함으로써 개성인의 민족으로서의 동질감을 교란시키고, 다시 현재의 일본제국의 균질적 영역 내에서 개성을 내지의 상인 및 제도와 비교하여 제국 내부로 수렴한 후, 내지인과의 협력하에 "大開城"이라는 상업도시화를 이룩하는 것을 미래의 비전으로 제시함으로써 내선동화, 내선융화의 필요성을 설득하고 있다.

제국의 상업도시로서의 개성의 위치는 대표적인 물산인 인삼에 대한 글에서 보다 직접적으로 제기된다. 일본인 일기자一記者가 쓴 「세계적 영약 고려인삼과 인삼판매계의 명성 고려삼업사」[35]는 개성의 특산물인 고려인삼을 소개하며 일본인이 취체역으로 경영하는 판매회사 '고려삼업사'를 홍보하는 글이다. "朝鮮物産中에 可히 世界에 誇矜할만훈者는 惟獨高麗人蔘"[36]이라고 선언하며 시작하는 이 글에서는 중국에서 인삼을 사용하고도 낫지 못한 병자는 치료를 포기한다는 사례를 들며 고려인삼(홍삼)의 영약으로서의 가치를 제시한다. 이 글은 개성인삼을 "朝鮮總督府 人蔘專賣制度의 下에 人蔘特別耕作區域으로 指定훈 處, 高麗古都 開城을 中心으로훈고 其周圍 九

35 一記者, 「세계적 영약 고려인삼과 인삼판매계의 명성 고려삼업사」, 『半島時論』 2-7, 1917. 7. 이 기자는 함께 조선에 온 사람들이 많이 죽었음에도 허약한 자신이 건강하게 살아 있을 수 있었던 이유가 인삼의 덕이었다고 쓰고 있는데 이를 통해 그가 일본인 기자라는 사실을 알 수 있다.

36 一記者, 위의 글, 21쪽.

箇郡內에셔 產出ᄒᆞᄂᆞᆫ 人蔘을 稱"[37]하는 것으로 규정한다. 수확량 중 우수한 것으로 1/3을 총독부가 수매하여 홍삼을 만들어 전량 중국으로 수출하고 조선 내에서는 절대 판매치 아니하며, 나머지 총독부가 수매하지 않은 차등품 2/3는 경작자에게 환부하여 이것으로 백삼을 제조하여 일반 판매에 제공하는 당대 인삼 관련 정책이 소개되고 있다. 수량이 소량인 고려인삼이기에 내지인삼과 만주인삼이 조선으로 들어와 오히려 고려인삼으로 둔갑하는 사태가 생겼으며, 조선에 관광을 왔던 일본인들이 내지인삼을 고려인삼으로 사 가는 상황을 제시하면서 '고려삼업사'의 고려인삼만이 그 진품성을 보증한다는 이 회사의 이사 오카베 고지로(園部剛二郎)의 말을 통해 회사를 홍보한다.

고려삼업사의 광고에 가까운 고려인삼 예찬에 이어지는 북악산인北岳山人의 「개성인삼상회와 인삼왕 최익모군」[38]은 조선인 자본가 최익모가 운영하는 개성인삼상회를 중심으로 고려인삼의 위상을 설명하는 글이다. 최익모를 "人蔘耕作의 改良, 人蔘製造의 充實, 人蔘名價의 發揮, 人蔘販路의 擴張, 模造人蔘의 見欺ᄒᆞᄂᆞᆫ弊害를 防止ᄒᆞᄂᆞᆫ等 種種의 研究를 多年苦心ᄒᆞᆫ 結果"[39] 개성인삼상회를 설립하여 "人蔘界進步의 元祖이며 人蔘界統治의 覇王"[40]이 되었다고 소개한다. 이 기사는 개성의 지역성을 대표하는 고려인삼의 세계적 판매망을 보여준다. 그가 판매하는 상회의 인삼에는 위조가 불가능한 '益字' 등록상표를 붙여 수요자에게 신뢰를 주었는데, "益字標의 高麗蔘은 世人의 高評을 喚起ᄒᆞᄂᆞᆫ 同時, 大需用의 前道가 開拓되야 其 販路는 朝鮮內地는 勿論, 支那全部, 內地 各處, 臺灣, 暹羅, 新

37 一記者, 앞의 글, 23쪽.

38 北岳山人, 「開城人蔘商會와 인삼왕 崔益模군」, 『半島時論』 2-7, 1917. 7.

39 北岳山人, 위의 글, 25쪽.

40 北岳山人, 위의 글, 26쪽.

嘉坡, 布哇, 香港等地오 販賣方法은 通信販賣, 又ᄂᆞᆫ 販路가 擴張됨에 伴하야 特約店, 代理店을 到處에 設置ᄒᆞ얏스며 그 外에 直接去來하ᄂᆞᆫ 處ᄂᆞᆫ 其數를 枚擧키 難ᄒᆞᆫ 盛況을 呈ᄒᆞ야 注文의 書信이 紛紛ᄒᆞᆫ 雪花와 如히 踏至"[41]한다고 적고 있다. 개성인삼상사의 판로는 일본제국의 경계를 넘어 세계로 확장되었으며 고려인삼은 개성을 넘어서 조선을 대표하는 상품으로 자리 잡았다. 이 기사에서는 최익모가 개인 상회인 개성인삼상회를 공동 경영의 조합으로 확장하여 고려인삼을 판매하는 이외에도 고려인삼의 판로인 각지의 연락 기관을 이용하여 물화 무역, 금전 유통을 취급하며 사업 영역을 확장할 계획이라고 적고 있다. 일본인 '일기자'와 '북악산인'이 쓴 인삼에 대한 기사에서는 제국을 넘어선 인삼의 세계적 판로를 통해 개성이라는 지역성에 기반한 '고려인삼'이 조선을 대표하게 된 상황이 드러나 있다. 이때 '고려인삼'은 '개성-조선-제국-세계'를 접속해 주는 기호라고 할 수 있을 것이다.

개성에 일본인 자본이 침투하지 못했다는 것은 이제 통념으로 자리하고 있지만, 실제로는 개성의 조선인 상사 및 자본이 일본(인) 자본과 적대적인 것만은 아니었다. 『반도시보』 1917년 5월호 한생韓生의 「개성의 기업계」[42]에서는 '개성사'를 소개하며 이 상사가 삼정三井물산회사의 특약점으로 연거래가 약 60만 원이고, 개성사가 삼정으로부터 면포, 곡물 및 잡화 등을 위탁 판매한다고 소개하고 있다. 또한 박봉진, 공성학, 김원배, 김정호 등 대표적인 개성 자본가들이 설립한 합자 회사인 '개성연신사開城永信社'는 수산물 무역과 기타 물품의 위탁 판매 등을 했는데 경성의 영목왜상점鈴木倭商店과 특약하여 염류鹽類를 판매할 계획이라고 밝히고 있다. 개성상인들이 일본인의 개성 침투를 막은 배타적인 자본가 집단인 것은 사실이지만, 그들은

41 北岳山人, 앞의 글, 26쪽.

42 韓生, 「개성의 기업계」, 『半島時論』 2-5, 1917. 5, 60쪽.

이른 시기부터 인삼의 생산과 제조 및 판매와 각종 물품의 판매 등에서 총독부 권력 및 일본 자본과 제휴하면서 자신의 상권을 제국과 세계로 확장해 갔다. 민족경제론적 감각과 연결된 개성 상업 자본을 고찰하다 보면, '자본은 민족적 경계를 갖지 않는다'는 역설적인 사태와 조우하게 된다. 그렇다면 민족의 경계를 넘어서 제국을 배경으로 확장하는 개성의 지역성을 1930년대 신진 엘리트들의 운동을 통해 확인해 보자.

4. 개성, 조선, 제국의 역학: 1930년대 『고려시보』를 통해 본 개성 지역성의 중층성

1930년대에 들어서면서 새로운 세대들이 개성의 지역사회를 주도하게 된다. 그 대표적인 집단이 『고려시보』 중심의 신진 엘리트들이다. 『고려시보』를 중심으로 한 1930년대 개성 지역 신진 엘리트 집단에 대해서는 이미 양정필에 의해 많은 부분이 해명되었다.[43] 양정필은 개성의 새로운 세대가 대표적인 자본가들의 2, 3세들로, 아버지 세대의 자본을 바탕으로 하여 자본주의의 본산인 일본, 유럽, 미국으로 유학을 다녀온 신진 엘리트들이었음을 구체적으로 논증하고 있다. 이들은 1900년대 전후에 태어나 유학과 사회적 경험을 쌓고 1930년대에 개성으로 돌아와 개성 지역사회를 주도하게 된다.

『고려시보』는 "개성에 사는 각방면의 문필가로 공진항, 이선근, 김재은, 고한승, 김영희, 박재청, 박일봉, 김병하, 김학형, 마태영씨 등 10인이 책임동인이 되어" "개성 五만시민의 진정한 여론을 대변하야 당면의 리익을 옹

43 양정필, 「1930년대 개성지역 신진 엘리트 연구 －〈고려시보〉 동인의 사회문화운동을 중심으로」, 『역사와 현실』 63, 2007.

호할만한 충실한 보도기관"[44]을 목표로 1933년 4월에 창간되었다. 이 신문은 공성학의 아들로 소르본대학에서의 유학을 마치고 돌아온 '일반의 신망이 높던' 공진항이 주도하여 동년배의 친우들을 동인으로 하여 창간한 것이다. 초기의 『고려시보』는 언론기구라기보다는 '동인지'의 성격이 강했으며 15일간으로 간행되다가 경비 부족으로 창간 1년여 만인 1934년 5월 16일자 제19호를 끝으로 휴간한다. 이후 공진항 등의 발의로 자본금 1만 원의 주식회사로 전환하여 1935년 6월 1일 속간된다.[45] 1주 20원씩 500주를 공모하였는데 1주일 만에 소정의 액수를 모두 채울 수 있었으며, 1대 주주는 공진항으로 150주, 2대 주주는 김정호로 60주를 소유하였다. 그 나머지를 30여 명의 개성 유지들이 인수하였다. 주식회사 『고려시보』의 간부 편제는 당대 개성 사회의 유지들의 판도를 축약하고 있다. 『고려시보』의 창간을 주도하고 개성의 신진 세력을 대표하는 공진항이 최대 주주로 부사장을 맡고, 이들 신진 세대의 부형격인 구세대 개성 자본의 대표격으로 김정호가 사장을 맡았으며, 공진항의 부친인 공성학, 삼업조합장인 손봉상 등이 자문역을 맡았다. 『고려시보』의 편집과 운영은 신진 엘리트들이 맡고 경제적 · 사회정치적 후원자 역할을 40~50대의 개성 사회 유력자들이 맡는 방식으

---

44 『동아일보』, 1933. 2. 28, 석간 3면, 〈고려시보 발간 -4월 중에 창간〉.

45 『高麗時報』 21, 1935. 6. 1, 6쪽. 발기인은 다음과 같다. '김정호, 김기영, 박봉진, 여운형, 황중현, 최인용, 우상순, 윤영선, 김학형, 김천호, 하규항, 공항진, 박영균, 박광진, 임한조, 김재은, 고한승, 최선일, 장희순, 이윤수, 박상우, 홍이표, 이선근, 이세환, 김병하, 이근태, 진호섭, 김진원, 박재청, 마태영, 박상용, 김희정, 박상순, 김동표.' 1935년 7월 16일 『高麗時報』 24호 1면 「社告」에서는 "주식회사 고려시보사 창립총회는 지난 7월3일 오후 4시에 본사내에서 개최한 바 정규를 통과하고 左記와 如히 역원을 선정하야 회사의 창립을 완료"했음을 알리고 있다. 임원 명단은 다음과 같다. '취체역 사장 김정호, 취체역 공진항, 김병하, 박상유, 진호섭, 감사역 김학형 하규항 이윤수. 취체역회에서 좌기와 같이 호선하다. 취체역부사장 공진항, 상무취체역 김병하, 취체역회에서 다음과 같이 사원을 임명하다. 주필 이선근, 편집국장 김병하, 영업국장 홍리표, 사회부장 하규항, 학예부장 김학형, 조사부장 진호섭, 광고부장 박재청, 산업부장 이윤수, 사진부장 김동표, 회계부장 박광진.'

로 『고려시보』의 운영 체제가 재편된 것이다. 장년 엘리트와 신진 엘리트의 연합 위에서 『고려시보』가 재출발했고 그 각각의 대표가 김정호와 공진항이었던 셈이다.

개성의 지역성을 바탕으로 한 『고려시보』의 지향은 「주식회사 고려시보사 발기취지서」에 잘 드러나 있다. 발기취지서는 『고려시보』가 "옛전통을 지키며 옛정신을 이르켜살어야할 것이니 그는곳 이가운대서뿐 우리의 정체를 찾을수있는 때문"이라며 전통과 정신을 강조하면서 "우리의 발 끝에 부디치는 한조각기와짱이 고려문화의 자최며 다 쓰러저가는 옛돌다리가 족히 우리로하여곰 고려맘을 엿보게한다. 현실과 이상을 잘융화하되 오직 사회 울가운대 개인생활의 의미를 찾든 옛고려인의 갸륵한맘"을 계승하는 "한 유기체로써의 완전한 조직을 가초게하여오래두고 키워나가게하자는 것이 우리의 뜻하는바"라며 『고려시보』의 이 기관이 영속하여 "개성을 빛나게하자는 것"이 취지라고 밝히고 있다. 이러한 취지에 공감하는 개성인을 "위대하였든 고려인의 후예여!"로 호명하고 '한조각돌과 한목흙이나마' 보태라고 호소하고 있다.[46] 『고려시보』 엘리트들은 고려를 사회와 개인이 조화된 이상적인 국가로 제시하면서 고려문화라는 전통을 기반으로 개성의 정체성을 구성하여 빛나게 하자고 제언한다. 구한말 이래 개성의 지역성을 구성한 '전통+모더니티'의 역학이 『고려시보』라는 문화적 기획 자체에도 투사되어 있다고 할 수 있다. 이러한 지향은 이 신문의 편집에서도 두드러졌다. 우선 『고려시보』는 개성의 고려유물을 지속적으로 소개하고 해설하는 기사를 연재한다. '고려유적순례', '개성고적안내', '명승순례', '전설의 개성', '개성야화開城野話' 등의 표제하에 개성 시내 및 교외의 유물과 전설 등을 집중적으로 소개한다. 그 필자들은 와세다대학 사학과 출신의 이선근, 개성부립박물관장으로

46 「주식회사 고려시보 발기취지서」, 『高麗時報』, 1935. 6. 1, 6면.

있던 경성제대 출신 고유섭 등 아카데미즘의 세례를 받은 역사학·미학 전공자들로써 기사에 학술적인 권위가 부여되어 있었다.[47] 이러한 유적 관련 기사와 같은 면에는 동일한 유적을 노래하는 시가들이 함께 배치된다.[48] 이와 더불어 계절별 개성유적의 풍경 혹은 현대식 건물들, 학교들, 인삼 경작지 등 개성의 과거와 오늘을 보여주는 풍물 화보를 게재함으로써 개성의 지역색을 시각적으로 재현한다. 여기에 신문의 칼럼 명을 '남대문' '불가사리' 등 고려 왕조의 유물과 전설을 환기시키는 명칭으로 표제함으로써 개성의 지역성을 더욱 극대화하고 있다. 한마디로 『고려시보』가 구성한 개성의 지역성은 고려라는 고도를 상징하는 유물, 유적, 전설과 함께 지금-현재의 개성을 대표하는 인삼산업, 학교들, 전기회사 등의 기업들 등 상업적인 모더니티의 측면이 병존해 있다.

이러한 전통과 모더니티의 결합은 『고려시보』 창간 동인인 춘파 박재청이라는 한 개인의 차원을 통해서도 확인할 수 있다. 강영미의 연구[49]에 의해 카프 시인 '박아지'로 실증된 춘파 박재청은 『고려시보』 지면에서 춘파, 봄물결, 박아지, 박재청이라는 네 가지 이름을 사용하며 활동했다. 박재청은 개성상인들만의 독특한 제도인 '시변時邊'에 대한 경제학적 기사 「시변소론時邊小論」[50]을 통해서 개성 경제 제도의 모더니티를 강조하는 한편, 개성의 유적

47 뒷장에서 후술하겠지만, 고유섭은 『高麗時報』에 연재한 '개성고적안내'를 모아 『송도고적』을 출판한다. 『송도고적』은 고유섭 사후에 출판되었지만, 그 원고는 고유섭이 생존 시 병석에서 마무리한 것이며 이후 그것을 제자들이 출판했다.

48 이것은 일관되고 지속적인 방식이었던 듯하다. 몇 가지 예를 들면, 1933년 5월 16일 『高麗時報』 7면에 이선근의 「만월대의 宮址」가 실리고, 이어서 만월대를 읊은 이하윤의 시 「녯터」가 실린다든가, 1933년 6월 1일에 이선근의 「선죽교의 혈흔」이 기사로 실리고 춘파 박재청의 시 「선죽교」가, 1933년 6월 16일 이선근의 「남대문」 옆에 춘파의 「남대문, 누상거종」의 시가 실리는 방식이다.

49 이에 대해서는 강영미, 「고려시보와 시인 박아지」, 『상허학보』 23, 2008. 6; 「박아지(朴芽枝) 시의 실증적 연구」, 『한국시학연구』 24, 2009. 4. 참조.

50 「時邊小論」은 『高麗時報』 4호(1933. 6. 1)부터 12호(1933. 10. 16)까지 총 9회간 연재되었다.

에 대한 감회를 한시와 시조로 남기거나 자유시를 통해 개성의 지역성을 감각화하고 있다. 이러한 기사와 한시, 시조, 자유시는 경우에 따라서는 동일한 지면 안에 각기 다른 필명으로 함께 구성되어 있기조차 하다.

『고려시보』는 개성의 지역성을 기반으로 하고 있지만, 「금강산근참기」[51] 등 조선의 명승지에 대한 탐승 글을 연재한다든가, 백두산(천지) 사진을 신년 화보로 게재함으로써 독자들이 조선 사회 전체를 상상할 수 있도록 기사를 배치하기도 했다.[52] 개성 지역을 초점에 두면서도 조선 전체를 상상할 수 있는 풍광 등을 교차시킴으로써 개성을 중심으로 하는 조선 사회라는 전체상을 상상시키는 방식으로 신문을 편집했다고 말할 수 있을 것이다. 급기야 『고려시보』는 전국지화를 도모하기도 한다. 1936년 4월에는 "본지 대확장 단행-전조선적인 광범위의 독자대중의 획득! 그것은 본지가 가진 긴급한 요구다. 이제 본지는 놀랄만한 체재와 새로운 내용으로써 우리 신문화 건설에 **(해독 불가 -필자)를 바치려 한다. 국제정치, 경제등을 비롯하야 해외 제반정보에 대한 권위 있는 비판, 논문 등을 필두로 문예, 영화, 연극, 라디오, 레코드, 강담, 사화, 산업, 실화, 과학, 취미 시사정보란 등의 실로 조선서는 첫 시험인 종합간행물로써 뚜렷한 존재를 확보하려 한다. 혁신특대호 5월 1일 발행 8면에서 24면으로 옵세트 최고급 인쇄"[53]라고 전국지화가 선언된다. 이후 42호부터 47호까지의 '혁신특대호'가 이 전국지에 해당할 터인데, 4개월여의 이러한 실험은 "전조선적으로의 내용을 가지자는 의도아래 재래의 형식을 일변하야 제42호를 혁신특대호로 이래 발행되든 고려시보는 부득이한 사정에 의하야 제47호로써 혁신체재의 발간을 중지하는 동시 속간하

---

51 박재청의 금강산 여행기로, 『高麗時報』 10호(1933. 9. 1)부터 33호(1935. 12. 1)까지 연재된 것을 확인할 수 있었다.

52 『高麗時報』 34, 1936. 1. 1, 1면.

53 『高麗時報』 41, 1936. 4. 16, 1면.

야 종전형식의 고려시보로써 속호발행하게 되었아오니 독자제위는 이차양해하심을 절망하오며 배구의 질정이 있으시기를 바라 마지 않습니다"[54]라는 '근고謹告'와 함께 기존 편집으로 되돌아갔다. 종전 형식으로 되돌아갈 수밖에 없었던 '부득이한 사정'을 양정필은 '경제적 · 조직적 문제'[55] 때문으로 추정하지만, 그것이 이유의 전부는 아니었다. 1937년 4월 1일자 「창립4주년을 맞는 본사의 연혁」에서는 고려시보사가 걸어온 길을 일별하면서 "개성의 본거를 두고 개성의 보도를 중요시하야 취급하지 못하게 되는 결함과 개성독자간에는 고려시보 본래의 사명인 개성사회의 마음을 표현식히는 언론기관인 것을 재인식해달라는 여론이 대두"[56]하였기 때문에 '혁신특대호' 체재에서 기존의 편집으로 되돌아 왔다고 밝히고 있다. 『고려시보』는 애초부터 개성이라는 지역성을 기반으로 하여 출발한 언론이며, 조선 사회의 정치, 사회, 경제의 중심인 경성과는 경쟁이 되지 않았다. 개성을 기사의 중심에 두면서 조선 전체의 전국지로 전환하는 것은 현실적으로 어려웠다. 15일간으로 발간되었으며, 개성 및 개성 삼업 자본과 연관이 있는 인근 지역의 정보를 모아 기사를 만들고,[57] 주로 개성인들만이 구독하던 『고려시보』가 전국지가 되기 위해서는 개성의 지역성을 제거해야만 했다. 그렇지만 개성을 기반으로 한 『고려시보』는 개성인 이외의 사람들에게는 크게 흥미를 끌지 못했으며, 거꾸로 전국지화를 표방한 이후 개성 기사가 사라지면서 개성인들에게도 비판을 받게 되는 상황에 처한 듯하다. 그러나 비록 실패하긴 했지만 『고려시보』의 '혁신특대호' 실험은 고려라는 왕조의 고도이자 상업을 기반

54 『高麗時報』 48, 1936. 8. 16, 1면.

55 양정필, 앞의 글, 211쪽.

56 「창립4주년을 맞는 본사의 연혁」, 『高麗時報』 63, 1937. 4. 1, 1면.

57 『高麗時報』는 평안도, 황해도, 충남 논산 등 개성 인근과 (인삼) 상권과 관련된 곳에 지사를 두었으며 지역에서 올라오는 소식을 실었다. 1933. 7. 1(6호) '신막, 장단 지사 설치 社告'; 1933. 7. 16(7호) '논산지사장 임명 社告'; 1933. 8. 16(9호) '평북 창성지사 설치 社告'; 1933. 12. 16(15호) '논산 지사의 「부여행」 지방통신' 등.

으로 하는 개성의 지역성을 '조선'이 추구해야 할 보편적인 가치로 전국적인 차원으로 확장하려 한 시도였다는 점에서 1930년대 개성 유지들의 욕망을 잘 드러내 주는 사건이었다.

이러한 지향은 '개성지開城誌를 조선사朝鮮史'화하려 한다고 비판받았던 김택영 이래 개성의 지역 엘리트들의 자부이자 욕망이었다. 이와 관련하여 개성의 지역성을 조선인이 추구해야 할 보편적 가치로 제시한 장도빈의 「전조선인全朝鮮人을 개성화開城化하자」[58]는 주목할 만한 글이다. 개성인의 특성을 '청결', '인내', '견강', '근면'이라는 네 항목으로 구성하여 1910년대에 만들어진 개성에 대한 유형적 설명에 충실한 후 "이러하야 개성은 개성인의 개성으로 보존될 뿐 아니라 그 실업 세력과 재정 실력이 전조선 중에 가장 풍부하야 단연히 경성 평양보다 다대히 우승"한 도시로 제시한 후, "어떻게 하면 전조선인을 개성화시킬까?"를 반문함으로써 현실의 정치경제적 중심성과는 다른 제국하의 자본주의적 가치로 조선을 재영토화하여 개성에 중심성을 부여하고자 했다. 이때 개성의 중심성은 조선 안에 국한되는 것이 아니라 확장된 제국의 영역 속에서 확보되는 것이었다.

여기서 고려시보사가 시도한 의미있는 첫 번째 사회문화적 실천이 1935년 만주 이주민의 생활 실태를 시찰하고 만주국의 실정과 농장, 공장 등을 답사하는 시찰단 파견이었다는 사실은 의미심장하다. 이듬해인 1936년에도 제2차 시찰단을 파견하고 이후 이 『고려시보』의 핵심 인사인 공진항, 이선근 등이 '만몽산업주식회사'를 설립하여 만주개척투자를 유치, 조직적으로 만주개발에 참여한다. 고려시보사가 조직한 만주시찰과, 공진항 중심의 개성 자본의 '만몽산업주식회사' 설립이 어떻게 연관되는가는 다음의 『고려시보』 38호(1936. 3. 1) 사설 「만몽산업주식회사滿蒙産業株式會社 설립設立의 보報

58 『高麗時報』 38호, 1936. 3. 1.

를 듣고」에 잘 드러나 있다.

1. 거년 팔월 중에 본사 주최의 만주시찰단이 만몽의 신천지를 시찰하고 돌아온 뒤부터 몇몇 유지가 거대한 회사를 조직하기에 애써온다 함은 누구나 다 알아온 바이다. 우리가 오래동안 기대하든바에 어그러짐이 없이 同會社가 지난 1월중에 임이 법적등기를 완료하고 당무자 제씨가 임이 만주의 벌에 나아가 한편으로 토지의 매수와 그 경작준비에 바쁘며 또 한편으로 만주국 당국요로인물들을 답방하는 중에 있다 한다.
2. 만주의 벌은 누구나 다 아는 바와 같이 우리 선조가 배태되며 또한 문화적 생활을 하였던 터로 발해의 국도이였든 동경성에 오늘날 아직도 그때의 문화를 자랑하는 자최가 歷然하며 東遼河沿革에 있는 安家屯이란 곳에는 아직도 고구려 시대의 왕궁일는지 병영일는지 間圍 백정보가량되는 城趾가 남어 있어 거기사는 만주인들이 부르되 '고려성'이라 한다. 옛성터에 굴러단이는 개와돌과 식기 등속이며 만인의 촌락에 쓰러진채 돌보는 주인없는 돌절구들을 우리가 볼 때에 덧없는 눈물이 흐르며 옛고토를 찾어드는 것 같은 기쁨과 감격이 가슴을 뒤놀게 한다.
3. 그러므로 만몽의 천지를 우리가 오늘날 다시 찾어듬은 결코 우연이 아니요 하늘이 인도하시는 필연의 길임을 알어야 할 것이다.
4. 매년 근오십만이나 늘어가는 이 백성을 이루 어떻게 먹여 살리며 파먹고 파먹다 못해 산상에 까지 화전을 내먹지 아니치 못하는 이 좁은 땅에 어떻게 살 것인가? 생활난과 자유경쟁에 각박해진 인심을 만몽의 넓고 비옥한 땅을 관함에 따라 너그럽게 만들며 좁고 갑갑한 반도에 칩거하야 엷고 좁아진 우리의 이상을 깊고 멀게 하여 볼 수 없는가?
5. 이러한 의미 아래 동회사의 창설은 의미심장한 동시에 조선인의 만주진출에 있어 거이 효시가 된다 한다. 과거 오백년 동안 조선의 경제를 쥐었든 송도인이 최근에 와서 다소 침체되였든 감이 없지 않었으나 이제는 누구보다

도 앞서 만몽의 땅에 나서게 되었다 함은 곳 송도인의 정신은 결코 죽어버리지 않었다는 충분한 증거일 것이다. 만고에 엄연히 서있는 송악의 정기를 타고 고려의 옛터에 그 조선의 업적을 배운 송도인이여 얄구진 소인의 탈을 버서버리고 송화강 목단강 요하의 연안에 바야흐로 건설되는 조선인의 부락에 퍼지라 그리하야 포옹과 우애의 정신으로 그들을 지도하며 송도인의 독특한 이재의 기술로써 하늘이 주신 자연을 개척하고 인간사회가 만드는 사업을 일으키여 한가지로 살지고 잘되여 빛나는 고려의 자손됨에 부끄러움이 없도록 힘쓰고 맘쓸지어다.

『고려시보』는 개성의 자본가들을 모아서 2차에 걸친 만주시찰을 조직하고 시찰기를 실었다. 이후 부사장 공진항 주도로 개성 자본을 모아 '만몽산업주식회사'가 설립되었다. 사설에도 잘 드러나 있듯이, 만주 땅은 '고려'의 고토로 환기되며 "좁고 갑갑한 반도에 칩거하야 옚고 좁아진 우리의 이상"을 펼 수 있는 땅으로, 늘어나는 민족의 성원들을 먹여 살릴 수 있는 기회의 땅으로 제시되었다. 사설은 만주를 조선의 고토로 제시하며 제국을 배경으로 한 만주진출을 정당화하고 있으며, '조선인 만주진출의 효시'라는 자부에는 (경제) 식민지 영유의 선두에 선 자본의 자신감이 묻어 있다. 이처럼 『고려시보』의 사설은 '송도인'을 일본제국하 조선인의 식민지 개척을 주도하는 대표자로 호명하고 있다. 이 사설에서 '송도'라는 주어를 '조선'으로 대체해도 그 맥락은 크게 달라지지 않는다. 실제로도 이 사설에서 강조된 '송도'를 보다 확장된 주체인 '조선'으로 바꾸는 작업이 수행되었다. 가령 『고려시보』의 동인이자 '만몽산업주식회사' 이사였던 이선근이 이 시기 만주에서의 농장 개척 와중에 『조광』에 남긴 「만주와 조선」은 제국하에서의 민족주의와 민족자본의 존재 형태에 대해서 숙고할 필요를 보여준다. 그는 고구려, 발해의 민족사적 영광이 만주를 상실하며 쇠락했다가 이후 고려조, 조선조의 부분적인 북진 정책 속에서 가능성을 보였다고 서술하면서, 만주를 기원으로 하는 민족사의 영광을 내러티브화한다. 단재 신채호의 만주 서술 이래로 한국의 내셔널리즘의 공식 문법처럼 자리하게 된 이러한 서사를 구축한 후, "우리 농민의 피와 땀도 적지 않게 제공한" 만주 땅에 "일본제국의 힘찬 후원 아래"[59] 진출하자는 독려로 결론을 맺는 이선근의 논의는, 공진항을 중심으로 구성된 '만몽산업주식회사'의 창립과 만주에서의 농장 개척 과정에서 동 회사의 이사이자 만주국협화회 이사로 활약한 이선근의 구체적인 활동과 겹쳐서 읽어야 하는 것이다. 이선근은 반제국적 기제가 제거된, 오히려 제국주의와 적극적으로 공모하는 내셔널리즘의 역사 서술을 마련하고 있는바, 이것은 제국주의와의 공모 속에서 이루어진 '민족자본'의 만주 진출 상황을 역사 서술로 전이하고 있는 것이라고 말할 수 있을 것이다. 물론, 「고려시보」의 만주시찰단 및 만주개척에 대한 논설에 충만해 있는 궁핍한 조선 동포에 대한 연민과 구제를 위한 염원이 지닌 진정성을 모두 허위라고 폄하해서는 안 될 것이다. 개성 자본이 반일본(자본)의 특징을 일면으로 지니고 있는 것은 사실이며 이러한 측면 때문에 박완서는 『미망』에서 시찰단의 일원으로 참여한 개성 유지 이종상이 독립운동 세력을 돕는 서사를 구체화할 수 있었다. 그렇지만 여기서 보다 주목해야 하는 것은 개성인들 스스로 자신의 정체성으로 부여한 이러한 민족자본적 특징이 제국의 현실 경계 안에서 제국의 권력과 대립하지 않는 것이었으며, 오히려 제국의 팽창의 논리에 적극적으로 편승한 것이었다는 사실이다.

혁신특대호의 실험, 만몽시찰, 만몽주식회사 설립 등 『고려시보』와 그 동인들이 추진한 역동적인 활동을 거친 이후인 1937년에 춘파 박재청은 창간 4주년 축사에서 "좁은 송도의 천지에 이제부터 앞으로 미래억만년 조선의 천지로 그보다 세계를 무대로 대자모 대우주의 무궁한 공간속에맘껏 힘껏

59 이선근, 「만주와 조선」, 〈만주특집〉, 『조광』, 1939. 7, 61쪽.

뛰어라"[60]라며 『고려시보』를 매개로 하는 개성의 지역성을 '송도-조선-세계'로 확산되는 감각 속에서 표현하고 있다. 이러한 감각 속에서는 식민지의 우울이나 비애는 깃들 여지가 없다. 이것은 팽창하는 일본제국하에서 자신감을 획득한 제국 상인의 감각이며, 『고려시보』는 새로운 세계에서 무한한 가능성을 보고 있는 새로운 세대의 감각 위에 구축된 사회문화적 실천이었다고 정리할 수 있을 것이다.

5. 식민지 박물관 제도와 '개성부립박물관'의 개성個性

일본제국하에서의 개성 지역성의 중층적 성격은 개성(부립)박물관을 통해서도 확인할 수 있다. 식민지의 박물관은 이데올로기 장치로서의 박물관의 성격이 극대화되기 마련이다.[61] 가령 조선총독부박물관은 1938년 〈고대내선관계자료특별전古代內鮮關係資料特別展〉을 개최했으며 이 전시의 정치적 목적은 '내지'와 식민지 문화의 비교를 시각화하는 데 있었다. 이 전시를 통해 총독부는 한국의 유물은 진품, 일본의 유물은 사진을 전시하며 고대사를 시각적으로 위계화했다. 평양박물관의 경우 한사군 중 낙랑의 위치를 평양으로 비정하고 그 유물을 전시함으로써 한국사의 타율성을 시각화하는 효과 등을 노렸다. 고대 일본과의 관계 속에서 의미화된 부여박물관, 일본사가 주조한 고대 한반도 남부의 판도 속에서 재구성된 신라의 경주박물관 등도 이러한 맥락에서 크게 벗어나지 않았다.[62] 조선총독부는 총독부박물관

60 박재청, 「貴한 아이의 네돌생일을 맞으면서」, 『高麗時報』 63, 1937. 4. 1, 1면.

61 최초의 박물관 설립에서부터 1945년 '종전'까지 근대 일본의 박물관이 지니는 정치성에 대해서는 金子淳, 『博物館の政治學』 (靑弓社, 2001) 참조.

62 이에 대해서는 이순자, 「일제강점기 고적조사사업 연구」, 숙명여자대학교 박사학위논문, 2007, 5, 6장; 최석영, 『한국 박물관 역사 100년 진단&대안』 (민속원, 2008), 3~5장 참조.

이하 중요 박물관의 관장직을 조선인에게 허용하지 않았다. 이러한 사실은 근본적으로 박물관의 전시와 운영에 조선인의 관점이 투영될 여지가 없었다는 점을 방증한다. 단 하나의 예외적인 사례가 개성박물관이며 여기에 개성박물관의 독특한 위상이 있다.

개성박물관은 식민지시기 내내 유일하게 조선인이 관장직을 맡았던 박물관이다. 개성박물관은 1930년 10월 1일 개성이 부로 승격[63]된 것을 기념하기 위해, 초대 부윤이던 김병태의 주선과 지방 유지 및 부민들의 협조로 자남산 남쪽에 터를 잡아 건립되었다. 고유섭의 제자이자 해방 이후 잠시 개성박물관장을 지내기도 했던 미술사가 진홍섭의 회고에 따르면, 개성은 일본인들에게 매우 까다로운 지방으로 당시 총독부 산하 모든 기관의 수장은 일본인들이 도맡아 차지하는 형편이었으나, 조선인이 사회의 중추를 이루고 있던 이 개성 지방만은 마음대로 하지 못해 부윤을 비롯한 많은 행정기구가 개성인이 주축이 되어 구성되었다고 한다. 그렇게 하지 않으면 개성(상)인들이 일체 거래를 하지 않아 경제 및 행정이 원활하게 이루어지지 않았기 때문이었다.[64] 따라서 개성박물관장 역시 조선인이 임명되어야 한다는 개성부의 요망으로 1931년 봄에 교토제대 출신의 문학사 이영순이 부임하

---

63 개성의 府 승격이 1930년에 이루어졌다는 것은 일본제국의 식민지 도시 정책에서 특별히 부기해 둘 필요가 있는 사건이다. 식민지 조선에서 1913년까지 府로 지정된 지역은, 경성, 인천, 군산, 목포, 대구, 부산, 마산, 평양, 진남포, 신의주, 원산, 청진 등 12곳이었다. 이 중 조선시대에 도시였던 곳은 경성, 대구, 평양 세 곳뿐이었다. 조선시대의 전통도시였던 개성, 전주, 진주, 해주, 함흥 등은 배제되었는데, 권태환에 따르면 "이는 한 마디로 일제에 의해 추진된 식민기지로서의 도시의 형성과 성장은 처음부터 한국의 전통적인 사회 기반을 무력화시키려는 의도하에 이루어졌음을 웅변하는 것"으로 볼 수 있다. 참고로 1915년 연말 상주 인구 조사 자료에 따르면 신의주, 청진의 인구는 1만 명 미만이고 군산, 목포, 마산의 인구는 1~2만 명이었던 반면, 당시 面으로 분류된 개성의 인구는 37,600명이었다. 이상은 · 권태환, 「일제시대의 도시화」, 『한국의 사회와 문화』 11, 정신문화연구원, 1990; 김백영, 『지배와 공간』(문학과지성사, 2009), 172쪽에서 재인용함.

64 진홍섭, 「개성박물관의 회고」, 우만형 엮음, 『개성』(예술춘추사, 1970), 167쪽.

였고, 이후 1933년 경성제대 철학과 미술사·미학 전공의 고유섭이 박물관장으로 취임 후 1944년 6월 사망 시까지 재직했다. 이러한 사정을 바탕으로 하여 기존의 연구물들은 개성 자본의 독자성, 개성의 자율성과 결부시켜 개성박물관의 민족적 특수성을 강조하는 설명 방식에 충실하였다.

그렇지만, 개성이 지닌 독자성들을 충분히 감안하더라도 개성박물관의 설립과 조선인 관장 임명은 제국의 컨텍스트 속에서 이해될 필요가 있다. 고유섭은 개성박물관 수립 전후의 사정을 다음과 같이 기억하고 있다.

> "미쓰이물산(三井物産)의 일만 원의 건설비 기부를 필두로 하여 민간 유지 등의 기부금에 의하여 약 백 평의 본관이 건립되고 따로 두셋의 소건축이 있다. 경성의 아유가이 후사노신(鮎貝房之進)의 컬렉션을 미쓰이물산이 양수讓受하여 총독부박물관에 기증하였다. 대부분의 것을 기탁 출품으로 하였고, 다시 개성의 나카다 미치고로(中田市五郎)의 컬렉션을 개성부에서 구입하였고, 일부는 민간 유지의 기증품·기탁품과 토지에서의 출토물을 진열하여 놓았다."[65]

개성박물관의 건립을 위해서 기부금 2만 8천 원을 모았다고 기록되어 있는데, 그중 1만 원을 미쓰이물산이 기부했으며 전시품도 아유가이 후사노신 등 일본인의 개인 컬렉션을 미쓰이물산이 구입 후 조선총독부박물관에 기증했던 것을 유치했으며 민간 유지의 기증을 받았다고 회고하고 있다. 개성박물관의 건립에는 개성 조선인 유지들의 민간 의연금과 함께 일본 기업의 찬조가 큰 도움이 되었음을 알 수 있다. 진홍섭이 밝혀 놓은 의연자 명단은 "삼정물산주식회사, 주식회사식산은행, 주식회사한성은행, 김원배, 김정호, 손봉상, 한명석, 공성학, 유한모, 안승억, 이희영, 박한선, 임한조, 최선

65 고유섭, 「개성박물관을 말함」, 『우현고유섭전집 7 - 송도의 고적』 (열화당, 2007), 355쪽.

익, 박성우, 이조일, 박동규, 진병건, 마현규, 최익모, 고한승, 박상유 以上"[66] 이다. 조선인 의연자들은 1910년대 이래 개성 상권과 자본을 대표하는 인물들이 망라되어 있는데 『고려시보』의 사장 김정호와 동인인 고한승 및 『고려시보』의 자문 역인 손봉상, 공성학 등의 이름이 이채롭다. 3장에서 설명했듯이, 미쓰이물산은 개성인삼의 판매에 지대한 관심을 가지고 있었으며 한성은행은 그 발기인 등의 취체역들이 개성에 대규모의 삼포를 가지고 있었고[67] 공성학, 김정호, 김원배 등은 당대 개성 자본을 대표하는 인사들로 개성영신사, 인삼 제조업체인 고려삼업사, 개성전기주식회사 설립에 함께 관여한 인사들이다.[68] 한마디로 이들 개성박물관의 의연자들은 개성의 (인삼) 자본과 관련되어 있는 일본 · 조선의 자본가들이었다. 이러한 사실은 개성 유지의 민족적 열망과만 연결시켜 이해되어 온 개성박물관 건립이 일본제국의 컨텍스트 안에서 분석되어야만 할 사건이었음을 보여준다. 지방박물관은 제국의 시선에서 조선(사)을 지방화해 간 거시적 맥락에서 분석되어야 한다. 또한 지방 박물관은 토착화된 식민자들과 조선인 유지들이 주로 활동했던 지방고적보존회가 중심이 되어 건립되었다. 경주고적보존회, 부여고적보존회, 평양명승구적보존회, 개성보승회 등 고도古都의 지방고적보존회가 지방박물관의 모태 역할을 하고 있었다.[69] 무엇보다도 이러한 보존회의 구성과 박물관의 설립은 "당국의 승인"하에 가능한 것이었다.

개성박물관의 초대 관장 이영순이 교토제국대학 문학사 출신이라는 점도 주목할 대목이다.[70] 이는 개성 지역에 재주하는 일본인이 적었던 데에서

66 진홍섭, 앞의 글, 170~171쪽.

67 이승렬, 『제국과 상인 -서울 · 개성 · 인천 지역 자본가들과 한국 부르주아의 기원』 (역사비평사, 2007), 80쪽.

68 이승렬, 위의 책, 309쪽.

69 지방고적보존회에 대해서는 이순자, 앞의 글, 233~307쪽 참조.

70 교토제국대학 졸업생 명부에 따르면, 李英淳은 쇼와 3년(1928)에 문학부 사학과에 입학하여

도 기인하거니와 개성이 경주, 부여, 평양처럼 고대사의 영역에서 일본과 관련되거나 조선사의 타율성을 증거하는 공간이 아니기 때문에, 총독부에서는 다른 지방 박물관에 비해서 개성박물관의 정치성에 대해서는 크게 관심을 갖지 않은 듯하다.[71] 이런 맥락에서 조선인 이영순의 박물관장직 취임을 이해할 수 있지만 여기서 주목할 것은 이영순이 교토제국대학이라는 제국 아카데미즘이 부여한 자격을 획득한 인물이었기 때문에 박물관장 취임이 가능했다는 점이다. 이를 이해하기 위해서 동 시기의 경주박물관장 교체를 눈여겨볼 필요가 있다. 1932년의 '금제도난사건'의 발생으로 "속칭 경주왕", "경주를 좌우튼 유일의 권력가"로 불렸던 모로가 히데오(諸鹿央雄)가 관장직에서 물러나고, 그 후임으로 교토제대 고고학교실 출신의 26세의 신진 고고학자 사이토 다다시(齋藤忠)가 관장으로 부임한다.[72] 그는 경주에 토착화된 권력을 행사했던 토착 식민자 모로가와는 달리 아카데미즘의 세례를 받은 인물이었다. 이영순의 부임은 총독부가 지방의 박물관장을 아카데미 출신의 전문지식인들로 교체해 간 맥락 위에서 파악해야 한다.[73]

이영순의 뒤를 이어서 고유섭은 1934년 4월 1일 공석으로 있던 개성박물관 관장으로 부임하여 1944년 관사에서 운명할 때까지 재직했다. 고유섭이

쇼와 6년(1931) 3월에 졸업하였고, 동양사 전공이었다.

71 개성부회가 1939년 3월 22일 연초 회의에서 개성박물관을 조선총독부박물관의 분관으로 한다는 약속을 조속히 지켜 줄 것을 촉구했다는 기록(『동아일보』 1939년 3월 24일자)이 남아 있는 것에서 알 수 있듯이, 개성부의 유지들은 부립박물관인 개성박물관이 조선총독부박물관의 분관으로 편제되어 운영되기를 요청했고 이를 총독부가 거절하는 상황이었다. 개성박물관이 국립박물관 분관으로 편제되는 것은 1946년 4월에 이르러서이다(이상은 · 최석영, 앞의 책, 142~143쪽 참조).

72 이에 대해서는 박광현, 「식민지 조선과 박물관의 정치학」, 가네코 아쓰시, 『박물관의 정치학』, 박광현 외 옮김 (논형, 2009) 참조.

73 개성박물관장도 총독부가 임명하는 직원이었다는 사실을 유념할 필요가 있다. 1932년 총독부 직원록에 따르면, 초대 개성박물관장 이영순의 정식 직함은 조선총독부 촉탁이었으며 급여는 80원이었다.

경성제대 2회로 법문학부 철학과에서 최초이자 유일의 미학 및 미술사 전공자였으며 졸업 후 연구실 조수를 거쳐 그 학문적 성과를 인정받아 개성부립 박물관장으로 영입되었다는 점은 각별히 강조될 필요가 있다. 특히 그가 경성제대 출신이라는 점에 주목해야 한다. 고유섭의 개성박물관장 취임은 식민지에 설립된 제국대학에서 배출한 식민지인이 박물관장에 임명되었다는 점에서 더욱 의미를 지닌다. 고유섭은 또한 1934년 창립된 진단학회 멤버이다. 경성제대 출신의 조선 지식인들은 경성제대 일본인 교수 중심의 관학 그리고 저널리즘을 기반으로 형성된 조선인 민간 학술과도 변별되는 이중의 구별짓기 속에 자신의 정체성을 구성하고 있었다.[74] 경성제대 출신자들을 포함하고 일본에서 유학하고 돌아온 조선인 지식인 그룹이 함께 조직한 진단학회는 일본인 중심의 일본어 학술과의 대타적 관계 속에서 형성되었으며, 아카데미즘 출신 조선 지식인들의 학술이라는 점에서 저널리즘과 민간의 조선학 및 지식과도 스스로를 변별하면서 자신의 정체성을 구성해 간 대학 밖에 존재하는 '식민지적 아카데미'였다.[75] 개성박물관장으로서의 고유섭의 위치와 고유섭의 미술사가 지니는 의미는 전후 맥락을 생략한 채 단순히 민족주의적 발상과 인식으로 단순화해서 설명할 것이 아니라, 제국-식민지 간의 지식의 편제와 관련해서 보다 정치하게 접근해야만 하는 대상이다.[76] 고유섭의 위치는 제국의 정책적 고려 속에서 재배열된 박물관의 정치

---

74 이에 대해서는 박광현, 「경성제대와 『新興』」, 『한국문학연구』 26, 2003 참조.

75 1930년대 경성제대 출신 조선인 지식인들을 중심으로 한 학술 상황을 다른 글에서 '식민지적 아카데미즘'이라는 형용모순의 개념으로 설명한 바 있다. 이에 대해서는 정종현, 「신남철과 '대학'제도의 안과 밖 -식민지 '학지(學知)'의 연속과 비연속」, 『한국어문학연구』 54, 2010. 2. 참조.

76 미학적 발상과 심미적 비평 방식에서 고유섭의 미술(사)론은 야나기 무네요시의 '조선미'에 대한 담론의 틀과 조응되며 친연성을 지니고 있다. 이러한 진술을 하는 이유는 근대적 미술사와 미학 수립에 기여한 고유섭의 역할을 폄훼하거나 부정하려는 것이 아니라, 고유섭 미술사론과 미학을 제국하의 역사적인 '學知'의 컨텍스트로부터 분리하여 민족적 기원으로 특권화하는 접근으로는 고유섭이 수행했던 작업의 실상이 보이지 않는다는 점을 지적하기 위함이다. 그렇지

학, 그중에서 식민지 박물관의 맥락에서 독특한 위상을 갖춘 개성박물관을 통해 현현되고 있다고 할 수 있겠다. 그렇다면 그가 개성박물관을 어떻게 생각했으며 그 안에서 수행한 작업의 내용은 무엇인지 구체적으로 검토해 보자.

"조선의 박물관 중에서 가장 조선다운 감을 받는 곳은 어디일까 함이 화제였다. 서울의 이왕가미술관李王家美術館 · 총독부박물관에는 물건이 풍부히 있기는 하나 그윽한 느낌이 안 난다. 경주의 박물관에는 당조唐朝의 취벽臭癖이 지나치게 강하다. 부여의 박물관은 아직 정비되어 있지 않으므로 문제 외이나 정비된다 하더라도 조선다움보다도 육조취六朝臭가 날 것이다. 평양박물관이라 하여도 그러하다. …결국 말이 낙착落着되는 곳은 개성박물관이 제일 조선답다는 것이 되겠다.[77]

개성박물관의 도자의 진열은 이 고려 것 본래의 자태에 적합하고 있다 할 것이다. 이곳에 인상이 남을 수 있는 주요한 원인이 있다. 고려 것이 이같이 선적이고 리듬적이고 회화적인 것까지 있음은 고려 것 그 자신의 덕이다. 또한 그곳에는 명상적인 유수幽邃함과 초초한 청아함이 있다. 고려 것이 그와 같은 것이므로 관조하는 자가 큰 노력 없이 용이하게 마음 편히 물건 그 자체에 옮아서 갈 수가 있다. 즉 감정이입이 용이하게 될 수 있다. 어떤 이는 고려자기를 보고 너무나 여성적이고 우아하고 섬약하고 고혹적蠱惑的이라고까지 말한다. 이에 비하면 평양박물관의 낙랑 유품, 고구려 유품은 무사적武士的이고 위혁적威嚇的이며, 경주박물관의 신라유물은 현화絢華한 것이며 위세적인 것이며 육감적이기까지 하다.

조선조의 것에는 농민적인 소박함과 야취野臭함과 그리고 도학적道學的인 것

만, 이 글이 야나기 무네요시와 고유섭의 미학 · 미술사론을 비교하는 자리는 아니기에 이에 대해서는 생략하고자 한다.

77 고유섭, 앞의 글, 351쪽.

이 있다. 낙랑 및 고구려 유품은 따로 하고, 다른 것은 모두 조선적인 것으로서 특색의 각 면을 보이고 있으나 진열의 일원화라는 것에 개성박물관이 가장 득得하고 있으며 그곳에서 조선다운 맛이 가장 용이히 간취看取되지나 않을까 생각된다.[78]

고유섭은 개성박물관이 식민지 조선의 여러 박물관 중 가장 조선답다고 주장하며 그 이유 중 하나로 (도자의) 진열 방식을 제시한다. 그 진열 방식은 "선적이고 리듬적이고 회화적인 것까지 있"는 "고려 것 그 자신의 덕"이라고 설명한다. 고려 것 그 자체의 예술품의 힘과 진열의 일원화 덕에 개성박물관의 자기가 가장 조선다운 맛을 내고 있다는 진술이다. 고유섭이 관장으로 있으며 주도한 개성박물관 전시의 핵심은 고려자기를 단독으로 전시하며 삼면만 뚫고 뒤를 막음으로써 고정된 한 점에서 대상을 관조하는 방법이었다. 이러한 진열법을 통해서 '잡다한' 이왕가미술관 및 조선총독부박물관, '당취唐臭'의 경주박물관, '육조취六朝臭'의 부여박물관, '북방취北方臭'의 평양박물관과 그 유물에 비해 개성박물관의 유물은 심미적으로 순정한 조선적인 미라는 자율성을 획득하게 된다. 고유섭은 고려자기로 대표되는 고려의 유물을 조선적인 미의 핵심으로 파악하고 있으며, 개성박물관의 전시를 통해서 이를 시각화하고 있다.[79] 고유섭의 박물관 전시와 학술 활동을 통해서 조선의 여타 고도에 위치한 박물관들은 모두 정치적으로 당대의 인근

78 고유섭, 앞의 글, 354~355쪽.

79 고유섭의 미학 및 미술사학 전체의 차원에서 보면 '고려자기'에 대한 관점이나 작업은 하나의 부분일 뿐이라는 사실을 강조해 둘 필요가 있다. 개성박물관에 대한 애착이 남달랐고 '고려자기'의 심미화에 대한 유별난 관심이 있었지만, 이것들만이 고유섭의 미학과 미술사의 핵심은 아니라는 점을 간과해서는 안 될 것이다. 고유섭 미학 · 미술사 전체에 대한 평가와 논급은 필자의 역량을 벗어나는 것이거니와, 여기서는 고유섭이라는 경성제대 출신 지식인이 개성의 유물과 개성박물관 및 고려자기와 만나는 지점을 의미화하는 것에 초점을 맞추어 논의를 구성했음을 밝혀 둔다.

강국과의 교섭과 흔적이 새겨진 일면적인 조선미를 띠게 되는 반면 개성박물관의 고려유물은 탈정치적이며 순정한 조선미의 표상으로 등장한다. 고유섭은 1939년 일본어로 『조선의 청자(朝鮮の青瓷)』[80]를 출간했는데, 이것은 자신이 미학화한 '고려자기의 미'를 조선미를 대표하는 증거의 하나로 아카데미의 언어를 통해 일본 학계에 등재시키는 저술이었다고 이해할 수 있을 것이다.[81]

식민지에 설립된 제국대학 출신의 전문지식인으로서의 고유섭, 그리고 제국의 지방박물관으로서의 개성박물관의 위치는 제국이라는 맥락을 소거하고 그 민족적 열도만을 강조해서는 온전한 의미가 파악되지 않는다. 제국의 아카데미즘에서 습득한 미적 기준과 방법으로 조선미를 구성한다는 점에서 그것은 모방적이면서 동시에 독자적인 민족의 미를 구성하는 지식을 생산하고자 한다는 점에서 탈식민적이다. 여기서 『고려시보』와 개성박물관장 고유섭이 만나는 지점에 주목할 필요가 있다. 앞장에서 언급했듯이, 고유섭은 『고려시보』에 '개성고적안내'라는 표제로 5년 4개월에 걸쳐 31편의 글을 연속 발표했다. 고유섭이 자신의 손으로 직접 탈고한 최초의 조선어 학술저서인 『송도고적』은 이 연재 원고들을 모아서 직접 수정하고 교열하여 탈고한 것이다. 개성의 지역성을 정체성으로 하면서도 그것을 조선, 나아가 제국의 보편적 가치로 확장시키려 했던 『고려시보』의 맥락과, 제국의 아카

80 고유섭, 『朝鮮の青瓷』(寶雲舍, 1939).

81 이러한 고유섭의 고려자기 혹은 송도고적, 개성박물관 등에 대한 태도 속에서 그의 후학들은 강고한 민족주의적 선각자의 의식을 읽어 낸다. 그를 회고하는 황수영, 진홍섭 두 수제자의 회고글은 물론이거니와 『우현 고유섭 전집』 7권에 소재한 이기선의 해제글 「개성 그리고 고려문화를 찾아나선 예술기행」에서 지적하는 '지금으로부터 몇 년 전' 혹은 고려 왕력을 연표로 사용하는 방식이 당시 일본 천황력을 사용하지 않으려는 심중의 표현이었다는 해설 등은 그 한 사례일 것이다. 이러한 사실은 고평되어야 하지만 고유섭이라는 식민지 지식인의 작업이 제국의 아카데미에서 형성된 전문지식을 통해 수행되었으며, 제국이라는 전체의 심상지리 안에서 자율적인 '조선미'를 맥락화하려는 시도였다는 사실이 또한 인식될 필요가 있다.

데미를 배경으로 구성된 조선어 학술을 통해 일본, 중국과 변별되는 '조선미'의 독자성을 구성하여 보편적인 미로 제시하고자 했던 고유섭이 접속되고 있는 형국이다. 고유섭의 병사 때문에 생긴 우연이지만, 그의 첫 번째 조선어 학술서적인 『송도고적』이 해방 직후에 출간된 것은 제국 아카데미즘 내부에서 배태된 지식이 민족적 지식으로 새롭게 갱신되는 사태를 상징하는 것처럼 느껴지기도 한다.

6. 결론을 대신하여: 미래를 향한 노스탤지어 '개성'

지금까지 일본제국기에 구성된 개성의 지역성을 검토해 보았다. 고려의 고도 개성, 삼업 자본으로 대표되는 상인정신의 본향으로서의 개성이라는 '전통+모더니티'의 역학 속에서 제국하 개성의 지역성이 구성되어 간 맥락을 묘사하고자 하였다. 현재까지도 개성 지역성의 중심에 자리하고 있는 것은 제국주의에 대항한 민족경제론적 감각과 결부된 탈식민의 정치성이다. 그렇지만 개성의 '민족자본'은 민족의 경계를 넘어서는 자본의 운동 속에서 제국과 민족주의의 동서同棲와 착종을 보여주는 중층적 면모를 지니고 있다. 이러한 과정을 검토하면서 새삼 확인할 수 있었던 것은 중앙을 지향하는 지역의 욕망이 역설적으로 지역의 저항성을 희석시키며 중심 혹은 식민자에 대한 모방을 재생하는 역설이 발생한다는 점이다.

이 글에서 미진하게 다룬 것 중 하나는 관광지로서의 개성의 면모이다. 많은 일본인들이 조선을 여행하였으며, 박물관의 존재가 말해 주듯이 개성은 관광지로서의 입지를 가지고 있었다. 경성에서 인천만큼의 시간도 걸리지 않는 고도 개성은 일본인, 조선인들에게 관광지의 역할을 했으리라 추론할 수 있다. 조선 각지의 명승에 대한 여행기로 구성된 특집호인 『조선朝鮮』 1935년 8월호에는 제일고보 교장 와다 히데마사(和田英正)의 「천마산유기天摩山遊記」[82]라는 글이 실려 있는데, 이 글에서 와다는 자신이 경성에 살고 있으면서도 개성관광을 염원하다가 여러 번 실패하고 이번에 그 뜻을 이루게 되었다고 밝히면서 개성여행기를 쓰고 있다. 그렇지만 그 여행기의 초점은 개성이 아니라 박연폭포가 있는 천마산 일대의 승경에 대한 경탄에 있었다. 그나마 이러한 기록 외에 개성을 관광지로서 여행하고 여행의 감회를 남긴 기록을 찾기 어려웠다. 하마모토 히로시(濱本浩)가 『모던일본』〈조선판〉(1939)「개성기」에서 남기고 있는 "고려의 수도, 조선 내 유수의 상업도시, 불로장수의 인삼 산지, 이 모두 솔직히 말하면 나는 별 흥미가 없었다. 이 옛 수도가 친구 마해송이 태어난 고향이 아니었다면 나는 이곳을 방문하지 않았을지 모른다"는 진술은 어쩌면 당대 일본인들의 개성에 대한 관심을 대변하고 있는 듯하다. 다카하마 교시(高濱虛子)의 『조선』에서도 개성은 경성에서 평양으로 갈 때 차창 밖으로 무심히 지나쳐 가는 장소였을 뿐이다. 경주, 부여, 평양 등에 대한 일본인의 관심과 비교했을 때 개성에 대한 일본인의 태도는 현격한 차이가 있다.[83] 일본인들이 개성을 이처럼 다르게 취급한 이유는 무엇일까? 또한 개성 지역 내부의 엘리트 집단에 밀착하여 개성의 지역성을 해명하려는 본 논의가 불가피하게 생략한 당대 조선인들 전체가 개성 혹은 고려에 대해서 취했던 태도가 무엇이었는가에 대한 해명은 다음 기회

82 和田英正,「天摩山遊記」,『朝鮮』 1935년 8월호.

83 일본과의 역사 기억과 관련해서 조선 내부에 있던 경주, 평양, 부여 등의 여러 고도와 개성에 대한 총독부 및 '내지' 일본인들의 관심은 뚜렷하게 비교된다. 알다시피 경주, 평양, 부여 등 한국의 역대 왕조들의 '고도'들은 식민지시기 복잡한 정치성을 띤 공간이었다. 일본인들은 한국사의 타율성을 상징하는 낙랑의 유적과 관련하여 평양을 설명하는가 하면, 고대사의 영역에서 일본과 조선의 관계를 증거하는 공간으로 부여와 경주를 제시하였다. 식민지 조선인들 역시 이러한 문제에 대한 대응 속에서 이들 고도를 새롭게 맥락화하면서 경주, 평양, 부여는 식민자와 피식민자의 역사 기억이 경합하는 공간으로 구성되었다. 이들 장소 각각의 문제성에 대해서는 황종연 엮음, 『신라의 발견』(동국대학교출판부, 2008); 정종현, 앞의 글; 허병식, 「폐허의 고도와 창조된 신도(神都)」, 『한국문학연구』 36, 2009 등을 참조.

로 미루고자 한다.

마지막으로 해방 이후 한국 사회의 정치적인 변화와 결부되어 있는 개성 지역성의 변천의 한 사례로 이 글에서 중요하게 다룬 공진항의 회고를 언급하면서 글을 맺고자 한다. 해방 직후부터 한국전쟁 때까지 개성은 남한의 영역이었으며 휴전협정이 조인되며 북한의 영토로 편입되었다. 많은 월남 개성인들은 분단으로 인해 실향한 내국적 디아스포라의 특징을 보인다. 실향을 공동共同의 아이덴티티로 구성하면서 개성인회에서 1970년에 간행한 『개성』지에 공진항은 「두문동 정신」[84]이라는 아주 짧지만 흥미로운 글을 게재하고 있다. 공진항은 개성의 지역성을 "麗末에 있었던 杜門洞 72人의 李朝에 대한 불협력의 반항적 행동과 뒤니어 경제적 자립을 위한 눈부신 개척" 두 가지로 요약한다. 이러한 개성의 지역성의 기원을 정신사적으로 구성한 이후에 "우리의 고향을 회상함에 있어서 자위되는 점이 있다면, 그것은 틀림없이 일제하에 일인의 경제적 침략을 당하지 않았다는 데 있을 것"이라고 주장한다. 공진항은 고향에 대한 향수에 빠지지 말고 "민족의 영원한 번영과 복지를 위하여 불면불휴의 노력을 바치어 모든 것을 현대문명의 기반위에 올리고자 하는 이 마당에서 조국의 위대한 모습을 높은 가치의 창조가운데 찾으며 근대화된 새로운 향토를 창건하여, 두문동정신을 되살리어 경제자립을 위하여 모든 정신을 바쳐야 할 때"라고 글을 맺고 있다. 침략자에 대한 저항과 경제적 자립의 정신을 두문동 정신으로 정식화하여 개성의 지역성으로 자리매김하고 일본인에게 경제적인 침탈을 당하지 않았던 독립의 정신을 강조한 후에 두문동 정신을 조국 근대화라는 유신 직전의 남한의 시대정신으로 제시하고 있는 맥락이 흥미롭다. 여기서도 여전히 개성이라는 지역성은 국가의 근대화에 기여할 수 있는 전통과 모더니티가 결합

84 공진항, 「두문동 정신」, 『개성』 (예술춘추사, 1970), 251쪽.

된 가치로 환기된다. 공진항에게는 (어쩌면 현재 한국 사회의 '우리'에게도) 여전히 개성이라는 지역성은 "근대화된 새로운 향토를 창건"할 수 있는 미래를 향한 노스탤지어로 소환되고 있는 것이다.

조선의 내지 가야, 그 암흑의 핵심

식민지시기 가야 관련 논의를 중심으로

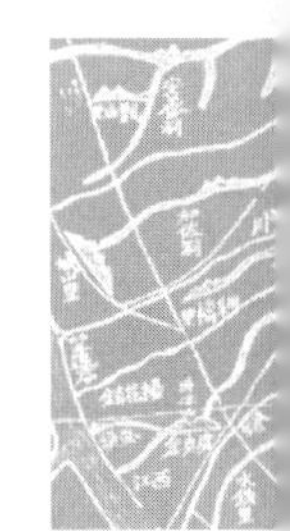

조형래

1. 잃어버린 왕국(들)으로서의 가야제국

그 망국 이래로 가야伽倻는 사실상 '잃어버린 왕국'으로 존속해 왔다고 해도 과언이 아니다. 알다시피 이러한 단정은 역설적이다. 그러나 이러한 역설에는 실로 간단치 않은 의미가 내포되어 있다고 할 수 있다. 그것은 가야라는 국가 연맹체의 역사적 실체가 부정되어 왔다거나 동시대의 여타 고대 국가들에 비해 관심의 대상이 되지 못했다는 의미는 물론 아니다.

비교적 최근에 이루어진 경상남도 일대의 고분 및 유적에 대한 발굴 조사는, 가야 및 임나任那에 대한 빈약한 문헌 기록과는 대조적으로, 6세기경까지 옛 변한弁韓 지역에 실재했던 소국들의 연맹체의 복잡다단한 역사적 내력 및 문화적 기반을 고고학적으로 실증하고 재구성하는 데 중대하게 기여했다. 그것은 김수로金首露라는 천손의 하강 및 허황옥許黃玉의 도래, 그리고 이진아시왕伊珍阿豉王의 출현을 계기로 비로소 결속되었다고 하는, 흔히 가야, 가라伽羅, 가락駕洛, 임나 등으로 다양하게 통칭되곤 했던 이 지역의 국가들이 고도로 진보한 철기문화를 매개로 인접한 백제나 신라는 물론이고 낙랑, 대방, 왜 등의 주변국가와 활발하게 교유했으며, 심지어는 중앙아시아의 오르도스로부터 영향을 받았던 대단히 복합적인 흔적을 보여주고 있다는 것이다. 뿐만 아니라 이는 이 지역의 패권이 금관가야에서 대가야 또는 아라가야로 이행되는 변동 과정에서 소국들 다수의 합종연횡 내지는 군사적 충돌이 존재했으며 그것은 때로 가야 연맹체 외부의 세력이 연루되는 경우도 있었다는 문헌학적인 규명과도 관계된다. 이에 따라 각 세력 간 영향관계가 불가피하게 발생하고 있었다는 것도 부인할 수 없는 사실이 되었다고 할 수 있다. 말하자면 이 지역에서 발굴되는 문명 및 문화의 활발한 교류의 흔적은, 가야를 둘러싼 4~6세기 사이의 정치적 격변과 결코 무관하지 않다는 사실이 일정 부분 확인되고 있다는 것이다. 요컨대 가야에 관한 최근의 연구는 이 복수의 고대 정권이 입지해 있었던 것으로 비정되는 경상남도 일원이 미처 규명되지 아니한, 풍부한 역사적 사정과 내력을 간직하고 있는 지역이라는 것을 단적으로 일러 주고 있다. 다시 말해서 각종 발굴 조사를 통해 확인되는 이러한 역동성의 배후에는 그것을 통제 · 조장할 수 있었던 중핵(내지는 흔들리지 않는 중심)으로서의 유력한 고대 정권의 존재가 (아직은 그 전모가 불분명하지만) 명실상부한 것으로 드리워져 있다고 해도 과언이 아니다. 이러한 역설로 말미암아 가야라는 제국諸國의 실체는 더 이상 의심할 수 없는 것이 되었다.[1]

1 가야에 관한 기존의 연구는 일일이 거론할 수 없을 정도로 많다. 비교적 최근의 중요한 연구 성과를 집약한 저서로 『한국 고대사 속의 가야』(부산대학교 한국민족문화연구소 엮음, 혜안, 2001)를 거론할 수 있다. 이외에도 가야의 역사적 실체에 관한 개략적인 설명으로 김태식의 『미완의 문명, 7백년 가야사』 1 · 2 · 3권(푸른역사, 2002), 『역사비평』의 〈기획 ―잃어버린 역사 가야를 찾아서〉(1994년 가을호)에 게재된 세 편의 글, 그리고 김현구의 『임나일본부설은 허구인가』(창비, 2010) 등을 참조할 수 있다. 또한 임나일본부설을 둘러싸고 벌어진 한일 간 논쟁의 전말에 대해서는 나행주의 「6세기 한일관계의 연구사적 검토」(한일관계사연구논집 편찬위원회 엮음, 『임나 문제와 한일 관계』, 경인문화사, 2005)를 참조. 이외에도 『한겨레 21』에 연재된 박노

그럼에도 불구하고 잃어버린 왕국으로서의 가야라는 역설의 의미는 결코 퇴색하지 않는다고 해도 좋다. 앞서 언급한 것처럼 이것은 이러한 가야 연맹체라는 실체를 가시적인 것으로 확인하는 정밀한 작업이 비교적 최근에 이루어졌다는 점에서 비롯된 것이다. 바꾸어 말해서 이것은 20세기 후반에 대대적인 고고학적인 발굴 조사가 이루어지기 전까지는 가야가 역사 속의 실체로서 공공연하게 회고될 수 있을 법한 유물이나 유적, 또는 경주나 부여, 평양 등에 비견할 수 있을 명실상부한 고도古道 같은 것이 거의 부재했다는 사정과 관계된다. 물론 『삼국사기三國史記』, 『삼국유사三國遺事』, 『삼국지 위지 동이전三國志 魏志 東夷傳』, 『일본서기日本書紀』 등과 같은 고대문헌 및 조선시대에 편찬된 『신증동국여지승람新增東國輿地勝覽』이나 『아방강역고我邦疆域考』 등에 수록된 가야 관련 기사라든가 문무왕이 그 자신의 모계 쪽 조상인 수로왕에 대한 제향祭香을 명령한 이래로 장구한 세월에 걸쳐 보존되어 온 수로왕릉의 존재 등은 한반도 내에 거주했던 어떤 특수한 개인 내지는 집단이 때때로 가야라는 역사적 기억을 환기한 적이 있었다는 사실을 부인할 수 없도록 한다. 그리고 무엇보다도 20세기 초 이마니시 류(今西龍)와 시바타 조케이(柴田常惠)가 김해 회현리 패총을 발굴 조사한 이래, 식민지시기를 통틀어 임나일본부의 실체를 확인하기 위한 목적으로 경남 일대의 김해, 고령, 진주, 창녕, 양산 등지에 대한 고적조사 및 고분발굴 사업이 활발하게 이루어지는 과정에서 임나-가야의 실체는 전혀 의심할 수 없는 고고학적 사실로 확정된 지 오래이다.

다만 오랜 세월 동안 이 고대제국의 실재 여부가 조선인 대다수에게 그리 중요한 문제로 회고되지 않았다는 점이 중요하다. 실제로 식민지시기를

자의 칼럼 〈거꾸로 본 고대사〉의 가야 관계 논설 세 편(2009. 4. 10~5. 22)도 참고할 수 있다. 다만 본고는 가야의 역사적 실체라든가 임나일본부의 신빙성 여부에 대해 논의하고자 쓰인 것이 아니라는 점을 미리 밝혀 둔다.

통틀어 경남 일대에 대한 고적조사 및 고분발굴 사업이 일반인의 주목을 받은 경우는 거의 없었다. 고대 문헌에 수록된 가야 관계 기사가 희소하고 또한 대개 소략한 것과 마찬가지로, 소수의 전문가의 글을 제외하면 임나-가야를 중요하게 취급한 신문이나 잡지의 기사 또한 상대적으로 매우 적었다. 『일본서기』의 기록에 근거한 가야=임나일본부라는 가설은, 신채호의 단호한 반론이 제기된 것을 제외하면, 해방 이전까지 대부분의 일본인-조선인 학자들에게 거의 이의 없이 받아들여지고 있었다. 요컨대 고대 야마토정권에 의한 한반도 남부 경영론의 핵심적인 근거가 되는 이 입론의 확정은 신라나 고구려의 경우와 달리, 그리고 해방 이후의 사정과도 달리 임나-가야가 조선의 역사적 · 민족적 정체성과 관련하여 어떤 첨예한 문제의식을 불러일으키는 기표가 되지 못했다는 것을 의미한다. 말하자면 조선인 대다수에게 임나-가야란 전혀 민감한 문제로 실감되는 대상이 아니었다는 것이다. 그것은 과거 한반도 남부에 실재했던 고대제국 이상의 의미를 갖지 못했다. 즉 그야말로 잃어버린 왕국이라도 상관없었다는 것이다. 이 점에서 가야가 어떤 집합적 기억의 대상으로 향유될 수 있을 법한 구체적인 실물 내지는 표상이 부재했다는 것, 즉 중요한 유적이나 고도조차 되지 못하는 일종의 소멸이나 폐허로서만 실감될 수밖에 없었다는 사실은 의미심장하다. 요컨대 조선인들 사이에서 가야는 이와 같은 잃어버린 왕국이라는 부재의 형식으로 존속하고 있었다고 해도 과언은 아닌 것이다. 이것이야말로 식민지시기 가야라는 표상의 특수성이라고 해도 좋다.

2. 임나任那-가야에 대한 고고학적 조사

그러나 알다시피 조선총독부의 일본인 관료 및 그 이데올로그들에게 가야 즉 임나는 무엇과도 비교할 수 없는 중요성을 내포한 실체였다. 일본과 지리적으로 근접해 있는 만큼 내지-조선 간 고대의 시원적 유대 및 교류를 고고학적으로 입증할 수 있는 장소로 일찍부터 지목되었을 뿐만 아니라 무엇보다도 임나일본부가 진출했다고 여겨지는 지역이었기 때문이다.

이 지역에 대한 일본인들의 발굴 조사가 비교적 일찍부터 이루어졌던 것은 그러므로 당연한 일이다. 그중에서도 일찍이 1902년 세키노 다다시(関野貞) 및 야쓰이 세이이치(谷井濟一), 구리야마 슌이치(栗山俊一) 등에게 조선 전역의 중요한 고건축에 대한 조사사업을 위탁한 바 있었던 도쿄제국대학에서는 1904년에 조사 대상을 임나 지역으로 한정하고 시바타 조케이를 파견하여 김해패총에 대한 본격적인 발굴 조사를 시도했다. 최석영에 따르면 시바타의 조사는 명백히 일선동조론의 확증을 위해 야요이(弥生)식 토기가 발굴될 수 있는 유력한 대상으로 김해패총을 상정한 상태에서 시행된 것이라고 할 수 있다.[2] 한편 이마니시 류 역시 1906년 당시 재직하고 있던 교토대학으로부터 수학여행의 명을 받아 김해 봉황대 일대의 패총을 발굴 조사하고 『도쿄인류학잡지』에 「조선에서 발견된 패총에 관하여(朝鮮にて発見せる貝塚に就いて)」 및 그 보유로서 「김해패총의 소재지 토목현土木峴에 관하여(金海貝塚の所在地土木峴に就いて)」를 잇따라 발표했다.[3] 패총의 규모 및 위치를 확인하고 골각기나 토기 파편 등의 유물을 수습하며 수로왕릉으로 신성시되는 주변 지역에 관한 전설을 청취하는 등 조사를 수행한 일련의 과정을 보고하고 몇몇 유물의 도판도 게재하고 있다. 흥미로운 사실은 이마니시가 「조선에서 발견된 패총에 관하여」의 소결에서 김해패총 및 발굴된 유물 자체가 일본 석기시대의 그것과 다르며 보다 진보한 기술로 제작되었다고 주

2 최석영, 「제4장 일제 지배기의 고적古蹟 조사와 식민정책」, 『일제의 동화이데올로기의 창출』(서경문화사, 1997), 264~265쪽.

3 통설에 따르면 김해패총을 최초로 발굴한 이는 이마니시다. 실제로 그의 글에서도 다음달에 시바타 조케이 주도의 조사가 이루어질 것임을 시사하는 구절이 있다. 今西龍, 「朝鮮にて発見せる貝塚に就いて」, 『朝鮮古史の研究』(1937), 國書刊行會, 1970, 補遺 4, 9쪽.

장하고 있다는 점이다. 궁극적으로는 고대 일본민족이 조선 문화로부터 영향을 받고 있었으며 패총에서 발굴된 우수한 기예의 흔적은 이 사실을 입증하는 고고학적 증거가 되고 있다. 야요이식 토기가 조선 방면으로부터 제작방법을 전해 받았던 것이라고 명시하고 있는 이마니시의 견해[4]는 물론 소략하며 "한종족韓種族"이라는 용어를 적극적으로 사용하고 있는 데서 알 수 있는 것처럼 일선동조론에 근거한 것임에 틀림없지만 그럼에도 불구하고 김해패총에서 출토된 유물 및 그로 인한 추정 가능한 우수한 문화의 존재에 대한 경이와 찬탄만큼은 숨기지 않고 있다. 그런데 이마니시에 따르면 김해패총이 발견된 봉황대 일대는 다음과 같은 환경에 입지해 있다.

> 김해는 바다로부터 3리, 낙동강 서안으로부터 1리 정도의 지점에 있고 남북으로 걸친 두 줄기의 산맥이 김해성의 북편까지 와서 급히 좌우로 퍼져 높이 우뚝 솟아 다시 남방으로 연결되고 있습니다. 각각 삼방산에 둘러싸인 동서 반리 비옥한 평야의 동남 한 모퉁이에 김해성이 있습니다. 이 평야의 중앙을, 북방의 계곡으로부터 나온 폭 이삼십 간의 작은 하천이 남쪽으로 흐르는데 그 하천의 동쪽으로, 그것도 북방으로부터 맥이 이어져 왔다고 말한다면 할 수 있는 모습의 낮은 구릉이 있습니다. 이 구릉이 김해성의 서남편으로 돌연 높이 솟아 거대한 화강암 등이 수다하게 노출되고 또한 낮아져서 결국에 폭 십 간 정도가 되는 바람 통로의 대지臺地가 되고 또한 동남으로 연결된 소구릉을 일으키고 있습니다. 패총은 이 바람 통로 쪽과 이 소구릉에 걸쳐 있는 것입니다.[5]

4 "또한 조선민족의 문화를 받아들였던 일본민족이 한종족의 기예의 계통을 받고 있었던 것은 말할 필요도 없습니다. 야요이식 토기는 제 견해로는 우리의 선조가 조선방면으로부터 제법을 전해 받았던 것입니다." 今西龍, 앞의 책, 8쪽.

5 今西龍, 앞의 책, 4쪽.

김해 부근의 지형에 관한 그리 특별할 것도 없는 묘사가 그러나 가라타니 고진이 말했던 "풍경의 발견"[6]에 입각해 있다는 것은 말할 필요도 없을 것이다. 이 전도된 객관을 펼치고 있는 소실점으로서의 주관은 다름 아닌 고고사학자로서의 눈이다. 마땅히 발굴되어야 할 중요한 장소로서 패총의 위치를 지정하기 위한 이 지리적 연출은 전인미답의 유적을 목전에 둔 한 고고학자의 흥분에서 비롯된 것이다. 물론 이것은 오리엔탈리즘이다. 하지만 자신이 학습한 신학문을 그대로 적용하여 그것에 내포된 가능성을 최대한 신장伸張시킬 수 있을 법한 구체적 대상을 발견한 자의 소박한 환희 자체를 거짓된 것으로 치부할 수는 없다. 단지 이러한 묘사를 통해 김해패총 부근의 지세는 지나간 시간을 재구성하기 위한 캔버스 같은 것이 되고 있다. 그 속에서 김해성은 인간 생활의 터전이 아니라 그 캔버스 위에 그려진 풍경을 구성하는 일부 내지는 오브제 같은 것으로 대상화되고 있다. 패총의 유물을 통해 임나-가야와 고대 일본 사이의 불가결한 연결을 상정하고 있으며 수로왕릉의 존재 또한 의식하고 있음에도 불구하고 김해 또는 김해성에 관한 묘사에는 정작 인사人事나 역사歷史가 불식되어 있는 것이다. 오히려 그 공백에 역사에 관한 의미를 기입하고자 하는 것은 이제 막 패총이라는 구체적인 유적을 발견한 근대적 학문, 고고학의 권위이다. 그것은『일본서기』와 같은 아득한 고대에 저술된 역사 기록을 더듬는 것과는 전적으로 구별되는 방식이다. 이러한 의미에서 김해는 동시대 일본인들의 발굴 조사가 이루어졌던 경주, 평양 등과 마찬가지로 바로 이러한 작업을 위한 텅 빈 대상으로 정위되고 있다고 해도 과언이 아니다. 하지만 이마니시의 이 글이 김해를 가야의 구도와 관련된 구체적인 장소로 특정하면서 쓰고 있는 최초의 근대적 문장임에는 틀림없다. 비어 있는 지대에 고고학적 내력을 기입하고자 하

6 가라타니 고진,『일본근대문학의 기원』, 박유하 옮김 (민음사, 1998).

는 이것은 분명 수로왕릉을 숭배하여 접근이나 발굴 조사를 금하거나 두려워하는 미개한 군주와 토인들을 장차 선도할 수 있을 것이다. 심지어 보유 「김해패총의 소재지 토목현土木峴에 관하여」를 통해 그러한 외경조차 사실상 전거典據가 있는 것임을 밝히는 식으로 역사적 사실의 규명을 위해서라면 본래의 입장을 번복하는 것조차 어렵지 않은 엄정한 형식으로서 완전한 우위에 있다. 후에 그 수로왕릉에 대한 전설이 동시대 『대한매일신보』에 보다 구체적인 형태로 소개되고 있었던 것은 비단 우연의 일치만은 아닐 것이다.[7]

그러나 이러한 임나-가야의 고지故地에 관한 고고학의 기입은 그리 순탄한 일이 아니었다. 이후 잘 알려진 것처럼 1909년 당시 대한제국 탁지부 차관으로 재직하고 있었던 아라이 겐타로(荒井賢太郎)는 세키노 다다시를 통감부 산하 탁지부 건축소 고건축물 조사촉탁으로 임명하여 조선 전역의 고적에 대한 조사를 위탁했다. 이는 합방 이후에도 조선총독부 내무부 지방국 제1과에 인계되어 매년 지속적으로 시행되고 있었다. 조선 전역에 걸친 최초의 대대적 · 조직적인 고고학적 조사의 기원이 된 이 고적조사사업에서 임나-가야가 입지해 있었을 것으로 비정되는 경남 일대에 대한 조사가 차지했던 비중 역시 실로 만만치 않은 것이었다. 특히 세키노 다다시는 1910년 10월 12일부터 조선 남부 지역을 답사하는데 그중에서도 특히 고령, 창녕, 함안, 진주 일대의 가야 왕궁지와 고분 등을 중점적으로 조사하고 있다. 그 조사 결과를 집성한 「가야 시대의 유적(伽倻時代の遺蹟)」이라는 글에서 그

7 〈대한고적〉 가야국 시조 슈로왕의 능속이 김해 땅에 있으니 밭 사흘가리를 제향비로 능 근처에 두었는지라. 신라말년에 충지라 하는 장군이 그 고을에 출추하였을 때에 비장 영규가 군향비로 이 밭을 빼앗고자 하여 왕의 사당에 고유할 새 사당집 대들보가 부러저서 영규가 즉사하거늘 장군이 두려워하여 왕의 화상을 벽에 위하고 제사를 지내니 화상에서 붉은 피가 한 말이나 흐르는지라. 장군이 겁을 내어 화상을 불에 살라버렸고 그 후에 도적이 그 능 속에 금은보화가 있다하여 굴총할 즈음에 갑옷 입은 장사가 도적을 쏘아죽이며 근 뱀 하나가 길이가 삼십여 척이오 눈이 번갯불 같이 나와서 도적을 물어 죽이니 그 후 다시 범접지 못하더라. (1907. 7. 3)

는 이 당시의 임나-가야 유적이 약탈과 도굴로 인해 황폐해져 있는 것에 대한 안타까움을 피력하는 동시에 이 지방에 대한 학술적 조사가 이루어진 사실이 전무하다는 사실을 강조하고 있다.[8] 하지만 이것은 조선 전역의 고적과 유물에 대한 체계적인 조사 및 관리가 조선총독부 그리고 그 고적조사사업의 학문적 권위를 보증하는 전문가로서의 학자 내지는 지식인들에 의해서 최초로 이루어지고 있다는 사실을 은연중에 시사하고 있다고 해도 과언이 아니다.

그러한 조사와 관리가 조선사에 관한 체계적인 지식의 생산 및 구조의 개편을 추동시켰다는 것은 말할 필요도 없다. 매년 총독부 또는 각종 학술지에 보고되었던, 고적조사사업의 결과는 조선에 관한 보다 신뢰할 만한 권위를 가진 고고학적 · 역사학적 지식을 양산해 냈다고 볼 수 있다. 특히 세키노 다다시 등에 의한 1909~1911년에 걸친 조사 결과는 이른바 1915~1916년간 출간된『조선고적도보朝鮮古蹟圖譜』의 총 4책으로 집대성되었다고 할 수 있는데, 그것은 고고학적 발굴 및 도록 출판에 있어서 당대 최고 수준의 권위와 기술이 총동원된 방대한 분량의 출판물이었다. 그중에서도 경남 일원에 산재해 있었던 고대의 고적과 유물은 잘 알려져 있다시피 제3책의 '임나시대任那時代'라는 장에서 정리되었다. 조선사에 실재했던 다양한 국가 내지는 시대와 동등한 기준에 의해 구분된 '임나시대'라는 항목에 고령-함안-창녕-김해-선산 등지의 고적 및 그곳에서 출토된 유물의 도판을 차례대로 게재하고 별도로 그에 관한 해설을 부가하였다. 그것은 이미 조선의 고대에 관한 신뢰할 만한 기록으로 공공연하게 인정되고 있었던『일본서기』의 임나 관련 기사, 즉 진구황후의 조선 정벌 및 그 결과로 수립된 임나일본부의 실체에 대해 의심할 수 없는 역사적 사실로서의 권위를

8 関野貞, 「伽倻時代の遺蹟」, 『考古學雜誌』 1-7, 고고학회, 1911. 3.

부여하고 있다. 말할 것도 없이 이것이 한반도 남부의 고대사에 관한 식민지 조선의 역사적 기억 및 지식을 구축하는 데 중대한 영향을 미쳤음은 부인할 수 없다.

특히『조선고적도보 해설』3권의 '임나시대'에 관한 총론에서 임나가 국사國史, 즉 일본 서기의 칭호를 답습한 것으로 한사韓史에서 말하는 가야 연방을 가리키며, 인접한 강국 신라의 압박에 견디지 못하여 스진천황에게 구원을 요청한 이래 일본의 직속이 되어 낙동강 유역 대부분과 경상북도 서남 일부를 점유하였다고 간략하게 설명하고, 이를테면 함안군 부근의 지형도에 관한 각론에서 함안은 안나安那가야의 옛 땅으로 당시에 일본부가 설치되어 있었던 안라安羅의 땅이라고 규정하고 있는 데에서 임나–가야에 대한 당대의 공식적인 기억 및 지식을 주조하고 있었다고 할 수 있다.[9] 이것이 임나–가야에 대한 사상 유례가 없는 최초의 체계적이며 정밀한 학술적 조사 결과의 집약이었을 뿐 아니라 조선총독부의 공인하에 출간된 것인 만큼 그리 간단히 반박될 수 없는 공식적인 권위를 내포하고 있었음은 분명하다.

한편 1915년 도쿄제국대학의 의뢰를 받은 구로이타 가쓰미(黑板勝美) 또한 김해 지역을 중심으로 답사 및 발굴 조사를 실시하였다. 그리고 당시『매일신보』에는 구로이타의 조사에 동행한 무명無名 기자의 르포「임나고지기행任那故地紀行」이 분재되어 있다. 흥미로운 점은 당시로서는 희귀하게 조선어로 작성된 가야–임나 관계 문헌인 이 기사에서 기자가 구로이타와 조우하기 이전부터 이미 김해를 "임나일본부任那日本府의 고지故地"[10]로 단정하고 있다는 사실이다. 물론 그의 여정이 어디까지나 가야가 곧 임나일본부라는 구로이타의 가설을 추인하기 위한 것에 지나지 않는다는 것을 부정하기는 어렵다.

---

9 朝鮮總督府 編,「朝鮮古蹟圖譜 解說 3」, 1916, 14~15쪽,『朝鮮考古資料集成 1』(創學社, 1981).
10「任那故地紀行 上 –各城文學士談」,『每日申報』, 1915. 7. 22.

남조선은 내궁가內宮家를 둔 곳으로 조정의 직할지가 되어 일본의 영토된 일이 있으니 일본부의 재宰는 태재부太宰府의 재니 우리 세력의 발전한 때는 임나일본부가 되고 퇴수退守한 때는 태재부는 규슈의 일본부, 일본부는 조선의 태재부이더라. 규슈 동북의 집인集人 아이누보다는 넉넉히 동화하여 풍속생활에 유사한 것이 많았더라. 그런데 임나의 세력이 풍폐風廢함이 미쳐 하루하루 영향을 받으매 이를 유감遺憾으로 하여 지나支那의 손으로부터 구하고자 일찍이 북왜□종北倭□宗 풍신수길과 메이지 시대에 대서향大西鄕 등이더라. 한국 병합은 임나일본부의 부활이니 우리도 상고에 있음과 같이 동국동문화同國同文化라는 사상이 있으면 화합이 될 터로다 하는 것이 요점이 되었더라.[11]

구로이타의 강연을 요약한 이와 같은 논지가 이 르포의 사실상의 결론이 되고 있다는 것을 마땅히 감안하지 않으면 안 된다. 이 기사에 명시되어 있는 바처럼 당시 조선에 관심을 갖고 있었던 일본의 지식인들 사이에서 임나일본부란 내지와 조선이 조화로운 일체를 이루었던 그야말로 본받지 않으면 안 될 전거典據로서 한일합방의 역사적 의의를 정당화하고 있었다. 그런데 흥미로운 사실은 당시 유일한 조선어 신문이었던 『매일신보』의 기자가 이러한 인식을 공공연하게 표명해도 전혀 이상할 것이 없었다는 것이다. 물론 잘 알려져 있다시피 『매일신보』는 사실상 총독부의 기관지나 다름없었으므로 그만큼 식민권력이 조선에 관한 역사적 기억과 지식의 재편에 간여干與하고자 하는 의도가 직접적으로 노출된 사례로도 간주할 수 있다. 하지만 무엇보다도 1차 고적조사사업의 종료 및 『조선고적도보』의 출간과 함께 이를테면 가야가 곧 임나일본부라는 등의 근대적인 학술 활동에 의해 생산된 다종다양한 지식 및 그에 근거한 역사적 기억이 이미 1915년의 시점에서 어

11 「任那故地紀行 下 -各城文學士談」, 『每日申報』, 1915. 7. 24. 원문의 의미를 훼손하지 않는 범위 내에서 현대어로 고쳤다.

느 정도 공동의 상식으로 자명해져 버렸다는 것을 확증하는 결정적인 사례가 아닐까. 이미 김택영이나 장지연, 현채 등의 조선인 학자들도 임나일본부설을 자명한 것으로 받아들이고 있었던 마당에 『매일신보』의 기자가 금관가야의 고도 김해에 도착하여 임나일본부의 옛 땅을 회고하였던 것은 어쩌면 당연한 일일지 모른다.

더욱 문제적인 것은 이 르포의 형식이다. 말하자면 한 저명한 고고학자의 학술적 활동, 즉 발굴 조사, 답사, 강연에 동행하고 또한 그 구체적인 활동을 일일이 조명한 것이다. 이것은 매스미디어가 학술 활동에 권위를 부여하는 전형적인 방식이다. 이미 가야가 곧 임나일본부라는 것이 기정사실화되어 있었던 이 시점에 요구되었던 것은 분명 새로운 사실을 발견하는 것이 아니라 이미 발굴된 사실에 권위를 부여하는 형식이었다고 할 수 있다. 잘 알려져 있다시피 『매일신보』의 르포는 한반도 남부에서 임나의 흔적을 발견하기 위한 학술 활동이 그야말로 신뢰할 만한 권위를 가진 중요한 활동이라는 것을 의심할 여지없는 것으로 일반에 각인시켰다. 그것은 『조선고적도보』의 출간과는 또 다른 형태의 권위 부여일 터이다. 그것은 매스미디어가 그러한 과정에 기여했던 단적인 사례였다고 해도 좋다. 이러한 체계적인 활동과 대조적으로 그들이 답사했던 수로왕릉을 비롯한 김해 지역의 고분들은 도굴의 흔적이 역력한 채로 무참하게 방치되어 있는 모습이었다.

이러한 참담한 상황에 대하여 조선 전역의 고적에 대한 국가적 차원의 체계적인 관리의 필요성이 대두되었다. 그 결과, 1916년 조선총독부의 주도로 「고적급유물보존규칙古蹟及遺物保存規則」이 제정되고 아울러 '고적조사위원회'가 설립되었다는 것은 주지의 사실이다. 1916년부터 5년간 이루어진 조선 전역에 대한 대대적인 고적 고사는 바로 이 고적조사위원회의 주도에 의해 보다 체계적인 형태로 시행되게 된 것이다. 이번에도 김해를 중심으로 한 가야-임나 지역에 대한 조사가 이루어지고 있는데, 그것은 주로 1917년에 구로이타 가쓰미와 이마니시 류에 의해 수행되었다.[12] 1915년 조사의 연장선상에서 가야 지역의 축성 관계를 조사했던 구로이타에 비해 이마니시는 조사를 마친 후 경성에 돌아와 논문 「임나에 대하여(任那に就て)」 및 그 유명한 『가라강역고加羅疆域考』를 차례로 저술하여 발표했다. 그중에서도 우선 「임나에 대하여」는 임나–가야라는 명명의 유래 및 그 역사적 내력과 의의, 유물 관계 등을 고대 조선을 둘러싼 국제 관계와 관련하여 종합적인 해명을 시도한 논문이라고 할 수 있다. 아마도 『일본서기』의 기록은 물론 당대 일본에서 출간되어 있었던 임나–가야 관계 논저, 이를테면 임나–가야를 중심으로 한 고대 일본의 조선반도 경략에 관한 과거의 문헌 기록을 집대성하여 재구성하고 있는 간 마사토모(管政友)의 『임나고任那考』(1890)라든가 나카 미치요(那珂通世)의 『가라고加羅考』(1894–6) 등에서 확인되는 역사 인식을 일정 부분 계승하고 있는 것으로 보이는 이 논문에서 이마니시는 진 · 한이라는 강대한 세력에 점유당해 있었던 조선반도 내에 각종 소국이 할거하고 있었던 상황에서 가야를 비롯한 반도의 남부 지역을 거점으로 삼고 있었던 세력들은 불가피하게 일본으로부터 지대한 영향을 받지 않을 수 없었다는 사정을 상정하고 있다. 이마니시가 수행한 고적 · 유물 조사의 결과는 이러한 가설을 입증하기 위한 명백한 증거가 되고 있다. 즉 임나–가야의 고분에서 출토된 토기들이 거리상 낙랑의 영향과는 전혀 무관할 수밖에 없는 고유한 형태의 제기祭器였으며 따라서 그것은 석기시대부터 토착 문화로 전승된 것임에 틀림없다고 그는 단언하고 있다.[13] 이마니시에 의하면 임나–가야는 고대 중국의 영향력으로부터 일정 부분 자유로운 지역이었던 것이다. 물론 그

12 이순자, 「일제강점기 고적조사사업 연구」, 숙명여자대학교 박사학위논문, 2007, 63~79쪽. 이상의 식민지시기 고적조사사업에 대한 논의는 대부분 이 논문과 최석영의 앞의 글을 참조하고 기타 인용한 당시의 관련 문헌을 검토하여 재구성한 것이다.

13 今西龍, 「任那に就て」, 『朝鮮彙報』, 1918. 2, 66쪽.

것이 『일본서기』에 기록된 대로 이 지역이 일본의 영향력에 의해 형성된 일종의 토착 문화를 갖고 있었음을 강조하기 위한 서술이라는 것은 말할 필요도 없다.

3. '강역고'라는 공백의 형식

한편 이와 같은 고고학적 조사의 방법론에 입각한 임나-가야상의 구축과 함께 문헌학적 방법에 기초한 연구도 병행하여 이루어지고 있었던 사실에 대해서도 주목하지 않을 수 없다. 이를테면 쓰다 소우키치(津田左右吉)의 『임나강역고任那疆域考』(1913)는 앞서 언급한 고고학적 조사와는 별개의 맥락에서 『일본서기』 등 일본 측 문헌기록에 의거하여 임나-가야의 범주에 포괄되는 지역에서 할거했던 군소 국가들의 위치 및 내력에 대해 규명하고자 했던 저작이었다. 일찍이 일본에 귀부하여 임나일본부가 설치되었던 중심으로 간주한 가라加羅 즉 금관가야라든가 가라가 신라에 복속된 후 일본부가 이전해 갔다는 안라安羅, 일본으로 통하는 항구가 있었던 탁순卓淳 등등 일본과의 관계를 중심으로 임나-가야 제국의 위치를 비정하는 데 중점을 두고 있었다. 그리고 결론에서 밝히고 있는 것처럼 그 각국이 산포되어 있었던 강역은 고대 일본이 한반도에서 차지하고 있었던 영향력의 영역과 정비례했다. 환언하자면 『임나강역고』에서 6세기 일본은 한반도 내에서 임나-가야의 제국을 거점으로 삼아 백제와 신라를 경략하고 고구려와 자웅을 겨루었던 국제적 강국의 이미지로 재구성되었다. 반면 정작 임나-가야 제국의 상당수는 『일본서기』 등 일본 측 사서를 중심으로 하고 『삼국사기』 등 조선의 문헌 기록을 일부 참조하여 애써 비정한 그 위치와 강역 외에는 실체가 모호한 상태로 남았다. 단적으로 말해 쓰다 소우키치가 "임나의 역사는 한마디로 말하면 신라에 대한 투쟁사와 백제에 대한 교섭사라고 하겠다"[14]라고 쓰고 있었던 것처럼 임나-가야를 구성했던 각국은 단지 신라와 백제, 일본 간 이루어진 교섭과 충돌 그 사이의 공백에 존재했다. 어떤 의미에서 『임나강역고』에는 유물이나 유적, 고분 등을 통해 입증될 수 있을 법한 그 어떤 임나도, 가야의 실체도 없었다고 해도 무방하다. 쓰다의 이와 같은 인식은 앞서 언급한 『조선고적도보 해설』의 '임나시대'에 관한 설명에도 유사한 형태로 반복될 만큼 당대에 지배적인 임나-가야의 상으로 나타났다는 점에서 더욱 문제적이다.

반면 이마니시는 임나-가야에 관한 그간의 연구 성과를 종합하여 앞서 언급한 『가라강역고』(1919)를 썼다. 이는 명실상부 식민지시대 초기 가야에 관한 고고학적 조사 및 문헌학적 검토가 집대성되어 있는 저작으로 그간 임나-가야에 관해 제기된 다양한 의문과 논쟁을 정리하고 해명하기 위해 애쓴 흔적이 역력하며 금관가야와 대가야의 구별을 명확히 하는 등 일정 부분 성과도 거두고 있는 것으로 보인다. 하지만 의외로 이마니시가 그간 수행했던 현장 조사 및 연구의 성과가 적극적으로 반영되어 있지는 않다. 『임나강역고』와 달리 고령에 비교적 부강한 나라가 존재했다는 사실의 증거로 고분군이 실존한다거나 그 지세와 유물이 『삼국사기』의 기사를 사실로 증명한다고 서술하고 있는 데서 알 수 있는 것처럼,[15] 유물이나 성곽 같은 유적, 고분을 금관가야와 고령가야 등의 존재와 위치, 강역을 실증하는 증거로 제시하기는 하지만 그 언급은 상당히 소략한 편이며 앞서 언급한 「임나에 대하여」를 통해 보충되지 않으면 안 된다. 도리어 주목할 만한 부분은 임나-가야, 그중에서도 금관가야와 고령가야 등 주요국의 내력을 재구성하기 위해 『삼국유사』의 「가락국기」 및 『삼국사기』 등 조선 사서를 일부 중요하게 참조하고 있었다는 점에 있다. 물론 『가라강역고』 역시 임

14 津田・左右吉, 「任那疆域考」(1913), 김완기 옮김, 『가야문화』 8, 1995, 131쪽.

15 今西龍, 「加羅疆域考」(1919), 『朝鮮古史の研究』(1937), 國書刊行會, 1970, 313~314쪽

나-가야 제국을, 일본을 비롯한 강국의 영향력으로부터 결코 자유로울 수 없었던 소국들의 집합으로 보고 있으며 특히 그 각국의 연혁을 일본부 및 일본 본국과의 관련성 속에서 서술하고 있다는 점에서 『임나강역고』의 인식과 무관하지 않다고 할 수 있다. 그럼에도 불구하고 「가락국기」나 『삼국사기』 지리지 등에 기록되어 있는 가야 관련 기사를 바탕으로 특히 금관가야와 고령가야 등의 독자적인 상 및 이 두 국가를 중심으로 하는 가야 연맹의 형상을 주조하고 있었다는 사실만큼은 부정할 수 없다. 특히 조선에서는 어느 정도 알려져 있었지만, 기존의 일본 측 임나-가야 관계 사서에서는 그 신빙성이 의심되어 좀처럼 참조하지 않았던 건국 신화 즉 수로왕이나 허황후, 이진아시왕 등에 관한 신이神異한 기사를 거의 전문 그대로 소개하고 있는 것이 그 단적인 사례다. 그렇다면 『가라강역고』는 이전의 일본 측의 문헌과 달리 적어도 금관가야나 대가야 등 가야 연맹의 주요 국가를 일본 세력의 진출과 무관한 전사前史를 갖고 있는 것으로 구체화하고 있는 사례라고 해도 무방할 것이다. 특히 이마니시 자신이 일찍이 김해 봉황리 유적을 발굴할 당시부터 수로왕릉의 존재를 파악하고 특별히 그 전설의 신빙성에 대해 보유補遺까지 남기고 있었던 사실과도 결코 무관해 보이지 않는다.[16] 이후 이러한 기록들의 출전이 되는 『삼국유사』를 일본어로 번역한 당사자이기도 했던 이마니시의 『가라강역고』는 사실상 식민지 전반기 임나-가야 관련 연구의 집대성이었으며, 초기 가야 제국을 나름의 역사적 내력과 독자적인 실체를 지닌 고대국가로서 보고자 했던 희귀한 사례에 해당한다. 다만 그것은 어디까지나 고대 일본에 병합될 운명을 타고난 것처럼 전제되기는 했지만 말이다.

그런데 이와 같은 임나-가야 관련 논의들에 있어서 임나일본부든 가야

16 今西龍, 「朝鮮にて発見せる貝塚に就いて」, 「金海貝塚の所在地土木峴に就いて」, 『朝鮮古史の研究』(1937), 國書刊行會, 1970.

연맹체든 그것이 위치하고 있었던 장소나 유적 등은 중요한 고려의 대상이 아니었다. 각국의 강역과 중심지는 비정되었지만 소수의 예외를 제외하면 정작 김해나 고령 등 당대의 구체적인 장소와 별다른 연관성은 설정되지 않았다. 보다 중요한 것은 한반도 내에서 고대 일본이 활약하던 '강역'이었으며 여러 '강역고'의 집필과 함께 그 세력권, 면面은 거듭 확장되었지만 임나-가야 제국이 위치했던 장소는 그저 경유해야 할 진출로 상의 한 점點 정도로 간주되었다고 해도 무방하다. 임나일본부의 위치에 대한 의견도 분분했을 뿐 아니라 임나-가야의 유적과 유물 또한 여러 지역에 흩어져 있어서 경주나 평양, 부여의 경우와는 대조적으로 고도古都로 일컬을 만한 구체적인 장소가 부재했다는 것이 그러한 사정을 심화시켰다.

그러므로 남는 것은 고대 일본이 경략했던 세력권, 그 강역을 종횡했던 군대의 이동, 고구려 등의 세력과 충돌했던 고전장古戰場으로 대표되는 점點·선線·면面 뿐이다. 여기에서 상정되고 있는 조선의 고대는 그러나 보다 중대한 역설을 내포하고 있는 모습이다. 그것은 20세기 초반 내지와 조선에서 공식적으로 영위되고 있었던 임나-가야의 형상과는 다소 동떨어진 것이라고 할 수 있다. 말하자면 이마니시 등에게 있어서 고대 조선의 전역은 일본이라는 외세 외에 그 어떤 확립된 정권이 존재하지 않는 채 여러 국가들이 할거하고 있는 일종의 미정형의 공백 상태로 상상되고 있었다. 후에 신라에 의해 멸망당했던 임나-가야는 애초부터 그러한 유동적인 장소 내부에서 필연적으로 소멸될 수밖에 없었던 운명을 간직한 제국이었다고 해도 과언은 아니다. 즉 고구려-백제-신라라는 삼국의 정립 이전까지 고대 조선은 그저 대륙 및 해양 세력이 경합하는, 일종의 혼합 문화의 회색 지대 같은 혼란스러운 장소였다는 것이다. 그 과정에서 흥망성쇠를 거듭했던 다종다양한 군소 국가들은, 고대 조선이 단지 무수한 생성과 소멸만이 반복되는 기묘한 권역이었음을 일러주는 기표들이었다고 할 수 있다. 임나-가야는 곧 삼국 정립 이전의 고대 조선이 내포한 부정성否定性을 단적으로 표상하는 제국의 형상이었다고 해도 지나친 말은 아니다. 그런 의미에서 가야의 고분과 유적의 폐허는 사실상 그러한 무상성無常性에 관한 기이한 유비의 실체로서 실감되었던 것은 아닐까. 그러므로 당시의 일본인 학자들이 임나-가야 제국의 위치를 정확하게 비정할 수 없었던 것은 어쩌면 자연스러운 일일지도 모른다. 물론 이러한 미정형성의 강조는 고대 조선을 공백의 상태로 남겨 두고 거기에 새로운 주체를 기입하고자 했던 식민권력의 의도가 예기치 않게 굴절된 결과라고 해도 좋다. 할거割去 그 자체의 복합성은 각 지방이 경합하는 장소로서의 제국 자체의 근본적인 혼효성을 표상하고 있는 것이 아닌가. 그러나 임나-가야라는 표상이 해방 이전까지 전혀 회의되지 않았던 데에서 알 수 있는 것처럼, 그러한 공백에 새로운 형태의 역사를 기술하고자 했던 식민권력 및 그 이데올로그들의 욕망은 일정 부분 성공을 거두었다고도 할 수 있다. 그러한 담론 내부에서 임나-가야의 고도 자체를 지정하거나 새롭게 발견하는 일이 그리 중요한 문제가 되지 못했던 것은 실로 당연했다.

4. 고도古都를 기다리며: 김해고적보존회의 미완의 기획

경상남도 일원의 임나-가야 유적에 대한 고적조사사업은 1920년대까지 지속되고 있었으며 1933년 10월에 부산에서 임나문화전람회가 개최[17]되기도 했다. 그러나 1920년대의 고적조사사업은 주로 낙랑·대방 시대의 권역 및 경주 일대를 중심으로 이루어졌다. 뿐만 아니라 잘 알려져 있는 것처럼 1931년 이후 조선총독부의 재정 긴축 정책으로 말미암아 1910년대와 같은

17 「二千年に亙る 內鮮文化の大殿堂-釜山で任那文化展覽會を開く」, 『京城日報』, 1933. 10. 25.

대규모의 고적조사사업은 중단되며 이러한 기조는 1936년경까지 지속된다. 따라서 1930년대 이후의 고적 조사 및 보존 사업은 각 지역에서 민간을 주축으로 하여 설립되어 있었던 고적보존연구회를 중심으로 이루어졌다. 경주고적보존회나 부여고적보존회, 평양명승구적보존회 등이 활동했던 것도 바로 이 무렵의 일이었다.

하지만 임나–가야의 옛 땅에 해당하는 지역들의 사정은 조금 더 복잡했다. 1926년 2월 고령에서 이른바 대가야의 역사를 일반에 소개하고 후진에게 참고가 될 수 있도록 『대가야국 사기』를 수집하자는 향교장 회의의 결의가 있었다고 하지만[18] 구체적인 활동은 이어지지 않는다. 또한 성주에 위치한 가야산의 내력을 소개하면서 정견모주와 관련된 가야의 건국 설화를 간략하게 언급하고 수로왕의 분봉을 받아 개국한 성산가야를 지역사의 시초로 간주하고 있는 기사도 있었다.[19] 이와 같은 인식을 공유하고 있는 기사가 종종 발견될 뿐 아니라, 실제로 1926년 이 일대를 중심으로 가야청년회가 발족하여 나름대로 활동을 전개하기는 하지만 단지 사회주의 청년운동의 하부 조직에 지나지 않았으며 임나–가야의 역사 및 유적과는 무관했다. 이후에도 고령과 성주 등의 지역을 소개하는 기사들에서 임나–가야의 구도라는 식의 타이틀은 흔히 나타났지만 그것은 상투적인 레토릭에 불과했고 기이할 정도로 구체성을 결여하고 있는 경우가 대부분이었다.[20]

반면 금관가야의 고도인 김해 일원에서는 민간 차원의 고적 보존 운동이

---

18 「고령의 묵은 역사『대가야국사기』 곳 수집하기로 결정」, 『동아일보』, 1926. 2. 20.

19 「향토 예찬 내 고을 명물 –금관태조 誕降處로 변한의 大靈峙 성주 명물 가야산의 풍경」, 『동아일보』, 1927. 2. 8.

20 예컨대 1934년 12월 18일자 『동아일보』는 5면 전체를 할애하여 〈고령지방 소개〉라는 특집을 마련하고 있다. 예의 "대가야국의 국도"라는 표현도 빠뜨리지 않는데 정작 가야에 관한 언급은 대단히 소략하며 심지어 고적과 명승을 소개하는 지면에서조차 가야 관련 유적은 전혀 거론되지 않는다.

본격적으로 발흥했다. 김해고적보존회가 발족했던 것은 1907년경으로 알려져 있으나 그 정확한 시기에 대해서는 다소 논란의 여지가 있으며 사실상 1917년에 설립된 것으로 보는 것이 옳을 터이다. 본격적인 활동을 전개한 것은 1920년대 들어서의 일이다. 그러나 김해 지역에서 이루어진 민간 차원의 고적 보존 활동의 가시적인 성과는 그보다 먼저 수로왕의 후손 및 김해 지역의 유력 인사를 중심으로 이루어진 수로왕릉 보수 및 그 주변의 정비사업으로 나타났다고 해도 과언이 아니다. 일찍이 1909년의 순행 당시에 순종이 김해군수를 파견하여 수로왕릉의 유지 활동을 시찰[21]하고, 앞서 언급한 것처럼 1915년 구로이타 가쓰미가 김해 일대의 왕릉 및 고분의 도굴 흔적을 발견한 이래로 수로왕릉의 정비는 김해 일대에서 시급한 과제가 되어 있었던 것은 분명하다. 일본인들에 의한 가야고적에 대한 대대적인 조사가 어느 정도 마무리되고 고적 보존 및 보수에 대한 관계 법령이 마련된 1924~1927년에 김해 김씨의 후손들 및 유관 인사들은 사재를 들여 수로왕릉 및 주변 지역에 대한 일대 정비를 실시하고 있다.

김해고적보존회의 활동은 이러한 수로왕릉정비사업과도 무관하지 않았던 것으로 보인다. 설립 이래 뚜렷한 활동을 전개하지 않고 있었던 김해고적보존회는 1928년 김해고적공원수립계획을 입안하는 것으로 사실상 최초의 본격적인 활동을 전개하고 있다. 그것은 김해 도심을 중심으로 수로왕릉과 허황후릉을 연계하는 대공원을 건설하고자 했던 것으로 당시 조경학의 권위자 혼다 세이로쿠(本田静六)를 초빙하여 공원의 설계를 위탁하기도 했을 만큼 야심찬 기획이었다. 그러나 이러한 기획은 즉시 실현되지는 못했으며 1931년 김해군이 시구개정과 함께 공원 건설을 위한 구체적인 계획을 수립하면서 본격적으로 추진되는 듯 했지만 곧 좌초해 버리고 말았다. 1934년

21 아마도 이것은 이 당시 일본인 학자들에 의해 가야유적에 대한 집중적인 관심이 환기되었던 사정과도 그리 무관하지 않아 보인다.

경, 가락왕사편찬위원회가 발족하고 김해고적보존회의 조직이 정비되면서 김해고적공원의 건설이 재차 추진되기는 했지만 곧 지리멸렬한 상태에 빠지고 말았으며 결국 해방 전까지 이러한 기획은 현실화되지 못했다.[22] 그러나 이것은 조선의 민간인들에 의한 거의 유일무이한 가야 관련 선양사업이었다는 점에서 적지 않은 의의를 가진다.

김해고적공원이라는 야심적인 기획이 끝내 실현되지 못했던 이유로 여러 가지 요인이 거론되고 있으나 그 근본적인 원인은 결국 재정의 부족으로 말미암은 것이었다. 김해군 자체의 재정이 부족하기도 했지만, 사실상 김해고적보존회의 활동 경비 및 김해고적공원건설계획에 지출되는 대부분의 비용을 사실상 가야 왕족의 후손인 김해 김씨 · 허씨 양 일족이 부담하고 있었던 실정이었던 것이다. 사실상 수로왕릉과 허황후릉 정도를 제외하면 김해 중심에 온전한 형태의 가야 관련 유적이 거의 남아 있지 않았던 상황에 비추어 볼 때 당시로서는 천문학적인 비용이 소요될 것임에 틀림없었을 공원조성계획이 좌초되었던 것은 어찌 보면 당연한 일일지 모른다.

뿐만 아니라 이러한 실패는 경주나 평양, 부여, 개성 등의 고도와 비교했을 때 가야의 고도로서 김해가 가지는 빈약한 위상과도 무관하지 않았을 것이다. 임나-가야가 조선에 거주하는 대다수의 일반인 그중에서도 특히 조선인들에게 그다지 중요한 역사적 기억으로 실감되고 있지 않았던 당시의 상황에서 가야의 고적과 관련된 공원 조성, 즉 고도 김해의 재구성이라는 문제는 그야말로 한정된 개인 또는 집단의 관심사에 지나지 않았던 것

22 이상의 사항은 선우성혜의 「일제강점기 경남지역 고적보존회에 대한 고찰」(경남대학교 석사학위 논문, 2008) 15~24쪽을 참조. 한편 김해고적공원의 건립에 관한 당대의 기사로 「임나구도 김해에 고적주유 공원 조원학 권위들이 설계, 박물관도 설립」(『동아일보, 1928. 6. 19), 「고적보존위주, 김해의 대공원 원예학 대가 本多 박사 고안, 구체적 설계서 내용」(『동아일보』, 1928. 12. 1), 「가락국의 고도 김해, 고적보존회 설립, 시구개정까지 하기로」(『매일신보』, 1931. 4. 18), 「가락왕사 편찬과 왕릉공원을 설치, 전조선의 김해 양족이 협력, 자금 5만 4천원 조달」(『동아일보』, 1933. 5. 31) 등이 있다.

이다. 당시 김해고적보존회의 활동 경위 및 주요 구성 인물을 일별하면 쉽게 알 수 있는 것처럼, 임나-가야 그중에서도 가락국의 구도 김해에 연고를 두고 있었던 김해 김씨 · 허씨 일족 및 이 지역의 유력 인사들을 제외하면 이러한 방대한 계획에 각별한 의의를 부여하는 이가 극히 적었다는 의미가 된다. 즉 고구려나 신라, 심지어 백제와 비교해서도 가야-임나 또는 김해는 당대 조선인들의 정체성을 형성하고 있었던 것으로 간주되는 역사적 기억에 있어서 별다른 의미를 갖지 못하는 표상으로 남아 있었다는 것이다.

그러므로 김해고적공원의 건립이란 어떤 의미에서는 애초부터 무망한 비전이었으나, 기획되었다고 잘못은 아니다. 알다시피 김해는 멀리 낙랑 및 대방, 백제, 왜 사이를 잇는 중요한 교역로의 기착지로서 전기 가야 연맹의 맹주가 되는 도시로 번성했지만, 고구려-신라, 백제-가야-왜 사이에 벌어진 국제 분쟁에 휘말려 궤멸에 가까운 타격을 입고 몰락해 버린다. 가야연맹체의 주도권을 대가야에 넘겨주고 한동안 명맥만을 유지하다가 신라의 침공에 직면하여 나라를 들어 귀부하지 않을 수 없었던 이래 오랜 세월 동안 단순한 변경으로 치부되어 왔던, 이제는 수로왕의 전설만이 남은 금관국의 구도舊都를 통해 대다수의 조선인들과 일본인들이 어떤 중요한 의미 내지는 공동의 역사적 기억을 환기하기 어려웠다는 것은 자명하다. 뿐만 아니라 임나-가야는 단일한 정권이 아니었던 만큼 그 유적 및 역사적 상징성 역시 경상남도 일원에 폭넓게 분산되어 있었다. 실제로 내지와 조선 간 조화로운 유대를 형성했다고 하는 임나일본부가 입지해 있었을 것으로 비정되었던 장소는 알다시피 김해를 포함한 함안 등의 여러 장소였으며 백제와 왜 사이를 매개했던 가야 지역의 국가로서 금관가야 못지않게 중요했던 곳은 지금의 창원 지역에 위치했을 것으로 추정되는 탁순국이었다. 뿐만 아니라 1936년 3월 임나왕의 것으로 추정되는 창녕의 고분에서 금제 유물 십여 점이 출토되는 등 기 발굴 유적에 대한 조사가 간헐적으로 이어졌다.[23] 1937년 10월에는 과거 임나일본부가 있었고 쓰기노이기나(調伊企難)가 신라왕에게 농락당한 후 참수당했다고 알려져 있는 고령 읍내 보통학교 운동장에 기념비를 건립할 것이 제안되어[24] 2년 후 6월 "임나가야국성지任那伽倻國城址"라는 명문이 새겨진 기념비가 완공되기도 했다.[25] 그 제막식에 즈음하여 7월 조선총독부의 의뢰로 교토제대 출신의 고고학자 아리미츠 쿄이치(有光教一)가 다시 한 번 고령 이산산성耳山山城 근방의 고총古冢, 즉 지산동 고분군에 대한 조사를 수행하여 순금 귀걸이, 은제 왕관, 비취옥, 등자 등의 유물을 발굴했다고 보도되기도 했다.[26] 이것은 지역별로 분산되어 있었던 가야의 역사적 상징성에 대가야-고령이라는 단일한 중심을 부여하기 위한 또 다른 전유에의 시도였지만 그것 역시 성공적이었다고는 말하기 어렵다.

가야제국의 발상지로서 수로왕의 전설을 간직한 김해는 상대적으로 그 어느 지역보다 유리한 위치에 있었다고 할 수 있지만 김해를 의심할 수 없는 가야의 중심으로 정위하고자 했던 김해고적연구회의 산발적인 노력과 의욕은 그러나 그와 같은 다양한 제약을 초극하기에는 턱없이 부족했다고 해도 무방하다. 수로왕릉을 정비하고 지역의 고적을 보존 및 보수하는 활동, 그리고 고적공원을 건립하기 위한 야심찬 계획을 세우는 정도로는 가야에 대한 공동의 역사적 기억과 지식을 창출하거나 재편하는 데 중대하게 기여할 수 없었던 것은 지극히 당연했다. 더욱이 금관가야의 후손들 가운데 가장 유명해진 사람일 김유신이 사실상 신라의 국가적 영웅으로 숭상되었던 것처럼 가락국의 고도로서 김해가 가졌던 문화적 상징성은 금관가야를

23 「任那王の古墳から黃金づくめの遺品」, 『京城日報』, 1936. 3. 18.
24 「임나국일본부 유적에 표식을 건립계획」, 『매일신보』, 1937. 10. 23.
25 「임나가야성지에 기념비전을 건립 -7월에 성대한 제막식 거행」, 『동아일보』, 1939. 6. 20.
26 「경북 이산고총에서 발굴된 임나가야국의 고문화」, 『동아일보』, 1939. 7. 5

흡수한 신라에 의해서도 일정 부분 전유되고 있었다는 사실 또한 그들의 기획이 실패할 수밖에 없었던 불가결한 이유와도 무관하지 않다. 심지어 보통학교 국정교과서에 실려 충신의 표본으로 널리 알려졌다는 쓰기노이기나의 사적으로 기리고자 했던 임나일본부의 옛 땅 고령에 대한 총독부 주도의 기념사업조차도 그리 대수로운 것이 되지 못했다. 요컨대 임나-가야라는 표상은, 누구도 찬탈할 수 있었지만, 임나일본부의 반도 경영설을 확증하고 있었던 당시의 식민권력을 제외하면 그 연고자들조차도 그리 간단히 독점할 수는 없는 근원적인 복합성을 내포하고 있었다고 할 수 있다. 임나-가야는 비록 신라-백제-고구려에 비해 넓지 않은 땅이었지만 그 강역 이곳저곳에 분산되어 있었던 유물과 유적을 통해 확인되는 각양각색의 내력은 항상 부분적이거나 파편적이었고 그렇기 때문에 미스테리 그 자체로 남아 있는 경우가 많았다. 앞서 언급했던 것처럼 임나일본부가 위치했던 것으로 비정되는 장소는 때로는 김해였고 어떤 때는 고령이었으며 또 다른 경우에는 함안에 있었다는 식으로 임나-가야의 강역이라면 어디에나 상존했던 것처럼 회자되었지만 그리 문제되지 않았다. 그 위치를 확정하기 위한 논의조차 좀처럼 이루어지지 않았기 때문에 임나-가야의 흔적이 남겨진 곳이라면 어느 지역의 누구든, 어떤 단체든 연고를 주장할 수 있었을 정도로 그 중요성에 비해 모호한 형태로 방치되었다. 『일본서기』 등의 기록에 근거하여 고대 일본이 임나-가야를 경략했다는 역사는 사실상 일찍부터 확정되어 있었고, 이론의 여지가 허용되지 않았으며 좀처럼 지역의 이해관계의 대상이 되는 일도 없었기 때문에 오히려 많은 논의가 이루어지지 않았던 것이다. 그만큼 세인들에게 '지나간 미래'로서 회자되거나 '만들어진 전통'으로 재구성될 여지가 적었다고 할 수 있다. 그러므로 식민지배의 역사적 정당성을 구체적으로 옹위하기 위한 일본인 학자들에 의한 고고학적 조사를 제외한다면, 임나-가야는 일본인과 조선인의 아이덴티티를 둘러싼 인정 투쟁의 구체적인 장소로서 작동한 적이 없었으며 폐허 그 자체로 남아 있을 뿐 어떤 신도新都

로도 창조되지도 못했다.[27] 임나일본부설 또한 통념과 달리 그 중요성에 비해 비교적 취약한 근거 위에 축조되어 있었고 그 장소나 역할 등에 대한 여러 이설이 경합하는 상태에 놓여 있었다. 단지 고대 일본이 임나-가야를 근거지로 조선을 경략經略했다는 믿음만이 확고하게 작동하고 있었던 것이다. 물론 이것은 앞서 언급한 일본인 고고학자들에 의해 일찍부터 정초되었던 것이지만 구체적인 각론에 들어가면 확실히 밝혀진 것보다 아직 규명되지 않았던 것이 더 많았던 만큼 임나-가야에 관한 의견은 항상 분분했고 상충할 수밖에 없었다. 그만큼 다양한 이해관계에 의해 임나일본부설에 대한 신념 체계의 취약한 기반이 쉽게 노출되었다. 의외로 임나-가야의 통일된 상은 아직 정립되어 있지 않았으며 그것은 고고학적 근거로 뒷받침될 수 없는 강역이라는 형식 그 자체로 두루뭉술하게 지정될 수밖에 없었다. 신라에 의해 멸망당한 약소국가들로서 그 흔적이 오랜 세월에 걸쳐 풍화되어 버렸던 사정 또한 그 모호성을 가중시켰다. 김해 혹은 고령을 비롯한 그 어느 지역도 임나-가야라는 표상을 독점할 수 없었으며 따라서 고도도 없었다. 이것이 식민지시기 임나-가야 관련 지정학의 특수성이다. 임나-가야나 그것을 대표하는 고도를 대상화하는 허구적 서사물이 희소했다는 것은 그러므로 전혀 의외의 사실이 아니다.

5. 암흑의 핵심 그 모호성의 역사적 시원: 결론을 대신하여

한일합방을 정당화하는 일선동조론의 고대적 전거典據로서의 중요성이

27 황종연, 「아이덴티티의 장소로서의 경주」, 『한국문학연구』 39, 동국대학교 한국문학연구소, 2010 하반기; 허병식, 「폐허의 고도와 창조된 신도」, 『한국문학연구』 36, 동국대학교 한국문학연구소, 2009 상반기.

식민권력에 의해 반복적으로 강조되어 왔다는 사실을 감안한다면 이러한 임나-가야 표상에 내포되어 있는 모호성은 의외다. 물론 앞서 여러 차례 언급했던 것처럼 가야가 곧 임나일본부라는 것이 부정할 수 없는 역사적 사실로 확정되어 있었던 만큼 그것이 조선인 일반의 정체성과 관련된 역사적 기억을 자극하는 중요한 기표로 되지 못하고 있었던 사정에 기인한다고 할 수 있다. 오히려 그것은 부지불식간 일본제국의 피식민자로서의 조선인의 위치를 안정시키고 봉합하는 기표에 가까웠다고 하는 편이 옳다. 그러므로 이러한 안정성이 근본적으로 교란되었던 역사적 변화와 관련하여 임나-가야로 소급하고자 했던 한 예외적인 사례는 의미심장하다.

이시다 코조(石田耕造)로 창씨개명한 최재서가 1944~1945년까지 『국민문학』에 두 편의 역사소설을 발표했다는 것은 익히 알려진 사실이다. 「때 아니게 핀 꽃(非時の花)」(1944년 5~8월호)과 「민족의 결혼(民族の結婚)」(1945년 1~2월호)은 『삼국사기』 및 『삼국유사』의 기사記事를 저본으로 삼아 신라의 삼국통일을 전후로 한 시기를 김유신 일가의 내력과 사정을 중심으로 조명하고 있다는 점에서 공통적이다. 이는 이 공교로운 시대가 영속적으로 내포했을 것으로 여겨지는 어떤 역사적 의의를 적극적으로 알레고리화하고 있다. 이와 관련하여 흥미로운 점은 일찍이 사에구사 도시카쓰(三枝壽勝)가 지적했던 것처럼 이들 작품에서는 "신라 및 금관가야의 관계가 각각 일본과 한국에 대비되어"[28] 있다는 명백한 유비이다. 사에구사는 신라인이 골품제도에 입각하여 가야인을 차별하는 현실에 대한 공공연한 비판과 울분의 토로에 주목하면서 이것이 "내선일체를 내세우면서도 한국 민족의 존재성을 아예 염두에 두지 않았던 일본인의 자세"[29]를 겨냥한 최재서 자신의 내면이 투사되

28 사에구사 도시카쓰, 「굴복과 극복의 말 -일제 말기 한국문학이 제기하는 문제점」, 『사에구사 교수의 한국문학 연구』, 심원섭 옮김 (베틀북, 2000), 581쪽.

29 사에구사 도시카쓰, 위의 책, 583쪽.

어 있는 것이라고 쓰고 있다.

그러나 「때 아니게 핀 꽃」과 「민족의 결혼」에서 이와 같은 민족 · 신분 간 엄존하는 위계질서를 타개하기 위한 근본적인 방책으로서 내선결혼에의 이상이 공공연하게 욕망되고 있었다는 사실을 부정하기는 어렵다. 이를테면 「때 아니게 핀 꽃」에서 가야의 후예인 김유신과 신라 왕족인 지소부인의 결연, 즉 왕실과 김유신가의 불가결한 결합은 국가에 대한 절대적인 충성 및 삼한일통이라는 당대의 사회적 책무를 이행하는 데 더할 나위 없이 이상적인 결과를 가져오고 있는 것으로 그려진다. 뿐만 아니라 후에 신라의 국가적 영웅으로 선양되는 김유신의 출중함이 '귀화족' 출신인 그 자신의 혈연과 무관하지 않은 것처럼, 귀부 이후의 세보를 공들여 열거하고 있는 데 이르면[30] 조선인 출신의 지식인인 최재서 자신이 이들 소설에 무엇을 투사하고 있는지는 비교적 명백해진다. 실제로 이 두 편의 소설에서 이루어지는 '민족의 결혼'의 압도적 다수가 가야 출신의 남성과 신라 왕족 여성 간 결연의 형태로 나타나고 있다는 점은 의미심장하다. 그리고 「때 아니게 핀 꽃」의 원술의 존재가 단적으로 시사하는 것처럼 그 출중함은 혈연적으로 유전되는 것이라고 해도 좋다. 실제로 「민족의 결혼」의 후일담에는 그러한 민족의 결혼이 가져오는 바람직한 결과에 대해 명시하고 있는 대목도 있다.

> 문무왕 법민이야말로 민족결혼의 최초의 결실이다. 그는 신라 가락 양족兩族의 굳은 단결에 입각하여 그 위에 충렬한 명장 김유신을 선두에 세우고 보무步武를 나아갔으며 마침내 삼한을 통일했던 것이다.[31]

금관가야의 왕족 출신인 김유신 가문이 이러한 "민족결혼"을 통해 신라

30 이는 일찍이 이마니시 류가 『가라강역고』에서 주목했던 부분이기도 하다.

31 石田耕人, 「民族の結婚」, 『國民文學』, 1945. 2, 63쪽.

왕족의 일원으로 편입되었다는 것은 말할 필요도 없다. 최재서의 역사소설들에서 이러한 결과가 긍정되고 있는 것은 전적으로 당대에 널리 유통되고 있었던 내선결혼의 이념을 수용한 결과이다. 그것은 앞서 언급한 것처럼 당시 일본인과 조선인 사이에 엄존했던 민족적 · 인종적 위계 및 그로 인한 차별을 근본적으로 해소하기 위한 대책으로 식민지 조선에서 널리 유포되었던 이념이다. 하지만 다른 한편으로 「때 아니게 핀 꽃」이 김유신과 강수로 대표되는 가야 출신 인사들의 출중함, 신라에의 동화 및 강직한 충성의 정도를 공들여 강조하고 있는 데에서, 신라의 지배층으로 편입되기 위해서는 일종의 자격을 갖추지 않으면 안 된다는 이념이 은연중에 시사되고 있다는 것을 알 수 있다. 말할 것도 없이 이것은 내선일체의 실현에 있어서 조선인들에게 요구되는 필수불가결한 덕목과 관련된다는 것을 알 수 있지만, 역으로 이러한 자격을 갖추지 못한 자들에 대한 기묘한 우월감이 투사되어 있다는 점도 짐작할 수 있다. 그것은 요컨대 만주사변–중일전쟁–태평양전쟁을 거치면서 확장된 일본제국의 판도 내부에 불가피하게 혼재할 수밖에 없었던 다종다양한 민족 내지는 인종 사이에서 비교적 일본인에 근접한 2등 국민으로 대우받을 수 있었던 조선민족의 미묘한 위치와도 관련되는 것이 아닐까.

그러나 통일신라란 이제 당이라는 적을 물리치고 만들어져야 할 제국이며 가야는 그 속에서 근본적으로 해소될 수밖에 없는 운명으로 나타난다. 그것에 유비되는 조선이란 결국 일본제국이라는 20세기 초반 동아시아의 통일신라 내부에서 소멸될 운명이라는 것을 최재서 자신이 부지불식간 수긍하고 있었던 것은 아니었겠는가. 「때 아니게 핀 꽃」에서 삶의 무상성을 수긍하는 원술과 남해공주의 자세는 과연 무엇을 의미하는 것이겠는가. 「민족의 결혼」에서 김유신이 택했던 길은 결국 신라 왕족 내부에서 스스로의 혈연적 고유성을 해소하는 것이었다고 해도 과언이 아니다. 실제로 그는 현재의 신라에 대해서만 분노하고 있을 뿐 결코 금관가야라는 과거를 회고하지는 않는다. 신라의 삼국통일은 이미 확정된 역사이며 가야제국은 그 속에서 해소된 지 오래이다. 「때 아니게 핀 꽃」의 서두에서 서라벌의 아름다운 풍광은 대단히 공들여 묘사하고 있는 반면, '김해'라는 금관가야의 도읍은 언급조차 되지 않는다. 이것은 가야가 고대 일본이 한반도를 경영했던 근거지였으며 일본과 함께 고구려에 대항하여 싸웠고 대방 일원까지 진출했다가 광개토대왕이 파견한 5만 군사에게 패전하여 쫓겨 내려와 종발성까지 함락당했던 적이 있었다는 당대의 지배적인 역사 인식을 의도적으로 간과하지 않는다면 불가능하다. 아득한 옛날 이미 고대 일본과 합일을 이루었던 적이 있었다고 간주되었던 가야를 일본의 영향력으로부터 분리시키고 나아가 멸망시킨 당사자가 바로 신라였기 때문이다. 그렇다면 김유신 일가를 내세운 이 흥미로운 두 소설에서 가야 그리고 그 고도는 단지 당대의 조선에 대한 유비이자 제국-신라의 대타로서 존재하고 있을 뿐, 그것에 어떤 독자적인 의미가 기입되지 않고 있다. 식민지 초기부터 여러 일본인 학자들에 의해 부여된 임나-가야의 역사적 의의는 여기에서 철저하게 무의미해진다. 오직 김유신으로 대표되는 가야의 귀족층을 혈연적으로 흡수한 신라가 삼국을 통일했다는 역사적인 기정사실만이 남는다. 이 시점에서 최재서는 "모더니티의 현재에 재침투하는 상실의 궤적으로서 전치되고 존속"하는 '기원의 장소'[32]로서 신라와 가야의 관계를 상정하고 있었지만 그 속에서 가야는 이미 소멸되었으며 앞으로도 소멸될 운명에 처해 있다. 그것은 오직 현재와 미래를 위해 애도하거나 또는 억압되어야 할 토대 외에 아무것도 아니다.

이러한 역사 인식을 가능하게 한 것은 최재서 자신이 "신라사 연구의 신기원"을 이룩했다고 평가하고 있는 저작, 다름 아닌 쓰에마츠 야스카즈(末松

32 Marlyn Ivy, *Discourses of the Vanishing: Modernity, Phantasm, Japan* (University Of Chicago Press, 1995), p. 242.

保和)의 『신라삼대고新羅三代考』였다.[33] 널리 알려져 있다시피 쓰에마츠는 후에 일본으로 돌아가 『임나흥망사』(1949)를 쓴다. 최재서로 하여금 임나일본부의 존재를 철저하게 간과하도록 하게 만든 학자가 오늘날 임나일본부설의 전형을 제시했다고 알려져 있는 저작을 저술했던 것은 어떤 역사의 아이러니가 작용한 결과일까. 분명한 것은 이상에서 살펴본 바처럼 식민지시기에 전개되었던 임나–가야 관계 논의에는 이후의 『임나흥망사』로 수렴되거나 귀일하지만은 않는 모호성의 다양한 교착이 존재했다는 것이다. 일본의 조선 지배를 역사적으로 정당화했던 임나–가야 관계 논의, 그 암흑의 핵심은 의외로 텅 비어 있었다고 해도 과언이 아니다. 그렇다면 앞으로 마땅히 해명되어야 할 하나의 질문이 남는다. 해방 이후의 많은 사학자들은 도대체 어떤 식민사학의 임나일본부설이라는 유령과 투쟁해 온 것인가. 그러나 분명한 것은 『임나흥망사』로부터 비롯된 무수한 풍문만이 난무했을 뿐 정작 식민지시기 당시 임나–가야라는 역사적 기표에 점착되어 있었던 제국–식민–피식민 간 욕망의 모호한 교착에 대해서 아직 본격적으로 규명된 적이 없다는 사실이다. 우리는 어쩌면 그 오지奧地의 심연에 도사리고 있을 '커츠'와도 같은 실체와 대면하기를 한사코 회피해 온 것은 아닐까.

33 石田耕人, 「民族の結婚」, 『國民文學』, 1945. 2, 63쪽.

제국의 고도, 초월의 기술

차승기

1. '대동아문학자대회'와 내선內鮮의 거리

이광수는 1942년 11월 도쿄에서 열린 제1회 '대동아문학자대회'[1]에 조선 대표의 일원으로 참석한 후, '대동아'의 문학인들과 함께 도쿄, 우지야마다(宇治山田), 나라(奈良), 교토(京都) 등을 순례한 바 있다. '대동아문학자대회'는 일본의 '내지' 작가들과 조선·타이완 등 '외지' 작가들, 그리고 만주국 및 중국, 몽골의 작가들을 한자리에 불러 모아 아시아·태평양 전쟁의 세계사적

1 이른바 '대동아문학자대회'는 '日本文學報國會' 주최로 1942년부터 3년간 매년 1회씩 열린 대표적인 문화적 익찬사업이다. 참고로 제1회 대회는 1942년 11월 3일부터 10일까지 도쿄와 오사카에서(조선 대표로는 이광수, 박영희, 유진오, 데라다 아키라(寺田瑛), 가라시마 타케시(辛島驍) 참여. 장혁주는 준비위원으로 참여), 제2회 대회는 1943년 8월 25일부터 27일까지 '대동아문학자결전회의'라는 타이틀로 도쿄에서(조선 대표로는 유진오, 유치진, 최재서, 김용제, 쓰다 쓰요시(津田剛) 참여), 제3회 대회는 1944년 11월 12일부터 14일까지 중국의 남경에서(이광수, 김팔봉이 일본 대표의 일원으로 참여) 개최됐다. 尾崎秀樹, 『近代文学の傷痕』(岩波書店, 1991), 2~57쪽; 川村湊, 『滿洲崩壞』(文藝春秋, 1997), 7~32쪽 참조.

의의를 재확인하고 문학인들의 전쟁 협력을 다짐하는 국책 행사 이상이 아니었다.[2] 이 대회가 의미를 갖는다면, '대동아'의 문학인들이 저마다 비개성적인 논조로 '대동아정신의 확립'을 외치고 협력에의 열의를 다진 그 행위와 메시지[3]보다는, 오히려 타이완인에서 백계 러시아인을 아우르는 '대동아'의 문학인들이 제국의 수도에 모여 함께 제국호텔에 묵고, 함께 "동아어東亞語"[4]인 일본어로 이야기를 나누며, 함께 '대동아'의 고도를 순례하고 성지를 참배하고, 신민臣民의 의례들을 수행하면서 대동아의 현재와 과거 그리고 역사와 문화를 답사하는 특정한 공동경험의 시간-공간 속에 놓여 있었다는 사실에 있을 것이다.

그런데 이 공동경험의 시간-공간이 결코 '대동아' 문학인들이 서로 동시성 속에서 대등하게 마주보는 방식으로 짜여 있지 않았음을 잊지 말아야 한다. 예컨대 '대동아문학자대회', 특히 11월 4일 대동아회관에서 열렸던 회의는 원탁회의라는 상징적인 형식을 취하고 있었다. 일본문학보국회 사무국장으로 이날 사회를 맡았던 구메 마사오(久米正雄)는 "원탁회의이기 때문에 그 순서에 **추호도 차별은 없습니다.** 자리의 순서에 추호의 차별이 없는 것처럼 발언 그 이외의 것에 대해 전후 상하 조금도 그 사이에 **하등의 의례적 차별도 없다**는 것을 양지해 주셨으면 합니다"라며 이 회의가 "진정한 의미에서의 원탁회의"가 될 것을 강조했지만,[5] 이렇듯 차별 없음에 대해 힘주어

2 특히 제1회 '대동아문학자대회'의 의제는 '대동아정신의 수립', '대동아정신의 강화 보급', '문학에 있어서 민족 및 국가 간의 사상 문화의 융합을 도모하는 방법', 그리고 '문학으로 대동아전쟁 완수에 협력하는 방책'의 네 가지 항목으로 설정되어 있었다. 『文藝』 第1會大東亞文學者會議特輯號, 1942. 12; 尾崎秀樹, 앞의 책, 21~22쪽 참조.

3 제1회 '대동아문학자대회'의 전체 회의록은 『文藝』 특집호(1942. 12)로 활자화되어 있으며, 그 중에서도 조선 대표들이 발언한 내용은 『大東亞』, 1943. 3, 48~55쪽에 별도로 실려 있다.

4 '동아어'라는 표현은 제1회 '대동아문학자대회'에 참석한 한 만주 대표 문학인이 사용한 것이다. 尾崎秀樹, 앞의 책, 16쪽 참조.

5 『文藝』, 1942. 12, 13~14쪽. 강조는 인용자.

말하면 할수록 이 대회가 근본적으로 차별에 기초해 있으며 다만 의미론적으로 동일한 수사들을 반복함으로써 그것을 은폐할 뿐이라는 사실이 더욱 선명히 떠오를 뿐이었다. 대회 자체가 이미 일본이 수행하는 '대동아전쟁'에의 문학적 · 정신적 '익찬'을 도모한다는 목적성에 의해 조직됨으로써 다른 목소리들이 원천적으로 배제된 상태에서 진행되었기 때문이다.

따라서 구메 마사오의 '원탁'의 비유를 활용한다면 오히려 일본을 중심으로 한 동심원적 구조가 이 대회—나아가 이른바 '대동아'—의 공간 구조를 특징짓는다고 하겠다. '대동아'의 중심에 일본이 놓여 있고, 그 밖의 '대동아'의 문학인들은 일본 문학인들 앞에서 경쟁 · 견제하거나 자기검열하는 형태로 배치되어 있었다. 그러므로 '대동아'의 문학인들은 동일한 시간-공간을 경험할 수 없었다. 중심과 주변 사이의 낙차가 '대동아'의 문학인들의 시간-공간을 뒤틀리게 만들기 때문이었다. 특히 군사시설을 견학하거나 '대동아'의 성지를 참배할 때 '대동아' 문학인들은 눈앞에 전개되는 기술적 · 종교적 · 정치적 스펙터클을 바라보고 귀 기울이도록 방향 잡혀 있었다. 이 독특한 공동경험은 '대동아'의 내부만큼이나 불균등하고 뒤틀려 있었다.

이 공동경험이 구성하는 상상적 질서 속에서 문제적인 위치를 차지하고 있는 것은 조선과 타이완의 식민지 문학인들이다. 그들은 각각 '일본의' 식민지를 대표하기 때문에 대동아문학자대회에 '일본측 대표'의 일부로서 참여하게 된다. 그리하여 "이미 단지 한 지방의 대표, 지금까지와 같이 '외지'라는 말로 표시됐던 특수 지역을 대표하는 것이 아니라 외국 대표에 대해 일본 대표의 일원"[6]이 되었다는 상상적 효과가 발생하기도 한다. 즉 만주국, 중국, 몽골 등지에서 온 '외국인들'과 같은 자리에 설 때 조선인과 타이완인은 '일본인'의 내부에서 일본을 대표하는 역할을 부여받게 된다.

---

6 矢野峰人, 「臺灣文學の黎明」, 『文藝臺灣』, 1942. 12, 8쪽. 하지만 정작 이 글을 쓴 야노 호우진은 타이베이제국대학의 일본인 교수이다.

그런가 하면, 이곳에서 조선과 조선의 문학인들이 처한 자리는 두 가지 의미에서 '대동아'의 다른 문학인들은 물론 타이완 문학인들의 위치와도 구별되는 것으로 보인다. 첫째로, 조선은 이 공동경험을 조직하는 교통의 연결고리 역할을 수행한다. '대동아' 내부의 이동에서 조선의 위치는 뜻깊다. 무엇보다도 만주국, 중국, 몽골에서 '내지'로 들어가는 이들은 경성을 거쳐 부산을 통해 가고 다시 부산과 경성을 지나 대륙으로 나간다. 이때 조선에 거주하는 이들은 그들을 맞이하고 떠나보내는 입장이 된다.[7] 조선은 환대하는 곳이자 전송하는 곳이다. 따라서 내지의 현관, 또는 "연락조정역"으로서의 조선이 된다.[8] 둘째로, 고도古都순례 및 성지聖地참배를 통해 동아시아 고대의 시간 속에서 내지와 신화적·역사적으로 이어져 있는 조선이 재발견된다. 물론 동아시아 문명·문화의 중요한 원천으로서 일본이 단순히 부정해 버릴 수 없는 거대한 존재로는 중국이 있었지만, 특히 조선은 타이완의

---

7 만주국·중국(남경정부)·몽골로부터 온 각 대표들이 도쿄대회에 참가하기 위해 합류한 것은 시모노세키였지만(川村湊, 앞의 책, 8쪽 참조), 대회가 끝난 후 타이완 대표들을 제외한 나머지 대동아의 문학인들의 귀국길은 부산과 경성을 거쳐 가는 경로로 준비되었다. 그들은 조선 대표 문학인들과 함께 조선신궁에 참배하고 고이소(小磯) 총독을 방문하고 강연회를 개최하는 등 경성에서 일련의 행사에 참여한 후 11월 15일에 경성역에서 다시 귀국길에 올랐다. 경성에서의 이들의 행적에 대해서는 『매일신보』, 1942. 11. 15. 참조. 또한 兪鎭午, 「滿洲作家諸氏へ」, 『大東亞』, 1943. 3, 51쪽 참조. 그리고 비록 소설이기는 하지만 다나카 히데미쓰의 『취한 배(酔いどれ船)』에서도 제1회 '대동아문학자대회'가 끝나고 돌아가는 길에 조선을 통과하는 만주국과 중국의 문학인들을 경성에서 접대하는 장면이 등장한다. 田中英光, 『취한 배』, 유은경 옮김 (소화, 1999) 참조.

한편 같은 식민지였지만 타이완의 경우엔 이동 경로가 달랐던 탓에, 대회를 전후하여 움직인 타이완 대표들의 일정도 다른 지역 대표들의 그것과 차이를 보인다. 예컨대 그들은 10월 27일에 도쿄에 도착하여, 11월 1일 다른 지역 대표들이 도착하기 전에 이미 일본문학보급회 및 대회준비위원회 행사에 참여하거나 다른 지역을 답사했다. 「大會略日記」, 『文藝臺灣』, 1942. 12, 26쪽 참조.

8 국민총력조선연맹의 주도하에 1943년 조선에서 '內鮮滿華連絡會議'가 개최되었다는 사실도 내지의 '현관'으로서의 조선의 위치와 관련해 시사해 주는 바가 있다. 永島廣紀, 「「大東亞文學」における＜半島文壇＞の位相に関する再検討」, 동북아시아문화학회 국제학술대회, 2002. 10, 173쪽 참조.

경우와도 다르게 메이지 시기부터 일본 고대의 문명·문화, 나아가서는 천황가와 이어지는 혈연적·종교적 동일성 속에 놓이곤 했던 존재였다. 따라서 언제나 '동조동근'의 신화 안에서 일본의 역사적 자연성에 자리 잡을 수 있는 것이 조선이었다.[9] 조선은 당대의 '대동아'에서는 내지의 가장자리이면서, 고대의 '대동아'에서는 내지의 중핵과 직결되어 있는 위치를 점하고 있었고, 조선의 문학인들이 떠난 대동아의 여행길은 '중심'을 향한 동시에 '기원'에로 이어지는 시간–공간의 동시 여행이었다.

이 글은 제1회 대동아문학자대회에 참석한 이광수의 일본 고도 여행기를 실마리로 삼아, 식민지/제국 시기 일본 고도 및 성지의 정치적 의미론을 검토하는 한편, 그 의미론을 작동시키는 내선일체 및 '대동아' 사상의 종교적·미학적 담론의 구조를 고찰하고자 한다. 이로써 식민지/제국의 '황민화' 테크놀로지에서 고도와 '성지'가 작동시켰던 시간–공간 정치학을 해명할 수 있기를 기대한다.

피식민지인들의 일본 고도 및 성지 경험은 지금까지 총독부 및 각종 관변단체들의 주도하에 구성·파견된 '내지시찰단'에 대한 연구에서 주로 다루어져 왔다. 이는 대체로 일본의 식민지 동화 정책을 비판적으로 다루는 맥락 속에서 이루어진 것이다. 그러나 이 대부분의 연구는 식민지 초기와 1920년대에 초점을 맞추고 있어 전시체제로 전환된 이후, 특히 중일전쟁 발발 이후 식민지/제국의 위상 변화와 내지시찰의 기능 변화의 의미를 탐구한 경

9 이 시기 조선에서는 '내선일체'가, 타이완에서는 '內臺一如'가 외쳐지고 있었지만, 특히 조선에 대해서는 메이지 시기부터 인류학적·실증사학적 담론 속에서 천황가의 조선도래, 일본어–조선어의 언어적 동일성에 대한 논의가 지식의 형태로 생산되고 있었다는 점이 특기할 만하다. 이 지식은 물론 메이지 시기 국학파 및 국체론자와 한학파 및 실증주의자들 사이의 논쟁적 장 속에서 생산·유통된 것이었지만, 식민지로서의 조선이 '내지'에 대해 갖는 특이한 위치를 암시해 준다고 하겠다. 메이지 시기 일본의 '일선동조론'에 대해서는 小熊英二, 『일본 단일민족신화의 기원』, 조현설 옮김 (소명출판, 2003), 121~143쪽 참조.

우는 극히 드물다.[10] 게다가 전시체제기를 범위로 한 연구도 '시찰단' 조직과 운영에 관철되는 총독부의 지배 정책 및 이데올로기를 재확인하는 데에서 크게 나아가지 않았다.[11] 이 글은 내지시찰단의 조직·파견 주체, 경로, 시찰단 구성원의 성격 등을 실증적으로 다룬 기존 연구들을 참고하지만, 제국/총독부의 의지로 환원되지 않는 장소의 정치성에 주목하고자 한다. 즉 직접적인 정치적·이데올로기적 효과를 포함하면서도 훨씬 광범위하게 작용하는 황민화 테크놀로지의 실천 영역에서 내지의 고도 및 성지라는 장소가 배치되고 의미화되는 방식을 그 시간-공간 정치학의 측면에서 고찰하고자 한다. 그러므로 장소를 경험하고 그 경험을 특정한 패턴으로 의미화하는 글쓰기의 기술들과 그 안에서 구성되는 주체의 성격에 주목하게 될 것이다.

2. '대동아의 성지聖地'라는 고향

일본의 고도는 근대 이후에 창안된 것이다. 우선 메이지 시기까지만 해도 일본의 자전류에서 '고도'라는 어휘는 찾아볼 수 없다. 고도의 의미를 띠고 있던 어휘는 '구도(旧都, モトノミヤコ)'였다. 일본의 한 연구자에 따르면 고

10 식민지시기 '내지시찰단'에 대해 전반적으로 소개한 연구로는 박찬승, 「식민지시기 조선인들의 일본 시찰」, 『지방사와 지방문화』 9-1, 2006 참조. 특히 전시체제기 내지시찰단을 집중적으로 다룬 연구로는 조성운의 「전시체제기 일본시찰단 연구」(『사학연구』 88, 2007)가 거의 유일한데, 그는 식민지 초기부터 시기별로 일본시찰단의 조직·파견의 실제와 그 성격에 대해 꾸준히 연구해 온 바 있다. 조성운, 「1910년대 일제의 동화정책과 일본시찰단」, 『한일민족문제연구』 6, 2004; 「1920년대 일본시찰단의 조직과 파견」, 『한국독립운동사연구』 28, 2007 등 참조.

11 전시체제기 일본시찰단을 다룬 조성운의 연구는 1930년대 이후 파견된 '내지시찰단'의 구성원, 시찰지, 시찰 목적에 대한 많은 자료를 제공해 주고 있으며, 특히 중일전쟁 발발을 전후로 그 성격이 전환되는 지점을 적절하게 지적하고 있으나, '시찰단'이 "국체관념을 확고히 함으로써 조선인을 전쟁에 동원하기 위한 수단으로서 기능하였다"는 사실을 확인하는 데서 그치고 있다. 조성운, 「전시체제기 일본시찰단 연구」, 『사학연구』 88, 2007, 1093쪽 참조.

도가 구도와 같은 의미로 자전류에 처음 등장하는 것은 『신편대언해新編大言海』(1932)에서이다.[12] 일본에서 '미야코(都)'란 천황이 살고 있는 곳, 즉 궁성이 있는 곳을 뜻한다. 따라서 고도란 천황이 있지 않은 과거의 '미야코'를 뜻한다. 근대에 들어서면서 여기에 '수도'로서의 의미와 '도회'로서의 의미가 덧붙여져 "왕궁성·수도성·도회성의 중층적인 의미"[13]를 지니게 됐다. 그러나 중일전쟁기 이후 국가신도國家神道의 공식성이 강화되고 황국신민의 서사봉독, 궁성요배 등 황민화의 규율이 일상에 관철되면서 고도 및 성지—황릉, 신궁 등이 위치한 고도—는 천황제 전체주의의 정치적·문화적 표상, 나아가서는 '대동아'의 성지로서의 성격을 강하게 띠게 됐다. 황민화가 구체적인 규율적 실천과 분리될 수 없었던 것처럼 신성한 장소로서의 고도는 순례의 실천과 결합될 때에만 권위를 가질 수 있었다.

식민지 초기부터 조선총독부 및 관변 기관들은 조선인 관리를 비롯해 유생, 도평의원, 면협의원, 경제인, 교사, 농촌지도자, 청년 등 다양한 계층의 피식민지인들을 '내지시찰단'이라는 이름으로 조직해 빈번히 '내지' 여행에 보내곤 했다. 시찰단 구성원들의 직업, 계층, 연령에 따라 그 여행 코스에 조금씩의 편차는 있었지만 대체로 후쿠오카(福岡)−히로시마(広島)−고베(神戸)−오사카(大阪)−교토(京都)−나고야(名古屋)−도쿄(東京)−닛코(日光) 등을 거쳐 갔던 것으로 보인다. 이 시찰단의 여행은 주로 관리직 또는 기술직에 종사하고 있는 조선인들에게 '내지'의 발달된 근대도시의 모습을 과시하는 한편 일본의 역사와 문화의 깊이를 선전하고자 하는 스펙터클 정치학에 의해

12 高木博志, 『近代天皇制と古都』(岩波書店, 2006), 271쪽 참조. 하지만 서적류로서는 伊藤猛吉의 『吾川の古都: 安德天皇の行在所』(1907)에서 '고도'가 처음 사용됐다고 한다.

13 高木博志, 위의 책, 272쪽. 이러한 의미가 일반화되면서 특히 오늘날 교토와 나라가 스스로 '고도'로서 표현된 것은 '역사적 풍토성'에 중요한 의미를 부여한 고도보존법(1966)의 제정 이후이다(같은 책, ⅴ~ⅵ쪽 참조). 일본에서 오늘날 흔히 사용되고 있는 '고도'라는 표현에는 1960년대 이른바 고도경제성장기 일본의 급속한 현대화가 그 내부에 끌어들이고 있던 대리보충적 시선이 함축되어 있다고 할 수 있다.

기획된 것이었다.[14] 즉 오사카, 도쿄 등 대표적인 근대도시와 교토, 나라, 닛코 등 고도 또는 고대의 역사적 연원과 관련된 지역이 함께 포함되어 일본의 현재(및 미래)와 과거를 공간적·시각적으로 제시하는 방식으로 시찰 코스가 짜여 있었다.

그러나 중일전쟁 발발 이후, 나아가서 태평양전쟁 발발을 전후해서는 단순한 '시찰'보다는 교토, 나라 등 고도와 신궁 및 신사를 중심 코스로 하는 이른바 '성지참배' 성격의 여행이 두드러지게 된다. 이 무렵 지원병으로 선발된 예비 병사들, 사상전향자, 성적과 품성이 우수한 소학생, 교원 등에게 나라, 교토, 이세신궁(伊勢神宮), 야스쿠니신사(靖国神社) 등을 중심으로 한 참배여행이 충량한 황국신민 양성을 위한 정신교육과 현장교육 프로그램으로서 제공되곤 했던 것이다.[15] 단적으로 비교한다면, 일본의 근대적 발달상에

---

14 식민지시기 '내지시찰단'의 시찰 코스에 대한 전반적인 소개는 박찬승, 앞의 글, 213~216쪽; 조성운, 「1920년대 초 일본시찰단의 파견과 성격(1920~1922)」, 『한일관계사연구』 25, 2006, 339쪽 참조.

15 조성운은 1930년 이후 '내지시찰단'의 성격을 중일전쟁 발발을 전후해 두 시기로 나누어 살피고 있다. 그의 통계에 따르면 제1기에는 산업시설시찰(17건), 행정시찰(10건), 학사시찰(7건), 도시시찰(6건), 사회시설시찰(1건), 기타(2건) 등이 이루어졌던 데 반해, 제2기에는 신궁참배와 국체인식(30건), 산업시설시찰(22건), 행정시찰(8건), 학사시찰(8건), 도시시찰(4건) 사회시설시찰(4건), 기타(6건) 등으로 중일전쟁 발발 이후 처음으로 대대적인 규모에서 성지참배시찰이 이루어졌음을 알 수 있다. 조성운, 「전시체제기 일본시찰단 연구」, 『사학연구』 88, 2007, 1075~1076쪽 참조.

이 중에는 시인 신동엽(창씨명 히라야마 야키치(平山八吉))도 포함되어 있다. 부여심상소학교(이후 부여초등학교) 5학년생이던 1942년 4월, 교장의 추천으로 내지성지참배단에 참여한 적이 있음이 새로 발굴된 자료에 의해 알려졌다. 김응교, 「히라야마 야키치, 신동엽과 회상의 시학」, 『민족문학사연구』 30, 2006, 285~291쪽 참조. 이 참배단은 주로 나라, 교토를 집중적으로 답사했고, 도쿄의 황궁, 야스쿠니신사도 방문했다.

한편 1939년에는 조선지원병훈련소의 지원병 3백 명이 3반으로 나뉘어 '총후보국시찰 및 신사참배'를 목적으로 '내지'를 여행한 바 있으며(박찬승, 앞의 글, 212쪽 참조), 특히 1940년에는 이른바 황기 2600년을 맞아 많은 '성지참배단'이 조직되었던 것으로 보인다(『동아일보』, 1940. 2. 18, 20 참조). 또한 1942년에는 유림들로 성지참배단을 조직해 오사카, 나라, 교토, 도쿄 등지의 신궁참배를 보내기도 했다(『매일신보』, 1942. 11. 14. 참조).

대한 '시찰'에서 유구한 역사적 자연성에 대한 '참배'로 전환되는 여행의 경향은 고도古都의 정치적 의미론과 관련해 주목할 만한 지점이다. 시찰의 규율이 피식민지인들에게 '내지'의 변화의 힘을 이해하게 만드는 방향으로 작용하고 있다면, 참배의 규율은 제국의 신민들에게 '제국'의 영원성(불변성)을 내면화하게 만드는 방향으로 설정되어 있기 때문이다. 그러므로 '대동아'의 문학인들이 함께 '내지'의 고도를 참배하는 실천은 의미심장하다.

대동아문학자대회의 공식 행사가 끝난 후 '대동아'의 문학인들은 하야시 후사오(林房雄), 구메 마사오, 가와카미 데쓰타로(河上徹太郎) 등 '내지'의 문학인들과 더불어 11월 9일에서 13일에 걸쳐 이세신궁, 나라, 교토를 답사하며 '대동아'의 성지와 고도를 참배한다. 이 경험은 특히 조선의 문학인들에게 '내선의 뜻깊은 인연'을 되새기는 계기가 되는데, 이광수는 바로 이 여행에서의 일화와 감상을 기록해 『문학계文學界』에 남기고 있다. 여기서 그가 단연 가장 많은 지면을 할애하고 있는 성지는 나라이다. 당연하게도 이는 나라가 고대에 있어서의 일본과 조선 사이의 특별한 관계를 상기시켜 주는 특권적인 장소였기 때문이다.

이광수에게 나라가 가지는 특별한 의미는 한 일화를 통해서도 드러난다. 대동아문학자대회와 성지참배의 과정에서 '대동아'의 문학인들은 몇 차례 연회를 가졌던 것으로 보이는데, 이광수가 기록하고 있는 한에서 내지의 문학인들(특히 하야시 후사오와 가와카미 데쓰타로)이 이광수를 취하게 만들었던 두 차례의 연회가 있었다. 한 번은 대회가 마무리된 후 도쿄에서, 다른 한 번은 나라에서이다. 흥미로운 것은, 도쿄에서는 만취해 "앞뒤를 분간하지 못할 정도가 되고 말았다"[16]며 간단히 서술하는 것으로 그친 데 반해, 나라에서는 "좋아. 마시자. 속내 정도가 아니라 진흙을 토해도 좋다. 나에게는 중생에게

16 李光洙, 「三京印象記」, 『文學界』, 1943. 1, 73쪽. 이 글은 김윤식 편역, 『이광수의 일어 창작 및 산문선』(역락, 2007), 117~143쪽에 번역되어 실려 있다.

감춰야 할 어떤 것도 없다. 취해 보여줄 추함이 있다면 그것이 나의 참된 모습이리라. 나에게 진심을 바라는 벗에게 내 있는 그대로를 보이지 않으면 어쩌겠는가"라며 호기를 드러내고 있다.[17]

이광수가 나라를 특별한 장소로 기술하며 예외적인 행동을 보일 수 있었던 것은 물론 그에게 나라가 "내가 혜자惠慈나 담징曇徵을 수행해 와 있었을지도" 모르는, "한없이 그리운" 곳이었기 때문이며,[18] 또한 그 자신이 "쇼토쿠태자를 특히 그리며 사모"[19]할 수 있는 조선인이라는 사실과 관련되어 있을 것이다. 고구려의 승려 혜자와 담징, 백제의 승려 혜총惠聰과 쇼토쿠태자가 맺은 "참으로 깊은 인연"[20]의 장소에서, 나라로 온 백제관음상과 나라에서 태어난 만요슈(萬葉集)를 통해 일본과 조선은 혈통·종교·예술의 동일성 속으로 회귀한다. 그리하여 대동아의 성지는 조선의 고향과 이어진다.

한편 이광수는 「소녀의 고백(少女の告白)」이라는 소설을 통해 이 신성한 장소를 다시 상기하게 된다. 이 소설에는, 조선에서 태어나기는 했으나 부모를 따라 어릴 적 교토로 건너와 조선인으로서의 열등의식과 조선에 대한 그리움이라는 양가감정을 지닌 채 번민하는 한 재일 조선인 소녀가 등장한다. 내면고백을 통해 자기 정체성을 확인하는 형식을 취하고 있는 이 소설 속

---

17 李光洙, 앞의 글, 76쪽 참조. 나라에서 이광수가 '속내'를 드러냈음은 어느 정도 사실인 것으로 보인다. 타이완 대표의 한 사람이었던 일본인 하마다 하야오(濱田隼雄)에게도 이날의 연회는 인상적인 것으로 기억되고 있다. 그는 "반도의 작가로서의 괴로움을 불쑥 누설한" 이광수를 가와카미와 중국 대표의 일원 구사노 신페이(草野心平)가 비판하고 있는 장면을 목격했던 것이다. 濱田隼雄, 「大會の印象」, 『文藝臺灣』, 1942. 12, 21쪽; 김윤식, 『일제말기 한국작가의 일본어글쓰기론』(서울대학교출판부, 2003), 99~100쪽 참조.

김윤식은 일찍이 「삼경인상기」에 나타나는 이광수의 심리 및 태도의 변화를 치밀하게 분석하면서, 이광수라는 이름과 가야마 미쓰로(香山光郎)라는 창씨명 사이의 거리가 드러내는 존재론적 차이를 주목한 바 있다. 특히 이 만취한 장면에 대해 이광수가 나라라는 장소에서야 비로소 가면을 벗고 "고대인 조선인으로 환원"되었다고 해석하고 있다. 김윤식, 위의 책, 137쪽 참조.

18 李光洙, 앞의 글, 76쪽.

19 李光洙, 앞의 글, 77쪽.

20 李光洙, 앞의 글, 78쪽.

에서도 나라는 예외적인 경험을 발생시키는 장소로 설정되어 있다. 조선어를 읽을 수 없는 이 소녀는 조선이 지닌 정신적 가치에 대해 알고 싶어 하나 부모를 비롯한 주변의 조선인들에게서 오직 물질적인 가치만을 숭상하는 모습을 발견하고 절망한다. 봉건적인 관습이 지배적인 가정에서 그녀는 어떤 참된 가치도 발견할 수 없다. 그러던 중 소학교 때 "조선 아이인 저를 언제나 친구로 삼아주신"[21] 화족 집안의 손녀딸 카와무라 타에코(川村妙子)를 통해 그 집안에 출입하게 되면서 그들이 지닌 교양과 기품과 아름다운 문화에 감복하게 된다. 한편 그곳에서 소녀는, 카와무라 집안의 친척 어른으로, 은행가이면서도 일본과 조선의 고대 관계사에 대해 대학교수 못지않은 해박한 지식을 가지고 있는 타니무라(谷村)를 알게 되는데, 그는 이 소녀에게 일본과 조선이 동조동근이며 종교도 문화도 하나라는 사실을 일깨워 준다. 「삼경인상기」에서 열거되었던 고구려·백제의 종교·문화와 일본 아스카의 종교·문화의 직접적인 교류의 사실들이 다시 확인되고 나아가서는 간무천황의 모계가 백제 후손이라는 진술까지 등장한다. 일본인의 입을 통해 이 사실들을 확인받은 소녀에게 일본 그리고 교토는 지금까지와는 사뭇 다른 장소로 다가온다.

> 저는 교토를 이향異鄕이라고 생각하고 있던 죄송스러움을 마음으로부터 스스로 사죄했습니다. 내지인들을 자신과는 인연이 거의 없는 존재라고 피하고 있던 것도 후회했습니다. 저는 자신의 선조의 고향, 자신의 혈연의 장소에서 놀고 있었던 것 같은 친숙함을 느꼈습니다. 타에코 씨나 아사카야(浅茅) 씨나 카츠마로(克麿) 씨도 갑자기 친숙함을 더한 듯이 느껴졌습니다.[22]

---

21 香山光郎, 「少女の告白」, 『新太陽』, 1944. 10, 29쪽. 이 소설은 이경훈 편역, 『진정 마음이 만나서야말로』(평민사, 1995), 424~439쪽에 번역되어 실려 있다.

22 香山光郎, 위의 글, 30~31쪽.

이제 소녀에게 있어 내지의 고도는 자신의 선조의 고향과 동일한 상상지리적 장소에 자리 잡는다. 이 장소에서 조선인과 일본인은, 조선인이 일본인이 되어야 한다는 '불가능해 보이는' 구호에 앞서, 언제나-이미 같은 뿌리를 공유하고 있는 두 변이체에 불과하다. 아니, 식민지/제국의 현실을 지배하는 힘의 작용과 정반대되는 방향으로 종교적·문화적 유통 및 영향 관계가 형성되었다는 고대의 상상 속에서 두 변이체의 관계는 역전되기까지 한다. 즉 조선으로부터 건너온 승려들과 이주민들이 없었으면 쇼토쿠태자의 덕망도, 호류지의 장대함도 존재할 수 없었던 것이다. 그리하여 마침내 카와무라가, 타니무라가의 사람들과 함께 떠난 나라 여행에서 소녀는 "천 몇백 년 전의 과거로 소환되는 듯한", 그리고 마치 자신이 "주빈이 된 듯한" 환상에 젖는다. 그리고는 소녀는 그녀의 얼굴에서 "백제의 작품"인 도쇼다이지(唐招提寺)의 성관음상聖觀音像의 모습을 발견한 카츠마로의 사랑의 요구를 순순히 받아들인다.[23]

나라는 식민지/제국 일본의 고도로서 일본의 종교·예술의 기원과 맞닿은 '대동아'의 성지이면서 동시에 고대 한반도와의 직접적인 교류의 증거를 보존하고 있는 '내선일체'의 성지이기도 했다. 즉 나라는, 한편으로 '내지'의 입장에서는 국민-국가적 동일성의 본질적 연원—이른바 야마토문화의 동일성—으로 소급해 갈 수 있는 한계 지점이면서, 다른 한편으로 '식민지/제국'의 입장에서는 작게는 식민지, 넓게는 '대동아'와 연결되면서 국민-국가

23 香山光郎, 앞의 글, 32쪽. 다만 이광수가 이 사랑을 한 번의 육체적인 관계로 끝내고 있다는 점은 다른 해석의 여지를 남긴다. 즉 카츠마로가 정작 결혼은 친척인 타요코와 하는 것으로 설정됨으로써, 결국 이 재일 조선인 소녀는 일본인 청년에게 한낱 욕정의 대상이었을 뿐 결코 "참으로 깊은 인연"의 관계 속으로는 들어가지 못하기 때문이다. 그러나 다른 한편으로는, 소녀가 원한이나 분노를 표출하기는커녕 이때의 행동과 그 후의 자신의 처신을 "우리 선조들의 느긋하고 낙천적인 피의 유전으로서 감사"(33쪽)한다고 합리화하며 일종의 '운명애'의 태도를 취하고 있는 대목은 내선일체의 실천과 고행을 결합시키는 이광수의 독특한 윤리와 관련된 것으로 보이기도 한다. 이에 대해서는 이후 4장에서 살펴보도록 하겠다.

이전의 광역적 네트워크의 존재를 상기시키는 증거였다. 이른바 '대동아공영권'이라는 광역 질서의 기획은 서양적 근대가 만들어 놓은 국민-국가의 경쟁 상태를 지양하고 동아시아의 고대적 광역 질서를 현대에 재현하는 역사적 쇄신의 사업으로 선전되었고,[24] '동양의 영구평화'를 내세운 이 새로운 세계 체제의 지정학 속에서 나라는 일본(내지)-식민지-아시아를 연결시키는 본질적 수도首都로서 위치 지어진다.

이러한 세계 변동 과정에서 조선인이 살 길은 일본인이 되는 길밖에 없다고 생각하는 이광수의 상상지리 속에서 나라는 조선과 일본 사이의 본질적인 매개 지점이었을 뿐만 아니라, 나아가 저 먼 고대의 아시아에서처럼 식민지/제국의 관계조차 의미를 잃어버리고 진정한 종교와 예술만이 숭앙받는 '지나간 미래'의 고향이었을지도 모른다.

3. 숭고와 황민화

이광수가 식민지/제국의 고도에서 본질적인 고향을 발견하고자 했다면, 그리고 그를 통해 일본과 조선의 동일성을 혈연적·종교적·예술적 차원에서 확증하고 황민화의 불가능성을 역사적·신화적으로 배제하는 방식을 취했다면, 이곳에서 살펴볼 여행기들은 식민지/제국을 '참배'하는 또 다른 방

---

24 '대동아문학자대회' 첫날에 일본 정보국 차장인 오쿠무라 키와오(奧村喜和男)는 "아시아에는 국제연맹과 같은 국경도 없고 어떤 차별도 없으며, 있는 것은 단지 하나의 이상이고 德이며 同苦이고 共謦입니다"라고 말하고 있다.『文藝』, 1942. 12, 5쪽.

이처럼 서양적 질서를 거부하는 형태로 '대동아'의 공간을 규정짓고자 했던 당대 일본 지정학자들의 논의에 대해서는 이석원,「'대동아' 공간의 창출: 전시기 일본의 지정학과 공간담론」,『역사문제연구』 19, 2008 참조. 이 글에서 이석원은 독일 지정학의 영향을 받으면서도 '반근대적' 공간으로서 '대동아'의 '주체적' 공간론을 개진하고자 했던 일본 '교토지리학파' 지정학의 다면적 성격을 포착하고자 한다.

식을 보여준다. 이 방식은 식민지/제국의 가시적·비가시적 '힘'과 관련되어 있다.

1940년 10월 11일 일본 요코하마 근해에서 이른바 황기 2600년을 기념하기 위해 쇼와천황이 참석하는 일본 해군의 특별관함식이 거행되는데, 이에 백철이 문인특파원의 자격으로 다녀와 참관기를 남긴다. 이광수에게서도 보이는 감각이지만,[25] 10년만에 '내지'를 찾아가는 이 시기의 백철에게 '내지'는 역시 과거의 그것과는 다른 것이었다. 물론 백철의 경우엔 '내지' 자체의 지정학적 위상의 변화보다는 "전과는 다른 새로운 입장"에 서게 되었다는 주관적 변화의 투사가 강해서, 그는 "마치 자기가 탄생해서 어머니 품에 안겨 자라난 그 고향, 그 모촌母村, 그 산천에 대한 순정적인 동경과 애모 그런 성질의 깊은 감정"을 느끼며 일본으로 향한다.[26] 성지참배의 실천이 언제나-이미 삼가는 마음을 훈련시키듯이 국가적 행사를 배관拜觀하기 위해 '내지'로 떠나는 백철에게는 언제나-이미 "낭만적인 정열과 동경이 준비되여 있다."[27]

천황이 직접 참여하는 관함식을 보기 위해 몰려든 수많은 군중들을 헤치고 일등순양함 가코함(加古艦)에 오를 수 있게 해 준 '해군성특허기자'라는 완장의 권위를 만끽하며, "보통 사람들과 다른 운상인雲上人과 같은 감상적

25 태평양전쟁을 전후하여, 그리고 대동아공영권 건설의 비전이 제시되면서 '내지'라는 장소는 단지 식민지 모국이 아니라 '대동아'의 중심으로서 이전과는 상이한 지정학적 의미를 지니게 되는데, 이광수는 이 변화를 간과하지 않는다. "…(전략)… 이번 도쿄 가기는 흡사 처음 도쿄를 보는 것처럼 내게는 신선했다. 그것은 도쿄 그 자체의 성격이 변한 탓이기도 하고, 나 자신의 심경이 변한 탓이기도 할 것이다. 도쿄는 지금 일본만의 수도가 아니라 아시아 대공영권의 수도다. 천황의 존엄한 권세는 대동아 전역에 빛을 씌우고 있다. 도쿄의 정치력, 문화력은 아시아 여러 민족의 정치와 문화의 원천이며 원동력이라는 것을 누가 부정하겠는가. 나는 **이 도쿄**를 처음 본 것이다." 李光洙, 앞의 글, 68쪽. 강조는 인용자.

26 백철, 「天皇陛下御親閱 特別觀艦式 拜觀謹記」, 『三千里』, 1940. 12, 30쪽.

27 백철, 위의 글, 29쪽.

인 흥분"[28]에 젖은 백철은 조선인으로서는 매일신보 특파원 이원영과 자신 단 둘만이 이 선상에 오를 수 있었음에 감격하며 "이 성대聖代에 생을 타고 난 국민으로서의 행복된 감격을 새롭게"[29] 느낀다. 마침내 쇼와천황이 탄 배가 출항하고 예포와 기미가요가 울려퍼지는 '장엄한' 순간을 그는 이렇게 기록하고 있다.

> 이 순간에 그 절정에 달한 지대지엄至大至嚴한 감격이 어떻드냐고 표현하라고 해도 나는 **구체적으로 형언해 낼만한 아무 표현문구도 발견하지 못했다**고 대답하는 수밖에 없으리라. 마치 백주白晝에 직사直射하는 태양을 **정면**으로 바라보려는 어리석은 어린애와 같이 바라보려고 노력하면 노력할사록 더욱 그 열광 앞에서 시력을 잃고 나종에는 눈앞이 캄캄해저서 아무 것도 안 뵈는 것과 같이 나와 같은 미천지신微賤之身이 일단에 신상身上에 남아 넘치는 광영光榮을 힘닙어 황공하옵께도 폐하를 이처럼 멀지 않은 거리에 모시게 될 때에 내 감격은 너무 높고 컷으며 그 높으신 어능위御稜威 앞에 오직 형용할 수 없는 성엄聖嚴의 순간을 가질 뿐이요 그 감격을 분석하는 소이성小理性은 이 순간에는 광채를 잃고 무색해지는 것이라고 생각이 된다.[30]

여기서 백철은 전형적인 숭고의 경험을 서술하고 있다. 식민지 출신의 '미천한 몸'은 가시적으로 측정할 수 있을 만한 거리를 두고 현현한 '절대자'를 어떤 불순물도 개입하지 않은 직접성("정면") 속에서 경험하고는 눈멀고 만다. 이 경험은 그의 표현 능력을 초과한 곳, 나아가서는 언어 자체를 초월한 곳에서 이루어지는 듯이 보이며, 따라서 '기록자'로서의 본분을 잊어도

---

28 백철, 앞의 글, 36쪽.

29 백철, 앞의 글, 37쪽.

30 백철, 앞의 글, 38쪽. 강조는 인용자.

용서받을 수 있는 가장 숭고한 경험이다. 이 이후에는 항공모함, 구축함, 순양함, 잠수함 등 백여 척의 군함이 시위를 하고, 수평선 끝으로부터 5백여 기의 비행편대가 하늘을 뒤덮는 장관이 펼쳐진다. 이 숭고의 경험 속에서 백철은 "국가의 **신뢰**를 높은 감격 속에 다시 한번 감명感銘"[31]한다.

이와 관련하여 이석훈의 신궁참배기를 보도록 하자. 조선문인협회의 상무간사인 목양 이석훈은 1941년 11월 협회를 대표하는 성지참배 작가로 선정되어 '내지'에 파견되었다.[32] 그의 여행은 조선문인협회의 문학인 '성지참배' 파견 및 '국경위문대' 파견의 기획의 일환으로 성사된 것이었다. 그의 여행 코스는 거의 대부분 신사 및 궁성 참배만을 위한 것으로 짜여져 있고, 가시하라신궁(橿原神宮), 아츠타신궁(熱田神宮), 메이지신궁, 야스쿠니신사 등을 순례했던 것으로 보이는데,[33] 그중에서도 가시하라신궁과 진무천황릉(神武天皇陵), 나라 일대, 그리고 이세신궁에 대한 참배기를 남기고 있다.[34]

신궁에 대한 묘사나 참배의 절차, 나아가서 참배 후 "겨우 일본정신의 본질이라던가, 일본국체의 숭엄함을 실지로 터득한 듯한 느낌"[35] 등에 대한 서술은 이미 참배를 떠나기 전부터 준비되어 있던 것이라고 할 수 있을 것이다. '참배기'는 참배를 떠나고, 참배를 행하고, 돌아와 그 경험과 일화를 전파하는 전체 과정을 아우르는 참배 실천에 그 한 구성요소로서 이미 내재하고 있는 것이기 때문이다. 특히 '성지참배' 실천의 구성요소로서의 글쓰기의 경우엔 신성함에 압도당하고 감복하는 이외의 서술은 애당초 배제되는 규율에 의해 작동하고 있다. 다만 흥미로운 것은 그 스테레오타입적인 숭고

31 백철, 앞의 글, 41쪽. 강조는 인용자.

32 『매일신보』, 1941. 11. 18. 이석훈의 성지참배 파견 소식을 전하는 이 기사에서 그는 일본문화의 전통 및 국체에 대한 '수양'과 '체득'의 자세를 서둘러 보여주고 있다. 한편, 이석훈과 같은 날(11월 17일) 조선군 보도부의 파견으로서 극작가 임선규도 성지참배를 떠났다.

33 『매일신보』, 1941. 11. 14. 참조.

34 이석훈, 「聖地參拜通信」, 『조광』, 1942. 1; 「伊勢神宮, 聖地參拜記」, 『삼천리』, 1942. 1.

35 이석훈, 「伊勢神宮, 聖地參拜記」, 『삼천리』, 1942. 1, 126쪽.

경험의 진술이 어떤 대상들을 서로 연결시키고 있는가 하는 것이다.

신궁은 아시다싶이 음엄陰嚴한 기분이 있어, 이십년 내지 삼십년마다, 자리를 바꾸어 신축을 하는 것인데, 이 외궁外宮도 옮겨 지은지 그리 오래지 않건만, 주위의 수림樹林에서 오는 신비로운 분위기 때문인지, 역시 이 우성祐城만이 가질 수 있는 높은 기분을 주더이다.

참배를 마치고, 마악 돌아서려 할지음 타카쿠라야마(高倉山) 남쪽 하늘에서, 우렁찬 「프로페라」 소리가 들려오기에, 발걸음을 멈추고 울어러본즉, 굉장히 큰 중폭격기重爆擊機가 무려 수십 대나 편대 비행을 하며 날르고 있습니다. 태평양의 풍운이 급急을 고하려는 때인 만큼 황군의 용자勇姿를 바라볼 때 그것은 실로 **장쾌하게 믿엄직하게** 보였습니다.[36]

이른바 일본 황실의 시조신이라는 태양신 아마테라스오미가미(天照大神)와 의식주를 관장하는 도요우케노오미가미(豊受大神)의 제사를 지내는 장소, 일본과 황실의 정치적·종교적 권위를 상징한다고 하는 장소에서 "황군의 무운장구를 기원"[37]하는 식민지의 순례자에게 다른 태도가 기대될 수는 없을 것이다. 그런데 이석훈은 이곳에서 신궁의 숭엄한 분위기를 폭격기 편대의 위용과 결합시키고 있다. 이는 관함식에 참석한 백철이 쇼와천황의 현전을 군함 및 비행 편대의 압도적인 이미지와 결합시킨 것과 동일한 구조라고 할 수 있다. 정치적·종교적 상징 앞에서 이들 식민지 참배자들이 겪은 숭고의 경험은 의도했든 의도하지 않았든 군사적 위력과 친연성을 나타내는 것으로 기술된다.[38] 절대자와 신화적 장소가 담지하고 있다는 어떤 탁월성은

36 이석훈, 앞의 글, 125쪽. 강조는 인용자.

37 이석훈, 앞의 글, 126쪽.

38 한편 신궁과 폭격기의 결합은 '근대의 초극(近代の超克)'의 맥락에서 '동양적(일본적) 정신'과

고도의 기계 기술을 통해 달성된 군사적 탁월성과 동일시되고, 전자는 후자로 전이된다. 아니, 보다 정확히 말하자면 가시적으로 드러나는 군사적 위력이 그 배후에 있을 더 큰 비가시적인 위력을 예감하는 것으로 표상된다. 이렇듯 군사적 위력 앞에서 압도되는 숭고의 감정은 숭고 자체의 기제, 즉 표상된 것을 통해 표상 불가능한 어떤 것을 예감하게 하는 기제를 작동시키는데, 여기서 예감되는 표상 불가능한 것이란 다름 아닌 제국의 도덕적·정신적 힘, 서양 제국주의에 맞서 이른바 '대동아'를 해방시키고 동양의 영구평화를 확립하고자 하는 제국의 정의로움, 식민지 백성들을 '황국'의 울타리로 이끌어 들이는 제국의 너그러움이다. 백철과 이석훈이 동일하게 느낀 제국에의 믿음은 바로 이 힘과 정의와 관용에 대한 예감에서 비롯된다. 이렇게 볼 때 국가적 의례와 성지참배의 수행적 기능이란 식민지/제국 일본의 국가로서의 신뢰도를 제고시키는 데 있다고 하겠는데, 이는 특히 피식민지인들이 현실적으로 '국민으로서의 권리들을 보호받고 있는가' 하는 문제와는 전혀 상관없이, 심미적 경험의 영역 또는 스펙터클 정치의 영역에서 피식민지인들의 '황민됨'을 상상하게 만든다.

그런데 제국의 무한한 힘과 정의와 관용에 대한 예감에서 비롯된 '믿음'이 군사적 위력의 표상을 매개로 하고 있다는 점은 의미심장하다. 강렬한 파괴의 힘에 매개된 신뢰는, '황국의 영광스러운 황민'이 되기 위해 죽음과 공포를 매개로 해야 한다는 사실을 암시해 주기 때문이다.

'서양적 기술'의 종합을 표상하는 것이기도 하다. 이석훈은 이른바 황기 2600년을 맞아 새롭게 확장·보수된 가시하라신궁에서 "외래문화를 곧 제것으로 소화해서 거기서 근대 일본적인 독특한 문화를 창조하는 놀라운 감수성"과 "기계문명은 서구의 것이기 때문에 공장의 「메카니즘」이 서구 그대로 일본의 자연 속에 따로 동떨어져서 존재하는 것이 아니라 일본의 자연에 조화되고 일본인의 정신이 들어 있는 일본적인 「메카니즘」으로 화하여 있다는 것"을 본다. 이석훈, 「聖地參拜通信」, 『조광』, 1942. 1, 115쪽.

4. 『법화경』의 세계와 개방된 폐쇄성

제국의 고도순례와 성지참배가 한편에서는 식민지/제국의 차별과 분리를 뛰어넘을 수 있는 진정한 고향을 상상하게 하고 다른 한편에서는 숭고의 경험을 통해 예감되는 황민에의 귀속감을 상상하게 한다면, 이 양자는 유사하면서도 구별되는 효과를 낳는 듯이 보인다. 물론 양자는 궁극적으로 식민지/제국과 대동아공영권의 현실을 '현실로서' 받아들이게 하는 기술적 장치로서 동일하다고 할 것이다. 그러나 동조동근의 장소적 현현으로서의 제국의 고도가 식민지/제국의 지배-예속 관계를 순간적으로 비약하는 듯한 환상을 제공해 준다면, 성지에서의 숭고 경험은 초월적 존재로서의 천황과 황실의 은덕에 몸을 맡김으로써 '황민'의 울타리에 들어서기 때문이다.

고도순례와 성지참배 실천이 가지는 이 두 가지 효과가 어떻게 공존하며 기능하는지를 살피기 위해 여기서 다시 이광수에게로 돌아가 보도록 하자. 이 시기 이광수는 조선과 일본의 역사·혈통·신앙의 동일성을 전제하고 "단지 법적인 일본신민일 뿐만 아니라 혼의 근저로부터 완전히 일본인이 되는 것"[39]을 목표로 '수행修行'을 일삼는 모습을 보이고 있다. 그가 이 수행 과정에서 지침이자 경전으로 삼고 있는 것은 『법화경』이다. 그에게 『법화경』은 무엇이었는가? 그리고 종교적 수행과 정치적 존재 전이는 어떻게 함께 사고될 수 있었는가? 나아가 이 종교적 수행의 실천과 고도순례·성지참배 실천 사이에 어떤 관계가 성립되는가?

이광수가 『법화경』을 처음 접한 것은 1923년 금강산 유람 때였던 것으로 보인다.[40] 대승경전의 하나로서 『법화경』은 『반야경』, 『화엄경』 등이 삼계유

---

39 香山光郎, 「行者」, 『文學界』, 1941. 3, 81쪽. 이 글은 김윤식 편역, 앞의 책, 97~113쪽에 번역되어 실려 있다.

40 김윤식, 『이광수와 그의 시대 2』 (솔, 1999), 233쪽 참조.

심三界唯心이라 하여 '심'을 주로 하고 '색'을 종으로 보는 관념론적 입장에서 있고, 특히 『반야경』이 현상계도 심도 모두 참모습이 아니라고 부정하는 쪽이라면, 『법화경』은 현상계도 심도 함께 실재하는 것으로 보는 입장이다. 그리하여 '색심실상色心實相'이라 표현한다. 그러나 색과 심을 이원적으로 파악하는 것이 아니라 같은 위치에서 동시에 파악하고자 한다.[41] 요컨대 중생의 근기根氣는 하나이고 모든 사람을 성불로 인도하는 것이 부처의 자비이므로 성불의 가르침만 있을 뿐이라는 것, 따라서 모든 사람은 성불할 수 있다는 것이 『법화경』의 주된 주장이다.[42] 그러나 『법화경』이 불교경전으로 어떤 내용을 담고 있는가 하는 것은 여기서 크게 중요하지 않다. 문제는 이광수가 왜 이 시기 『법화경』을 자주 끌어들였고, 그중에서도 특히 어떤 측면에 주목했는가 하는 것이다.

여기서 우선 중요한 것은 이광수가 『법화경』의 행자가 됨으로써 이른바 실천 사상으로서의 보살행을 익히고자 했다는 점이다. 이미 그는 「삼경인상기」에서 고구려의 승려 혜자가 쇼토쿠태자에게 『법화경』을 진상하고 강독했다는 사실을 언급한 바 있는데, 쇼토쿠태자가 『법화경』에서 단지 지식을 얻은 것이 아니라 그것을 스스로 "자신의 사상"[43]으로 만들고자 했다는 점이 강조되고 있다. 쇼토쿠태자의 보살행 실천은 '독경삼보篤敬三寶'로 설명된다. 즉 보살행의 가르침인 법보法寶, 그 가르침을 설명한 불보佛寶, 그리고 그 가르침을 널리 알리는 중생인 승보僧寶를 존중하면서 자기를 버리고 삼계三界의 중생을 모두 구할 때까지 이 가르침을 유일한 삶의 목적으로 삼는 것이다. 나아가 "태자는 이 법화의 이상을 실현하는 길은 천황에게 순종하는 데

41 김윤식, 앞의 책, 236~237쪽 참조.

42 平川彰, 「대승불교에서 본 법화경의 위치」, 『법화사상』, 차차석 옮김 (여래, 1996), 18~19쪽 참조.

43 李光洙, 앞의 글, 「三京印象記」, 79쪽.

있다고 믿으셨다. 즉 국가를 통하지 않고는 이 이상은 실현할 수 없다. 팔굉위우八紘爲宇라는 천황의 이상이 법화의 이상이라고 보신 것"[44]으로 해석된다. 여기서 '혜자→법화경→쇼토쿠태자'로 이어지는 현상세계에서의 연쇄는 '불법→일본정신'이라는 정신적 연쇄를 지시한다.

『법화경』에 들어 있는 불법의 정신을 쇼토쿠태자는 그대로 일본에 실현하고자 했고, 일본이야말로 대승의 땅이라고 믿었다는 것이다. 이곳에서 일본이라는 '신의 나라'가 조선의 고대와 『법화경』으로 표상되는 불교와 이어지면서 '내선일체'의 보살행을 뒷받침하는 전거로 끌어들여진다. 그리하여 그는 이렇게 말한다.

> **누구나 부처가 될 수 있다.** 변덕스러운 마음으로 불상 앞에서 잠깐 머리를 숙인 자도 모두 성불했다. 아이들이 장난으로 모래 위에 불상을 그리기만 해도 모두 성불한다. 부처의 이름을 듣는 것만으로도 성불함에 틀림없다. 그러나 그것은 구원실성久遠實成이다. 구원겁久遠劫 앞에 이미 부처이지만, 구원겁의 고행 난행을 거쳐 불법을 완성하는 것이다. 삼천대천세계는 한 뼘의 땅일지라도 석가님이 중생을 위해 신명을 버린 곳이 아닌 곳은 없다. 이리하여 석가님은 비로소 불세존佛世尊이 되신 것이다. 누구나 성불은 하지만 **그것은 결코 살기 쉬운 것은 아니다.** 피나는 수행, 무수히 신명身命을 버리는 수행에 의해서만 성취되는 것이다.[45]

이곳에서 이광수가 『법화경』을 매개로 실천하고자 하는 보살행, 그리고 혜자와 쇼토쿠태자와 일본으로 이어지는 연쇄의 의미가 분명해진다. 단적으로 말해서 누구나 부처가 될 수 있고, 누구나 일본인이 될 수 있다. 나라에서의 감상과 일화를 기록하는 자리에서 이광수가 그토록 장황하게 쇼토

44 李光洙, 앞의 글, 80쪽.

45 李光洙, 앞의 글, 78~79쪽. 강조는 인용자.

쿠태자의 보살행을 언급한 것은 그 장소가 내선일체의 실마리이자 가장 높은 상태를 공간적으로 증거하고 있기 때문이다. 누구나 일본인이 될 수 있다는 것, 그러나 그것이 결코 "살기 쉬운 것"이 아니라는 것은 식민지 조선인이 일본인으로 된다는 것이 뜻하는 바를 의미심장하게 지시해 주고 있다. 대동아의 중심으로서의 일본, 그리고 "아시아 십억의 백성에게 황도의 빛을 씌워주기 위한 전쟁"의 형태로 "보살행"을 실천[46]하고 있는 일본은 아시아를 향해 열려 있다. 따라서 그 넓게 열린 길을 따라 '누구나' 일본인이 될 수 있다. 하지만 그것은 '살기 쉬운 길'이 아니다. 즉 생명을 거는 길이다. 이는 뒤집어 본다면, 수행하지 않는 삶, 보살행을 실천하지 않는 삶은 그저 한낱 삶에 불과한 삶, 동물과 구별되지 않는 삶, 또는 노예의 삶이라고 할 수 있다. 자기 생명을 보존하기 위해 '성불'에의 길을 포기한 삶이다. 요컨대 식민지의 삶을 삶으로 유지하기 위해 일본인이 되는 길을 포기한 삶이다. 따라서 누구나 일본인이 될 수 있지만 누구나 일본인이 되는 것은 아니다. 생명을 걸어야 한다. 바로 식민지/제국 일본, 대동아공영권의 중심 일본의 병적기록부에 자신의 이름을 걸어야 하는 것이다. 따라서 누구에게나 개방되어 있는 듯하면서도 삶/죽음의 교환을 전제하는 이 수행의 길은 극도로 폐쇄되어 있다.

이 수행의 원리는 또한 고도순례와 성지참배의 실천을 규율하는 원리이기도 하다. 고도와 성지는 누구에게나 개방되어 있다. 그도 그럴 것이 공간 자체의 본성상 접근에 열려 있기 때문이기도 하고, 메이지 시대 이후 정치적·종교적인 특권적 장소로서 개발된 고도와 성지가 대중적 교통 체계에 포섭됨으로써 그 개방성이 비약적으로 증대되었기 때문이다. 그러나 그 개방성은 하나의 단서, 즉 고도와 성지를 '참배'하는 실천과 불가분하게 결합

46 李光洙, 앞의 글, 80쪽.

되어 있다. 성지의 유일무이성과 고유성과 권위와 아우라는 단지 그곳에 그것—정치적·종교적·예술적 기념비와 상징물—이 있기 때문이 아니라 그것과 어떻게 만나는가에 의해 결정되기 때문이다. 말하자면 고도와 성지는 이미 근대적으로 분할된 추상적이고 공허한 공간에 놓여 있고, 근대적인 교통 체계 속에 언제나 이미 포섭된 채로 자리 잡혀 있다. 그러나 그것을 고도와 성지로 만들어 주는 것은 이 근대적인 분할/접속의 메커니즘도 아니고, 사람들의 생활 세계와 일체화된 공간의 의미론적 위계화도 아니며, 오히려 그로부터 상징적으로 탈취된 유일무이한 장소성이다. 따라서 사람들이 점유하고 생활하며 이용하는 장소를, 바로 그 일상성과의 결합에 의해 점유하고 생활하고 이용하는 이들의 생활 세계로서 위치 지어진 장소를 '기능정지'시킴으로써 고도와 성지는 유일무이한 장소성을 획득한다. 이는 물론 국가에 의한 폭력적인 장소 탈취 및 배치의 결과이다.[47] 이로써 고도와 성지는 특별한, 세밀하게 규율화되어 있는 참배의 의례를 통해서만 접근할 수 있는 장소가 된다. 이 접근로를 이탈해 그것에 다가간다면 고도와 성지는 단번에 그 권위적인 후광을 잃고 말 것이다. 그것은 곧 신성모독 행위에 해당된다.

이렇듯 이광수에게 있어서의 『법화경』적 수행의 윤리학, 그리고 『법화경』에서 유추된 '일본인 되기'의 실천론은 고도순례·성지참배의 정치적 존재론과 같은 프로그램 속에서 작동한다. 이 '개방된 폐쇄성'은 한편으로는 식민

---

47 전근대시대 일본의 신사 공간은 불교나 토속종교가 혼재하고, 예능인이나 천민들이 모여드는 '불순한' 곳이었다. 그러나 메이지 정부가 들어선 후 '국가신도'의 권위를 확립하고자 하는 목적에 의해 특권적인 의미를 갖는 신궁과 그 주변이 근대적으로 개발되어 갔다. 그리하여 예컨대 1890년대부터 다이쇼기(大正期)에 걸쳐 이루어진 가시하라신궁 신원(神苑)정비사업 과정에서 "천황제의 청정한 공간"을 구성하기 위해 그 지역에 터를 잡고 있던 피차별부락 마을이 강제로 집단 이주된 바 있다. 高木博志, 앞의 책, 31~32쪽 참조.

한편 앞서 3장에서 이석훈의 성지참배기를 살펴보면서도 언급했지만, 1940년 이른바 황기 2600년 기념사업의 일환으로 1938년부터 1940년까지 이루어진 가시하라신궁 및 진무천황릉 참배길 확장사업에 의해 그 지역의 전답, 삼림, 묘지뿐만 아니라 민가 240호가 집단 이주를 당했다. 高木博志, 앞의 책, 55쪽 참조.

지/제국의 분할선을 지울 수 있는 통로처럼 보이기도 하지만 그 통로 끝에는 실로 죽음으로써만 도달할 수 있는 '황민'이 기다리고 있다.

5. '만세일계萬世一系'의 공간화 또는 '팔굉일우八紘一宇'의 시간화

고도와 성지라는 장소의 정치적 존재론은 시간과 공간을 특정하게 조직하고 경험하게 하는 권력의 테크놀로지 속에서 실효성을 가지게 된다. 이른바 '만세일계'와 '팔굉일우'의 표어로 상징되는 황실의 정통성과 위업과 덕을 특정한 시간-공간 경험 속에 각인시키는 것이 이 권력 테크놀로지의 핵심이라고 말할 수 있을 것이다.

'만세일계'는 이른바 태고로부터 오늘날에 이르기까지 단절없이 '황통'을 이어왔다는 황실의 정통성을 과시하는 표어이다. 물론 이렇듯 단절 없는 순수한 '황통'이란 근대 메이지 정부가 들어선 이후 만들어진 하나의 허구에 불과하다는 사실은 두말할 것도 없다. 고도순례와 성지참배는 이 허구를 단순히 이데올로기적인 조작에 그치지 않고 사람들의 관습과 몸짓의 차원에서 실행되게 만드는 기술적·실천적 장치와 관련되어 있다. 또한 '팔굉일우'란 '일시동인'과 더불어 세계 전체가 천황의 공평무사하고 도덕적인 시선 아래, 즉 단 하나의 평화롭고 정의로운 보호막 아래 놓여 있음을 과시하는 표어이다. 세계를 하나의 시선 안에 모두 포획하려고 하는 것은 전형적으로 "가장 오래된 주권자의 가장 오래된 꿈"[48]이라고 할 수 있는데, 고도순례와 성지참배는 신민들이 바로 이 주권자의 시선 안에 있음을 감각적으로 확신하게 만드는 기술적 처리 방식에 해당될 것이다. 요컨대 고도와 성지는 '만

48 Michel Foucault, *Security, Territory, Population: Lectures at the Collège de France, 1977–1978* (New York: Palgrave Macmillan, 2007), p. 66.

세일계'의 유구한 역사를 공간적으로 표상하는 동시에 '팔굉일우'라는 공간적 개념에 시간성을 부여하고, 그 내부에서의 수행적 실천을 통해 '황민'을 산출하고자 하는 식민지/제국 권력 테크놀로지의 산물이라고 하겠다.

우선 고도와 성지의 참배 코스는 무엇보다도 '만세일계'를 공간화·시각화 한다. "고대문화의 나라, 고쿠후(國風)문화·아즈치모모야마(安土桃山)문화의 교토, 가마쿠라(鎌倉)·에도(江戶) 시대의 관동"[49] 등으로 각각의 고도는 특정 시대와 결합·고착됨으로써 천황가를 중심으로 이어져 온 일본 역사를 공간적으로 표상한다. 또한 이세신궁에서 출발해 야스쿠니신사에서 끝나는 참배의 코스는 황실의 기원에서 출발해 당대까지, 그리고 바로 이 '만세일계'의 황실을 보존하고자 생명을 버림으로써 영원한 '황민'이 된 군신들의 제사시설에까지 이어지도록 만들어 '내지'를 일종의 거대한 황실 박물관으로 바꾸고 있다. 박물관이 역사를 공간화하듯이, 점점이 이어져 있는 이 참배의 코스는 '만세일계'의 황실을 공간화하고 있다.

또한 고도와 성지는 '팔굉일우'를 시간화한다. 제국의 고도, 대동아의 고도는, 앞서 나라의 경우에서 보았듯이 시간을 보존하고 있는 장소로서 떠오른다. 아울러 신궁과 황릉이 자리 잡고 있는 성지는 가늠하기 어려운 고대 황실의 영광과 위엄을 현재화한다. 따라서 고도와 성지는 '여기' 있으면서 '거기' 있다. 고대-현대를 결합하고 있는 이 특권적인 장소는 독특한 시간 여행을 하는 곳이다. 과거와 현재가 공존하면서, 하나의 순수하고 본질적인 실체로서의 '일본'의 역사를 구성할 뿐만 아니라, 그 '일본'이 아시아와 분리 불가능하게 연결되어 있던 고대, 즉 '팔굉일우'의 기원을 현재로 불러온다.

이렇듯 '만세일계'를 공간화하고 '팔굉일우'를 시간화하는 기술적 장치로서의 제국의 고도와 성지는, 그 장소의 신성성을 강화시키는 의례적·규율

---

49 高木博志, 앞의 책, 78쪽.

적 실천들의 반복과 더불어, 황민화 테크놀로지의 구체적인 전술을 구성하며 제국/식민지 또는 '대동아'의 현실을 실체화·강화하는 기능을 수행한다. 더욱이 고도와 성지는 근대적으로 창안되었을 뿐만 아니라 '동양적'으로 가공된 곳으로서, 마치 근대적인 시간–공간이 비켜간 곳 또는 근대적인 시간–공간으로 환원될 수 없는 '고요한 빈터'를 표상하면서 '반근대적=반서양적인 대동아'의 공간을 상징하기도 한다. 그러므로 이곳을 답사하며 주어진 의례적·규율적 실천을 반복하는 식민지와 아시아의 사람들에게는 시간적·공간적 초월이 기대된다. 고대와 현대 사이, 제국의 중심과 주변 사이를 뛰어넘는 듯한 '가상' 속에서 '더 많은 황민'의 생산이 기대되었다면, 제국의 고도와 성지는 다양한 황민화 메커니즘들 가운데 그 고유한 자리를 차지하고 있었다고 하겠다.

그러나 마지막으로 덧붙이자면, 고도와 성지는 언제든 신성모독(profanation)을 당할 수 있는 위치에 있다. 고도순례와 성지참배는 분명히 황민화 테크놀로지의 규정성 속에 놓여 있지만, 동시에 그 안에는 관광 자본도 침투되어 있다.[50] 물론 이 시기 관광 자본은 일본의 제국주의적 팽창과 더불어 그 팽창에 적극 참여하면서 발전해 왔기 때문에, '내지' 개발 및 식민지 포섭의 과정과 분리될 수 없다. 게다가 고도순례와 성지참배는 관광 자본 및 교통 인프라 없이는, 불가능하지는 않다 하더라도 지극히 어려운 것이었다. 하지만 이 참배 실천과 교통 인프라는 비대칭적인 관계에 놓여 있다. 즉 참배자들을 고도와 성지에 데려다 놓기 위해서는 연락선과 철도와 도로가 마련되어 있어야 하지만, 연락선과 철도와 도로가 참배의 길만을 인도하는 것은 아니기 때문이다. 고도와 성지는 개방된 폐쇄성이라는 역설적 존재 방식

50 조성운, 앞의 글, 1070~1072쪽; 허병식, 「식민지 조선과 '신라'의 심상지리」, 황종연 엮음, 『신라의 발견』(동국대학교출판부, 2008), 122쪽; 中根隆行, 「제국 일본의 '만선' 관광지와 고도 경주의 표상」, 『한국문학연구』 36, 2009, 57쪽 이후 참조.

에 따라, 일상적 세계로부터 분리되는(접근불가능성) 동시에 참배자들과 연결되어야만(접근가능성) 존립할 수 있다. 이때 접근가능성의 확대는 기대되었던 접근 방식 또는 사용 방식과 다른 방향들을 낳을 수 있다. 즉 개방된 폐쇄성 자체가 참배 실천을 초과하는 접근 방식을 잠재성으로서 지니고 있다고 하겠다. 이런 점에서 고도순례와 성지참배의 정치학은, 조선인이 일본인이 될 것을 강요하면서도 완전한 일본인화를 두려워하는 내선일체의 정치학을 닮아 있다.

ㄱ

ㅊ

ㅌ

ㅍ

ㅎ

황종연

동국대학교와 동 대학원 국어국문학과, 미국 컬럼비아대 대학원 동아시아언어문화과에서 수학했고, 논문 「한국문학의 근대와 반근대」로 동국대학교에서 박사학위를 받았다. 저서로 『비루한 것의 카니발』(문학동네, 2001), 『탕아를 위한 문학』(문학동네, 2012) 등이 있으며, 현재 동국대학교 국어국문학과 교수로 재직 중이다.

다카기 히로시(高木博志)

리츠메이칸(立命館)대학에서 일본사학을 전공하고 동 대학원 문학연구과에서 수학했다. 저서로 『근대천황제의 문화사적 연구: 천황 취임의례·연중행사·문화재』(校倉書房, 1997), 『능묘와 문화재의 근대』(山川出版社, 2010) 등이 있으며 홋카이도대 문학부 조교수를 거쳐 현재 교토대 인문과학연구소 준교수로 재직 중이다.

김백영

서울대학교 사회학과를 졸업하고 동 대학원에서 석사 · 박사 학위를 받았다. 대표 저서로 『지배와 공간: 식민지도시 경성과 제국 일본』(문학과지성사, 2009)이 있고 그 외 다수의 공저와 논문이 있다. 현재 광운대학교 교양학부 조교수로 재직 중이다.

수수오빈(蘇碩斌)

타이완대 사회학연구소에서 석사 · 박사 학위를 받았다. 저서로 『看不見與看得見的臺北』(群學出版有限公司, 2010) 등이 있으며 현재 타이완대 타이완문학연구소 전임교수로 재직 중이다.

이순자

숙명여자대학교 한국사학과와 동 대학원 사학과에서 수학하여 박사학위를 받았다. 저서로 『일제강점기 고적조사사업 연구』(경인문화사, 2009), 『믿음의 흔적을 찾아: 한국의 기독교 유적』(공저, 한국기독교역사연구소, 2011) 등이 있으며, 「1930년대 부산고고회의 설립과 활동에 대한 고찰」, 「일제강점기 지방고적보존회의 활동에 대한 일고찰: 개성보승회를 중심으로」 등의 논문을 발표하였다. 현재 (사)한국기독교역사연구소 책임연구원이며, 숙명여자대학교 등에 출강하고 있다.

나카네 다카유키(中根隆行)

와세다(早田)대학 제2문학부를 졸업하고 쓰쿠바(筑波)대학 대학원 문예 · 언어연구과에서 박사학위를 받았다. 저서로 『〈조선〉 표상의 문화지(文化誌): 근대일본과 타자를 둘러싼 지(知)의 식민지화』(新曜社, 2004) 등이 있으며 현재 에히메(愛媛)대학 법문학부의 준교수로 재직 중이다.

오태영

동국대학교와 동 대학원 국어국문학과에서 수학하여 박사학위를 받았다. 현재 동국대학교 교양교육원 강의초빙교수로 재직 중이다. 주요 논문으로 「동아시아 지역주의와 조선 로컬리티」(박사학위논문), 「식민지 문학자와 이동의 정치학」, 「민족적 제의로서의 귀환」, 「해방과 기억의 정치학」 등이 있고, 저역서로 『근대 한국의 문학지리학』(공저, 동국대학교출판부, 2011), 『아시아-태평양전쟁과 조선』(공역, 제이앤씨, 2011) 등이 있다.

조연정

서울대학교와 동 대학원 국어국문학과에서 수학하여 박사학위를 받았다. 2006년 『서울신문』 신춘문예(평론 부문)로 등단했고 「구조적 폭력 시대의 타나톨로지(thanatology)」 외에 다수의 평론과 논문이 있으며 현재 서울대학교 강의교수로 재직 중이다.

허병식

동국대학교 독어독문학과와 동 대학원 국어국문학과를 졸업하였다. 저서로 『이동의 텍스트, 횡단하는 제국』(공저, 동국대학교출판부, 2011) 등이 있고, 논문으로 「식민지 조선과 신라의 심상지리」, 「식민지의 접경, 식민주의의 공백」 등이 있으며 현재 동국대학교 문화학술원 연구교수로 재직 중이다.

정종현

동국대학교와 동 대학원 국어국문학과에서 수학하여 박사학위를 받았다. 2010년부터 1년간 교토대학 인문과학연구소에서 외국인 연구자로 식민지시기 제국대학의 조선 유학생에 대해 조사·연구했다. 『동양론과 식민지 조선문학』(창작과비평사, 2011) 외에 다수의 저서와 논문이 있으며 현재 성균관대학교 동아시아학술원 HK연구교수로 재직 중이다.

조형래

동국대학교와 동 대학원 국어국문학과 박사과정을 수료했다. 논문으로 「소년의 과학」, 「학회지의 사이언스」 등이 있으며 현재 명지대학교와 공주교육대학교 등에 출강하고 있다.

차승기

단국대학교 국어국문학과와 연세대학교 대학원 국어국문학과를 졸업하였다. 저서로 『반근대적 상상력의 임계들』(푸른역사, 2009) 등이 있고, 「문학이라는 장치」, 「비상시의 문/법」 등의 논문을 발표하였으며, 현재 성공회대학교 동아시아연구소 HK교수로 재직 중이다.

● 수록 논문 서지 사항(게재순)

황종연, 「아이덴티티의 장소로서의 경주」, 『한국문학연구』 제39집 (2010년 하반기)

다카기 히로시(高木博志), 「교토의 이미지는 어떻게 만들어졌는가(京都のイメージはどのようにつくられたか)」, 同志社大学人文科学研究所 編, 『「伝統の都」の近代』, 同志社大学人文科学研究所 (2001년)

김백영, 2011년 경남대학교 인문과학연구소 주최 전국학술대회 〈근대도시 마산〉 발표 원고 수정 개작

수수오빈(蘇碩斌), 「시각화의 힘(力量): 타이베이는 언제 어떻게 현대적인 도시가 되었는가」, 『한국문학연구』 제36집 (2009년 상반기)

이순자, 「일제강점기 고적조사의 정치학: '문화통치기' 이전을 중심으로」, 『일제강점기 고적조사사업 연구』 (경인문화사, 2009) 일부 발췌 수정 보완

나카네 다카유키(中根隆行), 「제국 일본의 '만선(滿鮮)' 관광지와 고도 경주의 표상」, 『한국문학연구』 제36집 (2009년 상반기)

오태영, 「평양 토포필리아와 고도의 재장소화: 이효석의 「은은한 빛」을 중심으로」, 『상허학보』 제28집 (2010년 2월)

조연정, 「평향의 경향」, 『한국문학연구』 제38집 (2010년 상반기)

허병식, 「폐허의 고도와 창조된 신도(神都)」, 『한국문학연구』 제36집 (2009년 상반기)

정종현, 「일본제국기 "개성(開城)"의 지역성과 (탈)식민의 문화기획」, 『동방학지』 제151집 (2010년)

조형래, 2010년 동국대학교 한국문학연구소 학술대회 〈근대 한국의 지리 이동과 장소 표상〉 발표 원고 수정 개작

차승기, 「제국의 고도, 초월의 기술」, 『상허학보』 제29집 (2010년 상반기)

문화학술총서

고도의 근대

2012년 11월 26일 초판 1쇄 인쇄
2012년 11월 30일 초판 1쇄 발행

엮은이 황종연
펴낸이 김희옥
펴낸곳 동국대학교출판부

주소 100-715 서울시 중구 필동 3가 26
전화 02-2260-3484
팩스 02-2268-7851
Homepage http://www.dgpress.co.kr
E-mail book@dongguk.edu
출판등록 제2-163(1973. 6. 28)
인쇄처 서진인쇄

ISBN 978-89-7801-373-4 93300

값 22,000원